新编21世纪高等职业教育精品教材·法律类

经济法

孙　颖◎编著

中国人民大学出版社
·北京·

图书在版编目（CIP）数据

经济法/孙颖编著. --北京：中国人民大学出版
社，2021.10
新编21世纪高等职业教育精品教材. 法律类
ISBN 978-7-300-29838-2

Ⅰ.①经… Ⅱ.①孙… Ⅲ.①经济法-中国-高等职
业教育-教材 Ⅳ.①D922.29

中国版本图书馆CIP数据核字（2021）第182082号

新编21世纪高等职业教育精品教材·法律类
经济法
孙 颖 编著
Jingjifa

出版发行	中国人民大学出版社		
社　　址	北京中关村大街31号	**邮政编码**	100080
电　　话	010－62511242（总编室）		010－62511770（质管部）
	010－82501766（邮购部）		010－62514148（门市部）
	010－62515195（发行公司）		010－62515275（盗版举报）
网　　址	http://www.crup.com.cn		
经　　销	新华书店		
印　　刷	北京七色印务有限公司		
开　　本	787 mm×1092 mm　1/16	**版　　次**	2021年10月第1版
印　　张	16.5	**印　　次**	2024年8月第2次印刷
字　　数	390 000	**定　　价**	45.00元

前言

党的二十大报告提出，我们要坚持走中国特色社会主义法治道路，建设中国特色社会主义法治体系、建设社会主义法治国家，围绕保障和促进社会公平正义，坚持依法治国、依法执政、依法行政共同推进，坚持法治国家、法治政府、法治社会一体建设，全面推进科学立法、严格执法、公正司法、全民守法，全面推进国家各方面工作法治化。

经济法是我国法律体系的重要组成部分，在国民经济发展和法治国家建设中起着不可或缺的作用，但是经济法又是一个新兴的法律部门，其内部结构体系十分复杂，仍在不断的发展和变化之中，无论是学术层面，还是立法、执法、司法等法律实践层面，都还没有达成广泛的共识。《民法典》的完成，使得经济法与民法的边界更加清晰，同时也为经济法的体系化整合与发展留下充分的空间。

本书立足于高等职业教育的特色与要求，充分汲取近年来经济法学科的最新研究和发展，以最新的立法、案例、资料为依托，在体系上，尽量做到完整清晰、易于把握；在内容上，把经济法学界已经取得大多数学者共识的基本理论、基本制度全部纳入其中，保持了内容的丰富和全面。同时，本书在编写时特别注意在不同部分及时融入习近平法治思想的一些内容，在着力提高学生法治思维和法治思想站位的同时，针对应用型专门人才培养的需要，着重培养学生分析问题和解决问题的能力。本书对经济法这门学科体系进行了更加简明、清晰的梳理，全书分为三编：第一编经济法总论，对经济法的概念、体系、地位、作用、主体、责任等一般原理进行介绍和阐述；第二编市场规制法，包括市场规制法的一般原理、竞争法、消费者权益保护法、其他市场规制法；第三编宏观调控法，包括宏观调控法的一般原理、税法、中央银行法、其他宏观调控法。

根据高职高专学生的学习特点和教学规律，本书系统、全面地介绍、阐释了经济法的一般原理，侧重基本制度、基本知识的传授、理解，力求准确、简洁、通俗易懂。本书的特色之一，是在每章开头设计“导语”，对本章的内容、学习重点和难点进行概括；每节精选贴切、恰当的“相关案例”或者“相关事例”，并在每章的最后设计“法考练习题”，配有参考答案和详尽的答案解析，尽可能多地呈现法律职业资格考试原题，在没有相关法律职业资格考试原题的章节，补充模拟考题并分别予以明确标注，增强代入感，帮助学生巩固和练习本章学习内容。

由于能力、资料、时间所限，本书的不足之处在所难免，敬请老师、同学们批评指正。

中国政法大学教授　孙　颖

目　录

第一编　经济法总论

第二编　市场规制法

第三编　宏观调控法

第一篇

经济法总论

第一章

经济法的概念和历史

【导语】

经济法在市场经济和社会生活中发挥着越来越重要的作用，是十分重要的法律部门。本章从经济法的概念入手，介绍经济法产生的根源和发展的历史，包括经济法产生的特定经济、政治、社会和法律等多种因素，从而明晰经济法概念的内涵和外延，有助于深入理解经济法的本质、特征、地位、体系、原则等诸多理论问题，从而发现经济法与其他法律部门在调整对象、范围、方法上的差别。本章学习的重点是经济法的调整对象、经济法的定义，难点是对经济法产生的根源和特定因素的理解。

第一节　经济法的概念

一、经济法的调整对象

经济法与其他法律部门一样，都是“某类法律规范的总称”。但经济法与其他部门法所调整的特定社会关系却各不相同，由此，形成了经济法不同于其他法律部门的调整对象。

（一）问题定位

经济法是在资本主义从自由竞争阶段向垄断阶段过渡过程中产生的，是解决现代市场经济问题的现代法。由于各国在资源配置方面普遍既会用到市场的“无形之手”，又会用到国家（政府）的“有形之手”，因此，如何使市场在配置资源方面起决定性作用，同时更好地发挥政府的作用，处理好政府与市场的关系，是各国都必须有效解决的重大现实问题，而经济法恰恰就是要对此发挥非常重要的作用。

事实上，无论是市场之手还是政府之手，在资源配置方面都可能存在“失灵”的问题。一方面，随着市场经济的发展，垄断、不正当竞争、外部效应、信息不对称等问题也越来越突出，从而使市场自身难以发挥有效作用，与此同时，诸如分配公平、金融稳定等，也不是市场机制能有效达成的，为此，引入政府之手来解决“市场失灵”问题，便具有了一定必要性。另一方面，由于权力滥用、信息不充分、腐败、制度不健全等诸多原因，政府在资源配置上也可能低效甚至无效，出现“政府失灵”问题。

可见，无论市场调节机制还是政府干预机制，都可能“失灵”，而要解决这两个失灵，恰恰是传统部门法无法有效解决的。

事实上，在市场配置资源方面往往更强调个体的选择和自由，崇尚效率价值，但如果由此忽视社会公共利益，则必然加剧垄断、不正当竞争、侵害消费者权益等问题的发生，导致经济运行秩序遭到破坏，从而使宏观调控也难以有效进行。同样，在政府配置方面，如果政府干预过多、干预手段过当，工作人员以权谋私，将个人利益凌驾于公共利益之上，或者只强调本部门、本单位利益，忽视社会整体利益，则必然导致政府失灵。

基于上述问题的存在，经济法的调整必须结合两个失灵的成因，有针对性地进行相关主体权利和义务配置，解决市场运行相关的体制和机制问题。

（二）经济法的调整对象界定

经济法的调整对象，是指国家对经济运行进行调控，对市场进行规制而产生的社会关系。从宏观的角度看，市场失灵会造成产业失衡，并由此带来结构失衡，而各类经济结构的失衡则会造成总量失衡，因而必须依据一定的经济目标和社会目标，进行有效的宏观调控。此外，市场失灵不仅需要宏观层面上的调控，也需要微观层面上的规制。从微观的层面看，市场失灵会导致竞争失效，并影响整体的市场秩序，因此需要对主场主体的行为进行规范和制约，以保障良好的市场竞争环境，保护消费者权益。由于宏观调控和市场规制都是由政府作出的，同样存在政府失灵的问题，解决此类政府失灵问题，政府就必须依法进行市场规制和宏观调控，经法法由此产生。

宏观调控和市场规制是现代国家的两大经济职能，在宏观调控和市场规制过程中形成的两类社会关系，即宏观调控关系和市场规制关系成为新兴的经济法的调整对象。可见经济法的调整对象有两类，一类是宏观调控关系，一类是市场规制关系。

宏观调控关系可以分为财税调控关系、金融调控关系和计划调控关系，它们同各国在宏观调控方面通常采行的财税、金融和计划三大手段是一致的。市场规制关系可以分为反垄断、反不正当竞争关系和消费者保护关系以及价格规制、广告规制关系，等等。此外，由于市场规制和宏观调控都涉及相关国家机关的权力分配，因而在宏观调控关系和市场规制关系中都包含着各种类型的体制关系（分权关系），如市场监管体制关系、财政体制关系、金融体制关系等。

二、经济法的定义

经济法是调整在现代国家进行宏观调控和市场规制过程中发生的社会关系的法律规范的总称。[①] 对这一定义可以从以下几方面理解。

（一）经济法是作用于现代市场经济的法

经济法是与现代国家、现代市场经济相关联的，是国家调控、管理市场经济的法律，是通过发挥市场机制的作用来配置资源的法律部门，侧重于对调控和规制关系进行法律

① 张守文. 经济法学. 北京：高等教育出版社，2016：16.

调整。

（二）经济法所进行的调控和规制是为了维护社会公共利益

对经济的调控、规制，表面上看是对市场上各类行为的引导、干预，如对价格的监管和调控，对投资方向的引导和调控，对税收的管理和调控，对金融的监管和调控，等等，本质上是立足于社会总体利益、公共利益，着眼于一国经济的健康、可持续发展。以价格的管理为例，经济法（如《价格法》）在肯定市场调节价是基本价格形式的基础上，规定了政府定价和政府指导价，对价格总水平进行控制；规定了重要商品储备制度和价格调节基金、价格监测制度，以及重要农产品保护价格、价格干预措施、紧急措施等；还可综合运用货币、财政、投资、进出口等方面的措施，实现价格总水平的调控目标。这种调节、调控不是民法和一般意义上的行政法所能规范的。

（三）经济法具有国家干预性

经济法是国家干预经济、干预市场的法。与自由主义经济学相适应，近代私法严格奉行自由放任原则，反对任何形式的对私人活动的国家强制。经济法则主张国家进行一定程度的干预。例如，在银行、证券、保险等许多市场领域，经济法都规定了进入条件和程序，限制经营者的入市资格；根据需要对主场主体的意思自治范围和程度进行限制，或者对权利和义务进行倾斜性配置，如《消费者权益保护法》中对消费者只规定了权利，对经营者只规定了义务；设置专门的监管和调控机构，代表国家对经济行为和市场运行进行干预；等等。

（四）经济法不是一部法典，而是相关法律规范的总称

我国并没有经济法法典，所谓经济法，是一种法律体系。就我国当前的经济法立法来看，一部法律很难是纯而又纯的部门法，法律之间的交叉是难免的。如《产品质量法》主要是关于产品质量监督管理的规范，属于经济法的内容，但也包含个别民事法律的规范；《价格法》既具有宏观调控的性质，又有平等主体交易的规则；《反不正当竞争法》规定了政府监管机构对不正当竞争查处的权力，受不正当竞争侵害的主体也可以依据该法提起侵权之诉。经济法要求对市场主体的权利给予必要的限制，但同时经济法也对实施主体——政府的权力进行限制。特别是我国从计划经济过渡到市场经济，对政府的权力有一个逐步削减的过程，可以说对经济法实施主体权力的限制是经济法的一个具体目标，反过来看，倡导合同自由、意思自治的民商法等也不是要给市场主体以绝对自由。

需要说明的是：经济法不等于经济法律。一部调整市场经济关系的法律，一部分人可能说它是民商法，另一部分人可能说它是经济法。原因就在于一部经济法律可能既包括经济法规范，也可能包括民事规范，甚至还可能包括刑事规范。一部法律存在不同性质的规范，不影响民法、经济法等作为一个独立的法律部门存在。

（五）经济法不是调整市场经济唯一的法律

经济法是调整市场经济的法律，但不是调整市场经济的唯一的法律。例如，民法调整平等主体之间的财产关系，平等主体之间的财产关系包括交易关系，交易关系都是市场关系，因此民法也调整市场关系。由于市场经济中诸多经济关系的复杂性，调整市场关系的法律很多，总体上需要法律的综合调整，仅仅靠任何一个部门法都不能完成。实现对市场经济的调控与规制目标，必须有经济法、行政法、民法及其他相关法律部门的配合，共同实现法律的职能。

相关事例

《电子商务法》的调整对象

随着我国电子商务的迅猛发展，我国电子商务交易市场规模跃居全球第一，对中国经济增长的贡献率逐年提高。但是电子商务市场中电商平台、平台内经营者侵害消费者权益、不正当竞争等现象和行为时有发生，电子商务市场秩序亟待规范。因此，在许多人大代表提出议案和建议的情况下，2013年电子商务法列入了十二届全国人大常委会立法规划，并列入2016年立法工作计划预备项目。经过近三年全面深入的调研论证，在广泛征求各方面意见的基础上，拟定了《中华人民共和国电子商务法（草案）》，并于2018年8月31日第十三届全国人民代表大会常务委员会第五次会议通过。电子商务法的调整对象是电子商务交易活动中发生的各种社会关系，而这类社会关系既包括电子商务交易的民商事关系，也包括国家（政府）对电子商务市场的监督管理关系，即电子商务市场规制关系。电子商务法对电子商务经营者在电子商务交易服务、公平竞争、消费者权益保护、个人信息保护等方面都规定了相应的权利和义务，而且规定了国务院及各级政府对电子商务的监管职责。其中既包括民商事规范，也包括经济法规范。

第二节　经济法的历史

一、经济法的产生

19世纪末至20世纪初，美国和德国根据本国市场经济需要，制定了规范和促进经济活动的法律，经济法由此在美国和德国分别产生。1890年美国国会通过了《保护贸易及商业免受非法限制及垄断法案》，简称《谢尔曼法》，被认为是最早的现代意义上的市场监管法。1896年德国通过的《反不正当竞争行为斗争法》是世界上第一部规制不正当竞争行为的法律。①

经济法的产生，受诸多因素影响，其中经济、社会、政治、法律和法学因素是经济法产生的重要原因。

（一）经济因素

市场经济的缺陷是经济法产生的重要原因。西方各国在经历了17—18世纪的资产阶级革命之后，资本主义生产方式占据了主导地位，自由放任、自由竞争的市场经济体制建立。与此同时，政府远离市场，避免对市场的直接具体干预。“干预越少的政府是越好的政府”及“小政府论”的观点被普遍认同。在实践中，由于国家的作用主要体现在国防、外交、维护社会秩序等方面，因此，对于市场经济，国家只是一个“守夜人”。作为上层建筑的法律制度，对这一时期自由放任的经济思想及其实践予以充分肯定。私权神圣、契约自由、过错责任、意思自治渗透到微观经济生活的各个层面。在市场规律的自发调节下，资本主义社会的生产力获得了极大发展。

自由资本主义市场经济经过一二百年的发展，在19世纪末20世纪初进入了垄断阶

① 薛克鹏. 经济法学. 北京：中国政法大学出版社，2018：16.

段，其典型特征是：生产的专业化和社会化，生产和资本集中；垄断企业和垄断财团出现并独占或操纵市场。垄断的结果，使自由竞争时代的基本理念，即平等、自由、民主以及价值规律被破坏，经济危机频繁发生，对社会生产力造成极大破坏，并加剧了社会矛盾。市场经济是由市场主体根据自身利益最大化原则配置资源的经济模式，正常情况下，市场经济能够充分发挥每一个市场主体的积极性和创造性，使资源得到充分利用，提高经济效率。但是由个人分散决策和个人利益最大化为目标的市场经济并非完美无缺，本身也存在着缺陷，导致市场无法正常发挥作用，即“市场失灵”。市场失灵是指市场机制不能或难以实现社会资源的有效配置，主要表现为公共物品问题、垄断问题、信息不对称、负外部性问题、分配不公问题和周期性经济危机。

导致市场失灵的原因有很多，但一个个具体的不规范的市场行为是导致市场失灵的根本原因，所以，克服市场失灵是经济学和法学的共同任务。经济法就是运用法律手段，通过规范市场经济行为，克服市场失灵之法。

（二）社会因素

工业革命所导致的工业化、城市化，不仅改变了人们的生产和生活方式，而且从根本上改变了原有的社会结构，形成了许多新的社会群体和社会关系，如劳工群体和消费者群体；激烈的市场竞争也改变了原有的市场结构，形成了垄断型企业和中小企业群体，工人运动、消费者运动以及反托拉斯运动此起彼伏。资本主义社会除了劳工问题、消费者问题、垄断问题这三大基本问题之外，经济的发展还带来贫困、环境污染等问题，这些问题都是由一个个具体企业的经营行为综合形成的，因此需要从规制企业的经营行为入手。随着社会的不断分化，形成了代表各个不同利益群体的非政府组织，如工会、行业协会、消费者组织、环保组织等。这些社会组织代表不同利益群体进行利益博弈，从而推动了经济法和社会法的产生和发展。

（三）政治因素

国家从放任走向对市场的适度干预，是经济法产生的重要原因。国家作为重要的政治因素，向来处于经济、政治和社会的核心地位。资产阶级以“自由、平等、博爱”旗号，推翻了历史上长期存在的封建专制统治，致力于实现三权分立和权力制衡，加强了宪法治理和法制建设。在这种国家权力体制下，法律旨在限制国家权力。长期以来，西方国家一直认为市场调节是资源配置的最有效机制，而国家干预会侵犯公民权利和社会自由，因而一贯反对并限制国家干预。

但是，随着市场调节机制暴露出的各种问题，进入 20 世纪后，以争夺世界市场和经济资源为目的的国家竞争更加激烈，每个国家的公民无不希望本国政府在经济方面有所作为，尤其是担负起促进本国经济发展的任务。经济法之所以率先在近代经济相对落后的德国产生，正是源于德国用法律手段促进经济发展的动机。因此，德国早期的经济法并不是限制和反对垄断，而是以促进卡特尔和经济发展为主，以规制市场失灵为辅，这与同时期以规制市场垄断为目标的美国市场经济立法形成鲜明对比。1929 年席卷资本主义各国的经济危机爆发后，资本主义国家又重新开始重视国家干预，美国实行了“罗斯福新政”，颁布了《工业复兴法》《农业调整法》《紧急银行法》《证券法》等一系列体现国家干预的法律，但最初遭到保守派的阻挠。当然，最终是大法官们逐步转变思想观念，开始承认它们的法律效力，自此国家干预的思想理念和政策法律得以正式确立，为经济法的产生和发展奠定了基础。虽然美国并没有“经济法”的称谓，但却有大量实质意义上的经济法的存在。

（四）法律因素

资本主义经过一二百年的发展，至19世纪末20世纪初，两大法系都已形成了完备的法律体系，特别是德国和法国，制定了完备的民法典和商法典，完成了法典化，对私人财产实行了绝对保护，是市场经济得以运行的基础，具有历史和现实正当性。同时，现代意义的行政法通过规范行政权的运行，防止行政机关滥用权力，保护和救济行政相对人，将行政机关纳入了法治轨道，为充分的自由市场竞争创造了条件。但私法和行政法都是以保护个人权利为目的的，对限制垄断、保护消费者、劳动者权益以及保护环境资源方面没有任何意义，无法保护市场中的弱者，也无法实现真正的公平竞争和公平交易。私法和公法的固有缺陷，使之难以解决资本主义进入垄断阶段后市场经济面临的种种问题，可以说，私法和公法的失灵，是经济法产生的法律基础。

（五）法学因素

19—20世纪法学思想的发展，为经济法的产生提供了理论基础。社会法学派认为，法律不应仅仅强调个人权利和自由，而应从社会本位出发，强调社会利益和法的社会化，注重法律的社会目的，其关于个人权利、社会本位和社会公共利益等思想，为经济法提供了丰富的理论基础。如果说民商法是以自然法学和概念法学为理论基础的，那么，经济法的理论基础则是社会法学。

二、经济法的发展

20世纪30年代以后，经济法进入了一个快速发展阶段。1929年爆发的经济危机重创了整个世界，需要从法律上全面对经济活动进行规范，立法规制范围不断向新的市场领域扩展。例如，美国进一步完善了反垄断立法；针对混乱的银行业和资本市场，颁布了《银行紧急救济法》《银行存款保险法》，制定了《证券法》等；针对农业和工业危机，先后制定了《农业调整法》《全国产业复兴法》等；关于消费者保护，修改制定了《联邦食品药品和化妆品法》。美国在20世纪30年代有关市场经济的立法，极大地丰富了经济法的内容，对战后其他国家的经济立法具有重大影响。

第二次世界大战结束至20世纪80年代，世界经济进入一个快速和稳定的发展阶段，德国、美国、日本、英国等国的经济法日趋成熟，并建立了相应的监管和执法体系。这一阶段，美国在消费者保护、食品药品安全、环境保护、信托、投资、金融等方面展开全面立法，美国还制定了《充分就业和国民经济平衡增长法》《财政收入法》等宏观调控方面的法律。二战后，英国为了恢复和发展经济，亦制定了大量与市场经济活动相关的法律，主要包括：国有化和行业规制法、竞争法、消费者保护法、金融法等。德国在二战后集中发展经济，建立了社会市场经济模式，特别重视法律对经济活动的干预和促进，内容涵盖企业内部管理、竞争秩序、消费者和劳动者保护、环境保护、财政、金融等一些重要领域。日本学习美国和德国的经验，结合本国市场经济需要，建立起具有日本特色、内容完备和系统的经济法体系，成为大陆法系经济法的一个重要分支。同时这一时期，经济法作为一个新兴的法律部门，其理论和体系也日渐形成。

20世纪90年代之后，世界经济进入了一个新的发展阶段，经济全球化程度愈来愈高，中国、苏联和东欧计划经济体制的国家全面转向市场经济体制，并根据本国市场经济特点建立了相应的经济法制度，经济法开始在新兴市场经济国家普及和发展，尤其是在中国，得到了快速的发展。

相关事例

凯恩斯革命

1933年的“罗斯福新政”是西方国家全面干预经济的开端，而在罗斯福新政中产生的凯恩斯经济理论为“新政”所开创的国家干预政策提供了理论依据和强有力的支持。由此，国家干预主义形成并逐渐取得了在西方经济学中的主流地位，受到西方国家的重视，成为国家制定干预经济政策的理论依据。其后的经济学研究进一步将国家在市场中的经济职能表述为“效率、平等、稳定”，即矫正由市场垄断导致的市场失灵，保持和提高市场效率；通过收入再分配减少贫富差距；通过减少失业、降低通货膨胀来促进经济增长。凯恩斯理论开创了现代意义上的国家干预，政府开始采用多种方式介入市场活动。为调节市场经济，国家设立了一整套经济机关，集中行使国家经济职能。毫无疑问，凯恩斯革命具有历史性意义，它奠定了现代国家干预市场的理论基础。但应当指出，在传统自由市场经济随国家干预实践向现代市场经济变迁的过程中，凯恩斯理论也暴露出其对政府干预经济的负效应估计不足的缺陷。由此，新自由主义经济学派开始了“凯恩斯革命的再革命”。他们的研究证明，国家干预与自由市场经济一样也有缺陷，市场的基础仍然应当是市场主体的自由选择，过多的国家干预会破坏这种选择，国家干预或者政府管制应当受到限制，国家干预的适度是其发挥作用的基本前提。当然，所有的研究在发展和完善凯恩斯所开创的国家干预理论的同时，也在不断地反证着凯恩斯革命的历史价值。

【法考练习题】

1. 【模拟】下列哪些说法是错误的？（　　）

A. 经济法是私法

B. 经济法是一部法典

C. 经济法调整市场关系

D. 经济法是调整市场经唯一的法律

【参考答案】ABD

解析：经济法体现了公权力对市场的干预和调整，所以经济法不是私法，选择A；我国并无经济法典，经济法是相关法律规范的总称，选择B；经济法是调整市场关系的法律，排除C。调整市场的法律很多，例如民商法也调整市场关系，选择D。

第二章

经济法的体系和地位

【导语】

认识经济法的体系和地位对于掌握其内在构成和与其他部门法的关系有着重要意义。本章第一节承接第一章经济法的概念和历史，重点根据经济法所调整的对象分析经济法的体系构成，即市场规划法、宏观调控法，并分析二者的关系，从这二者出发介绍经济法的渊源。第二节主要从经济法的外延介绍经济法在社会经济发展中的地位，与其他部门法特别是民法、行政法之间的关系，有助于更好地理解经济法作为独立部门法的功能。本章学习重点是经济法的体系构成和与其他部门法的关系，难点是经济法的渊源和与其他部门法的关系。

第一节　经济法的体系

经济法是调整在现代国家进行宏观调控和市场规制过程中发生的社会关系的法律规范的总称①，经济法体系便是由经济法的法律规范构成的具有自身学科原则和内在逻辑的有机系统。认识与学习经济法体系，一方面可以更好地理解经济法的内在构成，明晰经济法所具有的内在逻辑和价值原则；另一方面，能够更好地明确经济法作为一个独立的法律部门在我国整体法律体系中的地位，理解经济法与其他部门法之间的关系。

一、经济法体系的构成

（一）经济法体系由市场规制法和宏观调控法两部分构成

进行经济法体系的构建，必须从经济法调整对象入手，因为一个法律部门的体系实际上就是其调整社会关系的具体展开及其规则化、逻辑化、体系化。

根据经济法所调整的对象，即宏观层面的宏观调控关系与微观层面的市场规制关系，

① 张守文. 经济法学. 北京：高等教育出版社，2016：16.

可以将经济法体系的构成划分为市场规制法与宏观调控法。同时这也是根据政府在市场经济中作用的方式所进行的分类。政府与市场主体不同，既拥有法律上的强制力，又拥有公共资源，可以直接或间接从事经济活动。从这个角度看，市场规制法是授权政府对市场主体进行监管的法律，宏观调控法是授权政府运用财政、货币或者产业规则等手段对市场进行调节控制的法律，合二者之力，便能够综合微观与宏观对市场进行系统规制。

（二）市场规制法与宏观调控法之间的关系

经济法以市场规制法与宏观调控法为构成，实现市场的综合性规制，二者相辅相成、关系密切，缺一不可。

1. 市场规制法必须以宏观调控法为条件

国家通过宏观调控法来实现对市场的总体调节，创造和维护了市场主体所需要的独立、平等、自由、民主和秩序，为市场规制法追求和维持市场竞争秩序提供了基础与环境。宏观调控法是国计民生的行动纲领，规定了国民经济和社会发展的目标，不仅为市场主体提供了权威的政策，也为市场规制法维持市场自由竞争指明了方向，避免了盲目、无畏的竞争。同时，作为一种宏观调控规范，宏观调控法在运行过程中不断平衡社会总供求关系，为市场规制法维持市场自由竞争提供了必需条件。此外，宏观调控法中的各个具体法律规范都为市场竞争秩序提供了更加良好的外部条件和必要准备，为市场规制法的实施与落实奠定基础。

2. 宏观调控法必须以市场规制法为依归

宏观调控法要想实现其所确立的国民经济目标和社会发展目标，创造和维护市场主体的独立、平等，真正做到维护市场的自由、民主和秩序，离不开市场规制法，特别是其中的竞争法。因为公平竞争是促进国民经济和社会发展的主要内驱力，竞争法为调节市场主体之间的关系、维护公平竞争的市场秩序、优化产业结构、营造良好的营商环境奠定了基础。同时，宏观调控法是国民经济和社会发展的总体纲领与政策纲领，其制定需要根据市场规制法所维持的公平竞争所反馈的信息进行，其核心内容需要市场规制法将其具体化与现实化。总体而言，市场公平竞争是促进国民经济和社会发展的主要内驱力，市场竞争法的实施是实现宏观调控法发展目标的基点。

二、经济法的渊源

法的渊源是指法的效力根源，即具有约束力的规范来源。法的正式渊源主要是指制定法。因此，经济法的渊源便是指构成经济法的众多单行法规范。根据经济法体系和内在构成，经济法渊源同样主要由宏观调控法律规范和市场规制法律规范两大部分构成。

（一）宏观调控法的渊源

1. 税法

税收是国家为实现其职能，凭借政治权力，按照法律预先规定的标准，强制地、无偿地征收货币或实物的一种经济活动，是国家参与社会产品和国民收入分配和再分配的重要手段，是国家管理经济的一个重要调节杠杆。具有强制性、无偿性和固定性。税收是国家财政收入的最主要来源，重视和发挥税收调节经济、调节分配的宏观调控作用至关重要。财政关系到社会财富的分配和再分配，关系到个人、集体和国家之间的利益协调，关系到社会的公平与效益，影响着国民经济和社会发展。财政政策是宏观调控的重要措施，财政关系是宏观调控关系的基本内容，必须依法调整。

税法是调整国家和纳税人之间征纳税关系的法律规范的总称，税法调整的关系是税收关系，即代表国家行使其职权的各级财政机关在向负有纳税义务的单位和公民个人收取税款（或实物）过程中形成的征纳税关系。按照税法内容的不同，可以将税法分为税收实体法和税收程序法。

税收实体法按照征税对象的不同可以分为流转税法、所得税法、财产税法、行为税法和资源环境税法。

我国的税收程序法以1992年实施《税收征收管理法》（1995年修正、2001年修订、2013年修正、2015年修正）为基本法，该法是规范税收征收和缴纳行为，保障国家税收收入和保护纳税人的合法权益的法律。另外，海关机关税收征收，按照《海关法》《海关稽查条例》《进出口关税条例》的规定执行。

2. 中央银行法

我国的中央银行是中国人民银行，是唯一代表国家进行金融控制和金融管理的特殊金融机构，处于我国金融业的首脑和领导地位，是国家机构的一个组成部分。代表国家制定和推行统一的货币金融政策，管理和监督全国金融机构的活动，代表国家管理金融市场，参与国际金融活动、管理外汇，其领导人由国家任命。也是我国信用制度的枢纽，是国家干预和调节经济的重要工具，不直接与社会公众发生贷款行为，但仍要为政府和金融机构办理银行业务，提供金融服务，如对各个金融机构的存贷款业务，为政府代理国库业务等。中国人民银行的管理手段有别于一般政府管理机构的行政管理手段，主要采取金融货币调控措施，如利率政策、贴现政策、汇率政策、公开市场政策等。

我国的中央银行法是1995年公布实施，并于2003年修正的《中国人民银行法》，其立法宗旨是“为了确立中国人民银行的地位，明确其职责，保证国家货币政策的正确制定和执行，建立和完善中央银行宏观调控体系，维护金融稳定”。

3. 其他宏观调控法

（1）预算法。

预算是指经法定程序编制审批的，相关主体对自己未来一定期间内的收入和支出的预先估算。此处的预算是指狭义的预算，即仅为政府及其他公共机构的预算，也就是政府预算，包括预算收入和预算支出两部分。预算具有法定性、预测性和计划性，属于财政的一个重要组成部分，也即宏观调控的重要构成。

预算法是规范政府收支行为、强化预算约束、管理和监督预算、保障经济社会的健康发展的法律，是财政法中的基本法。我国《预算法》于1994年发布，2014年和2018年两次修正，其立法宗旨是“为了规范政府收支行为，强化预算约束，加强对预算的管理和监督，建立健全全面规范、公开透明的预算制度，保障经济社会的健康发展，根据宪法，制定本法”。该法共规定了总则、预算管理职权、预算收支范围、预算编制、预算审查和批准、预算执行、预算调整、决算、监督、法律责任和附则共11章、101条内容。

（2）政府采购法。

政府采购，是指各级国家机关、事业单位和团体组织，使用财政性资金采购依法制定的集中采购目录以内的或者采购限额标准以上的货物、工程和服务的行为。政府采购限额标准，属于中央预算的政府采购项目，由国务院确定并公布；属于地方预算的政府采购项目，由省、自治区、直辖市人民政府或者其授权的机构确定并公布。

政府采购法是规范政府采购行为，提高政府采购资金的使用效益，维护国家利益和社会公共利益，保护政府采购当事人的合法权益的法律，内容主要是程序法。我国现行的《政府采购法》于2002年制定公布，2014年修正，内容包括总则、政府采购当事人、政府采购方式、政府采购程序、政府采购合同、质疑与投诉、监督检查、法律责任和附则共9章、88条的内容。政府采购的基本目标是支出效益最大化、物有所值，即以最有利的价格条件购买到质量合乎要求的商品和服务。

(3) 产业政策法。

市场经济健康发展的根本条件之一是产业规划科学、产业组织有效、产业结构优化、产业布局合理、产业技术先进。但这些条件并不能完全通过市场而自发形成，需要依靠产业政策的科学干预。产业政策是宏观调控的重要措施，产业关系是宏观调控关系的基本内容，必须依法调整，形成产业政策法。产业政策法应规定产业政策的目标、基本政策、制定实施等方面的内容。产业政策法是宏观调控法的基本要素之一。

(二) 市场规制法的渊源

1. 竞争法

竞争法是市场规制法的核心法律制度，主要由反垄断法和反不正当竞争法两部分组成。

市场经济以公平竞争为核心，在竞争中，各个市场主体充分发挥主观能动性，优胜劣汰，最终将形成垄断，但是垄断结果将反向限制自由市场竞争，破坏经济民主，扰乱经济秩序，妨碍社会正义，桎梏社会进步，必须禁止。这种理念通过《反垄断法》第1条立法宗旨充分体现，“为了预防和制止垄断行为，保护市场公平竞争，提高经济运行效率，维护消费者利益和社会公共利益，促进社会主义市场经济健康发展”。反垄断法是关于反垄断方面法律规范的总称，具体规定了反垄断法的立法目的和基本原则、反垄断法的调整对象、垄断的表现形式、反垄断法的执行机构及其权限与程序、反垄断法的法律责任及其适用除外等内容。

反不正当竞争法是竞争法的另一重要构成，《反不正当竞争法》第1条规定：“为了促进社会主义市场经济健康发展，鼓励和保护公平竞争，制止不正当竞争行为，保护经营者和消费者的合法权益，制定本法。”规制不正当竞争的主要理由在于，不正当竞争侵害其他经营者的正当权益，损害消费者的合法权益，破坏市场竞争秩序。反不正当竞争是维护市场竞争的根本措施之一，也是市场监管关系的基本内容之一。反不正当竞争的相关法律规范主要规定了反不正当竞争法的立法目的和基本原则、反不正当竞争行为的种类、反不正当竞争法的执行机构和权限、程序以及法律责任等。

我国的竞争立法始于20世纪80年代，除上述两部法律外，还包括《拍卖法》《招标投标法》《反倾销条例》等单行法，共同构成规制不正当竞争、垄断、倾销等危害竞争行为的法律体系。

2. 消费者权益保护法

在市场经济中，市场主体行为主要是经营者的生产与竞争行为，但最终指向的都是商品销售。“在经营者（生产者、销售者）与消费者的关系中，消费者处于最终的地位。生产者生产什么、生产多少，不是由生产者自身决定，而是由最终的消费者决定”。①

但是在现代市场中，消费者面临前所未有的消费问题，并且随着消费品生产的工业化、人类生活的城市化、生产者的有组织化或垄断化、销售渠道的多样化和网络化、消费者信息和购买记录的大数据化，消费者面临的问题日益复杂，且处于更加信息不对称的市场环境当中，有着更加弱势的市场地位。因此，消费者权益保护十分重要，需要通过特别立法予以规定。《消费者权益保护法》第1条明确规定：“为保护消费者的合法权益，维护社会经济秩序，促进社会主义市场经济健康发展，制定本法。”我国消费者保护立法始于1993年，经过2009年、2013年两次修正，目前已经形成规定有总则、消费者权利、经营者义务、国家对消费者合法权益的保护、消费者组织、争议的解决、法律责任等内容在内的比较完善的消费者权益保护特别法。

3. 其他市场规制法

（1）产品质量法。

产品质量法与消费者权益保护密切相关，激烈的市场竞争在某些情况下可能导致消费者权益的损害，通过产品质量法进行市场监管，能够对消费者进行实质性的全面保护，能够有效制止质量不合格产品对消费者造成的损害，通过产品质量的提高促进企业在市场上的竞争能力。《产品质量法》第1条开宗明义：“为了加强对产品质量的监督管理，提高产品质量水平，明确产品质量责任，保护消费者的合法权益，维护社会经济秩序，制定本法。”产品质量法属于市场规制法的重要构成部分。我国产品质量立法从1993年开始，经过2000年、2009年、2018年3次修正，《产品质量法》主要内容包括产品质量的监督、生产者与销售者的产品质量责任和义务、损害赔偿规则、罚则等具体内容。除《产品质量法》之外，《标准化法》也是产品质量法律制度的重要构成。

（2）食品安全法。

食品安全关系国计民生，责任重于泰山，食品是人类赖以生存和发展的最基本的物质，其监管必然也不同于一般的产品，因而食品市场也需要进行不同于一般产品市场的特殊监管。食品安全法律制度体系是与食品安全有关的全部法律制度的综合，是以保障食品安全、保护个人生命健康为目标的法律规范和法律原则的总称，以《食品安全法》为核心，还包括《农产品质量安全法》《计量法》《商品检验法》以及相关法律法规。我国《食品安全法》2009年制定，2015年进行了全面修订，由过去的104条增加至154条，内容涵盖总则、食品安全风险监测和评估、食品安全标准、食品生产经营、食品检验、食品进出口、食品安全事故处置、监督管理、法律责任和附则共10章的内容。贯彻了建立最严格覆盖全过程食品监管制度、加快政府职能转变和深化行政审批制度改革的精神，建立了统一权威的食品安全监管体制，回应了维护食品安全、保障人民群众生命健康的社会呼声，为建立健全食品安全监管体系奠定制度基础。在2018年，为适应食品监管部门调整，该法再一次进行修正。2021年4月，第十三届全国人民代表大会常务委员会第二十八次会议决定，对该法作出修改。

（3）广告监管法。

广告监管法是调整广告主、广告经营者、广告发布者、广告代言人从事广告活动的法

---

① 李昌麒，许明月. 消费者保护法. 北京：法律出版社，1997：73-74.

律规范的总称，属于市场规制法的一种，承担着保护消费者信息真实和免受过度信息侵扰的独特的价值功能。《广告法》第1条规定了立法宗旨："为了规范广告活动，保护消费者的合法权益，促进广告业的健康发展，维护社会经济秩序，制定本法。"具体分析可以得知，该法制定目的不是设定广告主体的权利，而是约束广告主体、保护消费者权益、维护市场竞争秩序，市场监管是其核心目标。

（4）价格监管法。

在市场经济中，只有实现由企业自主定价、政府间接调控的市场价格体系，才能充分遵循市场环境下的价值规律、供求规律、竞争规律，实现一个自由、平等竞争的良好市场环境。需要注意的是，企业自主定价并不意味着全部价格都由企业决定，少数对政治、社会稳定和国民经济长期发展有重大影响的产品和劳务需要由国家定价，大多数一般性商品和服务的价格由企业自主定价。但价格放开也不是完全放任自流，政府必须对价格调控的对象和目标进行调整，对价格间接调控的手段和措施进行优化。

价格法的调整对象是价格关系，是国家为调整与价格的制定、执行、监督有关的各种经济关系而制定的法律规范的总称。《价格法》第1条规定了立法宗旨："为了规范价格行为，发挥价格合理配置资源的作用，稳定市场价格总水平，保护消费者和经营者的合法权益，促进社会主义市场经济健康发展，制定本法。"

（5）电子商务市场监管法。

电子商务是随着计算机网络技术的发展与应用而产生的一种新型交易形态，形成了一个有别于传统线下交易的独立市场空间，其中经营者与消费者的市场地位和相互之间的关系发生了巨大的变化，需要通过新型的法律手段进行规制。我国电子商务立法于2013年启动，2018年8月31日正式发布，2019年1月1日起实施，《电子商务法》共包含总则、电子商务经营者、电子商务合同的订立与履行、电子商务争议解决、电子商务促进、法律责任和附则共7章、89条的内容。

我国《电子商务法》第1条规定了立法宗旨："为了保障电子商务各方主体的合法权益，规范电子商务行为，维护市场秩序，促进电子商务持续健康发展，制定本法。"根据该宗旨，电子商务法具有三个原则：一是诚实信用原则，各方主体在从事电子商务活动的过程中，应当遵循自愿、公平、诚实信用的原则，遵守公认的商业道德。二是市场决定和国家鼓励原则，国家发挥市场在资源配置中的决定性作用，平等对待线上线下商务活动，促进线上线下融合发展，各级政府和有关部门不得采取歧视性的政策措施，不得滥用行政权力排除限制竞争；国家维护电子商务交易安全，保护电子商务用户信息，鼓励电子商务数据交换，保障电子商务数据依法有序流动和合理利用。三是行业自律和社会共治原则，电子商务行业组织和电子商务经营主体应当加强行业自律，建立健全行业规范和网络规范，引导本行业经营者公平竞争，推动行业诚信建设。国家鼓励、支持和引导电子商务行业组织、电子商务经营主体和消费者共同参与电子商务市场治理。

（6）金融市场监管法。

金融，是指货币资金的融通，是现代市场经济的核心，是与货币流通、银行信用以及其他信用有关的经济活动的总称。金融监管法，主要包括银行业监管法、证券业监管法、保险业监管法以及期货业监管法等部分。主要法律文件包括1995年制定的《商业银行法》（2003年、2015年修正），1995年出台的《保险法》（2002年修正、2009年修订、2014年修正、2015 年修正），1998 年出台的《证券法》（2004 年修正、2005 年修订、2013 年修正、2014 年修正、2019 年修订），2003 年出台的《银行业监督管理法》（2006 年修正），2003 年出台的《证券投资基金法》（2012 年修订、2015 年修正），以及相关的行政法规和部门规章，它们共同构成了我国金融市场监管法律体系，监管金融市场的正常运行，维护金融市场稳定，调动各个市场主体的活力与创造力，充分发挥市场经济的优势。

相关事例

2018 年 3 月国务院公布了机构改革方案，分散于三个部门的反垄断机构合并为一，具体而言，是将国家工商行政管理总局的反垄断执法职责（反垄断与反不正当竞争执法局）、国家发展和改革委员会的价格监督检查与反垄断执法职责（价格监督检查与反垄断局）、商务部的经营者集中反垄断执法（反垄断局）与国务院反垄断委员会办公室等职责整合，统一归属市场监督管理总局。其中，国务院反垄断委员会继续保留，具体工作由国家市场监督管理总局承担。国家市场监管总局承担反垄断统一的执法职能，设立了反垄断局，反垄断的职能主要集中在反垄断局，改革后将统一执法、统一标准、规范执法。

反垄断局的职能是统筹推进竞争政策的实施，拟定反垄断规章制度措施和指南，组织实施反垄断执法，依法对经营者集中行为进行反垄断审查，负责垄断协议、滥用市场支配地位和滥用行政权力、排除限制竞争，以及滥用知识产权排除限制竞争等反垄断执法工作，同时也承担了指导企业在国外的反垄断应诉，承担竞争政策和反垄断执法的国际合作与交流。同时还承办国务院反垄断委员会的日常工作，包括国家市场监管总局在内，反垄断委员会由 14 个国务院机构组成。

到 2018 年 11 月 16 日举行《反垄断法》实施十周年新闻发布会时，总局层面的反垄断执法机构改革已经完成。2018 年底，地方的反垄断执法机构改革整合工作基本到位。

第二节　经济法的地位

一、经济法在社会经济发展中的地位

（一）经济法在社会经济发展中的地位

1. 中国特色社会主义市场经济运行的基础

经济法作为工业社会兴起之后产生的新兴法律部门，是适应机器大规模生产的产物，除为了应对垄断、不正当竞争等异化的竞争结果外，也给各个市场参与者提供了参与市场竞争的准则与底线，为市场经济的激烈竞争划定边界。经济法的存在同样也不仅仅只是为了弥补民法自身运行的弱点，更是有着自身的独立价值。特别是在社会主义市场经济条件下，能够自由竞争的平等市场环境显得更为重要，除经济运行中的政府权力需要受到限制外，市场中的各个市场参与者，特别是其中的弱势群体，更需要得到特别的保护。同样，在以经济利益为首要驱动因素的市场环境下，对其中可能遭到忽视的社区、环境卫生、公共安全等因素也需要通过经济法进行额外的保障，不仅提供实体性保障也提供程序性手段，防止因为片面追求经济利益而造成的对环境和社会的长期潜在危害，使社会主义市场经济长久健康可持续发展成为可能。

2. 调控宏观经济和监管市场的工具

经济法调整的主要对象或者说社会关系就是宏观调控关系与市场监管关系，经济法的主要构成就是宏观层面的宏观调控法和微观层面的市场规制法。一方面，经济法是为了满足调控宏观经济和监管市场的需要而产生的；另一方面，当经济法产生之后，便成为调控宏观经济与监管微观市场的最有力工具。不仅仅为政府机构和职能的增设奠定法律基础，也为政府监管部门更好地调整经济运行方向、维护市场的公平竞争秩序提供了法律依据，为更加具体的行政法规与相关规范性文件的制定提供了上位法依据，构建起保障社会主义市场经济合理运行的法律体系。

3. 构建良好营商环境的制度保障

良好营商环境的制度保障与基础便是安全稳定的政治与经济环境，经济法恰恰起到这个作用。经济法的实体规则为各个市场参与主体参与市场竞争、组织生产经营、设计销售产品提供了标准和底线，也为各个细分市场经营者和消费者之间发生矛盾冲突时如何处理提供指引。

特别是在知识经济占据主流，计算机、人工智能、大数据技术广泛应用于生产经营和推广销售的当下，很多新兴产业在触发又一轮新的经济增长点、极大便利人们生活的同时也造成了很多新的利益冲突，存在很多监管盲区。这时候，如何在充分发挥新业态优势的同时最大程度弥补监管漏洞、提升监管效能就成为经济法如今面对的一个重要问题。在这种情况下，更需要谨守经济法的实质正义和社会本位原则，促经济发展的同时不忘灵活监管、创新监管手段和方式，利用新的技术和政务平台提升监管效能，最终实现良好营商环境的构建。

4. 市场弱势主体的维权手段

虽然在民法意义上，每个主体都具有平等的地位，但是实际上由于经济能力、社会地位特别是市场地位的差异，在参与市场活动的过程中，一些主体先天就处于弱势地位，需要进行特殊保护，还有一些特殊的产品市场，由于其干系重大，同样需要有别于一般产品市场的特殊规则进行严格监管。比如《消费者权益保护法》在第 2 章专章赋予消费者安全权、知情权、选择权、公平交易权、索赔权、结社权、受教育权、受尊重权、个人信息权、监督权十项权利维护自身合法权益。在细分市场当中，《食品安全法》对食品生产企业提出了远高于一般企业的生产标准，规定了更为严格的违法责任，以保障人们从农田到餐桌全方位的食品安全。在程序上，提供了公益诉讼、集体诉讼等手段，更为全方位地保障市场弱势主体的权益，以期实现实质正义的价值追求。

（二）经济法在社会经济发展中的前景展望

1. 应对经济全球化对经济法的影响

虽然由于全球卫生状况和其他原因，有些国家不断挑战 WTO 框架下的多边贸易规则，但是总体而言，经济全球化和全球市场一体化的大趋势不会变，这必然也会给我国经济法理论和制度的构建带来许多挑战。因此，经济法必须加快完善理念创新，在完善宏观调控、维护市场竞争、构建良好营商环境的基础上，还需要创新经济安全理念和经济发展理念。一是经济安全除国内的特定市场安全，如食品安全、粮食安全、网络安全和虚拟经济安全外，更重要的是要重视保障国际经济安全，尤其应当注意防范国际经济风险对我国产生的影响，借助宏观经济调控法律体系，构筑起我国的经济安全网，既分享世界经济全球化带来的利益成果，又注重防范可能为我国带来的经济风险。二是创新经济发展理念，坚持可持续发展和平稳发展的观念，提升我国经济的国际竞争力和抗风险能力。同时，还应在经济法的研究中注重与其他相关学科交流，借鉴其他学科的研究方法和研究成果，以更好地应对全球化的挑战。

2. 应对经济现代化发展趋势对经济法的影响

国家治理体系和治理能力现代化目标为经济法的现代化发展提出了更高的要求。经济法是现代化的产物，但事实上，现代化的环境不能自然地保证经济法本身的现代化，还需要所有的相关从业者不断追求探索。

3. 应对虚拟经济对经济法的影响

虚拟经济是不同于实体经济的一种经济模式，是指交易品本身没有价值、不参与生产与再生产过程，而是通过交易可获得价值增减的经济运行方式，包括货币市场、资本市场（股票、债券交易）、期货买卖和新兴金融衍生品交易等。虚拟经济作为一种经济形态，对法学，特别是经济法产生重要影响。由于虚拟经济交易的产品是概念化的“产品”，其运行需要依靠人为预设的规则来支撑，需要有特殊的制度设计和强有力的国家监管作为保障。而且，一些实体经济条件下的观念需要创新和调整，虽然面临诸多挑战，但是在这一制度创新的过程中，经济法自身也必将获得新的发展。

二、经济法与其他法律部门的关系

经济法是一个独立的法律部门，是中国特色社会主义法律体系的一个重要构成部分。从外延上来看，该法与其他各个部门法均产生了或多或少的关系，但是在这其中，尤为重要且需要厘清的主要是经济法与民法，以及经济法与行政法之间的关系，这是因为经济法所调整的市场监管关系和宏观调控关系与民法所调整的平等主体间的财产关系和行政法所调整的经济行政管理关系有密切联系。

（一）经济法与民法的关系

1. 经济法独立于民法

经济法独立于民法，由两者的区别决定：

（1）历史不同。民法源远流长，迄今已有两千余年的历史。经济法作为一个新兴法律部门，距今不过一百年。即使从1802年英国的工厂法开始起算，也不过200余年。

（2）构成要素不同。民法由物权法、债权法、人格权法、婚姻家庭法、继承法、侵权责任法构成；经济法主要由市场规制法和宏观调控法构成。

（3）法律属性不同。民法是一种典型的私法，以私人为主体，以私权为本位，以意思自治为圭臬，是一种自主性调整机制的法；而经济法是一种社会法，以社会为主体，以共益为本位，以社会协调为宗旨，是一种社会整体调整机制的法。

（4）主体不同。民法中的自然人和法人是抽象的和无任何差别的人；经济法中的人则是在市场中从事竞争和交易中的人，具有经济身份，如经营者、消费者、劳动者和市场监管机构。

（5）价值理念不同。民法追求的是意思自治前提下的个人自由、个人利益和形式公平；经济法则是以社会公共利益和经济秩序为目标，以社会为本位，追求社会整体利益和实质上的公平。

（6）调整方法不同。民法认为所有民事主体都是没有差别、完全平等的人，都能通过自己的行为承担风险，享有利益，对自己的行为负责，所以当事人应当自治，国家不应当干预；经济法则是在尊重当事人自治的基础上，根据市场主体在市场竞争和交易中的实际地位进行差别对待，主张从立法、行政和司法等方面对市场进行适当干预，保障结果公正。

（7）调整对象和调整范围不同。民法作为市民社会的基本法，调整和规范所有私人领域中平等主体的民事行为和人身、财产关系，包括结婚、离婚、抚养、赡养和继承等家庭行为，具有平等性、私人性和自治性的特点；而经济法作为市场经济高度发展的产物，适用的范围仅限于经济领域特别是市场经济领域中的各种行为和关系，如竞争、交易、消费和分配，具有管理性、公共性和干预性的特点。

（8）对政府的态度不同。民法反对政府对市民生活的任何干预，政府只能以普通法人身份享有民事权利，参加民事关系，不能以权力身份出现在民事法律关系中。而经济法一方面限制政府随意参与市场竞争，主张优先发挥市场作用，由市场主体自治；另一方面则授权政府对危害市场秩序行为进行规制，并在市场失灵时适当调控。

（9）方法论不同。民法是个体主义，只承认个体和个体权利。民法关注的是个人与个人的关系和个人意思表示是否真实的微观性问题，个体行为的外部性，以及个体与社会整体之间的冲突通常不予关注，或者只作为个体权利限制的边界；经济法的方法论则是整体主义，是以社会而非微观个人为本位建构的权利和义务体系。

（10）法律责任不同。民法责任是民事主体因违反约定或侵犯民事权利应承担的不利法律后果，责任的对象是受害人；经济法责任则是违法者对社会公共利益造成危害或威胁而承担的责任，责任对象不是个人，而是社会共同体。

（11）实施方式不同。民法既可以通过民事诉讼程序实施，也可以在自愿基础上委托第三方调解或仲裁；经济法的实施则主要依靠监管机构的监督，其次也包括通过公益诉讼或集体的方式实施。

尽管民法与经济法是两个独立的法律部门，但这并不意味着两者互不相关。由于民法与经济法共同扎根于市场经济，现代市场经济既不是纯粹的市场调节经济，也不是片面的国家干预经济，而是市场调节与国家干预密切结合的现代市场经济。民法和经济法分别是这种现代市场经济的两种调节手段的必然产物和法律表现，而现代市场经济的内在统一性要求民法与经济法必须相互配合。

2. 经济法以民法为依归

经济法以民法为依归，由民法的性质决定：

（1）民法是生活中的法。在所有的法律部门当中，民法最关乎人们的日用常行，民法来源于生活，民法本身即是生活，民法是生活的百科全书。而经济法则通过涉及“国计”而关切“民生”，通过服务民法而服务民生。

（2）民法是市场经济的基础法。民法涵摄市场经济的基本制度和基本原则，如主体制度、物权制度、债权制度、责任制度，以及平等原则、自由原则和权利原则，这是人们从事市场经济活动最基本的法律准则，市场经济的生存和发展必然要求民法的生存和发展，没有民法就没有市场经济。在市场体制下，必须把市场调节和国家干预结合起来，但这种结合必须以市场调节为基础，国家干预应依存于、服务于市场调节。这就决定了根源于市场调节的民法和根源于国家干预的经济法的关系，即经济法应依存于、服务于民法。

（3）民法是一种进步的法。民法体现着人类社会进步发展的永恒的基本理念，如独立、平等、自由、权利、责任，而这些也正是经济法的基本理念。民法视意思自治为圭臬，经济法的根本任务之一就是为民法的意思自治创造条件、提供保障。民法蕴含自由竞争机制，这是人类社会发展进步不可或缺的基本动力，而经济法之所以要维护市场竞争和进行宏观调控，核心目的也在于创造和维护民法的自由竞争。民法作为一种生活中的法，具有强大的实践力，把独立、平等、自由、权利、责任等人类永恒的基本理念规则化、大众化、通俗化，赋予其现实内容和生活要素，经济法的基本理念，如实质正义、社会本位，同样需要以民法为中介才能走向生活化、现实化。

3. 民法以经济法为条件

民法以经济法为条件，这是由经济法的性质所决定的：

（1）民法的基础需要经济法奠定。民法是建立在平等自由基础之上的，没有平等自由就没有民法。但民法的平等是抽象的平等，是概念化了的自然人或者法人之间的平等，而现实生活中实际的人千差万别，这种差异更是随着社会发展进程的推进不断加大以致固化。此外，由于民法本身是一种竞争法则，优胜劣汰，最终也会导致人们之间不平等不自由，同样会破坏民法自身存在的基础，因此，必须依靠经济法通过市场规制法和宏观调控法创立维护人们之间的平等自由，实现实质正义，从而为民法奠定存在的基础。

（2）民法的进步性需要经济法去维持。民法的独立、平等、自由、权利、责任是建立在个人主义基础之上的，但是在市场竞争中，既有市场优胜者，又有市场失败者、社会弱者。为了扶持市场失败者，救济社会弱者，必须实行一套与民法有所不同的法律，这种法律就是经济法。经济法通过扶持市场失败者，培植他们的竞争力，救济社会弱者，维护他们的基本人权，让他们重新获得均等的机会参与自由竞争。经济法是一种社会本位法，经济法要确立每个人作为人的主体地位，保护每个人作为人应有的权利，从而真正解放人、解放社会。因此，民法需要经济法以维持其进步性。

（3）民法的意思自治需要经济法去创造条件。民法奉行意思自治，但是其理论前提是抽象的理性人假设，但在现实生活中，人们的社会地位、经济实力、个人能力均不相同，因此意思自治只能存在于意思自治能力不同的主体之间，这种意思自治并不是真正平等自由的，因此，这种意思自治含有局部地放弃平等自由的因素。特别是到了垄断阶段，意思自治的性质发生了根本性的转变，已蜕变成了经济强者支配经济弱者的单方面的恣意自由。为了抑制这种现象，真正实现人人意思自治，一个重要的措施就是依靠经济法进行国家干预以创造和维护人们之间的平等自由，进行反垄断以抑制经济强者的市场支配地位，通过规定标准合同以保护社会弱者的合法权益。在经济法所创造的平等自由的基础上，才有民法的意思自治，所以在某种意义上没有经济法就没有意思自治。民法是一种微观自治法，就每个民法主体自身来说，也许是有计划有秩序的，但就整个宏观环境来说，难免处于无计划无秩序当中。要真正实现民法意思自治，必须依靠经济法，依靠经济法中的宏观调控和市场监管，由作为社会总代表的国家站在全社会的高度进行总体规划、宏观调控和市场监管，只有在这种情况下，民法的意思自治才有意义。

（二）经济法与行政法的关系

由于行政法的概念和内涵随着历史发展几经变化，因此首先对行政法进行界定。此处的行政法指的是包括《行政诉讼法》《行政处罚法》《行政复议法》《国家赔偿法》《行政许可法》《公务员法》《行政强制法》等法律在内的制定法，这些法律从程序上规范行政行为和救济行政相对人，体现了控权思想。因此，经济法与行政法的关系也就是经济法的法律渊源与上述法律之间的关系。

1. 经济法与行政法的区别

（1）目的不同。行政法是为了防止行政机关滥用或超越权力，维护行政相对人的私人利益。经济法则是维护包括所有经营者、消费者、劳动者权益在内的社会公共利益。

（2）规范对象不同。行政法规范或控制的是行政处罚、行政许可和行政强制等直接关系具体行政相对人利益的行为，规范的是行政行为，具有特殊性。经济法既规范经营者的垄断、不正当竞争、侵犯劳动者和消费者权益、污染环境和破坏自然资源等侵害公共利益的行为，也规范政府市场监管、财政和货币调控等涉及社会公共利益的行为，规范的对象是市场监管关系和宏观调控关系，这种关系是在市场自由竞争的基础上形成的，具有普遍性。

（3）调整的关系不同。行政法调整的是行政机关在行政许可、行政处罚、行政强制等行使职权过程中与行政相对人发生的各种关系。经济法调整的则是以经营者或政府为一端，以社会整体为另一端的经济关系，即经济个体与社会整体之间的关系。经济法调整的是一种基础性和实体性的关系，行政法调整的是派生性和程序性的关系。

（4）调整方法不同。虽然都涉及行政主体，但行政法主要规范涉及行政相对人个人利益的行为，保护行政相对人的权利；经济法则主要通过规制经营者和政府调控行为维护社会公共利益。

（5）责任形式不同。行政法责任包括行政机关承认错误、赔礼道歉、恢复名誉、限期履行、撤销违法行为、纠正不当行为、返还权益、恢复原状和赔偿损失等形式，目的是对行政相对人的权利进行救济。① 经济法责任则包括罚款、没收非法财务、没收违法所得、征收滞纳金、征收惩罚性关税和反倾销或反补贴税、责令停业、限期整顿、暂扣营业执照或许可证、吊销营业执照、吊销许可证、强制解散、停止兼并、强制召回、公开垄断技术等不同的形式，目的是保护社会共同体及其利益。

（6）规范类型不同。行政法主要由程序规范构成，即“行政法更多的是关于程序和补救的法，而不是实体法。由各个不同的行政机关制定的实体法不属于行政法的对象，只有当它可以用来阐明程序法和补救时才是例外”。② 经济法的内容则主要是实体法律规范。

（7）实施主体和程序不同。在行政法中，行政机关作为一方当事人与行政相对人相对，因此，根据自然公正原则，行政机关不能作为行政法最终的执法者。行政相对人与行政机关之间的争议，最终需要通过相对人提起私益性质的行政诉讼解决。经济法则主要是

---

① 应松年．行政法新论．北京：中国方正出版社，2004：417-418.

② ［美］伯纳德·施瓦茨．行政法．徐炳，译．北京：群众出版社，1986：3.

通过行政监管机构的监管实施，同时可以通过公益诉讼方式实施。

2. 经济法与行政法的联系

经济法与行政法虽然存在区别，但又是两个联系最为密切的法律部门。

（1）经济法的产生和发展导致了行政法的快速发展和体系扩张。行政法产生于自由竞争时期。这一时期实行自由放任，没有经济法，也没有专门的市场监管机构，行政权的作用范围非常狭小。经济法出现后，为了执法需要，在行政系统内开始建立执法或监管机构。例如，美国进入 20 世纪后，随着食品药品法、反托拉斯法、联邦贸易委员会法、证券法、银行法等一系列法律的通过，联邦司法部反托拉斯局以及食品药品管理局、联邦委员会、联邦电信委员会、证券监管委员会和劳工局等机构也纷纷设立，行政机构和行政权力急剧扩张。为了约束监管机构的权力，于 1946 年制定了联邦行政程序法。因此，行政部门的增加和权力的扩张，是以经济法的产生为前提的。我国也有类似经历。2008 年以前，我国尚未制定《反垄断法》，不存在反垄断执法机构。《反垄断法》通过后，则设立了三个具体执法机构，政府才拥有反垄断权力。纵观现代法律发展史，经济法的每次扩张，都意味着新的行政机构的诞生和行政权的扩张。行政权的扩张，必然带来对行政权的规范问题，行政法也就必须随之扩张。因此，经济法的产生和发展必然伴随着行政法的发展。“行政法体系发展的历史是行政权力不断扩大的历史。这个历史总是伴随着司法权对扩大中的行政权的相应限制”。①

（2）经济法在实施中与行政法紧密联系，相互配合，形成实体法与程序法的关系。经济法作为规制市场主体经济行为的实体性法律规范，需要借助行政权才能实施。但监管机构的执法或监管应当遵循法定的程序。行政法作为程序法保障了经济法的运行和实施。例如，食品监管机构在实施《食品安全法》时，要按照《行政许可法》规定的程序对从事食品行业的经营者资格进行审查，经营者涉嫌违法需要调查或处罚时，还必须遵循《行政处罚法》规定的行政程序。经济法和行政法由此联系在一起，经济法运用行政控制市场，行政法则通过程序法控制行政，在法律体系内部形成了完整的制度链条，将每个主体都控制在法律范围。“经济法与行政法两者在现代法律关系中的分工类似于实体法与程序法的分工关系”。②

（3）基于上述联系，为便于监管机构执法，经济法经常规定了一些行政程序法的内容。如《反垄断法》第六章“对涉嫌垄断行为的调查”和《食品安全法》第八章“监督管理”都属于行政程序条款。这种模式打破了部门法的界限，便于经济法的实施，体现了二者的联系。

（4）行政法规范的对象是行政行为，经济法在规制经营者的同时也规制行政垄断、政府定价、政府采购、财政预算、土地出让、国有资产转让等具有行政性质的政府行为。因此，二者在规制对象上存在交叉。区别在于，经济法规制的行为与社会公共利益直接相关，行政法涉及的行政行为与行政相对人的个体利益直接相关。

经济法与行政法的联系表明，行政法是经济法发挥作用的前置条件和基础，没有完善的行政法，经济法的实施效果会大打折扣。

---

① ［美］伯纳德·施瓦茨．行政法．徐炳，译．北京：群众出版社，1986：3.

② 孙笑侠．法律对行政的控制．济南：山东人民出版社，1999：90.

相关事例

2019 年 3 月 19 日，杭州互联网法院发布了 2018 年度电子商务案件审判白皮书，2018 年该院共审理电子商务案件 2 099 件，其中网络购物合同纠纷 443 件、网络购物产品责任纠纷 1 181 件、网络服务合同纠纷 475 件。网络购物中买家诉卖家的案件超 1 500 件，买家胜诉率超过 90%。

白皮书数据显示，电子商务案件涉案标的物越来越多元化，涉案金额也越来越高。2018 年，涉食品、保健品、药品、电子产品、服饰 5 类案件占收案总数的比重较 2017 年下降 13%，出现了网购汽车、无人机、比特币挖矿机等产品相关案件；电子商务案件平均标的额达到 68 184.29 元。通过网络购买服务引发的纠纷案件明显增多，主要集中在旅游产品预订、酒店预订、家政服务、教育培训、装修空气质量检测等。比较明显的是，新型电商涉诉案件明显增多，社交电商、社区电商、跨境电商、引流电商、农村电商等新型电商快速发展，引发了较多纠纷。

通过司法数据，反映出电子商务发展呈现了下列特点与问题：1. 跨境电商案件增多，涉案标的额提升，发展型、享受型消费案件增加，电商领域消费升级明显；2. 电商平台竞争加剧，平台履行先行赔付责任力度加大，平台维护消费者权益力度提升；3. 大型电商平台被诉案件明显减少，电商平台化解纠纷能力提高；4. 案件基数仍然较大、食安领域问题依然突出，电商经营秩序和产品质量仍有待提升；5. 社交电商、服务电商、引流电商等新型电商秩序亟待规范；6. 不规范的网购捆绑消费贷亟待治理。

上述问题亦是政府加强市场监管的重点领域，体现出民法与经济法从不同维度共同作用于市场经济关系的特点。

【法考练习题】

1.【模拟】根据不同标准，可以对经济法进行多种不同分类，下列哪个选项中的标准和分类是对应经济法的调整对象或者其调整的社会关系的？（　　）

A. 生产经济法、流通经济法、分配经济法和消费经济法

B. 市场经济法和政府经济法

C. 市场规制法和宏观调控法

D. 国内经济法和国际经济法

【参考答案】 C

解析：C 选项正确。市场规制法和宏观调控法是根据经济法的调整对象，或者其调整的社会关系，即微观的市场监管关系和宏观的宏观调控关系进行的分类，市场规制法和宏观调控法也是经济法体系的两个基本构成。

第三章

经济法的理念和原则

【导语】

法律理念是指人们在法律实践中通过理性能力所把握到的法的内在精神和普遍范型①。法律制度是在一定理念下的产物，只有真正体会法律理念，才能把握法律规范背后的思想，洞察法律条文背后深刻的法律本质及其发展规律。由于经济法的原则、概念、本质、具体制度都是在经济法理念的涵摄和指导下展开的，因而经济法理念在整个的经济法理论体系中处于最高范畴。本章从经济法理念出发，解决经济法理念最为核心的是正义观的选择以及在社会与个人关系中何者为本位的问题。掌握经济法理念的具体内容，有助于揭示经济法的本质、本源和价值，进而深化对于经济法学理论的研究。

经济法的原则是本质、理念和价值的具体表现，经济法基本原则统领着经济法的各项制度，既是市场主体的基本行为准则，也是立法和执法者在制定以及实施经济法过程中必须遵循的原则，它贯穿于经济法的立法、执法、守法和司法的全过程，并为经济法所确认和实现的根本法律准则②。本章具体介绍了经济法基本原则的内容，研究经济法的基本原则对于理解经济法的价值和整个经济法理论都具有重要意义。

本章学习的重点是经济法理念和原则的具体内容，难点是实质正义、社会本位在经济法具体制度中的表现。

第一节　经济法的理念

一、实质正义

（一）实质正义的含义和特征

法律与正义的关系是永恒的话题，如罗尔斯所言：“某些法律和制度，不管它们如何

① 李昌麒．经济法理念研究．北京：法律出版社，2009：18．

② 徐孟州．经济法的理念和价值范畴探讨．社会科学，2011（1）．

有效率和有条理，只要他们不正义，就必须加以改造和废除。”① 传统法学认为，正义是一视同仁地对待每一个人，法律应给予每一个人同等的机会，这是近代的形式正义。进入19 世纪末 20 世纪初，经济法已经覆盖到经济生活中的各个领域，由于它和传统的私法学追求的正义观不符，因而经济法需要寻找新的正义观，同时也面临着与传统的私法学争夺正义制高点的问题。若让人们确信经济法存在的合理性和正当性，需要从正义的角度作出合乎逻辑的解释，这就是经济法要阐释的正义理念——实质正义。“经济法，尤其是我国由社会主义公有制主导之经济法的实质正义观，在于实现社会范围内的正义性、社会性的正义和公平。这种正义观，是一种追求最大多数社会成员之福祉的、社会主义的正义观。”②

实质正义，是指国家通过实体和程序，积极对弱势群体进行倾斜式资源配置，以矫正、扭转基于自然禀赋、自然原因、社会原因等因素形成的不公平的社会经济关系，并调整全局性利益关系的一种正义观念。根据实质正义的内涵，我们将实质正义的特征概括为以下几个方面：

第一，实质正义与形式正义相对应。形式正义是近代民法所确立的正义观，近代私法主张人人平等和自由，是基于要彻底推翻过去封建时代一切基于身份、地位的不平等。它不考虑人与人之间的差别，不分身份和强弱，只论形式，不论内容；只看现象，不看实质；只论过程，不论结果：只追求绝对的、无差别的平等和无限制的自由。因而被称之为形式正义。③ 比如近代私法所确立的所有权绝对、契约自由和过错原则都是根据形式正义所演绎出的制度载体，但是形式正义的观念并不符合 19 世纪末 20 世纪初经济的发展，由于当时工业革命已经完成，不平等的社会结构成为常态，资本家和劳动者、经营者和消费者在经济实力、谈判能力、维权能力、社会资源的占有量、交易信息的获取上等诸多方面都处于不对等的状态，因而强势一方对弱势一方的剥夺就成为必然，若一味地追求形式正义，把形式正义的观念适用到经济法上，只会产生更大的差距，必然会对弱势群体产生实质的不公平。因而正义的观念需要及时更新，“换言之，发生了深刻变化的社会经济生活条件，迫使法官、学者和立法者，正视当事人之间经济地位不平等的现实，抛弃形式正义观念而追求实现实质正义”④。

第二，实质正义是权利义务责任分配的一种方式。“正义的主要问题是社会的基本结构，或更准确地说，是社会主要制度分配基本权利和义务，决定由社会合作产生的利益之划分的方式。”⑤ 实质正义是一种理念，在这种理念的指导之下，需要对权利义务进行差别式分配或者倾斜式分配，对弱者赋予更多的权利，对强势主体施加更多的义务，对不同的主体进行差别待遇，其目的在于实现真正的实质公平。实质正义作为 20 世纪的社会正义的思想，要求根据主体的身份以及在社会关系中的地位，在平等分配的基础上，有区别地分配权利、权力、义务、责任。

第三，实质正义既包括实体正义，也包括程序正义。实质正义理念的贯彻，不仅体现

① ［美］约翰·罗尔斯．正义论．何怀宏，廖申白，译．北京：中国社会科学出版社，1988：1.
② 史继春，邓峰．经济法总论．北京：法律出版社，2008：140.
③ 薛克鹏．经济法学．北京：中国政法大学出版社，2018：34.
④ 梁慧星．从近代民法到现代民法．北京：中国法制出版社，2000：179.
⑤ 同①5.

在经济法实体的权利和义务，也体现在程序权利和义务的分配上。“同一时期支配权利和义务的正义基础是相同的，它同时适用于整个法律体系，包括实体法和程序法。”① 比如，《消费者权益保护法》规定了消费者的诸多实体权利，对经营者施加了更多的义务，体现了经济法的实体正义，同时又体现了程序正义；比如电器等耐用商品举证责任倒置制度，体现权利义务的倾斜式配置，真正地落实消费者的权利。

第四，实质正义并不排除形式正义，并以形式正义为基础。正如经济法并不排除传统私法，是对传统私法的矫正和反思，体现在两部法律上的正义理念也是如此，经济法所体现的实质正义并不排除传统私法所体现的形式正义，而是对于形式正义的不足进行矫正，从而真正地贯彻实质公平。形式正义和实质正义虽然体现的是不同的法律，但是实质正义是对形式正义的补充，二者共同融合在同一法律体系中，共同成为当代法律的基本价值。

（二）经济法如何实现实质正义

实质正义是一种理念，要成为指导社会行动的力量，需要通过法律制度这一工具。正如有的学者所言：“国家只进行正义方面的道德宣传是远远不够的，只有把正义观念转化为正义规则，并把规则落实到政府决策、法律条文和人们的行为规范中去，通过制度的完善来保障正义，才能使救助弱势群体、扶困济贫落到实处，否则社会公平只停留在道德说教上。”② 而经济法如何贯彻和实现实质正义，体现为以下几个方面：

第一，主体身份具体化。在法律关系中，主体是最基本的要素，只有确定了主体，才能根据主体的地位和需要分配权利和义务。因而主体是权利义务安排的逻辑起点，需要首先对经济法的各个主体在经济生活中的实际地位进行识别。实质正义不同于形式正义，形式正义抽象了各个主体，把人看作是毫无差别的生物体，从而形成了两大主体——自然人和法人。当然形式正义把主体抽象化的目的是适应简单商品经济时代商品自由流转的需求，但是进入工业革命之后，主体之间的关系发生了实质性改变，原来同一阶层的主体现在处于对立面，逐渐形成资本家和劳动者、经营者和消费者等对立的关系。因而在实质正义理念的指导下，经济法从形式正义抽象的两个主体自然人和法人中具体出几个需要区别对待的主体，比如消费者、经营者、垄断者等。以消费者为例，经济法之所以将消费者列为一个专门的群体，是因为消费者为生活需要购买商品和服务时，必须面对经济实力和信息拥有量强大的经营者，信息的不对称让消费者处于劣势的地位，因而需要认识到消费者这一主体的特殊性，根据其在社会关系中的地位重新分配法律资源。

第二，权利义务的倾斜式分配。实质正义实现的关键一环，是分配权利和义务。正如罗尔斯所言：“一个社会体系的正义，本质上依赖于如何分配基本的权利义务，依赖于在社会的不同阶层中存在着的经济机会和社会条件。”③ 实质正义的倾斜式分配体现在不平等的领域，比如消费关系、竞争关系上。在消费关系上，它采用逆向平衡的方式，通过赋予消费者权利和施加经营者义务来保障二者的平衡。《消费者权益保护法》《食品安全法》《广告法》等都为经营者施加了大量的义务，而消费者基本没有义务。在竞争关系上，在

① 薛克鹏．经济法基本范畴研究．北京：北京大学出版社，2013：158．

② 何霜梅．正义与社群——社群主义对以罗尔斯为首的新自由主义的批判．北京：人民出版社，2009：207．

③ ［美］约翰·罗尔斯．正义论．何怀宏，廖申白，译．北京：中国社会科学出版社，1988：5．

具有市场支配地位的经营者和不具有市场支配地位的经营者之间，《反垄断法》通过禁止实施垄断行为，比如禁止掠夺性定价、禁止强制交易等方式，保护竞争自由。

第三，国家机关和社会团体力量的参与使得纸面上的法律规范转化为具体的社会行动。“徒法不足以自行”。法律规范需要通过执法者的执法才能付诸实践。在经济法中，行政机关有权主动进行监督检查，事先预防违法行为的发生，发现违法行为，有权责令停业整顿、强制召回缺陷产品等。行政权相比于司法权，其主动性和快速性，使得在维护弱势群体利益上具有无可比拟的优势。除了行政机关的力量，发生纠纷时司法机关的力量仍然不容忽视，受害者可以提起诉讼要求侵权人赔偿损失，在消费和食品领域还可以要求惩罚性赔偿。除了国家机关之外，社会团体的力量在经济法中更加凸显，公益诉讼是其特色制度，当违法行为无人起诉但又损害了社会公共利益，比如损害消费者权益的行为，消费者协会可以代为起诉，维护整个消费者群体的利益。

在经济法中，实质正义的法律化，是指根据主体在市场竞争和交易中的实际地位，将自然人和法人区分为经营者、劳动者和消费者，从而为权利和义务的安排奠定基础，之后再进行具体的权力、权利、义务、责任的倾斜式分配，并通过行政、司法、社会团体力量的参与来保障权利义务付诸实践。

二、社会本位

（一）社会本位的含义和特征

本位，顾名思义是指事物的根本地位。法本位，是指法在社会规范体系中的根本地位。法律本位的演变，有义务本位和权利本位，但是这二者只是法律本位的一方面，在19世纪末20世纪初，随着经济条件和社会结构发生实质性的变化，个人和社会何者为本位的问题进一步凸显，而且个人与社会的关系问题是贯彻于社会科学特别是法学始终的命题。20世纪前的西方法律制度贯彻的是个人本位，个人居于绝对的优先地位，社会仅仅是满足个人权利和需要的手段。但个人本位最终导致个人缺乏必要的约束，市场秩序混乱，矛盾冲突不断。人们开始反思个人与社会的关系，对个人本位纠偏，提出社会本位的理念。

社会本位是指社会在与个人、国家以及其他组织的关系中居于根本性、基础性和主导性的地位，个人、国家和其他组织必须以社会为中心和重心，任何人必须承担社会责任和义务，不得损害社会公共利益。从前述关于社会本位的定义中，我们可以归纳出社会本位的特征，体现为以下几个方面：

第一，社会本位主张唯实论，把社会视为独立于个人的真实的实体。关于社会的地位问题，存在唯名论和唯实论，“唯名论主张，只有个人是真实的存在，所有的社会关系都可以最终还原为个人与个人之间的关系。社会不是一个客观存在的实体，而是一群同心人的集合体，是代表具有同样特征的许多人的名称，是空名而非实体。”① 唯实论主张，社会不是简单的个体的集合，而是客观真实存在的实体，是一个有机整体。社会本位认同的观点是唯实论，反对个人本位的唯名论，主张社会应当处于根本性的地位，社会是个

① 郑杭生．社会学概论新修．北京：中国人民大学出版社，1994：69；张敦福．现代社会学教程．北京：高等教育出版社，2001：66.

人发展的前提和基础，正如胡汉民先生所言："人之所以为人，在于他是社会的一分子。个人的地位是因社会承认其为一分子而来的，他的权利义务，都是因为社会的承认才能存在，否则无权利义务可言。所以，个人需要纳入团体之中，而求公共的福利，才能使个人与团体互相生存的意义发扬。"① 这一观点与唯实论的主张不谋而合，社会为个人提供了各种资源、环境、公共物品等要素，这些要素构成有机联系的整体，使个人得以生存和发展。

第二，社会本位是对极端个人本位的否定。个人本位确实极大地释放了个人的潜力，促进了资本主义经济的发展，使得人类在快车道上迅速向前。但是在19世纪末，经济的高速发展给人类带来福音的同时也带来了灾难。由于过度地强调以个人为中心，极度追求个人利益，导致社会公共利益无人顾及，消费者事件层出不穷，社会秩序极端混乱，经济危机频繁发生。这一切社会问题的背后都是极端的个人本位主义在作祟。因而人们开始反思以个人本位为中心的私法制度，提出了社会本位的主张，正如有学者所言："从理想上推测之，法律之重心，当不必以权利为唯一之本位。以权利之拥护，系原于义务之强行，即因义务之强行而拥护权利，非法律终局之目的。其终局之目的，在于促进社会生活之共同利益，以谋人类之安全，是法律之重心，将移于社会，而必以社会为本位，可断言也。故当个人不自觉时代，法律之观念，以义务为本位，及个人自觉之时代，法律之观念，以权利为本位。今渐入社会自觉时代，而法律之观念，遂不能不注重社会之公益而以社会为本位云。"②

第三，社会本位从逻辑上要求承认社会公共利益。社会本位承认社会作为一个超越个体的独立的实体存在，而该实体拥有自己的利益形式，即独立于个体的利益——社会公共利益。因而在谈及社会本位的同时，必然会涉及社会公共利益或者社会整体利益。社会公共利益是指能够满足社会共同需要的物质、事物、行为、环境等要素的总和，社会公共利益的界定是立足于社会本位的整体主义方法论，只有选择整体主义的方法论，才能把握社会公共利益的真谛，而个人本位所采用的个体主义方法论是排斥社会公共利益，把社会公共利益最终归结为个人利益，实质上是排斥个人利益之外的其他任何的利益形式，否认社会公共利益。因而从个人本位的角度谈社会公共利益是没有意义的，谈及社会公共利益只能立足于社会本位。

第四，社会本位是权利义务分配的一项理念。同实质正义一样，社会本位也是抽象的理念，而这种抽象的理念需要通过权利义务的方式表现出来。社会本位作为调整个人和社会关系的一项原则，其在权利义务的分配上突出的特点就是适当缩减个人权利和自由，强调个人对社会的责任和义务，维护社会公共利益。

（二）经济法如何体现社会本位

社会本位与个人本位相对应，强调社会和社会公共利益的独立性，要求个人承担社会责任。作为20世纪初一种全新的社会理念，它是批判私法制度的武器和促进法律制度创新的源泉，更重要的是它催生了经济法的形成，是经济法产生的理念根基。经济法的诸多

---

① 胡汉民．革命理论与革命工作//武树臣．法原——中国法观念的萌动、萎缩与觉醒．中外法学，1989（2）：50.

② 欧阳谿．法学通论．上海：上海会文堂编译社，1933：242.

制度都贯彻和体现了社会本位的理念，具体表现为以下几个方面：

第一，经济法以社会本位的利益形式即社会公共利益作为立法宗旨。只有把社会公共利益作为立法宗旨，统领整个经济法制度，才能真正地体现以社会为本位。纵览所有的经济法律规范，包括反垄断法、反不正当竞争法、消费者权益保护法、财税法等法律制度，第1条立法宗旨都体现了社会公共利益。比如《反垄断法》第1条："为预防和制止垄断行为，保护市场公平竞争，提高经济运行效率，维护消费者利益和社会公共利益，促进社会主义市场经济健康发展，制定本法。"第1条中所提及的公平竞争、经济运行效率、消费者利益都是社会公共利益的体现，社会公共利益按照德国学者纽曼的分类可以分为客观公益和主观公益，客观公益比如经济秩序、经济效率、经济安全，主观公益是指某一类群体的利益，比如经营者的利益、消费者的利益等。有些法律文件的立法宗旨是直接表明社会公共利益，而有些法律文件的立法宗旨不直接使用社会公共利益的字眼，而是表述为具体的社会公共利益的类型，或者二者兼而有之，无论哪种方式，都是直接或者间接在宗旨上体现了社会公共利益，统领整个立法。

第二，经济法对于危害社会公共利益的行为作出规定并进行处罚。经济法中的法律规范基本上是强制性规范或者禁止性规范，即对某种违反社会公共利益的行为进行禁止，禁止的背后是因为这些行为侵犯了社会公共利益，因而经济法不同于民法，民法是赋权法，民法的法律条文是授权性规范，而经济法是禁止性规范居多。比如《反垄断法》对垄断协议、滥用市场支配地位、经营者集中、滥用行政权力排除限制竞争这四种危害社会公共利益的垄断行为进行禁止；《反不正当竞争法》对市场混淆、商业贿赂、虚假宣传、侵犯商业秘密、高额有奖销售、虚假宣传、网络不正当竞争这七种危害社会公共利益的不正当竞争行为进行禁止。经济法中法律规范的表述多以经营者"不得……""禁止……"等否定性词语出现，纵览所有的强制性规范或者禁止性规范的背后，无不体现对社会共同体的保护。

第三，通过公益诉讼的诉讼机制维护社会公共利益。现代的公益诉讼制度诞生于美国，是对传统民事私益诉讼的革命。传统的民事诉讼要求起诉的当事人必须与案件具有利害关系，我国《民事诉讼法》第119条第1款第1项要求起诉必须符合原告是与本案有直接利害关系的公民、法人和其他组织。由具有直接利害关系的当事人提起诉讼，其目的在于维护个人利益。但是与传统私法行为相比，垄断、不正当竞争、制假售假、生产不符合安全标准的食品、环境污染等行为侵犯的不仅仅是个体私益，更重要的是侵犯了社会公共利益。在经济法中同样有公益诉讼的规定，比如消费公益诉讼，根据《消费者权益保护法》，中国消费者协会以及在省、自治区、直辖市设立的消费者协会，对经营者侵害众多不特定消费者合法权益或者具有危及消费者人身、财产安全危险等损害社会公共利益的行为提起消费民事公益诉讼。除此之外，2017年6月27日，第十二届全国人民代表大会常务委员会通过了关于修改《中华人民共和国民事诉讼法》和《中华人民共和国行政诉讼法》的决定，正式授权人民检察院在一定范围内可以提起公益诉讼。人民检察院在履行职责过程中发现食品药品安全领域侵害众多消费者合法权益等损害社会公共利益的行为，在没有规定的机关和组织或者规定的机关和组织不提起诉讼的情况下，可以向人民法院提起诉讼。法律规定的其他机关或者组织提起诉讼的，人民检察院可以支持起诉。公益诉讼是经济法实施的重要方式，通过司法程序维护社会公共利益。

相关事例

中消协提起的首个公益诉讼案件

2015年12月，中国消费者协会（以下简称中消协）接到投诉举报函，反映雷沃国际重工股份有限公司（以下简称雷沃重工）生产、销售的“福田五星牌”正三轮摩托车不符合强制性国家标准规定、侵害消费者利益。中消协成立专门工作组，并委托律师事务所开展调查取证。调查中发现，涉案企业生产销售不符合强制性国家标准以及被公告撤销的车型车辆数量大、范围广，损害众多消费者合法权益和社会公共利益。

2016年7月1日，中消协对雷沃重工等4家被告提起消费民事公益诉讼，诉讼请求包括：1. 判令被告立即停止生产、销售已被工信部《道路机动车辆生产企业及产品公告》撤销的所有型号产品；2. 判令被告立即停止生产、销售不符合强制性国家标准的所有型号产品；3. 判令被告消除其违法、违规生产和销售的所有型号产品的安全风险；4. 确认被告违法、违规生产和销售的行为对众多不特定消费者构成了《中华人民共和国消费者权益保护法》第55条的“欺诈行为”；5. 判令被告赔偿原告为公益诉讼支付的费用及本案诉讼费用。

2016年7月25日北京市第四中级人民法院正式受理此案。这是新《消费者权益保护法》出台后，中消协首次提起消费民事公益诉讼。最后调解结案，在法庭主持下，经过多轮沟通和谈判，在被告同意满足中消协全部诉讼请求的基础上，当事各方于2019年4月26日达成初步调解协议。经法院公告和审查，6月10日，北京市四中院正式签发民事调解书。

第二节　经济法的原则

一、国家适度干预原则

（一）国家适度干预原则的含义

经济法是认可和规范国家干预经济之法。干预的本质是要利用自身的权威，通过对公共权力的配置和运作，达到对公共事务实施有效管理、维持社会正常秩序的目的。“干预是一种意志的渗透状态和对社会事物的强行改变。”① 干预来自国家力量和公共力量，是国家与市场的磨合，是自由与管制的对话。在社会化大生产条件下，由于市场本身存在的缺陷而明确赋予国家调控经济之权力已成为社会生活的客观需要。凡是国家对社会生活的介入，都属于国家干预的范畴，法律是国家介入的依据和保障。国家干预的状态可以分为三种，过多干预、过少干预和适度干预。过多干预通常发生在国家的经济状况比较恶劣的情况下，新中国成立初期百废待兴，实行全面的计划经济体制，各个方面都实行国家管控，突出强调政府在经济活动中的主导作用和国家权力对社会经济的全方位的直接经济管制，但是到计划经济后期，国民经济的发展受到严重束缚，导致整个国民经济体系失衡。

① 李昌麒．经济法理念研究．北京：法律出版社，2003：235.

过少干预主要发生在19世纪资本主义时期，奉行自由放任政策，亚当·斯密的自由放任思想占据主导地位，在当时的情况下，国家干预无从谈起，但是过度的自由放任暴露出市场自发调节的局限性，其固有矛盾加剧，新的冲突层出不穷，导致世界性经济危机爆发。适度干预是更多国家的选择，它们从过多干预与过少干预的教训中走出，寻求对经济生活的适度干预。

国家适度干预原则，是体现经济法本质特征的原则，体现了经济法其独有的价值和功能。“适度干预原则是对干预的警惕和限制，体现有限政府的理念，是对政府失灵的回应。”① 国家适度干预原则是指国家干预的依据、方式方法、程序、标准都要有明确的法律规范，国家权力干预经济要有一定的限度，既不能滥用又不能不用，在运用的过程中寻找权力的平衡点，最终达到稳定市场秩序和维护社会经济总体效益。正如有学者所言：“经济法的适度干预原则实际上表明了经济法必然要面对的协调刚性和自由裁量的两难问题：既遵循规律，又不因规则的束缚而丧失对经济生活的适时回应；既承认自由裁量在国家干预中的现实必要性，又不因片面追求灵活而丧失对权力滥用的警惕。”②

（二）国家适度干预原则在经济法中的贯彻

国家适度干预原则在经济法中的贯彻表现为以下三个方面：

第一，依法干预。国家适度干预的首要方面就是国家要依法干预，以法律的形式明确国家干预的合理边界，干预过度和干预不足都会给国家经济带来损害。国家干预经济的权力应当由包括宪法和经济法在内的法律明确和详细规定其范围、程序和责任，不能随意限制市场主体的经济权利，也不能随意扩大政府干预市场经济的权力。在经济法中，市场监管机构应当严格依据法律的规定履行监管职责，不得超越法律的规定进行监管，也不得玩忽职守放弃监管，同时宏观调控机构也应当依法履行调控职权，在法定范围内按照程序的规定行使职责。

第二，干预成本的考量。国家在进行干预时，要对干预成本和干预收益进行权衡，如果收益大于成本，则干预是可行的，如果成本大于收益，则干预有待商榷。“干预必定会消耗资源，从而产生干预成本，干预成本主要包括干预行为的立法成本、执法成本以及市场主体的守法成本。”③ 政府对市场失灵的干预需要干预主体、干预时间、资金投入等狭义的干预成本，还包括被干预者因为政府干预而增加的支出、减少的收入、应对干预行为的成本以及可能承受的利益损失的成本等广义的成本。因而公权力在对市场主体进行干预时应当充分考虑干预过程中的成本和产生的收益，降低制度实施的成本，提高制度收益。

第三，有效干预原则。有效干预是国家适度干预更高层次的要求。国家干预不可以取代市场的力量，市场仍然是资源配置的主导性力量，而国家干预是一种外部的限制性力量，只有在市场失灵的时候才能进入，具有辅助市场的作用。正如有学者所言：“凡是市场能有效运行之处，就没有经济法存在之空间；凡是有经济法不能克服市场缺陷之情形，就没有经济法运作之余地；凡是存在经济法克服市场缺陷不经济之情形，可能也没有经济法存在之必要。”④ 另外，国家适度干预应当符合经济法的基本价值，不能违背经济法所

---

① 符启林．经济法学．北京：中国政法大学出版社，2016：46．

② 李昌麒．经济法学．北京：中国政法大学出版社，2016：55．

③ 汪波．政府行为的经济学分析．地方政府管理，2001（8）．

④ 王卫国，李东方．经济法学．北京：中国政法大学出版社，2019：75．

追求的经济效率、经济公平、经济安全、经济自由等价值目标。经济法中的国家适度干预原则是经济法律规范的基础，也是经济法维护社会整体市场自由、竞争秩序以及保障市场公平有效运行的价值目标的生动体现。

二、维护公平竞争原则

（一）维护公平竞争原则的含义

维护公平竞争原则，也可以称之为竞争性原则或者尊重市场竞争原则。“维护公平竞争原则和制度的出现，是通过国家的有形之手来纠正市场看不见的手的弊端，同时力求使看不见的手在最大范围内，最大限度上发挥作用的产物。”① 维护公平竞争原则体现了市场经济的本质要求，是国家协调经济运行的客观需要。市场经济的运行主要是微观层面的市场主体即企业的运作，而政府要做的是为企业的运行提供良好的竞争环境，正如有学者所言：“政府应该在市场之外确立规则即建构完善的法律制度，以统一的法律规则保证市场中所有的企业等主体享有同样的权利承担同样的义务，政府的另一个重要职责是公正地执行规则。只有这样，市场才会变得更加公平，更加有活力。”② 社会财富的积累依靠市场主体的良性竞争，而政府在外部应当为维护良好的市场环境为企业提供财富搭建的平台，因而公平竞争的原则是市场经济的核心，也是企业创造财富的前提条件，是国家宏观调控的平衡器，也是评价市场竞争环境、维护社会公共利益的试金石。

公平竞争原则是指在同等的市场条件下，市场主体通过采用符合法律和道德的手段和方法，以实现其经济利益的一种市场机制。维护公平竞争原则是指国家应当给企业创造一个良好的市场环境，营造并维护公平、平等、统一、有序的外部环境，让各类市场主体公平、公开、公正地参与市场竞争，促进商品和要素的自由流动，促进市场经济的发展。我国是一个社会主义市场经济国家，市场要在资源配置中起决定性作用，要让市场机制在经济运行中发挥应有的作用，因而需要将公平竞争的原则提到应有的高度，政府要为企业提供创造财富的经营平台，而不是干预企业的内部生产经营，在制度的设计和政策的实施过程中应当从有利于企业自由公平竞争的角度出发，让各类市场主体站在同一起跑线上，平等参与竞争。维护公平竞争首先要让各类市场主体平等竞争，打破行业和地域的壁垒，比如公平税负和统一税率等；其次，政府的政策要做到公平、公开、公正，比如在产业政策、税收政策、金融政策上政府的经济管理和操作不能破坏公平竞争的客观法则。再次，维护公平竞争要做到自由竞争和正当竞争，通过国家看得见的手发挥积极能动作用，反对不正当竞争，让竞争合理、正当和适度。

（二）维护公平竞争原则在经济法中的贯彻

维护公平竞争原则首先出现在《反垄断法》和《反不正当竞争法》中，这两部法律都是维护市场公平竞争的基本法律，其中《反垄断法》还被冠以“经济宪法”的称号。当市场调节超出公平竞争的范围，出现不公平竞争或者垄断的后果或者可能，而市场本身又对此无能为力时，必须由国家进行干预，以恢复有效和公平的竞争。市场经济公平竞争模式的建立，需要借助合理的竞争规则来构建。因而《反垄断法》和《反不正当竞争法》通过

---

① 史际春．经济法．北京：中国人民大学出版社，2010：78.

② 孙晋．现代经济法学．武汉：武汉大学出版社，2014：64.

对垄断行为和不正当竞争行为的禁止，维护充分的自由竞争。随着经济法理论和实践的发展，保护公平竞争不再是完全消除垄断，而是将其控制在合理的范围内，对于公平竞争的保护一方面表现为对非法垄断行为的抵制，另一方面也表现为利用规模经济等合法的垄断行为来克服过度竞争的无效性和低效率。

另外，维护公平竞争原则不仅体现在竞争法律制度中，还体现在经济法的其他法律制度中，比如产业政策、税收政策法律制度。在税收政策中，公平税负、统一税率也是维护公平竞争原则的要求；在产业政策中，打破竞争性行业的壁垒，让各类市场主体轻装上阵，平等竞争。

公平竞争是国家要为主体创造一个公平的竞争环境和竞争条件，使得他们能够在相同的条件和外部环境中参与竞争，促进竞争机制在市场中发挥积极作用。公平竞争原则之所以加上“维护”“保护”“尊重”等修饰词，是表明国家在维护市场经济以及竞争秩序中的积极能动作用，表明经济法所保护的公平竞争不是法律对于市场主体的一般性要求，而是从更为宏观的层面追求充分、适度的市场竞争。同时也表明了国家在此方面的积极义务，体现政府追求公平竞争市场机制的政策性和强制性。

三、可持续发展原则

（一）可持续发展原则的含义

可持续发展战略在 20 世纪 80 年代被提出后在世界范围内得到了广泛的认可，其是人类文明加速发展和生态环境不断恶化的背景下产生的一种新型发展模式，属于人类社会发展中的伟大研究成果，是对工业文明和传统发展模式反思的新型发展观。二战后，世界各国都以发展为主题展开竞争，虽然各种发展模式之间存在较大差异，但是都将经济增长等同于发展，片面追求国民财富的增加和国民生产总值的增长，这种片面过度追求经济发展的模式带来了一系列严重的全球化问题，比如资源枯竭、生态环境恶劣、人口急剧增长等。可持续发展的战略就是在这一背景下提出的。

可持续发展的内涵，在 1987 年联合国世界环境与发展委员会的《我们共同的未来》中进行了比较权威的解释，是指“既能满足当代人的需求，又不对后代人满足其自身需求的能力构成危害的发展”，从中可以发现其内涵可以包括以下方面：

第一，可持续发展的核心仍然是满足人的需要，以人为中心。可持续发展不再是以经济的增长为中心，而是要以满足人类自身的需求为主题，发展是基本人权，不断满足人类的需要是发展得以持续的不竭动力。比如控制人口数量、提高人口素质、满足人类就业和生活的基本要求、建立起公平的分配制度、提高民众的受教育机会以及各种经济社会选择的机会、保护生态环境促进生态的协调发展等为人类的发展提供良好的外部环境。

第二，代际发展，代际公平。人们在作出每个行为选择时，在追求自身发展的过程中，不仅要考虑本代人的利益平衡，同样要考虑代际人的利益平衡，给予后代同样的机会和权利，可持续发展是世世代代的持续发展，是前代、当代和后代相互衔接、继往开来的发展，当代的发展要为后代的发展创造条件，要处理好当代发展与后代发展的关系，要有利于或者至少不危害后代的发展。

第三，可持续发展的核心在于正确处理人与自然、人与人的关系。从结构上，可持续发展是各个发展单元相互协调的发展，不同地区、不同国家、不同利益阶层之间，人与自然之间的发展，在发展中协调、和谐，以实现共同的繁荣。

第四，可持续发展是一种综合性的发展。可持续发展涉及各个方面，但是从基本内容上看，主要是生态、经济、社会三个系统的综合发展，即生态可持续发展、经济可持续发展、社会可持续发展统一而不可分割。三者的关系中，生态的可持续发展是经济和社会发展的基础，经济的可持续发展是条件，社会的可持续发展是目的，它打破了片面孤立地追求经济的增长，让发展观变得多元化，源于环境保护的可持续发展已经超出了最初的范围，内容变得更加丰富，更强调综合性的发展。

（二）可持续发展原则在经济法中的贯彻

经济作为社会发展的首要目标与可持续发展有着紧密的联系，可持续发展的实施需要经济法提供相应的制度保障，经济法把可持续发展作为基本原则，可持续发展是经济法的价值取向，该思想涵盖了经济、环境、人口、科技、社会保障等各个方面，它对经济立法、经济执法以及经济司法具有较强的指导意义。这使得经济法在调整社会关系时，保持应有的高度，对问题进行全局性把握，综合考虑比如生态环境恶化、企业的短期经济行为、资源的过度浪费和消耗等制约可持续发展的因素，从而建立起相对完善和完备的经济法律规范进行控制。

经济可持续发展是经济发展原则的最终目标。市场规制中的竞争法律制度通过消除妨碍竞争自由和竞争公平的垄断和不正当竞争行为，为市场主体可持续发展营造良好的外部竞争环境。宏观调控法律制度本身是从国家经济总量调整出发，目的是实现经济总量的动态平衡，实现经济的可持续发展。

该原则的提出是从追求经济法目标的基础上谈及的，在经济法追求发展公平和整体经济效益的价值基础上形成的，经济可持续发展体现了经济法的本质。该原则要求经济法需要树立以全人类的整体利益为目标，以追求人、社会与自然的整体和谐为方向，以实现社会公平为宗旨。可持续发展的基本原则推动着经济法的理念和制度，使得经济法不断进行创新和与时俱进，同时又推动着经济社会的良性和循环发展，可持续发展的基本原则与经济法的互动必将推动经济法的创新不断走向体系化。

相关事例

四万亿投资计划违背了政府适度干预的原则

开始于2007年的全球次贷危机最终在2008年9月迅速恶化，并逐渐演变为全球性的金融危机。2008年9月美国雷曼兄弟公司被美联储拒绝提供资金援助后申请破产保护，该事件标志着由次级贷款引发的金融危机在全球范围内全面爆发，全球经济因此陷入了严重的衰退。这场由房地产泡沫引发的美国金融危机以迅雷不及掩耳之势迅速从美国扩展到了全球，从华尔街到全世界，从金融业到实体经济，各国的经济都遭受着不同程度的打击。首当其冲的是金融危机的发源地美国，从2009年开始，美国申请破产的公司数量就高达89 402家，较2008年增加38%。其他国家，如法国，在2009年也有61 595家公司进入破产管理清算，同比增长11.4%。同样地，中国也未能在这场金融危机中独善其身，我国经济面临着出口大幅度下降，制造业产能急剧过剩，失业率急剧上升，经济面临着硬着陆的风险。在金融危机的大背景下，美国政府推出了7 000亿美元的救市计划，其他各国政府也相继推出巨额援助计划，凯恩斯主义再次盛行。与此同时，我国政府为了应对全球金融危机造成的外需疲软不断加剧，内需潜力仍然有待挖掘的严峻局面，为了控制金融危机的蔓延，避免该金融危机对于我国实体经济造成的更大冲击，在2008年底开始推出了一系列旨在扩大内需、促进经济平稳较快增长的经济刺激政策，其中包括2008年11月出台的“四万亿”投资计划。

该“四万亿”投资计划经济刺激政策旨在减弱全球金融危机对于中国经济的冲击，保持国内经济的平稳发展，其涉及了众多与人民生活息息相关的领域，包括了一揽子扩大内需和保持经济平稳发展的举措，其中包括加快保障性安居工程、农村基础设施、铁路等重大基础设施、生态环境建设等，加快医疗卫生、文化教育事业发展，加快自主创新和结构调整等共十条具体举措。虽然四万亿投资计划在当时立竿见影，我国在全球范围内率先实现了经济复苏，但是由于上述投资计划缺少考虑我国中长期的经济结构等因素，政府行政干预的色彩较为严重，占有垄断地位或者市场竞争优势的国有企业尤其是中央国有企业在这一波经济刺激计划中成为最大的受益者，固化了国有企业在国内市场的垄断地位或者市场竞争优势，民营企业难以分羹弊端更加显现，并且导致我国企业和地方政府财务状况不断恶化，投资低效、产能过剩等问题更为严重，于是在2010年底四万亿投资计划最终退出历史的舞台。

【法考练习题】

1.【模拟】关于实质正义的表述，正确的是（　　）。

A. 实质正义与形式正义相对应

B. 实质正义既包括实体正义，也包括程序正义

C. 实质正义并不排除形式正义，并以形式正义为基础

D. 实质正义和形式正义并无区别

【参考答案】ABC

解析：实质正义是相对于形式正义而言，是对形式正义的反思和矫正，选择A。实质正义既体现在实体法上的正义，也体现在程序上的正义，比如耐用商品举证责任倒置制度，选择B。实质正义并不排除传统私法所体现的形式正义，而是对于形式正义的不足进行矫正，从而真正地贯彻实质公平，选择C。实质正义与形式正义有区别，形式正义只追求表面平等，忽视人们之间的差距导致实质的不公平，实质正义体现为对权利义务进行差别分配或者倾斜式分配，对弱者赋予更多的权利，对强势主体施加更多的义务，对不同的主体进行差别待遇，其目的在于实现真正的实质公平，排除D。

2.【模拟】关于社会本位的表述，正确的是（　　）。

A. 社会本位从逻辑上要求承认社会公共利益

B. 社会本位不同于国家本位

C. 社会本位是对极端个人主义的否定

D. 社会本位主张唯实论

【参考答案】ABCD

解析：社会本位承认社会作为一个超越个体的独立的实体存在，而该实体拥有自己的

利益形式，即独立于个体的利益——社会公共利益，选择 A。社会本位以社会作为根本和中心地位，社会占据主导地位，而国家本位是国家占据主导地位，二者是不同的，选择 B。极端个人主义过度强调以个人为中心，极度追求个人利益，导致社会公共利益无人顾及，消费者事件层出不穷，社会秩序极端混乱，经济危机频繁发生，社会本位是对极端个人主义的否定，选择 C。唯实论和唯名论的区分在于社会的地位不同，唯名论主张，只有个人是真实的存在，所有的社会关系都可以最终还原为个人与个人之间的关系，社会不是一个客观存在的实体，而社会本位主张唯实论，主张把社会视为独立于个人的真实的实体，强调社会拥有自己的利益形式——社会公共利益，选择 D。

3.【模拟】关于国家适度干预原则的表述，正确的是（　　）。

A. 国家适度干预原则要求国家不能过多干预，也不能过少干预

B. 国家适度干预原则体现有限政府的理念

C. 国家适度干预原则要做到依法干预

D. 国家适度干预原则无须考虑干预成本

【参考答案】ABC

解析：国家干预分为三种状态，即过多干预、过少干预和适度干预，过多干预和过少干预都会给社会发展带来问题，适度干预不同于过多干预，也不同于过少干预，主张国家干预要适度，选择 A。国家适度干预原则是对国家看得见的手的限制，通过法律的方式对公权力进行控制，体现了有限政府的理念，选择 B。国家适度干预原则的首要方面是国家依法干预，依照法定的程序和方式进行干预，法律没有授权国家机构干预权的不能进行干预，市场监管机构应当严格依据法律的规定履行监管职责，不得超越法律的规定进行监管，也不得玩忽职守放弃监管，同时宏观调控机构也应当依法履行调控职权，在法定范围内按照程序的规定行使职责，选择 C。国家适度干预原则需要考虑干预成本，对干预成本和干预后获得的收益进行权衡，如果收益大于成本，则干预是可行的，如果成本大于收益，则干预有待商榷，因而公权力在对市场主体进行干预时应当充分考虑干预过程中的成本和产生的收益，降低制度实施的成本，提高制度收益，排除 D。

4.【模拟】关于维护公平竞争原则的表述，正确的是（　　）。

A. 维护公平竞争原则要求国家应当提供一个公平的市场竞争环境

B. 维护公平竞争原则需要平等竞争

C. 维护公平竞争原则要求自由竞争和正当竞争

D. 维护公平竞争原则不仅体现在竞争法律制度中，还体现在经济法其他法律制度中

【参考答案】ABCD

解析：维护公平竞争原则是指国家应当给企业创造一个良好的市场环境，营造并维护公平、平等、统一、有序的外部环境，让各类市场主体公平、公开、公正地参与市场竞争，促进商品和要素的自由流动，促进市场经济的发展，选择 A。维护公平竞争首先需要让各类市场主体平等竞争，打破行业和地域的壁垒，比如公平税负和统一税率等，选择 B。维护公平竞争要做到自由竞争和正当竞争，通过国家看得见的手发挥积极能动作用，反对不正当竞争，让竞争合理、正当和适度，选择 C。维护公平竞争原则不仅体现在竞争法律制度中，还体现在经济法的其他法律制度中，比如产业政策、税收政策法律制度，在

税收政策中，公平税负、统一税率也是维护公平竞争原则的要求，在产业政策中，打破竞争性行业的壁垒，让各类市场主体轻装上阵，平等竞争，选择 D。

5.【模拟】关于可持续发展原则的表述，正确的是（　　）。

A. 可持续发展原则需要人与自然和谐相处

B. 可持续发展原则是一种综合性的持续发展

C. 可持续发展需要考虑代际发展

D. 可持续发展是对传统发展模式的反思

【参考答案】ABCD

解析：可持续发展原则是对传统唯经济至上发展模式的反思，是一种新发展观，需要人与自然和谐相处，选择 A。可持续发展原则不仅仅是经济的可持续发展，还包括社会的可持续发展，以及生态的可持续发展，选择 B。可持续发展需要考虑代际发展、代际公平，人们在作出每个行为选择时，在追求自身发展的过程中，不仅要考虑本代人的利益平衡，同样要考虑代际人的利益平衡，给予后代同样的机会和权利，可持续发展是世世代代的持续发展，是前代、当代和后代相互衔接、继往开来的发展，选择 C。可持续发展战略在 20 世纪 80 年代被提出后在世界范围内得到了广泛的认可，是人类文明加速发展和生态环境不断恶化的背景下产生的一种新型发展模式，属于人类社会发展中的伟大研究成果，是对工业文明和传统发展模式反思的新型发展观，选择 D。

第四章 经济法的主体和责任

【导语】

经济法主体是经济法中的一个重要范畴。任何法律关系的存在都必须包括主体，没有主体，就无所谓法律关系。主体是法律或者法律关系的基本要素，经济法和经济法律关系也并不例外，现代的经济关系虽然纷繁复杂，但是无论是何种关系，最终都是由自然人或者自然人组成的社会组织构成，因而认识经济法和经济法律关系，离不开主体这一要素。主体是整个法律制度的核心，决定着法律关系的性质、权利义务的分配以及法律责任的形式。某种程度上说，经济法领域一切制度安排，都是为了规范相关主体的行为，调整这些主体之间所发生的社会关系。

经济法主体的责任是经济法基础理论的重要组成部分，法律责任是法的基本构成要素，也是法的主要制度。无论是权力的正当行使、权利的充分实现，还是义务的切实履行、纠纷的公正解决，几乎都要归结为法律责任。① 没有责任的理论范畴体系是不完整的，没有责任强制力支持的法律规范是软弱的。法律责任作为法律运行的保障机制，是法治不可缺少的环节；作为一个重要概念，是法学范畴体系的要素。此外，法律责任是任何一个法律部门必不可少的组成部分，法律对责任的合理规定在很大程度上决定了法的强制力和执行力。经济法责任是经济法律规范得以实施，经济法目的得以实现的最终保障，对经济法理论和制度的完善至为重要。

本章学习的重点是经济法主体的含义和特征、经济法责任的具体内容，难点是经济法主体的类型及经济法责任的界定和类型。

第一节 经济法的主体

一、经济法主体的概念

任何法律都需要调整特定的社会关系，并形成相应的法律关系，而在法律关系中，法

① 邱本. 经济法总论. 北京：法律出版社，2007：265.

律关系主体是法律制度的核心，是构成法律关系的诸要素之首。因而主体无疑是深入研究经济法律关系的重要切入口，要解读经济法律关系，需要从主体入手。

经济法主体，即经济法律关系主体，是指在国家干预经济产生的经济法律关系中，依据经济法享有权力或者权利，并承担相应义务的自然人、法人或者其他社会组织。经济法主体具有以下特征：

第一，经济性。任何经济法主体都是参与经济活动或者从事经济行为的自然人或者社会组织，法律关系的主体都是由个体或者由个体组成的社会组织构成，个体或者个体组成的组织是属于哪个法律部门的主体，取决于他们实施了何种行为和缔结何种关系，从而形成何种法律关系①。由于个人在社会关系中扮演多种角色，每个人扮演的角色是多元的，由不同的角色所决定的权利、权力、义务、责任也并不相同，因而参与不同的社会关系可能由不同的法律部门进行调整，作为经济法律关系的主体，是指为了获得财富利用稀缺资源进行生产、交换、分配、消费或者提供服务的自然人或者组织，以及虽然不直接从事营利活动，但是却直接参加经济关系的主体，比如经营者和消费者，经济法律关系主体首先是从事或者参与经济活动的主体，如果不参与经济活动，则不是经济法主体。

第二，广泛性。在经济法律关系中，除了自然人、法人可以成为经济法主体，国家、国家权力机关、企业内部组织都可以成为经济法主体。这不同于民法主体，民法只限于平等主体之间，主体是平等的自然人、法人和非法人组织，国家机关作为平等主体可以参与民事法律关系；也不同于行政法律关系，行政法律关系中一方是行政主体，包括行政机关和法律法规授权的具有管理公共事务职能的组织，另一方主体是行政相对人，包括公民、法人和其他组织。相较于上述两种法律关系，经济法的主体更加广泛，由于市场经济是完整的整体，国家在进行干预的时候，必然涉及市场体系内的一切可能主体，因而只要参与市场经济活动，都有可能成为经济法主体。

第三，身份性。作为经济法律关系的主体，在经济关系中有着特殊的地位和身份，这不同于民法主体。在民法中，任何主体的地位是平等的，不分性别、年龄、强弱、贫富、大小、职能的区别，都是抽象的自然人或者法人，民法把千差万别的人们抽象为平等的主体，人人平等参与，人人机会均等。“在民事领域中将所有组织和个人抽象为平等的当事人，并通过民法对当事人之间的平等地位进行确认和保护，这是市场经济的必然要求，也是有利于弱者的制度安排，因为这样可以减少和避免倚强凌弱的现象。”② 民法的抽象平等是为了适应简单商品经济的要求，人格抽象是“去身份化”的过程，而“去身份化”可以打破封建枷锁对人的束缚，进而实现人与人关系“从身份到契约”的转变，因为现代民法产生于资本主义社会，提倡主体平等，要反对封建时代阶级特权的法律，打破身份阶级的束缚，唯有以高度抽象才能体现民法的身份平等。但是随着市场经济高度发达，市场竞争愈发激烈的情况下，民法的抽象平等、形式平等可能会掩盖真正的平等，无法做到实质平等，因而需要新的法律对不同的主体进行差别对待，对权利义务进行倾斜式配置，以实现真正的社会公平。经济法为了克服市场失灵、解决民事主体地位抽象平等引发的问题、保护社会公共利益的需要，针对不同主体的身份和地位分配不同的权利义务，这一分配方式

---

① 张守文．经济法学．北京：高等教育出版社，2016：81．

② 李昌麒．经济法学．北京：法律出版社，2016：90．

不同于传统私法的权利义务分配方式，是一种差异化倾斜式的分配。比如在《消费者权益保护法》中，将卖家和买家界定为经营者和消费者，根据二者的地位身份不同以及出于保护作为弱势群体的消费者权益的目的，对经营者和消费者进行不同的权利义务配置，对消费者赋予更多的权利，对经营者施以更多的义务。正如学者所言："决定成为经济法律关系主体的不是因其承担了经济法上的权利或者义务，而是因其本身的属性以及在经济关系中所处的地位决定了经济法必须根据实质公平原则，为主体设定权利或者义务。"①

第四，社会连带性。社会连带主义是法国法学家首创的，把社会连带关系分为同求的连带关系和分工的连带关系。② 同求的连带关系是指人们有共同的需要，处于相同的地位，只能通过共同社会才能满足，比如经济法把所有的人都归属于一个集体，集体内的成员具有共同的归属和利益关联，这种归属和利益关联不是由成员个人自主选择的，而是根据主体所具有的身份识别出来的，像消费者协会是为了保护消费者这一群体。分工的连带关系是指人们有不同的能力和需要，通过相互交换各自的利益才能实现这一关系，比如经营者和消费者的关系，二者需要依赖对方才能实现自己的利益。因而，经济法上的人不是个体之人，而是集体之人。③

二、经济法主体的类型

（一）经济法主体体系建构的理论依据

经济法主体的体系构成有两个方面的原因：

一是市民社会和政治国家理论的演变，市民社会和政治国家的良性互动是经济法的分析框架和分析视角，市民社会的内在缺陷是国家借助政府经济行为进行干预的内在机理和依据，因此，经济法是"政府干预社会经济之法"，而市民社会自身的性质和特点又限定了政府干预的限度和范围，在此意义上，经济法又可称为"干预政府之法"。经济法正是市民社会和政治国家相互联动的法律辩证法。要探究经济法的主体类型，有必要溯源于市民社会和政治国家的理论。

二是团体社会的兴起。随着经济形势和社会形态的演变，"二元"论不足以反映社会结构，有学者提出"市民社会-团体社会-政治国家"的三元社会结构论。社会权力的出现需要载体，社会权力的载体主要是政府组织以外的各种社会组织，或者非政府组织，既包括营利组织也包括非营利组织。团体社会主要由非营利组织组成。

因而经济法主体制度也需要在"市民社会-团体社会-政治国家"三元社会结构的框架内进行创新，其相对应的经济法主体体系则是，政治国家对应国家干预主体，团体社会对应社会团体主体，市民社会对应市场主体，故而经济法主体体系是"国家干预主体-社会团体主体-市场主体"的三层架构。

（二）经济法主体的具体类型

1. 国家干预主体

国家干预主体是指具有国家经济干预职权的组织，在经济法中国家干预主体主要包括

① 薛克鹏．经济法基本范畴研究．北京：北京大学出版社，2013：238.

② 张文显．二十世纪西方法哲学思潮研究．北京：法律出版社，2006：119.

③ 赵红梅．私法与社会法——第三法域之社会法基本理论范式．北京：中国政法大学出版社，2009：176.

市场监管机构和宏观调控机构。

(1) 市场监管机构。

市场监管机构是指代表政府依法对经营者的行为进行限制、禁止或者处罚的行政机关，是代表国家行使监管职能的机构。

我国经过三十多年的机构改革，已经初步建立了具有中国特色的市场监管机构，已经形成了以综合监管为主、专业监管为辅的监管模式，监管的范围涉及市场的各个行业和领域，目前我国的政府机构中，主要承担市场监管职责的机构包括：

1) 综合性的市场监督管理部门：国家市场监督管理总局和地方市场监督管理部门。

国家市场监督管理总局和地方市场监督管理局的主要职责是市场综合监督管理。统一登记市场主体并建立信息公示和共享机制，组织市场监管综合执法工作，承担反垄断统一执法，规范和维护市场秩序，组织实施质量强国战略，负责工业产品质量安全、食品安全、特种设备安全监管，统一管理计量标准、检验检疫、认证认可工作。

考虑到药品监管的特殊性，单独组建国家药品监督管理局，由国家市场监督管理总局管理。市场监管实行分级管理，药品监管机构只设到省一级，药品经营销售等行为的监管，由市县市场监管部门统一承担。

2) 行业性或者专业性市场监管机构。

此类专业监管机构可以大致分为两类：一类是隶属于国务院和地方政府的行业监管部门，比如交通运输部门和文化旅游部门等；另一类是直属于国务院，负有监管职能的委员会，包括中国证券监督管理委员会、中国银行保险监督管理委员会等。两类监管机构的共同特点是监管的范围比较窄，监管的领域比较专一。具体如下：

A. 商务机构，包括国务院商务部和地方人民政府的商务局，其主要职责是负责监管国内外商业贸易市场秩序的机构，维护市场秩序和公平竞争。

B. 住房和城乡建设机构，包括国务院住房和城乡建设部以及地方住房和城乡建设局或者委员会，其主要职责是负责监管房地产市场和建筑市场，维护市场秩序和保护住房消费者的合法权益。

C. 人力资源和社会保障机构，包括国务院人力资源和社会保障部以及地方人力资源和社会保障局，其主要职责是对劳动力市场和社会保障工作进行监管，维护劳动力市场秩序，保护人力资源。

D. 文化和旅游机构，包括国务院文化和旅游部以及地方文化和旅游局，其主要职责是对文化市场和旅游市场进行监督管理，维护文化市场和旅游市场的市场秩序。

E. 环境保护机构，包括国务院生态环境部和地方生态环境局，其主要职责是对环境进行监管以及对节能减排、地下水污染等环境问题进行监督管理。

F. 资源保护机构，包括国务院自然资源部以及地方资源保护部门，其主要职责是监管开发和利用自然资源中的行为，保护自然资源，保障经济社会的可持续发展。

G. 中国证券监督管理委员会，其主要职责是统一监督管理全国证券期货市场，维护证券期货市场秩序，保障其合法运行。

H. 中国银行保险监督管理委员会，其主要职责是依照法律法规统一监督管理银行业和保险业，维护银行业和保险业合法、稳健运行，防范和化解金融风险，保护金融消费者合法权益，维护金融稳定。

（2）宏观调控机构。

宏观调控机构是指为了实现宏观经济总量的平衡，保证经济稳定持续协调发展，利用财政货币政策对市场进行调节和控制。宏观调控机构同市场监管机构一样，也不是一开始就有的，而是到近代之后才产生的。中央银行的出现标志着政府货币调控机构的产生，我国在建立市场监管机构的同时，也形成了自己独具特色的宏观调控机构体系。我国的宏观调控机构包括中国人民银行、财政部、发展和改革委员会。

1）中国人民银行。中国人民银行是中华人民共和国的中央银行，为国务院组成部门，在国务院领导下，制定和执行货币政策，防范和化解金融风险，维护金融稳定。中国人民银行不同于商业银行，商业银行是企业，而中国人民银行属于一级国家机关，不进行吸储放贷业务，是宏观调控机关。

2）财政部。财政部是运用财政手段对经济进行宏观调控的部门，其职责包括制定财政税收的政策、改革方案，制定中央和地方、国家和企业的分配政策，编制年度中央预算和决算草案，增加减少税种、编制国债的发行计划等。

3）发展和改革委员会。发改委是综合制定经济和社会发展政策，参与制定财政政策、货币政策，实施价格政策，指导总体经济体制改革，综合研究拟定经济和社会发展政策，是推进经济结构战略性调整的宏观职能部门。

2. 市场主体

市场主体是指在市场上从事商品生产、服务提供以及交易活动的组织和个人，在经济法中，市场主体主要包括经营者和消费者以及特殊的市场主体国有企业。

（1）经营者。经营者是指从事商品生产经营和提供服务的自然人、法人和其他组织。对于经营者这一类主体，可以从不同的角度对其进行划分，具体有：1）生产者、销售者和服务者。这是根据经营者所处的经营过程中的不同环节对其进行的分类。2）具有市场支配地位的经营者和不具有市场支配地位的经营者。这是根据经营者在相关市场中的地位进行的划分。具有市场支配地位的经营者在市场竞争中容易利用自己的优势地位排除限制竞争，以获取垄断利润，因而容易受到《反垄断法》的规制。3）个人经营者和企业经营者。这是根据经营者的组织形式进行的分类。个人经营者是自然人作为商品或者服务的提供者。我国的个人经营者包括个体工商业者和个体农业经营者。企业经营者是以企业的形式提供商品或者服务的经营者，包括个人独资企业、个人合伙企业和公司等。

（2）消费者。消费者是为生活消费需要购买、使用商品或者接受服务的人。消费者是与经营者相对应的一类主体，经营者为消费者提供其生产、销售的商品或者服务，消费者为生活消费的需要购买、使用商品或者接受服务，二者本应是受民法调整的平等主体之间的关系，但是考虑到消费者的弱势地位，国家介入经营者和消费者的关系中，对消费者进行特别的保护，从而使消费者正式成为一个法律主体并被赋予权利。

（3）国有企业。国有企业是一类特殊的市场主体，国有企业是企业，但是由于其特殊性——国家是唯一或者主要的股东，因而又不是一般的企业。国有企业是指按照国家出资、依照特别法设立并受到政府控制的企业。与普通企业相比，国有企业具有以下特征：一是国有企业的股东身份特殊。国有企业的股东是国家。二是国有企业的资本特殊。国有企业的资本是由国家出资，包括国有独资和国家控股，前者是全部由国家出资，后者是主要由国家出资。三是设立程序的特殊性。国有企业是根据专门的法律设立的，比如烟草公司是根据《烟草专卖法》设立的。四是设立目的的特殊性。国有企业并不是单纯地以获取利润为目的，有些国有企业是为了保障国家安全、提供公共服务、保障民生、满足社会公共利益需要为目的设立的。五是经营范围的特殊性。有些国有企业从事的是私人企业不能从事的活动，比如核工业、基础设施建设、航天工业等，从事的是与公共利益有关的经济活动。

3. 社会团体主体

社会团体又被称为“第三部门”“非政府组织”等，是指独立于政府与市场主体以外的，由中国公民自愿组成，为实现会员共同愿望，按照其章程开展活动的非营利性社会组织。具体包括消费者团体（官方设立的消费者协会、委员会除外）、劳动者团体、工商业者团体（商会、企业家协会、证券业协会等）。

它架起了市场和政府之间沟通和联络的桥梁，回应了当代社会经济对于运行机制多元化发展的现实需要，呈现出特别保护性、公共服务性和自治性等。社会团体主体实行自律管理，是进行自我管理和自我约束的自治性组织，享有自我管理的充分自主权，即社会自治权，其主要目标和任务通过自律得以体现。自律功能作为一种非制度性约束，更有利于市场秩序的正常运行、社会经济的稳步发展和社会公共利益的有效维护。这也正是经济法的价值追求。

相关事例

行业协会作为经济法主体发挥作用

——温州烟具协会应对欧盟打火机反倾销诉讼

2001 年 9 月间欧盟根据欧洲一些打火机制造商提出的要求，制定了针对中国打火机的贸易技术壁垒法案（CR 法案）。该法案要求对欧洲市场销售的价格在 2 欧元以下的打火机必须安装儿童开启的安全锁。该专利已被外国人垄断，须付大笔专利费购买，制造成本势必大增。法案一旦被通过，受法案“安全标准”限制，年产金属外壳打火机 6 亿多只，销量占世界市场份额 80%以上的温州打火机将面临退出欧洲市场的危险。这对于温州 30 多家生产企业及其员工无疑是重大打击。

为抵制欧盟 CR 法案出台，温州烟具行业协会组成了抵制欧盟 CR 法案的交涉团，在外经贸部有关官员的陪同下赴欧交涉。交涉团在交涉中一方面表示中方重视消费者权益，对各国制定合理科学的安全标准予以理解。另一方面，阐述了抵制 CR 法规的理由，即出口价低于 2 欧元的打火机安装安全锁，表面上以安全为目的，实质上是把价格与安全牵连在一起，不合理、不科学。该法规是对自由贸易设置壁垒，有违 WTO 公平竞争原则。虽然中方表达的将价格与安全挂钩不尽合理的观点得到了欧盟的理解和认可，但是，2002 年 5 月欧盟仍表决通过了 CR 标准。

根据欧盟有关规定，该法规要到 2004 年才能正式生效。对此，欧洲一些打火机制造商急不可耐，便鼓动欧盟启动反倾销程序，以期在短时间内挤走中国的打火机。由此，2002 年 6 月 28 日，欧盟宣布对中国（主要来自温州）等东南亚国家的可充气打火机实施反倾销调查。消息传来，温州烟具行业协会再次应诉。在中国五金协会的指导下，温州烟具行业协会带领 15 家企业首期集资近百万元，聘请精通 WTO 事务的律师积极应诉。与此同时，温州东方打火机厂则向欧盟提出了申请市场经济地位，要求公平计算产品的真实成本，进而以此否定倾销。2002 年 9 月初，欧盟官员多次来温州调查。他们对温州打火机企业提出的意见和事实予以理解和认可，表示将如实向欧盟报告。温州烟具行业协会2003年7月1日收到欧盟通过有关方面发出的书面通知，告知欧洲打火机制造商联合会已撤销对中国（主要来自温州）打火机的反倾销申诉，温州烟具行业协会及东方打火机厂等企业可在10天内对申诉方的撤销递交意见。10天内，若中国等应诉方不提出异议，欧盟将通过有关程序，做出相应的判决。

2003年12月9日，欧盟《通用产品安全规定指令》（GPSD）紧急委员会召开相关会议，研究决定是否在欧盟官方期刊中公布CR标准（一旦公布即付诸实施），各成员国并未达成一致意见。该委员会由此决定公布此规定不应在现阶段提出，且委员会应进一步调查由某些成员国提出来的问题。据此，欧盟原对打火机制造商、进口商及零售商分别从2004年6月19日和2005年6月19日起强制执行CR的决议不再生效。温州烟具行业协会诉欧盟CR法案终获胜诉。

第二节　经济法的责任

一、经济法责任的界定

从法学的发展来看，责任理论是法理学中极其重要的范畴，理论研究已经相对成熟而且各个部门法比如民法、行政法、刑法也发展出独具特色的责任体系和责任形态。根据传统的责任体系，法律责任主要被分为民事责任、行政责任、刑事责任三大责任，还有包括违宪责任四大责任，当然三大责任占据了责任理论的主导地位。其实法理学上法律责任的分类，主要以行为主体违反三个、四个或者多个主要的部门法为基础，但是部门法并不局限于上述几个，而且部门法的划分本身也存在缺陷，所以此种分类方法并没有穷尽。用“三大责任”或者“四大责任”的分类去套用各类法律，自然会产生诸多问题。由于部门法的划分在整体上是一种“异面”的划分，不仅会有许多遗漏，而且在局部上还可能存在一些交叉，因此，我们不能局限于传统的责任理论，需要有所突破，有所超越。①

法律责任是人类社会的法律创制的概念，并没有先天的、固定不变的本质，在不同的历史时期、不同的国家和地区及在同一国家的不同法律中，其含义、分类往往发生许多微妙的变化，因此，需要用不同的理论和观点来解释。离开具体的法律制度和语言环境，抽象、孤立地谈论法律责任是没有意义的。② 在经济法中，调整领域的广泛性和调整关系的复杂性，造成了经济法责任形式的更加多样化，传统法律部门的法律责任形式在经济法的责任体系中均有所体现，但是经济法责任是对传统法律责任的质变式的突破而非单纯的整合。因为从经济法的角度上看，传统的责任理论存在一定的问题和缺陷，局限性日益突出，只有超越传统的责任理论，才能实现对经济法责任的拓展和推进。相较于传统的三大责任而言，经济法责任是在综合传统法律责任的基础上，具有自身特点的新型法律责任，它突破了传统的责任形式及其内容，形成了与经济法各项制度、各种规范相一致的特殊责

① 张守文. 经济法理论的重构. 北京：人民出版社，2004：443-444.
② 翟继光. 经济法责任研究. 安徽大学法律评论，2003，3（2）：19.

任制度体系。①

经济法是为了解决现代市场经济问题而产生的，它必然要以传统法为基础并与之存在密切的关系，人为地割断它们之间的联系并不科学，但是这也并不意味着经济法不可以有自己的责任形式，经济法责任不是对传统民事责任、刑事责任、行政责任的简单相加，而是对三者科学化、整体化和系统化的提升，是对传统法律责任形式与内容的补充、超越和创新。②

经济法责任是指经济法主体因实施了违反经济法规定的行为而应当承担的法律后果，或者说因实施了违法行为，侵害了经济法保护的社会公共利益，而应当受到的经济法上的制裁。与其他法律责任相比，经济法责任具有以下特征。

（一）经济法责任具有经济性

经济法责任是行为主体在从事经济活动的过程中承担的责任，因而如果行为主体不从事经济活动，就不可能承担经济法责任。除此之外，经济法责任也采用经济的方法让其承担责任，比如增加违法成本、减少收益的方式承担责任。

（二）责任内容上，经济法责任具有惩罚性

民事责任是以受害者实际受到的损失为基础承担责任，以弥补损失为限度，而经济法则不是以是否存在实际损失为依据，它根据违法者的违法性质、违法所得和危害程度来计算责任，它突破了传统民事责任的补偿性或者填平性原则，是在传统赔偿责任的基础上，施加了高于补偿标准的法律责任，其目的在于保护弱势群体的受害人、打击违法行为，使得违法主体在面对高额的惩罚时不敢实施违法行为，对违法行为人形成震慑作用，比如《食品安全法》领域的惩罚性赔偿。再比如《反垄断法》规定，经营者滥用市场支配地位的，由反垄断执法机构责令停止违法行为，没收违法所得，并处上一年度销售额1%以上10%以下的罚款。从这一条文可以看出，即使没有造成损失，只要经营者实施了法律所禁止或者限制的行为，都应当承担经济法责任。

（三）在责任对象上是向社会承担责任，不是救济个体权利

民事责任的对象是与权利人直接相对的自然人、法人和其他组织，而经济法责任是为了保护社会公共利益和社会公共权利，与责任人相对的不是特定的个体，而是社会公众。因为违反经济法的行为侵害的法益是社会公共利益，因而违法者无论是缴纳罚款还是赔偿损失都是在向社会承担责任。社会公共性是社会本位在法律责任环节的最终体现，是与社会公共利益和社会义务相一致的制度安排，因而经济法责任是企业社会责任的基本法律形式。③

（四）在责任目的上，经济法责任是为了维护社会公共利益

民事责任的目的是救济和保护个体权利，经济法责任的目的是通过规制违法行为，维护社会公共利益。民事责任是救济，通过救济惩罚违法主体；经济法责任是惩罚，通过惩罚保护社会公共利益。当然民法在救济个体利益的同时对社会公共利益也有促进作用，只不过民事责任的直接目的不是维护社会公共利益。经济法在维护社会公共利益的同时对个

① 吕忠梅，陈虹．经济法原论．北京：法律出版社，2007：219.

② 同①232.

③ 薛克鹏．经济法基本范畴研究．北京：北京大学出版社，2013：293.

人利益也有反射性保护作用，不过是一种间接保护，社会公共利益仍然是最直接的目的。

（五）经济法责任具有预防性

经济法责任是为了预防损害结果的发生，不是为了事后补偿，因而它不以实际受到损失为基本条件，只要行为人实施违法行为就应当承担责任。这不同于民事责任，民事责任是事后责任，侵权行为已经完成，而且造成了实际损害的后果才能追究行为主体的责任，须符合侵权责任的构成要件，要求违法行为和损害结果同时存在，而且这两者之间需要具有因果关系。经济法责任的预防性决定了经济法责任采取行为主义，不以危害结果的实际发生为条件。

（六）经济法责任具有法定性

经济法责任是由经济法律规范明确规定的责任，没有法律明文规定不应当承担责任。经济法责任的法律依据是《反垄断法》《反不正当竞争法》《消费者权益保护法》《食品安全法》等经济法法律法规。违法行为需要承担法律责任，应当由法律明确规定，当事人不能通过与执法者协商进行变更。

二、经济法责任的类型

由于经济法主体在权利义务配置上的不对称性，其可能承担的责任也是不对称的，再加之经济法责任虽然多种多样，但是归根到底都是人的责任，因而基于这两种特征，我们依据经济法主体类型的不同对经济法责任进行分类，从市场主体和政府两个角度去探讨经济法主体的责任。

（一）市场主体的责任形式

市场主体的责任是指违反经济法的规定，由国家专门机关认定并强制执行的责任，其责任形式具体包括：

1. 财产责任

财产责任是经济法责任中最基本的法律责任形式，通过增加违法成本、减少收益的方式对经营者的行为进行惩罚。经济法中常用的财产责任形式包括罚款、惩罚性赔偿、赔偿损失、没收非法财物、没收违法所得。

（1）罚款。

罚款是由监管机构强制经营者向国家缴纳一定数量的金钱，罚款是最常见的责任形式，是惩罚违法行为的基本手段。因为经营者不履行经济法律规范规定的义务，目的是获取不正当经济利益，而罚款通过提高经营者的违法成本，损害经营者的声誉，从而起到强制其履行义务的作用。不过罚款在实践中也出现了一定的问题，在违法获利数额比较多，而罚款数额比较少的情况下，对经营者而言无异于隔靴搔痒，无法真正起到制止违法行为的作用，这就要求行政机关在作出罚款行为的时候，需要进行综合考虑，以制止违法行为和保护社会公共利益为目的，合理考虑罚款的数额。

（2）惩罚性赔偿。

惩罚性赔偿是指强制经营者在实际损失之外向受害人再支付一定的金钱作为赔偿。经济法上的惩罚性赔偿是立法机关为了惩罚那些主观上存在恶意，而且危害社会公共利益的经营行为设置的法律责任。惩罚性赔偿的功能有四：一是赔偿。使得原告的损失获得完全补偿。二是制裁。通过对不法行为人强加更重的经济负担来制裁不法行为。三是遏制。通过惩罚性赔偿对加害人以及社会一般人产生遏制作用，让他人不敢“重蹈覆辙”。四是鼓励。鼓励受害人同违反经济法的行为进行斗争，以平衡强势群体和弱势群体的实力差别，促进社会和谐发展。[①] 严厉的惩罚性赔偿可以直接削弱违法主体的经济实力和行为能力，使其无利可图，对于正在进行相同或者类似行为者起到震慑遏制作用，使其放弃违法行为，减少对社会利益的整体损害。我国在 1993 年的《消费者权益保护法》中首次规定了惩罚性赔偿，用于惩罚和遏制违法行为，之后在《食品安全法》《旅游法》等法律中也设定了惩罚性赔偿制度。惩罚性赔偿制度，能够很好地保护受害者以及社会公共利益，具有鲜明的经济法特色。

(3) 赔偿损失。

赔偿损失是指经营者在生产经营活动中因为违反经济法规定的义务，造成损失而向社会承担的一种责任。经济法上的赔偿损失不同于民法中的赔偿损失，提起主体是检察机关以及其他社会团体，比如消费者协会代表社会针对侵权行为人提起的，由侵权行为主体向全社会进行赔偿。这种责任形式能够弥补罚款、没收非法财产、没收违法所得等财产责任的不足，更好地维护社会公共利益。

(4) 没收非法财物。

没收非法财物是指把经营者从事非法生产经营的工具、设备、原材料等收归国家所有，这些非法的工具设备原材料是经营者从事非法行为的前提和工具，把这些材料进行没收，相当于釜底抽薪，直接切断违法主体从事违法行为的意愿，是规制违法行为的有力手段。

(5) 没收违法所得。

没收违法所得是指把从事非法经营活动中所获得的利益收归国有，通过使违法经营者无法获取利益的方法，来制止违法经营活动，维护经济秩序和社会公共利益，我国经济法律规范比如《反垄断法》《反不正当竞争法》等都设置了这种法律责任。

2. 行为责任

行为责任是指通过限制、强制或者禁止从事经营活动的方式来惩罚经营者。经济法规定的行为责任，有如下几类：

(1) 责令停止违法经营。

责令停止违法经营是一种较低限度的责任形式，仅仅是要求经营者停止其违法行为，并没有触及核心利益，但是责令停止违法经营是一种基础和必要的责任，它能够避免损失的进一步扩大，因而可以被广泛适用。

(2) 责令停产停业。

责令停产停业是指要求经营者在一定期限内不得从事经营活动，责令停产停业虽然是一种临时性措施，需要和其他责任类型比如罚款等同时适用，但是它对于经营者的违法行为也具有遏制作用，它使得经营者在投入资源成本和人力成本等各种成本后却无法回收成本，这会在无形中增加违法经营者的违法成本，从而制止违法行为。

---

① 王利明. 惩罚性赔偿研究. 中国社会科学，2000 (4)；王立峰. 论惩罚性损害赔偿//梁慧星. 民商法论丛 (第 15 卷). 北京：法律出版社，2000：54-113；韩志红. 试论经济法中民事责任的实现. 天津师范大学学报 (社科版)，2003 (6).

（3）产品召回。

产品召回是指产品的生产商、销售商或者进口商对于其生产、销售或者进口的产品存在危及消费者人身、财产安全缺陷的，依法将该产品从市场上收回，并免费进行修理或者更换的制度。① 产品召回包括企业自愿召回和政府强制召回两种方式。政府强制召回是指当经营者发现其生产或者销售的产品不符合保障人体健康、人身财产安全的标准或者有危及人身财产安全的不合理危险，即存在缺陷的时候，未按照规定履行其主动召回缺陷产品的义务，由监管机关强制其召回的一种法律责任。强制召回具有义务和法律责任的双重属性，在保护消费者和社会公共安全方面发挥重要作用。由于产品缺陷引发的大规模损害造成的后果往往十分严重，因而当一开始发现产品缺陷的时候，单纯靠单一的消费者提起损害赔偿诉讼，不足以引起制造商的重视并达到消除危险、进行惩戒的目的，而且在时间上也可能丧失迅速消除隐患的时机，使得损害进一步扩大，因而需要政府及时介入，责令企业对缺陷产品采取回收、维修、更换、补偿或者改进设计方案等措施，建立缺陷产品管理制度。产品召回法律制度，有利于保护消费者的人身、财产安全，促进消费，有利于企业的发展，也有利于维护我国消费者的合法利益。

缺陷产品召回的领域最初出现在汽车制造领域，汽车产品召回已经成为制造商消除产品缺陷最常见的方式，我国的缺陷产品召回制度也是从汽车开始的，2004 年 3 月，由国家质量监督检验检疫总局联合国家发展和改革委员会、商务部、海关总署共同制定了《缺陷汽车产品召回管理规定》，2012 年国务院通过了《缺陷汽车产品召回管理条例》，提高了立法层级，对缺陷汽车召回的管理、经营者及其相关各方的义务、汽车产品缺陷的报告、调查和确认、缺陷汽车产品主动召回程序、缺陷汽车产品指令召回程序以及罚则作出了相应的规定，目前我国产品召回的范围逐渐由汽车扩大到儿童玩具、食品、药品、一般消费品等领域，总体上，我国的产品召回制度已经建立并在不断完善中。

（4）其他行为类责任。

除了上述的责令停止违法经营、责令停产停业、缺陷产品召回等措施外，经济法还有针对特定经营行为采取的限制、强制或者禁止性措施，比如我国《反垄断法》第 48 条所规定的责令停止实施集中、限期转让营业、限期处分股份或者资产等其他必要措施恢复到集中前的状态。

3. 人身责任

人身责任是指通过影响经营者的声誉或者限制、剥夺经营者的人身权利或者经营资格来惩罚违法行为的方法，因为在市场经济条件下，主体的资格也非常重要，它与主体的存续、行为、收益等息息相关，因此取消或者降低经营者的各种资格使其失去活动能力，是对经济法主体的重要惩罚。人身责任具体包括：

（1）警告。

警告是对于违法行为较轻、危害影响较小的经营者设置的一种责任，警告这种法律责任设置的目的在于让经营者认识到自己的违法行为，进行主动纠正，自觉履行经济法义务。警告这种法律责任会对经营者的声誉产生不利影响，在一定程度上会影响经营者在市

① 郑冬渝，郭雪平．建立我国产品召回制度的法律思考．云南大学学报（社科版），2003（4）．

场中的信用。

（2）通报批评。

通报批评是指通过媒体公开对违法行为的经营者进行谴责，使违法主体的人格受到否定性评价，影响其声誉。在比较典型的“3Q大战”中，北京奇虎科技有限公司和深圳市腾讯计算机系统有限公司在互联网业务发展中产生纠纷，采取不正当竞争行为，甚至单方面中断对用户的服务，影响了用户的正常业务使用，引起用户不满，造成了恶劣的社会影响，为此工业和信息化部以通报批评的方式对上述的行为进行谴责，使其停止违法行为。①

（3）暂扣许可证或者营业执照。

暂扣许可证或者暂扣营业执照是指在一定时期内取消经营者从事法律所限制的生产或者销售产品的资格，暂扣许可证或者营业执照是针对违法行为较为严重的经营者设置的一种法律责任。许可证对于特殊行业或者特殊领域的经营者来说至关重要，因为没有相应的许可证，意味着经营者可能无法进入该领域，不得从事限制的经营活动，也无法取得营业执照，比如食品领域、药品领域、证券领域等。营业执照是证明行为主体具有法律资格和从事该行业的标志，没有相应的营业执照，则不能从事相应的经营活动。因而许可证或者营业执照对于经营者而言十分重要，暂扣许可证或者暂扣营业执照直接影响行为主体的行为资格。

（4）吊销许可证或者营业执照。

吊销许可证或者营业执照是比暂扣许可证或者营业执照更为严重的一种责任形式，因为该种法律责任直接剥夺了行为主体的行为资格，消灭了经营者的法律人格，市场经济是信用经济，吊销许可证或者营业执照意味着国家直接对该行为主体的市场信用进行了否定。该种法律责任适用于违法行为特别严重，损害后果特别巨大，给社会公共利益造成重大损害的经营者，比如在三聚氰胺事件中，原来的石家庄三鹿集团股份有限公司直接被吊销食品生产许可证。

（二）政府的责任形式

政府在经济法中承担着市场监管和宏观调控的职责，因此，也应当承担责任，政府在经济活动中的责任主要源于在市场监管、宏观调控和参与市场活动中承担的责任。

1. 市场监管的责任形式

市场监管是政府在经济活动中基本的职责，代表政府履行监管职能的机关即监管机构应当履行监管职责，监管机构如果不正确履行监管职责，必然会导致市场秩序混乱，损害社会公共利益。监管机构不履行监管职责的情形主要包括不履行或者不认真履行监管职责，其责任的主体理应包括监管机构的责任和公务员个人的责任。监管机构工作人员除了依照行政法的规定承担个人责任之外，履行监管机构的机关和政府也应当承担责任，具体包括：

（1）公开道歉。

公开道歉是指政府监管机构没有认真履行监管职责，给国家社会造成损害应当承担的

① 工信部电管函［2010］536号，《关于批评北京奇虎科技有限公司和深圳市腾讯计算机系统有限公司的通报》，访问网址：http://www.miit.gov.cn/n123811801/content/content24.html.

责任，该种法律责任能够督促政府反思自己的错误行为，也对社会公众起到心理安抚作用。

（2）政府先行赔付。

政府先行赔付是指在经营者严重违法导致发生重大伤亡事故的时候，政府应当先行向受害者支付抢救费和医疗费等费用，并代替经营者赔偿其他损失。国家先行赔偿制度的建立和发展，需要中央和地方财政的支持，在我国现阶段良好的经济条件下，在以人为本的财政理念下，建立国家先行赔偿制度完全可行。在国家财政支援的情况下，设立食品安全行业赔偿基金和食品责任保险制度，也将为国家先行赔偿制度的建立和实施提供经济基础。在三聚氰胺事件中，国家就实行了先行赔付。2008 年 9 月“三聚氰胺奶粉事件”发生后，党中央、国务院对此高度重视，第一时间对严肃处理三鹿牌婴幼儿奶粉事件做出一系列部署，立即启动国家重大食品安全事故Ⅰ级响应，对患病婴幼儿实行免费救治，所需治疗费用由同级财政预拨垫支，中央财政对确有困难的予以适当支持。同时推动“三聚氰胺奶粉”事件中 22 家责任企业作出赔偿方案，对近 30 万名确诊患儿给予一次性现金赔偿，并共同出资建立医疗赔偿基金，承诺患儿今后一旦出现相关后遗症，发生的医疗费由该基金给予报销。这一系列措施对稳定社会起到了极其重要的作用，是在重大食品安全事故中国家政府先行救助并先期对受害消费者进行适当补偿的有效尝试。

2. 宏观调控的责任形式

政府宏观调控机构承担的责任较为复杂，因为宏观调控需要政府机关一定的自主权，使其能够根据市场的变化采取相应的调控措施，其职责在《预算法》《政府采购法》《中国人民银行法》《税收征收管理法》均有所体现，如果政府不履行相应的职责，则会损害社会公共利益。

比如《预算法》第 92 条规定了各级政府及有关部门有下列行为之一的，责令改正，对负有直接责任的主管人员和其他直接责任人员追究行政责任：（1）未依照本法规定，编制、报送预算草案、预算调整方案、决算草案和部门预算、决算以及批复预算、决算的；（2）违反本法规定，进行预算调整的；（3）未依照本法规定对有关预算事项进行公开和说明的；（4）违反规定设立政府性基金项目和其他财政收入项目的；（5）违反法律、法规规定使用预算预备费、预算周转金、预算稳定调节基金、超收收入的；（6）违反本法规定开设财政专户的。

再比如《中国人民银行法》第 48 条也规定了相应的责任，中国人民银行有下列行为之一的，对负有直接责任的主管人员和其他直接责任人员，依法给予行政处分；构成犯罪的，依法追究刑事责任：（1）违反本法第 30 条第 1 款的规定提供贷款的；（2）对单位和个人提供担保的；（3）擅自动用发行基金的。有上述所列行为之一，造成损失的，负有直接责任的主管人员和其他直接责任人员应当承担部分或者全部赔偿责任。

政府宏观调控机构的责任，既有违法机关的责任，也有直接责任人的个人责任。单位责任，有责令改正、通报批评、补征应征未征收的税款、退还不应当征收而征收的税款等责任，个人责任主要是行政处分。

3. 参与市场活动的责任形式

政府机关除了进行市场监管和宏观调控之外，还经常以市场主体卖方或者买方的身份参与市场交易，比如出让国有资产、进行政府采购等，在进行市场交易过程中，由于缺乏相应的严格责任和有效的追责机制导致政府在市场交易中出现了大量违法违规的现象，所以政府在参与市场活动的过程中也应当承担一定的法律责任，具体包括：

（1）违法出让国家财产的责任。

政府代表人民行使国有资产所有权的过程中，应当依法行使，如果违法出让国有财产应当承担相应的责任，但是目前《企业国有资产法》中仅仅规定了直接责任人员的责任，并没有政府机关的责任，这一点仍然需要重视。

（2）违法采购的责任。

政府进行采购活动的主要法律依据是《政府采购法》，政府采购不同于普通的民事主体采购，它关系国有财产的有效利用和公平竞争者秩序的问题，《政府采购法》对于政府采购行为的程序和责任进行了相应的规定，其责任包括责令限期改正、罚款、没收违法所得等形式。

（3）违法处分国有资源的责任。

国有资源属于社会公共利益的一部分，代表国家行使国有资源所有权的机构违反法律规定，擅自处分国有资源应当承担一定的责任，否则会造成国有资源的流失和浪费，但是目前的法律只是规定了直接责任人员的责任，并没有规定政府的集体责任，这并不利于遏制政府的违法行为。

当前我国在经济法律责任的制度设计上，对于政府违法行为的规制较弱，政府责任虽然是第二责任，但却是经济法责任的制高点和保障，实践证明，只有在适当的法律责任威慑和规制之下，政府才能认真履行其监管和调控的职能，当前经济法偏重于经营者的责任，对政府法律责任尚未引起足够重视，市场主体责任和政府责任都直接关涉到社会公共利益，不可偏废！

相关事例

汽车销售领域的惩罚性赔偿

——经销商未向消费者披露车辆存在维修记录等重要信息构成消法欺诈①

2008 年 7 月 6 日，上海和凌汽车服务有限公司与魏某某签订“汽车销售及配套服务合同”一份，约定由上海和凌汽车服务有限公司向魏某某出售“雷克萨斯”牌 GS300 型轿车一辆，车价为人民币 66.3 万元，该合同第九条中由上海和凌汽车服务有限公司销售人员手写注明“（此车仅为外部漆面有损伤车辆，其余没任何问题）”。魏某某在全额缴付购车款及相关费用后，取得了合同约定车辆的所有权。魏某某于 2014 年因故调取了该车出厂后的所有维修保养记录，方获知该车在向其出售前，曾有大量维修记录。维修日期为 2008 年 1 月 31 日，其中维修内容包括但不限于以下项目：“钢化车窗玻璃（钣金、机电维修）、后组合灯（不带灯泡、钣金、机电维修）、倒车镜（钣金、机电维修）、卡簧（钣金）、层压挡风玻璃（钣金、机电维修）、密封胶条（钣金、机电维修）、玻璃胶、水槽胶条（钣金）、发动机罩顶风口（钣金）、夹子、车顶流水槽侧装（机电维修）、硫化橡胶制密封条（机电维修）、汽车空调风道（机电维修）”，根据上海和凌汽车服务有

① （2015）沪二中民一（民）终字第 970 号。

限公司提供的维修结算单显示，上述维修项目仅材料费用合计为 17 322 元（未包含工时费）。上海和凌汽车服务有限公司与魏某某于 2014 年 8 月通过邮件联系协商补偿事宜，未果。魏某某认为，上海和凌汽车服务有限公司上述隐瞒车辆真实情况并出售的行为构成欺诈，据此诉至法院，请求判令：一、依法撤销上海和凌汽车服务有限公司与魏某某于 2008 年 7 月 6 日签订的“汽车销售及配套服务合同”；二、上海和凌汽车服务有限公司退还魏某某购车款 66.3 万元；三、上海和凌汽车服务有限公司赔偿魏某某车辆购置税 56 666 元；四、上海和凌汽车服务有限公司按购车款 66.3 万元的三倍赔偿魏某某 198.9 万元。审理中，魏某某变更诉讼请求，撤回其第一、二、三项诉讼请求，仅要求上海和凌汽车服务有限公司按照购车款的三倍计 198.9 万元向魏某某作出赔偿。

本案争议焦点在于上海和凌汽车服务有限公司在与魏某某签订销售合同时是否向魏某某如实披露上述事实，其销售行为是否构成欺诈。法院经审理后认为，消费者享有知悉其购买、使用的商品或者接受的服务的真实情况的权利。国家保护消费者的合法权益不受侵害。魏某某购买汽车系因生活需要自用，魏某某主张适用《中华人民共和国消费者权益保护法》并无不当。上海和凌汽车服务有限公司辩称其曾以口头方式向魏某某披露维修事实的证据不足以表明其口头告知魏某某全部维修记录的事实。法院认定上海和凌汽车服务有限公司在售车时隐瞒了大部分车辆存在的瑕疵，其行为构成欺诈，按照法律规定应当退车还款并增加赔偿魏某某的损失。鉴于魏某某已安全使用涉讼车辆达六年之久，魏某某提出的三倍赔偿主张系依据 2013 年修正的《中华人民共和国消费者权益保护法》，而本案上海和凌汽车服务有限公司的欺诈销售行为发生于 2008 年，应适用修正前的《中华人民共和国消费者权益保护法》，根据该法律规定，上海和凌汽车服务有限公司应作出购车款的一倍赔偿而非三倍。原审法院据此作出判决：上海和凌汽车服务有限公司应于判决生效之日起十日内赔偿魏某某购车款 663 000 元。

【法考练习题】

1.【模拟】关于经济法主体的表述，正确的是（　　）。

A. 经济法主体是经济法律关系的重要组成部分

B. 经济法主体具有身份性

C. 国家干预主体主要包括市场监管机构和宏观调控机构

D. 民法的主体和经济法的主体二者没有区别

【参考答案】ABC

解析：法律关系包括主体、权利义务、责任，因而经济法主体是经济法律关系的重要组成部分，选择 A。经济法主体不同于民法主体，民法主体具有抽象性，是抽象平等，经济法主体与其在市场竞争和交易中的角色有关系，比如经营者是在市场中提供商品或者服务的人，选择 B。在经济法中国家干预主体是指具有国家经济干预职权的组织，在经济法中国家干预主体主要包括市场监管机构和宏观调控机构，选择 C。民法的主体和经济法的主体不同，比如在经济法律关系中，除了公民、法人可以成为经济法主体，国家、国家权力机关、企业内部组织都可以成为经济法主体，这不同于民法主体，民法只限于平等主体之间，主体是平等的自然人、法人和非法人组织，排除国家机关的参与，排除 D。

2.【模拟】关于经济法责任的表述，正确的是（　　）。

A. 经济法责任不同于传统的三大责任论

B. 民事责任具有补偿性，经济法责任不同于民事责任，其具有惩罚性

C. 经济法责任的责任目的是维护社会公共利益

D. 从责任对象上看经济法责任是向社会承担责任

【参考答案】ABCD

解析：经济法责任不是传统的民事责任、刑事责任、行政责任的综合，不是传统的三大责任论，是有自己独立的责任形态，选择A。民事责任是以受害者实际受到的损失为基础承担责任，以弥补损失为限度，而经济法则不是以是否存在实际损失为依据，它根据违法者的违法性质、违法所得和危害程度来计算责任，它突破了传统民事责任的补偿性或者填平性原则，是在传统赔偿责任的基础上，施加了高于补偿标准的法律责任，其目的在于保护弱势群体的受害人、打击违法行为，使违法主体在面对高额的惩罚时不敢实施违法行为，对违法行为人形成震慑作用，比如《食品安全法》领域的惩罚性赔偿，选择B。在责任目的上，经济法责任是为了维护社会公共利益。民事责任的目的是救济和保护个体权利，经济法责任的目的是通过规制违法行为，维护社会公共利益，选择C。在责任对象上，经济法责任是向社会承担责任，其目的是维护社会公共利益和满足社会公众的需要，不是救济个体权利，选择D。

3.【模拟】关于惩罚性赔偿责任的表述，正确的是（　　）。

A. 惩罚性赔偿具有震慑违法者的功能

B. 惩罚性赔偿在《消费者权益保护法》和《食品安全法》中均有所体现

C. 我国的惩罚性赔偿首次出现在《消费者权益保护法》中

D. 惩罚性赔偿和民法的赔偿损失没有差别

【参考答案】ABC

解析：惩罚性赔偿的功能有四：一是赔偿，二是制裁，三是遏制，四是鼓励，所以惩罚性赔偿具有震慑违法者的功能，选择A。《消费者权益保护法》第55条，《食品安全法》第148条，都有体现惩罚性赔偿，选择B。我国在1993年的《消费者权益保护法》中首次规定了惩罚性赔偿，用于惩罚和遏制违法行为，选择C。惩罚性赔偿和民法的赔偿损失有本质差异，民法的赔偿损失仅仅是补偿，而经济法的惩罚性赔偿则具有惩罚的功能，对违法行为主体施加更重的经济负担来制止违法行为，排除D。

第二篇

市场规制法

第五章

市场规制法的一般原理

【导语】

市场规制法是经济法的重要组成部分。本章从市场规制的概念入手，介绍了市场规制的产生和发展的历史，揭示了市场规制在国家经济发展中的必要性，进一步阐释了市场规制的局限性。在完成市场规制的本体论之后，本章将完成从市场规制到市场规制法的转向，介绍了市场规制法的概念、特征，具体探讨市场规制法的体系构成，市场规制法的价值和原则等，为本书接下来具体规制法的学习打下坚实的基础。本章学习的重点是市场规制的特征与必要性，难点是市场规制法的特征、体系构成和价值、原则。

第一节　市场规制

一、市场规制的概念和特征

(一) 市场规制的概念

"规制"一词来源于英文"regulation"，其基本含义是规范和控制，规制这一词主要用来描述政府为应对市场失灵而对经济运行进行的直接或间接的干预，由于规制的实施主体一般是行政机关，因此"规制"又被称为"行政规制"。日本学者最初将"regulation"翻译为"规制"，① 中国学者通过翻译日本学者的著作而沿用了这种翻译方式。②

规制这一词语的内涵随时代的变化也发生了演变。最初，"规制"这一词被用来指称20世纪30年代罗斯福新政时期美国政府为缓解大萧条带来的经济危机与社会矛盾对经济进行的直接或者间接的干预，这一时期主要的规制对象是具有自然垄断或公共物品属性的企业或行业，规制工具主要是货币、财政、税收等，规制的目标主要是为了宏观经济的稳定运行。到了20世纪70年代，随着政府干预范围的不断扩大，政府开始对商品质量、食品安全、环境污染、劳工保护等工业社会存在的风险问题进行全面规制，规制的目标主要

① 张守文，于雷. 市场经济与新经济法. 北京：北京大学出版社，1993：22.

② ［日］植草益. 微观规制经济学. 北京大学出版社，1993：22.

是为了维护社会公共的财产和人身安全，保障消费者和劳工的权益，规制的工具主要是信息工具、标准工具和行政处罚等。至此，“规制”的范围扩大了，为了区分30年代的“规制”和70年代的“规制”，学界提出了经济性规制和社会性规制这两个术语：经济性规制是指政府对市场经济的宏观和微观运行进行的规制，主要涉及自然垄断行业，防止自然垄断企业侵害社会公共利益；社会性规制主要是对安全与健康、环境保护、消费者保护等领域的规制，主要为了解决市场中信息不对称和负外部性等问题。①

学界中不同学者对“regulation”采用了不同的翻译方法，除了翻译为“规制”，也有翻译为“监管”和“管制”。一般而言，“监管”一词用于政府实务和法律文本，而在法学研究中则常用“规制”，“管制”则更强调政府的干预力度，这几种翻译方式的内涵并没有本质区别，只是侧重点有所不同。也有学者认为，规制的语境更为广泛，规制是由立法规制、司法控制和行政规制三个环节建构起来的完整规制体系，而监管则仅指规制中的行政规制部分。② 从狭义角度来看，市场规制就是指市场监管，是指依法具有市场规制权的国家机关、事业单位或社会组织依照法律赋予的职权，按照法定的程序，对一定市场主体及其行为进行监督、管理与规范的活动；广义的市场规制则认为，立法规制、司法控制和行政规制都是市场规制体系中不可分割的部分。实务和理论界中并没有对广义和狭义的市场规制作出明确区分。将市场规制认定为市场监管，更容易突出它的特殊性，更加强调行政监管在市场规制中的作用，也更方便比较经济法和民商法、刑法等其他法学部门之间的区别，但是这种观点也会割裂市场规制及市场规制法与其他法律部门之间的关系，不利于从整体和宏观的角度去思考问题。在运用法学知识思考现实生活的过程中，使用广义的市场规制思维会帮助读者更加完整全面地分析问题；在平时阅读中，读者可以根据文本的语境去确定作者使用的“规制”这一词的范围，切勿将思维僵化。

（二）市场规制的特征

1. 市场规制主体是拥有市场规制权的国家机关或社会组织

早期市场监管机构只有政府，比如《反垄断法》规定，市场监管部门和反垄断执法机构都是重要的对市场进行监管的政府部门。随着社会性规制范围的逐步扩大，部分社会组织也被赋予市场规制的职权，比如《消费者权益保护法》规定，消费者协会有权受理消费者的投诉，并对投诉事项进行调查、调解。而中国广告协会的《中国广告行业自律规则》第25条规定，对于违反本规则的相关责任者，经查证后，分别采取如下自律措施：（1）自律劝诫；（2）通报批评；（3）取消协会颁发的荣誉称号；（4）取消会员资格；（5）降低或取消协会认定的中国广告业企业资质等级；（6）报请政府有关部门处理。除此之外，我国的特殊国情，事业单位在被法律授权之后，也可以成为市场监管的主体，比如我国证监会和银保监会就是政府直属的事业单位，分别监管我国证券市场和银行、保险市场，为我国金融市场安全保驾护航。

因为悠久的管制传统形成的惯性和改革开放的急切需求，政府管制一直在我国的市场规制中占据主导地位。这种规制特点随着社会转型正逐渐转变，随着我国社会转型深入，

① ［英］安东尼·奥格斯．规制：法律形式和经济学理论．骆梅英，译．北京：中国人民大学出版社，2008：5.

② 薛克鹏．经济法学．北京：中国政法大学出版社，2018：135.

"放管服"改革进一步推进，科技和信息逐渐代替实体资源成为重要的市场因素，企业的自我监管和行业协会引导的自律监管正逐渐成为监管转型的重要议题。受制于稳定性和程序性，法律不能也不宜经常变动，此时由行业协会等社会组织主导制定的自治规范也正逐渐成为规制法的重要组成部分。这种政府、企业、社会组织共同参与的市场监管正逐渐成为科技化时代的主要监管模式，这种监管模式被称为"合作监管"，合作监管也重新定义了监管的本质，重构了国家和社会之间的关系①。

2. 市场规制的对象是市场主体及其行为

对市场主体的规制主要是通过对市场主体资格设置准入资格的方式展开；对市场主体行为的规制主要是通过命令-控制的方式展开。市场主体资格准入又称为事前批准，是在经济活动发生之前由监管部门颁发许可证，允许一定的市场主体从事某种市场行为、生产某种产品。市场准入就是评估从事该活动的主体的潜在质量，以确定其是否达到某种确定的标准，一般，这种准入标准仅仅是最低程度的统一。② 以我国对保健食品市场监管为例，市场主体资格准入主要体现为生产保健食品的主体只有取得保健食品生产许可证之后，才可以从事保健食品生产业务；如果保健食品销售企业想要开展保健食品的销售业务，那么它除了要取得一般食品行业的经营者许可证之外，还需要取得保健食品销售经营许可证。如果说市场主体资格准入制度是一种事前规制，那么对市场主体行为的规制更多的是事中和事后的规制，这种规制方式主要采取的是事中规制的命令-控制手段和事后规制的处罚手段。命令-控制手段主要是使用信息工具和标准工具。信息工具是规制部门的基本监管工具。众所周知，市场失灵的主要原因之一就是信息不对称，因而从信息角度对信息进行规制就理应成为规制手段的重要组成部分，信息工具主要有以下三种方式实施：强制信息披露、误导性信息的规制、政府信息发布。强制信息披露是指市场规制主体规定经营者必须真实、完整、全面地披露有关商品的重要信息；误导性信息的规制主要是指当经营者发布虚假信息之时，监管部门采取相应的措施对其行为进行规范；政府信息发布则是指政府部门对其在执法过程中搜集到的信息应该及时向社会公布，对消费者进行积极正面的引导。标准工具就是对市场中存在的商品和服务制定一定的标准，不同的商品在生产、运输和销售环节中都应该满足一定的标准，按照我国《标准化法》的规定，我国标准可以分为国家标准、行业标准、地方标准、团体标准、企业标准五个层次。而处罚工具则是最为人所知的，也是规范力度最大的一种规制方式，它通过对市场中违法主体进行处罚，大幅提高违法主体的违法成本，使得其违法成本高于违法收益从而使其丧失违法动力的规制行为。

3. 市场规制具有主动性、及时性

与司法控制做对比，司法程序"不告不理"的特点决定了其主要是通过事后责任的威慑来实现规制目的，所以司法控制模式具有与生俱来的滞后性和被动性，这种司法控制的被动性和滞后性缺陷在近代社会并没有凸显出来。但是，随着人类社会进入科技社会，现代社会嬗变成为一种具有高风险的社会，一旦风险变为现实危险，社会公共利益将遭受巨大且难以挽回的打击，市场主体个人之力无法消除其行为带来的负外部性。这种现代社会

① 朱宝丽. 合作监管法律问题研究. 北京：法律出版社，2018：45.

② 安东尼·奥格斯. 规制：法律形式和经济学理论. 骆梅英，译. 中国人民大学出版社，2008：123.

的风险性已经在中国的三鹿奶粉案件、2008 年发于美国的金融危机和 2020 年的新冠疫情等事件中得到了深刻的体现。并不具有未雨绸缪功能的司法控制模式是无法有效应对这种社会风险的，此时需要一种主动的、及时的、不同于司法控制模式的另一种规制方式，市场监管应运而生。市场监管最主要的对象就是这些可能扰乱市场秩序，损害其他市场主体和社会整体利益的违法行为，是可能会影响到整个市场的运行效率及市场主体对于市场秩序的信心的行为。这种扰乱市场秩序的违法行为与一般的民事侵权行为相比，一个显著的特点就是这类行为的被侵害主体往往是不确定的，每个主体受到的侵害经常是微小的，难以证明的。所以司法控制模式面临的失灵表现得更为严重。与司法控制模式的“不告不理”原则不同，市场规制或者进一步说是行政规制则具有主动性、及时性，可以更加灵活地面对各种潜在的社会风险，从而更好地预防和防范风险。

4. 法律是市场规制的前提和基础

没有法律，就没有市场规制。在 20 世纪 80 年代改革开放初期，我国市场经济已经呈现星火燎原之势，但是对广告行为、不正当竞争行为和垄断等行为，都缺乏相应的规制规范，造成了市场规制标准不一、无从下手、一片混乱的局面。无法则规制无以前行，于是在以我国基本国情为基础，吸收各国经验的情形下，各种基础的市场规制法律法规纷纷出台，《广告法》《消费者权益保护法》《反不正当竞争法》《反垄断法》等这些法律都是市场规制法的主要代表。

法律是市场规制的前提，不仅意味着被规制主体必须遵守市场规制法的相关规定，更意味着规制主体在进行市场规制时也应该遵守法定的规制程序，谨守法定规制方式，规制主体应该在市场规制法规定的范围和程序内执行自己的市场规制职责，不得滥用规制权力。比如《反垄断法》第 46 条规定：“经营者违反本法规定，达成并实施垄断协议的，由反垄断执法机构责令停止违法行为，没收违法所得，并处上一年度销售额百分之一以上百分之十以下的罚款；尚未实施所达成的垄断协议的，可以处五十万元以下的罚款。”这即意味着反垄断执法机构在对达成垄断协议的违法市场主体进行行政处罚时，处罚的金额必须在第 46 条所规定的范围内，不得超出该法律规定的范围。

二、市场规制的必要性

市场规制必要性的现实基础是市场失灵的存在，即市场孕育出了自身无法克服的缺陷，这些缺陷导致市场无法再高效率地配置资源，最终导致垄断、消费者权益受损、贫富差距拉大、社会不同阶级对抗加剧等不良后果。市场失灵的典型表现有负外部性、信息不对称和垄断。

（一）负外部性

关于外部性，有学者将其定义为：“外部性是指两个当事人缺乏任何相关的经济交易的情况下，由一个当事人向另一个当事人所提供的物品束（commodity bound）。”① 外部性的定义强调的是在没有经济交易情况下的物品束的转移，如果存在经济交易，那这种行为就会被纳入民法的涵摄范围中。外部性可以分为正外部性和负外部性。正外部性的典型例子是灯塔，夜晚中航行的船只都会在灯塔的指引下安全渡过暗流涌动的海域，但是这

① ［美］丹尼尔·F. 史普博. 管制与市场. 余晖，等译. 上海：上海三联出版社，1999：56.

些夜航船的所有权人并没有为灯塔的建造支付直接费用；负外部性的典型例子是噪声，居住在工厂附近的居民生活必然会受到工厂巨大的轰鸣的影响，但是工厂并没有向受到影响的居民直接支付相关的赔偿损失。负外部性是市场失灵的主要表现之一，也是经济法主要的规制对象。

外部性产生的原因在于理性经济人所追求的利益最大化是个人利益最大化，理性经济人斤斤计较的乃是个人的投入和产出、成本和收益。但实际上，某一个人的某种行为所涉及的不仅是个人的收益或成本，也会给其他人带来收益或成本（社会成本），此处的收益和成本就是正外部性和负外部性。在现实生活中，私人最优决策并不等于社会最优决策，个人最优并不等于社会最优。工厂主为了节省成本而将未经处理的污水排放入江河之中，这一行为对于厂主来说显然是最优决策，但是对于整个社会来说却是巨大的灾难：环境破坏带来的损失是巨大的，而恢复环境的成本也是极为高昂的。如果政府对这种损人利己、杀鸡取卵的行为不加以规制，而放任市场主体自私的自由竞争，必然会对整个社会公共利益带来巨大的负面影响。

故此，为了追求社会最优而非个人最优，为防止个人利益对公共利益的戕害，就需要外在力量来规范和调整个人的决策及行为。而对这些负外部性进行规范的主要手段正是市场规制的主要内容。

（二）信息不对称

古典经济学认为，每个市场主体都是理性人，理性人在逐利本能的驱使下会做出最有利于自身利益的决策，而在每个个体都能够最大化自己的利益的情况下，资源的最优配置就会实现，最终实现整体社会利益的提升。但请不要忽视这样一个前提：理性人只有在掌握了充分的市场信息之后才能做出最有利于自身利益的决策。实际上，在真实的交易世界，占市场多数的消费者经常只能拥有少许甚至是虚假的交易信息，在信息不对称的情况下最终做出了对自身不利的决策。信息不对称或者说信息偏在虽已经是经济学之基础理论，但是直至20世纪50年代之前，其并不为人所知。有关信息不对称的最经典论述是诺贝尔经济学奖获得者乔治·阿克洛夫于1970年发表的一篇名为《“柠檬”市场——品质不确定性与市场机制》的文章，“柠檬”在美国俚语中表示“次品”或“不中用的东西”，柠檬市场也就是次品市场。乔治·阿克洛夫用二手车市场生动地诠释了信息不对称现象：二手车市场的卖家比买家拥有更多的信息，两者之间的信息是非对称的，买家天然地会对卖家对商品的描述产生怀疑，即使卖家说得天花乱坠，买家也很难相信。在此种情况下，买家唯一的办法就是通过压低价格来避免信息不对称给自身带来的风险损失。但是，买家过低的价格也使得卖家不愿意提供高质量的产品，这就导致了低质品充斥市场，高质品被逐出市场，最终造成整个二手车市场萎缩的局面。乔治·阿克洛夫指出，这种卖方和买方的信息不对称现象在经济交易中普遍存在，最终会导致市场中发生劣币驱逐良币的现象，市场失灵就发生了。

对信息不对称这一市场失灵进行规制的主要方法就是强制信息披露，比如证券市场强制上市主体披露经营信息，以保证证券市场的良好运行。强制信息披露也经常出现在消费者保护领域，消费者天然地是信息弱势的一方，经营者为了获取高额利润，会做出虚假宣传、夸大商品功效的行为，消费者在不能了解商品的真实情况下却被诱导购买了该商品，最终利益遭受损害。因此，强制经营者披露商品信息便成为对信息不对称的主要规制手段。在《消费者权益保护法》《食品安全法》《反不正当竞争法》中都有强制经营者披露商品信息的规定，强制披露的信息包括但不限于商品的成分、功效、生产日期、生产地址等，强制信息披露的最终目的都是保证消费者掌握充分的信息，以确保消费者能够在信息充足的基础上再做决策。

（三）垄断

垄断是一种经济现象，少数大企业为了获得高额利润，通过相互协议或联合等方式，对一个或几个部门商品的生产、销售和价格进行操纵和控制。垄断是竞争发展的必然结果，生产集中发展到一定阶段，垄断自然就会产生。而且它的出现抑制了竞争。同时，随着科技的发展，在21世纪，技术逐渐成为垄断产生的主要原因之一。垄断可以分为四种，即卡特尔、辛迪加、托拉斯和康采恩。卡特尔是由生产同类产品的企业联合组成的，参加卡特尔的企业一方面为获得垄断利润而在价格、销售市场、生产规模和其他方面签订协议，另一方面又保持其在经济活动中的独立性，横向价格卡特尔是其中最典型，也是最为严重的卡特尔行为。辛迪加是指同一生产部门的企业为了获取高额垄断利润，通过签订协议，共同采购原料和销售商品，而形成的垄断性联合。托拉斯是垄断组织的一种高级形式，是由生产同类产品或相关产品的企业联合组成的一种股份公司，托拉斯的参加者本身虽然是独立的企业，但在法律上和产销上均失去独立性，由托拉斯董事会集中掌握全部业务和财务活动。原来的企业成为托拉斯的股东，按股权分配利润。托拉斯组织具有全部联合公司或集团公司的功能，因此它是一种比卡特尔和辛迪加更高级的垄断形式，具有相当的紧密性和稳定性。康采恩是由生产、服务、运输、金融等不同经济部门中的企业联合组成的垄断组织。参加康采恩的企业虽在形式上保持各自的独立性，但实际上已被银行或其中资本雄厚的大企业所控制。康采恩是比卡特尔、辛迪加和托拉斯更为高级的垄断组织形式，是工业垄断资本和银行垄断资本相融合的产物。

随着各国逐渐重视对垄断的规制，纯粹的、绝对的垄断状态或者行为已经逐渐消失，垄断竞争状态普遍存在。所谓垄断竞争就是在相关市场中，企业拥有一定程度的市场力，但是并不是完全的垄断者。垄断竞争的市场有如下特征：（1）企业数量多而规模相对较小；（2）产品相类似，但彼此又有区别；（3）企业在市场上的进入和撤出不受限制。垄断竞争与垄断的主要区别在于，在垄断竞争条件下，企业可以自由进入市场。垄断竞争使得对垄断的规制变得更加困难，规制规则也变得更加精细。

三、市场规制的局限性

如同市场会失灵一样，规制同样也会面临失灵的问题。规制失灵主要表现为无效规制和过度规制两个方面，规制失灵的原因主要是监管能力不足、政府监管的动力缺乏。

（一）规制失灵的表现

规制失灵，是指规制不能解决市场失灵产生的社会问题。当规制主体能力不足或者缺乏效率时，其就无法选择恰当的方式或作出正确的决策满足市场对规制的需求。同市场失灵一样，规制失灵在现实生活中也时常发生，比如2020年崛起的直播营销等新生态经济，在给企业、消费者带来好处的同时，也给消费者和市场带来负面损害，但是现有的规制模式可能无法有效地保护消费者权益，此时就出现了因为法律制度落后等情况导致的国家规制的失灵。

规制失灵也可以表现为过度规制。例如对市场主体的资格准入规定得过多过细，过多地运用行政命令手段干预市场内部经济运行秩序。我国国情特殊，政府部门的监管在市场规制中一直占据主导地位，过度规制一度成为我国经济转型的羁绊。在中国社会发生大转型的 40 年，我国市场经济确实出现了各种需要进行规制的问题，行政权具有天然的效率上的优势，可以及时应对出现的各种问题。加之以经济建设为中心的国策的影响，经济建设以行政权为主导，司法等其他路径更多地发挥“保驾护航”的作用，因而在过去 40 年中，用行政管制手段来处理经济建设中出现的问题成为政府规制市场的首要之选。但近年来随着社会分工细化，新型经济模式的不断涌现，传统以规制-命令模式为主的市场规制理念正逐渐无法适应市场现状。比如许多互联网平台经济问题，比如数据的归属问题、个人信息的保护问题，不但中国没有定论，全世界也没有定论，对新经济新业态如果仍然适用传统的规制理念和规制模式，必然会抑制经济发展。对此，我国提出包容审慎监管理念，对在法律和理论的层面上没有探索清楚的问题，要积极研究规制的办法，但不能限制其发展。这种包容审慎的监管理念也符合自 2015 年我国一直推行的“放管服”监管体制改革政策。

（二）规制失灵的原因

规制失灵的原因可以从两个角度进行考察，一是政府监管能力不足，二是政府监管的动力缺乏。

政府虽然是由各种要素构成的一种组织形态，但其本质仍然是由个人组成的，既然个人会存在能力不足的情况，由个人组成的政府必然也会存在能力不足的情况。政府能力不足主要体现在以下几个方面：第一，政府监管机构设置不合理，监管机构重叠，主体多元复杂；第二，政府监管机构职责不明确，不同部门之间存在监管职责重叠或监管空白的情况；第三，政府信息不足，缺乏监管技术等。

再从监管的动力来看，由于社会生活的复杂性，监管主体并不必然具有实施监管的主动性和积极性。而一旦在特定的监管制度中不能对监管主体的动力进行合理的设计，该监管制度就会缺乏基本的推动力。这是因为监管首先是需要支付成本的行为，需要监管主体付出时间、精力乃至金钱；其次，监管是一种需要承担行为失范风险的行为，在监管主体行为失范的情况下需要对其匡正和惩诫。因此在人手不足、经费有限、追责严格的环境中，市场规制的效力也会受到影响。

相关事例

从罗斯福新政到里根改革

1929 年 10 月，美国经济大危机爆发。时任总统胡佛是自由放任主义经济学说的忠诚信徒，他认为国家的职能是保证而非干预经济，市场能够进行有效的自我调节从而实现经济的恢复，即使应对经济大危机，政府仍然应该保持自由放任政策。他的反危机措施的核心是以维护自由放任原则为前提，倡导地方团体推行“自愿联合政策”，最终导致美国经济继续恶化，经济危机持续发酵，民众苦不堪言。

时任纽约州州长的富兰克林·罗斯福是以凯恩斯主义为代表的国家干预经济学说的忠实拥趸。1933 年，罗斯福以反对胡佛的自由放任政策、提出“新政”口号而当选美国第 32 任总统。所谓“新政”是指以下一系列大刀阔斧的反危机措施。从全国工业复兴法到农业经济调整，从联邦劳工立法到开创社会保险制度，政府大规模干预经济的首次试验。从此，国家垄断资本主义的原则在美国得以初步确立，自由放任传统被摒弃。由于国家对经济的干预，再加上二战后科技进步等影响，50 年代到 70 年代美国经历了一个经济高速增长的“黄金时期”。但由于国家垄断资本主义并不能从根本上消除经济危机，60 年代末国家干预理论开始失灵，也就是一种规制失灵现象，美国历史上第一次出现经济停滞与通货膨胀两症并发的“滞胀现象”，其后 20 年美国滞胀越来越严重，国家经济发展严重受阻。

1981 年里根总统上台后，他重新拾起保守主义及新保守主义的经济理论，主张大规模减税，减少政府对经济的干预，减轻企业压力等，用新保守主义政策来补充凯恩斯主义的不足，使两者并举。里根时代出现了低通货膨胀下经济持续增长的目标，实现了美国经济的再一次复苏。

从古典自由主义到罗斯福新政，再到里根政府采用新自由主义重新恢复美国经济，市场失灵与规制失灵，经济和规制的历史呈现出一种螺旋式的发展路径，看似是循环，其实也在不断上升。如何寻求到市场的自由和国家对经济的规制之间那一微妙的平衡点，是国家决策者在治理过程中应尽心竭力考虑的重要问题之一。

第二节　市场规制法概述

一、市场规制法的概念和特征

（一）市场规制法的概念

所谓市场规制法，就是对市场监管机构依照法律规定行使市场规制权规制市场主体及其行为过程中所形成的法律关系的法律规范的总称。市场规制法的定义必须包含以下几个核心要点：（1）市场规制法调整的对象是市场规制法律关系；（2）市场规制法的对象是市场主体及其行为；（3）规制主体自身也应该遵循市场规制法。

（二）市场规制法的特征

1. 市场规制法的主体具有多样性

根据市场规制法主体地位的不同，可以将市场规制法的主体分为规制主体和被规制主体。规制主体包括政府监管部门、有权进行规制的事业单位和社会组织等。被规制主体主要是市场主体中的经营者。

与调整平等主体之间权利义务关系的民法等法律规范不同，市场规制法中不同主体的法律地位并不是完全平等的。规制主体多以监管者的身份出现，被规制主体则多需要服从命令。即使在同为市场主体的经营者和消费者中，两者的法律地位也并不是完全平等的。市场规制法多用倾斜保护的方式对消费者进行保护，这种保护主要是基于经济法的实质正义、社会公益等基础理念。由于消费者在信息获取、谈判能力、财力、专业知识及诉讼能力上都无法与经营者抗衡，以上诸多因素形成了经营者的强势地位和消费者的弱势地位。经济法的首要任务和存在的主要宗旨就是保护弱势群体的利益：规制经营者及其行为，倾斜保护消费者权益，这一点就与调整平等主体之间法律关系的民商法形成显著区别。但这并不意味着消费者在经济法中只是作为被保护的对象，经济法也会规定消费者的部分行为。比如《消费者权益保护法》规定，消费者应该文明消费，健康消费，消费者应该节约资源和保护环境。除此之外，行业协会等社会组织及其行为也会成为市场规制法所规制的对象。比如《消费者权益保护法》规定，消费者组织不得从事商品经营和营利性服务，不得以收取费用或者其他牟取利益的方式向消费者推荐商品和服务；行业协会作为行业集体的利益代表，具有天然的维护集团利益的倾向，所以《反垄断法》规定，行业协会不得组织成员从事垄断或侵犯消费者权益的行为，如果行业协会组织本行业经营者达成垄断协议的，可能会面临被罚款的处罚，情节严重的甚至会被依法撤销登记。

2. 市场规制法实施的“刚柔并济”性

虽然法律都是统治阶级意志的体现，都由国家强制力保障实施。但是不同的法律，其强制力的表现程度和实施方式是不一样的。① 与其他法律相比，市场规制法的强制力表现得更为明显且更直接。市场规制法的强制力主要表现在以下几个方面：(1) 从方式来看，从市场主体的资格准入到市场主体行为的实施，市场规制法主要是通过命令性、禁止性或限制性的方式规范市场主体及其行为，市场主体意思自治的空间很小。比如，根据《食品安全法》，市场主体只有在取得食品生产经营许可证之后，方才能从事食品生产、食品销售、餐饮服务；《消费者权益保护法》规定，经营者不得以格式条款排除或者限制消费者权利、减轻或者免除经营者责任、加重消费者责任，也不得利用格式条款并借助技术手段强制交易；《反不正当竞争法》规定，经营者不得对其商品的性能、功能、质量、销售状况、用户评价、曾获荣誉等作虚假或者引人误解的商业宣传，欺骗、误导消费者。(2) 市场规制法对市场主体的违法行为的处罚更为主动直接。市场主体违反市场规制法必然需要承担不利后果，且具有市场规制权的规制主体有权主动对违法行为进行监管而无须当事人的请求。

针对中国规制环境来说，市场规制法发展的另一趋势是，“软法”正在逐渐成为规制法的重要组成部分。市场规制法中的软法主要是指社会共同体创制的各类自治规范。在我国自治规范正逐渐成为市场规制法的重要组成部分，这种趋势主要是基于以下两方面原因产生：首先，互联网经济下，政府部门正面临科技缺失和信息不足的困境。比如说，作为互联网经济重要组成部分的平台，因为技术原因而掌握大量的信息，而作为第三方监管主体的政府则因为信息不足和科技能力的缺失，其监管能力必然会不足。在此种情况下，平台及其组成的行业协会的自我监管就显得尤为重要。其次，从监管成本的角度来看，为了在消费者市场争取良好的口碑，大型经济平台非常重视平台合规建设，而行业协会为了促进本行业更好的发展，也会积极推进本行业自治规则的出台，内发驱动的自我监管的监管成本也远小于政府规制的成本，符合经济法学上的成本收益衡量原则。2020 年为了规范直播行业，中国广告协会经过充分调研，征求意见，并在得到国家市场监管总局有关单位的支持下，出台了第一部关于网络直播营销活动的专门规范，用以重点规范直播带货行业

① 李曙光. 经济法学. 北京：中国政法大学出版社，2013：224.

刷单、虚假宣传等行为，保护消费者权益，促进直播营销行业健康持续发展。

3. 市场规制法是“实体法”也是“程序法”

市场规制法虽然制定了诸多市场主体不得为某些行为的规则和原则，但需要注意的是，市场规制法同时也是市场规制机构实施规制行为的依据。规制主体虽然有权对市场主体及其行为进行规制，但是其规制行为必须符合法律法规规定的程序。可以说，每一部市场规制法都是实体法和程序法的结合。市场监管主体对规制法的遵守主要体现在以下几个方面：(1) 市场监管部门也应该遵守“法无规定不可为”这一原则，在没有法律规定的情况下，市场监管主体不得以任何形式进入市场或者对市场主体的行为进行干预。(2) 在具有法律规定的前提下，市场监管部门必须履行监管职责，不得玩忽职守，逃避监管责任。如果因为逃避监管责任而导致危害消费者或危害社会公共利益的行为发生，则需要承担相应的责任。(3) 市场监管机构在履行职责时，规制主体必须合法、规制程序必须合法，应当在法律规定的期间内做出相应的行政行为，所采取的行政处罚的种类必须和违法行为人所造成的社会危害性相当，如处罚金，其罚金范围必须在法律规定的区间内。

4. 市场规制法的目的是保护社会公共利益

在市场规制法中，社会公共利益主要表现为良好的市场竞争秩序和消费者权益。维护社会公共利益是市场规制法乃至经济法的重要目的之一，比如《证券法》和《政府采购法》第 1 条都直接将危害社会公共利益作为立法目的，《反不正当竞争法》《消费者权益保护法》都将促进市场经济健康发展、保护消费者的合法权益作为其立法的首要目的。同样，为了维护社会公共利益，市场规制法将各种危害社会公共利益的行为，比如垄断，虚假宣传、销售假冒伪劣产品等行为作为经济法的规制对象。可以说，整个市场规制法的规制体系都是围绕社会公共利益建立起来的。同样，对以上各种危害社会公共利益的经济行为，市场规制法规定了许多具体的规制措施。除此之外，纵观欧美现代国家的公益诉讼制度，都是在竞争法、消费者法、环境法和财税法等制度形成后建立起来的，这是因为经济法将公益诉讼作为实现社会公共利益的主要维护手段。公益诉讼作为维护社会公共利益的一种诉讼手段与经济法存在着天然的契合性。

二、市场规制法的体系构成

市场规制法由许多分散的单行法构成。《反垄断法》和《反不正当竞争法》分别规制市场中的垄断行为和不正当竞争行为；《消费者权益保护法》是为了保护消费者合法权益；《产品质量法》《食品安全法》都是确保产品和食品符合特定的标准，保护消费者的人身和财产权益；还有其他诸多的法律。从表面看，这些市场规制法显得散乱无章，其实它们有着内在统一的逻辑，形成一个完整的市场规制法体系。所谓市场规制法体系就是所有的市场规制规范形成的统一的有机整体。这个有机整体主要由两部分组成：一般市场规制法和特定市场规制法。

（一）一般市场规制法

所谓一般市场规制法是指普遍适用于所有市场领域的法，包括竞争法、消费者法、产品质量法、价格监管法等。

1. 竞争法

充分良好的竞争是市场能够有效配置资源的前提，因此以保护市场充分竞争为目的的竞争法是市场规制法的核心部分。竞争法主要由两部分构成：反垄断法和反不正当竞争法。

2. 消费者法

对消费者权益的保护是一切市场规制法的最终目的和落脚点。如果从广义的角度理解，所有的市场规制法都可以说是消费者权益保护法的组成部分，从狭义的角度来看，消费者法主要是指《消费者权益保护法》。至今，我国已经逐渐建立起由《消费者权益保护法》这一基本法为核心，包括众多消费者保护法律规范在内的消费者保护法律体系。

3. 产品质量法

产品质量法的宗旨是通过加强对产品的质量监管，明确经营者责任，提高产品质量水平，保护消费者合法权益，最终保护社会经济的良好运行。我国于1993年制定《产品质量法》，明确要求产品质量必须符合相应的国家或者行业标准，鼓励企业创新技术，企业可以建立超过国家标准或者行业标准的企业标准。

4. 价格监管法

价格法是经济法的重要组成部分，但是关于价格法应属于宏观调控法还是市场规制法部分，我国学界目前并没有定论。随着我国特色社会主义市场经济的建立和完善，商品或服务的价格已经基本由价值规律决定，政府定价或者政府指导价的适用范围已经非常狭窄，国家已经很少使用价格这一工具作为宏观调控的手段，更多的是用价格法对市场中价格违法行为进行个案的、局部的、微观的规制，从而保证市场经济秩序的良好运行。因此本书中将价格法定位为价格监管法而把它放入到市场规制法编中，以突出其监管属性而非调控属性。

（二）特定市场规制法

特定市场规制法是指对某一特定市场或者特定行业领域进行规制的市场规制法律。在对这些特定的行业市场进行规制的时候，既适用一般市场规制法，也适用特定市场规制法。比如关于对金融消费者保护的问题，既适用《消费者权益保护法》，同时也适用《证券法》《证券投资基金法》等相关的特定市场规制法。但根据特别法优先于一般法的规制，当某一行业中有特定市场规制法，且该法律规定可能和一般市场规制法存在冲突，此时应该优先使用特定市场规制法中的相关规定。比如房屋建筑虽然也具有产品的部分特质，但是因为我国有《建筑法》，所以对房屋建筑过程中的规制问题，应该首先适用《建筑法》的相关规定而不是《产品质量法》。

1. 食品安全法

食品安全是事关国计民生的重大事项，所以对食品安全进行规制的法律是市场规制法的重要组成部分。从广义角度来看，食品安全法是指一切有关食品安全的法律规范的总称，包括但不限于《食品安全法》《农产品质量安全法》《食品生产许可管理办法》《保健食品注册与备案管理办法》《保健食品生产许可审查细则》，这些法律规范的宗旨都是为了规范食品安全，保护消费者权益。狭义的食品安全法仅指《食品安全法》这一基本形式的专门立法。

2. 广告监管法

广告，主要是指商业广告。广告是经营者营销的主要手段，成为影响消费者购买商品或者服务的重要因素，因此对市场中不正当的广告行为进行规制实为必要。1994年我国

《广告法》正式出台，我国首次对广告行为进行监管。但是随着互联网技术的发展和智能手机的普及，搜索引擎广告竞价排名、网络页面弹窗广告等新型广告形式不断涌现，市场监管部门又出台《互联网广告管理暂行办法》来保护消费者权益，该办法首次对互联网广告的性质、主体、行为、罚则等作出科学全面规定，是对《广告法》的细化和延伸，试图在促进产业健康发展和消费者权益保护中寻找平衡。

3. 电子商务市场监管法

电子商务是伴随智能手机普及和互联网技术迅猛发展而形成的一个新兴经济领域，近几年来在我国发展势头非常迅猛，但同时也在消费者权益保护、经营者责任划分、个人隐私保护、知识产权、国家税收等方面引起了许多亟待规范的问题。电子商务市场监管法是对规制电子商务领域市场主体及其行为的法律规范的总称。2014 年国家工商行政管理总局出台的《网络交易管理办法》吹响了对电子商务市场进行规范的先锋号，但仍然遗留许多问题悬而未决，且《网络交易管理办法》法律效力过低。于是在时隔四年之后，2018 年《电子商务法》正式问世，《电子商务法》中包含大量对于电子商务经营者、平台经营者以及支付、物流等第三方机构的义务规定、法律责任，以及监管机构的监管职责等，这些规定都体现出了电子商务法的市场监管法特点。

4. 金融市场监管法

所谓金融就是资金融通，金融业就是为资金融通服务的行业，其本身并不创造任何实体价值，所以不以实体经济为基础的金融业很容易造成经济泡沫，而金融业又是具有高风险的行业，所以各国无不将对金融的监管作为国家对经济监管的重要组成部分。金融监管法是规制金融市场的法律规范的总称。就市场规制法部分而言，金融监管法主要是针对银行业、保险业、证券业、信托业、期货期权业等行业市场主体及其行为进行规制的法律规范的总称。

5. 房地产法

房地产法是规制房地产市场的法律规范的总称。房地产法主要由《建筑法》《城市房地产管理法》《城乡规划法》《招标投标法》等法律和《建筑业企业资质管理规定》《建筑施工特种作业人员管理规定》等国务院和国家部委制定的行政法规和部门规章组成。

除上述之外，电信法、旅游市场法、运输市场法、会计和审计法等法律法规都是特定市场规制法，这些法律法规都遵循这样一个根本的立法宗旨和逻辑：通过规制市场主体中经营者的行为方式以保护消费者权益。由于篇幅所限，本书不再一一赘述。

三、市场规制法的价值和原则

（一）市场规制法的价值

市场规制法集中体现了法律公平、安全、秩序和自由等价值。

1. 公平

公平可以分为机会公平和结果公平。相比于注重机会平等的民法，市场规制法更加注重结果的公平。其认为，市场中的不同主体之间的地位不是完全平等的，可以分为消费者和经营者、用人单位和企业、强势群体和弱势群体。市场规制法更注重倾斜保护弱势群体的权益，减少不同社会群体之间的对抗，最终实现结果公平。

2. 安全

安全是市场规制法的重要价值之一。现代社会的主要特点就是，人类面临着的危险多数都是由人类社会本身所制造出来的，而一旦风险转化为现实的危险，社会中不特定多数群体的人身和财产安全将会遭受严重损害。每一次安全性事件的爆发都伴随着大量消费者权益受损，甚至会影响一个行业的盛衰，削弱社会公众对国家治理的信心。如何维护市场安全成为社会治理的重要议题之一。市场规制法所保护的安全有市场环境的安全、消费者人身和财产的安全、金融的安全、信息的安全等。

3. 秩序和自由

维护市场竞争秩序是市场规制法的主要价值之一。市场规制法对秩序的倡导和追求并不意味着市场规制法抑制且反对市场中主体的自由。相反，对市场主体及其行为进行适度的干预，对市场经济秩序的维护，能够为市场中的经营者创造更加自由的竞争环境，为市场中的消费者营造更加自由的消费环境。19世纪美国垄断盛行和20世纪苏联计划经济的失败都可以证明，只有兼顾秩序和自由，市场作为资源配置的手段才能更好地发挥其应有的作用。

（二）市场规制法的原则

1. 社会公益原则

市场规制法以保护社会公共利益为首要原则。社会公共利益是指社会公众都享有的、非独占的、为一个社会生存所必需的利益，又可称为“社会福祉”。社会公共利益具有以下几个特点：(1) 社会公共利益不是私人利益的简单叠加，能被共享但不能被分割。比如，对假冒伪劣产品进行监管并不是因为其已经侵害了某一消费者的权益，而是其行为潜伏着可能对所有不特定的消费者造成危害的危险。(2) 市场规制法所保护的公共利益的受益对象具有不确定性，那些只能使某些特定主体受益，满足特定人的愿望或需求的利益不能成为社会的普遍利益，不是公共利益。(3) 市场规制法所保护的社会公共利益的内容具有普遍性。市场规制法所保护的社会公共利益从外延上看，主要表现为市场经济的健康有序发展、消费者人身和财产权益、食品药品安全、自然环境的优美等。市场规制法所保护的社会公共利益不仅包括物质形态，也包括精神层面的，比如遵纪守法、诚实守信的市场交易精神，公众对市场的信心和信任等。与市场规制法所保护的物质形态的社会公共利益相比，保护精神层面的社会公共利益，也是市场规制法所应该坚持的原则之一。立法机关应当以维护社会公益作为其法律制定和修改的出发点和落脚点。社会公益应该作为判断一种市场行为是否应该纳入规制范围的标准，如果不涉及社会公益，则不应该规制。市场监管部门在规制法的实施过程中，也应将维护社会公共利益为己任，严格按照市场规制法的规定进行监管，既不过度监管，也不放任。

2. 合法规制原则

合法规制原则是指市场规制的规制主体、规制对象、规制内容、规制手段、规制范围都必须由法律规定。具有市场规制权的主体应该遵循“法无规定不可为”的原则，不得随意扩大规制对象和规制范围，自行设置规制规则。对市场监管机构来说，必须在法律规定的范围内行使职权，一旦超出这个范围即为违法。

3. 适度规制原则

秩序和自由是健康市场必备的两个要素。只有秩序而没有自由的市场不能称之为市场，只有自由而没有秩序的市场将连自由都会失去。只有自由和秩序同时并存的市场中，市场才能发挥其配置资源的优势，而这就要求规制法必须适度规制，把握好市场与政府之间的关系。适度规制首先要求立法主体在制定市场规制法的过程中既要防止规制不足，防止出现无法对市场中的违法行为进行有效的制止与威慑的现象，也要避免过度规制，扼杀市场主体的自由和活力。其次，在市场监管机构实施规制法的过程中，要采取适当的监管手段和监管幅度，既要防止规制不足，放纵违法行为，也要避免监管过度，从而对市场经济产生消极反作用，抑制市场经济的发展。

四、市场规制法的调整方式

市场规制法的调整方式是由市场规制法的任务和它调整对象的性质和特点决定的。市场规制法的首要任务是保护市场秩序的稳定和健康，主要是通过调整市场中经营者的违法行为实现。这种任务就决定了经济法在履行其规制职责的时候多采用的是强制性的、禁止性的强行规范方式。

同时，市场规制法的调整方式是微观的、局部的，它通过规范市场中每一个主体行为的方式实现规制目的。这种调整方式与经济法的另一大支柱宏观调控法有着显著的区别。宏观调控法的调整方式更多的是宏观的、全面的，其主要调整手段如财政政策、货币政策和产业政策都是以较为宏观和全面的方式来引导整个市场经济的运行。宏观调控往往是关乎大局而非具体细节，侧重再分配和社会整体的公平、稳定。而市场规制法则是通过调整局部的、个案的不公来达到维护整个社会公平的目的。同样，市场规制法主要是通过对市场中某类违法行为进行调整的方式达到净化市场和维护社会经济运行秩序的目的。

相关事例

新冠疫情防控期间口罩市场规制

2020年新冠疫情成为一代人共同的记忆。中国人民众志成城，同心抗疫，在新冠疫情暴发初期，口罩供应极度短缺一度成为举国关注的焦点，囤货居奇，哄抬物价，假冒伪劣口罩泛滥，价格疯狂上涨，一时间口罩市场上演无数怪状，市场运行规则正接受巨大的挑战。按照“价高者得”的市场逻辑，出价高的消费者能够买到口罩，但更多的人群因价高而无法购得口罩，就可能会暴露在病毒感染的风险之中。因此，在新冠疫情防控这一特定背景下，口罩的市场分配会导致严重的负外部性：在口罩资源短缺的情况下，个人囤货居奇的行为会导致口罩价格上涨幅度超出供求差，造成口罩价格畸高；其次，社会大多数人无口罩可戴，社会一般公众被传染的可能性就提高；再次，缺乏防护装备的人越多，疫情蔓延的范围越大，有口罩的人也会被病毒携带者包围，考虑到口罩对于病毒并不具有绝对的防护效果，加之其他途径也会造成病毒传播，终将使口罩佩戴形同虚设。“价高者得”的市场分配逻辑，在疫情防控下会导致“损人损己”和“人人自危”等不良局面。面对这一局面，我国政府主要采取以下手段介入口罩市场，对口罩市场进行规制：（1）对口罩市场价格进行规制。根据我国《价格法》，国家市场监督管理局于2020年1月25日发布《市场监管总局关于坚决维护防疫用品市场价格秩序的公告规定》，对哄抬口罩价格的行为进行规制。部分地区发布口罩指导价，比如湖北省市场监督管理局在疫情期间发布《关于新冠肺炎防控期间有关价格违法行为认定和处理的指导意见》，其中规定公共卫生一级响应期间，口罩一律不得涨价；商品无参照原价的，购销差额超过15%即构成哄抬价格。(2) 对市场中制造、销售假冒伪劣口罩的行为进行行政处罚，情节严重的追究刑事责任。根据我国市场监督管理局官网显示，截至2020年3月31日，全国公安机关共侦办各类制售假冒伪劣涉疫情防护物资案件1 095起，捣毁犯罪窝点830个，查扣涉案口罩4 840万只及一批医用酒精、消毒液等物资，消除了一批公共卫生安全隐患。

【法考练习题】

1.【模拟】下列各项中，属于市场规制法律关系的有（　　）。

A. 消费者因商品质量问题与商家发生的赔偿与被赔偿关系

B. 税务局长与税务干部发生的领导与被领导关系

C. 企业厂长与企业职工在生产经营管理活动中发生的经济关系

D. 税务机关与纳税人之间发生的征纳关系

【参考答案】A

解析：消费者因商品质量问题与商家发生的赔偿与被赔偿关系是《消费者权益保护法》的规制范围，《消费者权益保护法》属于市场规制法，选A。税务局长与税务干部发生的领导与被领导关系属于行政法调整的上下级之间的法律关系，不是政府对市场经济的干预和调整关系，不选B。企业厂长与企业职工在生产经营管理活动中发生的经济关系，属于企业内部的经济管理关系，不是市场中的经济关系，不选C。税务机关与纳税人之间发生的征纳关系，属于国家实施宏观调整的法律关系，不是市场规制法律关系，不选D。

2.【模拟】市场规制法的体系组成包括（　　）。

A. 市场竞争法

B. 产品质量法

C. 食品安全法

D. 消费者权益保护法

【参考答案】ABCD

解析：上述四个选项均属于市场规制法的体系构成。其中市场竞争法、产品质量法、消费者权益保护法属于一般市场规制法，食品安全法属于特定市场规制法，故ABCD全选。

3.【模拟】市场经济的本质要求公平，市场规制法集中体现了法律的公平价值，具体来说市场规制法中的公平价值体现在（　　）。

A. 市场主体的竞争环境应当是公平的

B. 市场主体的交易和竞争活动应该公平

C. 市场竞争主体的经济机会均等

D. 一切主体的法律地位都是平等的

【参考答案】 AB

解析：公平可以分为机会公平和结果公平。市场规制法相比于注重机会平等的民法，更加注重结果的公平。其认为，市场中的不同主体之间的地位不是完全平等的，进入市场的机会和资格也不是完全平等的，市场规制法更注重倾斜保护弱势群体的权益，减少不同社会群体之间的对抗，以及保护社会公共利益，最终实现结果公平。故选择 AB。

第六章

竞争法

【导语】

市场经济的活力与市场主体行为的自由程度和受制约程度息息相关。竞争法直接关乎着市场主体的行为自由范围，进而起到影响市场经济活力的作用，是市场主体在生产经营、相互竞争时所要遵守的重要法律规范。我国并未颁布一部名为“竞争法”的法律，竞争法这一称呼是学界对于以特定法律关系为调整对象的法律规范的称谓。具体而言，竞争法是规范竞争行为、调整市场竞争关系、维护竞争秩序和社会公共利益的法律部门，主要由反垄断法和反不正当竞争法两部分构成。本章从反垄断法和反不正当竞争法的具体实体制度和程序制度入手，意在使读者明晰并学会运用竞争法的各项具体制度。本章学习的重点是反垄断法和反不正当竞争法的实体制度，难点是反垄断法和反不正当竞争法的程序制度。

第一节　反垄断法

一、反垄断法的实体制度

我国《反垄断法》第 2 条规定：“中华人民共和国境内经济活动中的垄断行为，适用本法；中华人民共和国境外的垄断行为，对境内市场竞争产生排除、限制影响的，适用本法。”虽然该法并未给垄断行为作出明确的定义，但从该条依旧可以看出，垄断行为的核心在于该行为产生或可能产生排除、限制竞争的效果，即垄断行为是指产生或可能产生排除或限制竞争效果的行为。

反垄断法是规制垄断行为的法，而垄断行为的实施主体既可能包括经营者，也可能包括公权力机关，具体而言是指行政机关。因此，我国反垄断法中既规定了经营者实施的垄断行为类型，也规定了行政机关实施的垄断行为类型。经营者实施的垄断行为主要包括垄断协议、滥用市场支配地位和经营者集中，上述内容分别被具体规定于《反垄断法》的第二章、第三章和第四章。行政机关实施的垄断行为被统称为行政垄断，规定于第五章。下文将具体介绍我国反垄断法针对上述垄断行为规定的实体制度。

（一）垄断协议

垄断协议即限制竞争协议，我国《反垄断法》第 13 条规定："本法所称垄断协议，是指排除、限制竞争的协议、决定或者其他协同行为。"

垄断协议具有限制竞争的目的。垄断协议是协议签订主体为实现排除、限制各主体间的竞争或协议签订主体与第三方之间的竞争而签订的协议。签订协议的主体希望通过限制产品数量、分割市场、联合抵制交易等约定达到避免竞争风险、谋求超额利润、增强自身竞争力等效果。垄断协议在现实生活中大量存在，例如相邻的两家水果店同时涨价、价格完全一致等情形极有可能是因为这两家水果店签订了垄断协议，具体而言可能是签订了《反垄断法》第 13 条第 1 项规定的以固定或者变更商品价格为特征的价格垄断协议。价格是消费者作出购买决策的重要参考因素之一，若两水果店不签订该协议，在水果质量相近的情形下，消费者便更倾向于在相邻的两家中选择一家价格更低的水果店购买水果，而消费者的此种选择偏好会使得水果店尽其所能地降低水果价格以获得更大的竞争优势，这是市场竞争的应有之义。签订该垄断协议是基于两家水果店希望通过该协议排除、限制它们之间的竞争，最大化销售价格以获得更多的利润。

1. 垄断协议的类型

垄断协议具有多种类型，以不同的标准，可以将垄断协议划分为不同的类型。例如，根据协议的签订主体或签订者之间的关系不同，垄断协议可以被分为横向垄断协议和非横向垄断协议。

（1）横向垄断协议。

横向垄断协议是指在生产或销售中，处于同一经济环节的、具有相互竞争关系的两个或两个以上经营者之间签订的共同控制价格、产量、技术、产品、设备、交易对象、交易地区等内容的协议，或虽没有协议但共谋采取协同一致的行为。在前述水果店的例子中，两相邻水果店同时涨价、价格完全一致等情形便有可能是基于该两水果店的经营者之间达成了共同控制价格的共谋，该共谋的达成可能是有物质的协议载体，也有可能是更为隐蔽的协同一致的行为，后者的情形会为反垄断执法机关对该二者行为的认定带来更大的困难。我国《反垄断法》第 13 条具体规定了横向垄断行为的类型：" 禁止具有竞争关系的经营者达成下列垄断协议：（一）固定或者变更商品价格；（二）限制商品的生产数量或者销售数量；（三）分割销售市场或者原材料采购市场；（四）限制购买新技术、新设备或者限制开发新技术、新产品；（五）联合抵制交易；（六）国务院反垄断执法机构认定的其他垄断协议。"上述第 13 条第 6 项的兜底性规定是为适应垄断协议在现实生活中表现形式的多变而订立的。法律的滞后性内在地要求立法者通过灵活规定法律条文的方式规制复杂多变的调整对象。

（2）非横向垄断协议。

非横向垄断协议，又称垂直协议，是指处于不同的生产经营阶段、相互之间不具有直接竞争关系的两个或两个以上的经营者之间达成的协议，比如汽车的生产商与销售商之间订立的、总经销商和分经销商订立的包括排他性购买内容的垄断协议。《反垄断法》第 14 条具体规定了非横向垄断协议的类型："禁止经营者与交易相对人达成下列垄断协议：（一）固定向第三人转售商品的价格；（二）限定向第三人转售商品的最低价格；（三）国务院反垄断执法机构认定的其他垄断协议。”在奔驰垄断协议案中，奔驰公司销售区域经理对奔驰E级和S级整车设置“零售指导价”，通过电话、口头通知或经销商会议等形式，多次明确限制南京、无锡、常州、苏州等多地经销商销售E级车的优惠幅度。为促使经销商实施最低转售价，奔驰公司加大对经销商的考核力度，约谈、警告不执行限价政策的经销商并减少政策支持力度。上述行为限制了商品的转售价格，虽然实施该行为的主体之间并不具有直接竞争关系，但该垄断行为将影响其他购买奔驰汽车的经营者和奔驰汽车消费者的福利，是应当为法律禁止的非横向垄断行为。

然而，根据近年来的经济学文献显示，尽管以转售价格维持为主要内容的非横向垄断协议可能在某种程度上损害竞争，但在某种情形下，该种行为也可能产生促进竞争的作用，比如促进品牌间的相互竞争，因而对于非横向垄断协议的违法性认定应当基于个案进行审慎分析。

2. 垄断协议的豁免

对于垄断协议，我国《反垄断法》第15条规定了七种豁免情形，这意味着虽然经营者之间达成了垄断协议，若经营者的行为满足该七种情形，其行为可以免除被反垄断法进行否定性评价。《反垄断法》第15条规定：“经营者能够证明所达成的协议属于下列情形之一的，不适用本法第十三条、第十四条的规定：（一）为改进技术、研究开发新产品的；（二）为提高产品质量、降低成本、增进效率，统一产品规格、标准或者实行专业化分工的；（三）为提高中小经营者经营效率，增强中小经营者竞争力的；（四）为实现节约能源、保护环境、救灾救助等社会公共利益的；（五）因经济不景气，为缓解销售量严重下降或者生产明显过剩的；（六）为保障对外贸易和对外经济合作中的正当利益的；（七）法律和国务院规定的其他情形。属于前款第一项至第五项情形，不适用本法第十三条、第十四条规定的，经营者还应当证明所达成的协议不会严重限制相关市场的竞争，并且能够使消费者分享由此产生的利益。”经营者基于上述目的实施的、不会造成严重限制相关市场竞争并且会将利益惠及消费者的垄断行为的可责性过低，我国反垄断法对该行为进行了宽容处理。

（二）滥用市场支配地位

各国反垄断法均禁止经营者在经营活动中滥用市场支配地位，我国也不例外。我国《反垄断法》第17条明确规定禁止具有市场支配地位的经营者从事滥用市场支配地位的行为，并对滥用市场支配地位的行为类型和市场支配地位的含义进行了进一步的规定。

1. 滥用市场支配地位的表现形式

立法者根据滥用市场支配地位行为在实践中的具体表现，将该种行为抽象出主要的几种表现形式并规定于《反垄断法》当中。我国反垄断法具体规定了六种滥用市场支配地位的行为并附加了兜底条款。《反垄断法》第17条规定：“禁止具有市场支配地位的经营者从事下列滥用市场支配地位的行为：（一）以不公平的高价销售商品或者以不公平的低价购买商品；（二）没有正当理由，以低于成本的价格销售商品；（三）没有正当理由，拒绝与交易相对人进行交易；（四）没有正当理由，限定交易相对人只能与其进行交易或者只能与其指定的经营者进行交易；（五）没有正当理由搭售商品，或者在交易时附加其他不合理的交易条件；（六）没有正当理由，对条件相同的交易相对人在交易价格等交易条件上实行差别待遇；（七）国务院反垄断执法机构认定的其他滥用市场支配地位的行为。”

2. 市场支配地位的判断标准

在认定特定主体是否实施了滥用市场支配地位的行为时，首先要判断该主体是否具有市场支配地位，这是其行为构成垄断行为中的滥用市场支配地位行为的前提。《反垄断法》第17条规定："本法所称市场支配地位，是指经营者在相关市场内具有能够控制商品价格、数量或者其他交易条件，或者能够阻碍、影响其他经营者进入相关市场能力的市场地位。"具体而言：(1) 市场支配地位表现为某经营者在特定市场当中独家经营或没有竞争者，使其他经营者难以进入该特定市场；(2) 某经营者在特定市场上具有极大的影响地位，其他经营者难以进入该市场等。

3. 相关市场

从《反垄断法》对市场支配地位的定义和本书对于市场支配地位具体的描述均可看出，对于市场支配地位的判断需要在"相关市场"内进行，市场支配地位是用来描述特定环境中经营者的影响地位，在某一市场环境中具有支配地位的经营者在另一市场环境中可能并不具备支配市场的能力。对于相关市场的界定直接影响对于特定主体是否具有市场支配地位的判断。相关市场包括商品市场、地域市场、时间市场和技术与创新市场等。相关商品市场是根据商品的属性、用途等因素，从需求者认为具有较为紧密替代关系的一组或一类商品所构成的市场。相关地域市场是需求者获取较为紧密替代关系的商品的地理区域。相关时间市场是指考虑商品的生产周期、使用期限、流行性、季节性等商品的重要特征。相关技术与创新市场是指在界定相关市场时考量知识产权、创新、技术等因素的影响。

4. 市场支配地位的认定依据

具体应如何认定特定主体是否具有市场支配地位，我国《反垄断法》在第18条进行了进一步的规定。《反垄断法》第18条规定了判断市场支配地位是否构成的依据："认定经营者具有市场支配地位，应当依据下列因素：(一) 该经营者在相关市场的市场份额，以及相关市场的竞争状况；(二) 该经营者控制销售市场或者原材料采购市场的能力；(三) 该经营者的财力和技术条件；(四) 其他经营者对该经营者在交易上的依赖程度；(五) 其他经营者进入相关市场的难易程度；(六) 与认定该经营者市场支配地位有关的其他因素。"

5、市场支配地位的推定

《反垄断法》第19条进一步规定了市场支配地位的推定规则："有下列情形之一的，可以推定经营者具有市场支配地位：(一) 一个经营者在相关市场的市场份额达到二分之一的；(二) 两个经营者在相关市场的市场份额合计达到三分之二的；(三) 三个经营者在相关市场的市场份额合计达到四分之三的。有前款第二项、第三项规定的情形，其中有的经营者市场份额不足十分之一的，不应当推定该经营者具有市场支配地位。被推定具有市场支配地位的经营者，有证据证明不具有市场支配地位的，不应当认定其具有市场支配地位。"

(三) 经营者集中

根据《反垄断法》第20条的规定，经营者集中是指：(1) 经营者合并；(2) 经营者通过取得股权或者资产的方式取得对其他经营者的控制权；(3) 经营者通过合同等方式取得对其他经营者的控制权或者能够对其他经营者施加决定性影响。反垄断法意义上的经营者集中主要具有两个特征：参与集中的主体是独立的经营者；经营者集中的后果是一个经营者能够直接或间接控制另一个经营者或者对其施加决定性影响。

经营者集中是伴随着市场经济的发展而产生的重要社会经济现象。经营者适度集中有利于发挥规模经济的作用，可以在较短的时间内使数个企业的资金、人才、物资等结合在一起，迅速提高企业的竞争力，这对于跨国公司在国际市场的发展等有极大的促进作用。但过度集中又会产生垄断的问题从而限制竞争甚至消除竞争。其一，经营者集中有可能消除潜在的竞争。经营者集中可能使未来可能形成竞争关系的经营者之间经由合并等方式不再形成竞争关系。其二，经营者集中可能会产生市场优势地位甚至市场支配地位，这可能会产生市场进入的障碍。其三，经营者集中可能使一些处于优势地位的企业提高商品价格，从而侵犯消费者的合法权益。

经营者集中达到国务院规定的申报标准的，经营者应当事先向国务院反垄断执法机构申报，未申报的不得实施集中，具体的申报程序见下文反垄断法的程序制度部分。

（四）行政垄断

行政垄断是转型国家和商品经济不发达的国家经常会出现的垄断现象。根据我国《反垄断法》第 32 条的规定，行政垄断是指行政机关和法律、法规授权的具有管理公共事务职能的组织滥用行政权力，限定或者变相限定单位或者个人经营、购买、使用其指定的经营者提供的商品。

1. 行政垄断的主体

从主体来看，实施行政垄断的主体包括：(1) 行政机关；(2) 法律、法规授权的具有管理公共事务职能的组织。行政垄断的实施主体需要具备一定的公权力，这是行政垄断区别于其他垄断行为的核心之处。而公权力既有可能归属并实施于行政机关，也有可能为法律、法规授权的其他组织享有。因此，不论是行政机关还是其他具有管理公共事务职能的组织，均不得实施垄断行为。

2. 行政垄断的类型

从行为类型来看，行政垄断通常是一种抽象行政行为。大多数情况下，行政垄断是地方政府以及中央、地方各级政府部门以政府规章、决定或政策等形式发布的。

3. 行政垄断的表现

行政垄断主要表现为以下内容：(1) 妨碍商品在地区之间的自由流通；(2) 排斥或者限制外地经营者参加本地的招标投标活动；(3) 排斥或者限制外地经营者在本地投资或者设立分支机构；(4) 强制经营者从事本法规定的垄断行为；(5) 制定含有排除、限制竞争内容的规定等。

4. 行政垄断的法律责任

我国《反垄断法》为预防、惩戒行政垄断行为，在第 51 条规定了行政垄断的法律责任："行政机关和法律、法规授权的具有管理公共事务职能的组织滥用行政权力，实施排除、限制竞争行为的，由上级机关责令改正；对直接负责的主管人员和其他直接责任人员依法给予处分。反垄断执法机构可以向有关上级机关提出依法处理的建议。法律、行政法规对行政机关和法律、法规授权的具有管理公共事务职能的组织滥用行政权力实施排除、限制竞争行为的处理另有规定的，依照其规定。"义务是责任的前提，责任是义务的保障。当义务主体违反义务或不恰当履行义务时，唯有对其施加足够的不利性后果，课以足够的责任，义务才不会成为仅仅存在于法条之中的水中之月，义务才会切实地对义务主体产生约束力。因此，真正落实对于行政垄断的法律责任，行政垄断现象才会不断改善。

2019 年国务院通过《优化营商环境条例》（国务院令第 722 号），以行政法规的形式规定了优化营商环境的相关制度规范，确立了优化营商环境的法律基础。在该条例中，国务院再次强调不得实施行政垄断，该精神反复体现于其第 12 条、第 13 条等条文中。在某种意义上讲，行政垄断相较于其他垄断行为所造成的不利影响是更为突出的，为实现市场主体的公平竞争，营造良好的市场竞争秩序，如何有力规制行政垄断行为是我国发展市场经济的过程中必须持续研究的课题。

二、反垄断法的程序制度

程序制度是对实体制度的重要保障。本教材将通过对经营者集中的申报程序及反垄断调查相关程序的介绍展示反垄断程序制度的具体规定及其独特魅力。

（一）经营者集中的申报程序

经营者集中达到国务院规定的申报标准的，应当事先向国务院反垄断执法机构申报，未申报的经营者不得实施集中行为。申报时，经营者应提交下列文件、资料：（1）申报书；（2）集中对相关市场竞争状况影响的说明；（3）集中协议；（4）参与集中的经营者经会计师事务所审计的上一会计年度财务会计报告；（5）国务院反垄断执法机构规定的其他文件、资料。《反垄断法》第 23 条进一步规定了申报书中应当载明的内容：“申报书应当载明参与集中的经营者的名称、住所、经营范围、预定实施集中的日期和国务院反垄断执法机构规定的其他事项。”申报是经营者集中的前提条件，通过申报，反垄断执法机构能够得知特定经营者集中行为是否会对相关市场的竞争状况造成过度不利的影响等。这有助于在摇篮中扼杀经营者的不当集中给竞争秩序带来的潜在风险。

在申报的过程中，有时会出现经营者提交的文件、资料不完备的情形，发生上述情形时，经营者应当在国务院反垄断执法机构规定的期限内补交文件、资料。经营者逾期未补交文件、资料的，视为未申报。

市场状况变幻莫测，市场中的机会稍纵即逝。法律为保障市场竞争秩序以申报作为限制经营者集中的方式，必定应同时要求反垄断执法机关以更高的效率审查经营者集中以降低审查给经营者的集中迟延带来的不利后果。由此，我国《反垄断法》第 25 条规定：“国务院反垄断执法机构应当自收到经营者提交的符合本法第二十三条规定的文件、资料之日起三十日内，对申报的经营者集中进行初步审查，作出是否实施进一步审查的决定，并书面通知经营者。国务院反垄断执法机构作出决定前，经营者不得实施集中。国务院反垄断执法机构作出不实施进一步审查的决定或者逾期未作出决定的，经营者可以实施集中。”

若特定经营者集中通过了初审，对于其的审查就将进入复审阶段。初审后，国务院反垄断执法机构决定实施进一步审查的，应当自决定之日起 90 日内审查完毕，作出是否禁止经营者集中的决定，并书面通知经营者。作出禁止经营者集中的决定，应当说明理由。审查期间，经营者不得实施集中。我国反垄断法对于复审的时间以 90 日为限，但有下列情形之一的，国务院反垄断执法机构经书面通知经营者，可以延长审查期限，但最长不得超过 60 日：（1）经营者同意延长审查期限的；（2）经营者提交的文件、资料不准确，需要进一步核实的；（3）经营者申报后有关情况发生重大变化的。国务院反垄断执法机构逾期未作出决定的，经营者可以实施集中。

复审后，若国务院反垄断执法机关认为经营者集中具有或者可能具有排除、限制竞争效果的，其应当作出禁止经营者集中的决定。但是，经营者能够证明该集中对竞争产生的有利影响明显大于不利影响，或者符合社会公共利益的，国务院反垄断执法机构可以作出对经营者集中不予禁止的决定。对不予禁止的经营者集中，国务院反垄断执法机构可以决定附加减少集中对竞争产生不利影响的限制性条件，并将该条件及时向社会公布。

（二）反垄断调查

反垄断调查，是指反垄断执法机构依法调查涉嫌垄断行为的活动。反垄断调查的流程大体包括立案、调查、得出调查结果或中止（终止）调查。

1. 立案

反垄断执法机关可以通过自身的执法活动发现垄断行为并立案，同时，单位和个人向反垄断执法机关的举报也是反垄断执法机关掌握垄断行为的情况并立案调查的重要途径。《反垄断法》第38条规定："对涉嫌垄断行为，任何单位和个人有权向反垄断执法机构举报。反垄断执法机构应当为举报人保密。举报采用书面形式并提供相关事实和证据的，反垄断执法机构应当进行必要的调查。"反垄断法以法律的形式肯定了单位和个人的举报权，与此同时要求反垄断执法机构为举报人保密并重视举报人所提供的举报信息。

2. 调查

为保障反垄断调查的顺利进行、降低反垄断执法机关的行为对执法对象的不当影响，一方面，我国法律明确了执法机关可以采取的多种调查措施，另一方面，反垄断法规定若执法机构欲查询经营者的银行账户，须以向反垄断执法机构主要负责人书面报告并经批准为前置必要流程。具体而言，反垄断执法机构可以采取的措施包括：（1）进入被调查的经营者的营业场所或者其他有关场所进行检查；（2）询问被调查的经营者、利害关系人或者其他有关单位或者个人，要求其说明有关情况；（3）查阅、复制被调查的经营者、利害关系人或者其他有关单位或者个人的有关单证、协议、会计账簿、业务函电、电子数据等文件、资料；（4）查封、扣押相关证据；（5）查询经营者的银行账户。当然，上述调查措施远远不能满足反垄断调查的实际需求，尤其是随着科技的发展，调查取证变得愈发困难的情形下，反垄断执法机关可以采取的措施应当更为多元，为保证调查行为的合法与正当性，未来在立法过程中有必要对于新型、必要的调查措施在反垄断法中予以回应。

为保证反垄断调查的公正性，反垄断执法机构调查涉嫌垄断行为时执法人员不得少于二人，并应当出示执法证件。执法人员进行询问和调查，应当制作笔录，并由被询问人或者被调查人签字。在调查的过程中反垄断执法机构及其工作人员有可能了解到相关主体的商业秘密，其应对执法过程中知悉的商业秘密履行保密义务。

为保障调查的顺利进行，反垄断法规定被调查的经营者、利害关系人或者其他有关单位或者个人应当配合反垄断执法机构依法履行职责，不得拒绝、阻碍反垄断执法机构的调查。与此同时，被调查的经营者、利害关系人有权陈述意见。反垄断执法机构应当对被调查的经营者、利害关系人提出的事实、理由和证据进行核实。

3. 得出调查结果或中止（终止）调查

反垄断执法机构对涉嫌垄断行为调查核实后，认为构成垄断行为的，应当依法作出处理决定，并可以向社会公布。对反垄断执法机构调查的涉嫌垄断行为，被调查的经营者承诺在反垄断执法机构认可的期限内采取具体措施消除该行为后果的，反垄断执法机构可以决定中止调查。中止调查的决定应当载明被调查的经营者承诺的具体内容。反垄断执法机构决定中止调查的，应当对经营者履行承诺的情况进行监督。经营者履行承诺的，反垄断执法机构可以决定终止调查。有下列情形之一的，反垄断执法机构应当恢复调查：(1) 经营者未履行承诺的；(2) 作出中止调查决定所依据的事实发生重大变化的；(3) 中止调查的决定是基于经营者提供的不完整或者不真实的信息作出的。

相关案例

1. 山西电力价格垄断案：2016 年，山西省电力行业协会召集 4 家央企发电集团山西公司、4 家省发电集团以及 15 家发电厂召开了“火电企业大用户直供座谈会”。座谈会上山西省电力协会与火电企业协商直供电交易价格，签署《山西生活电企业防止恶意竞争，保障行业健康可持续发展公约》，共同约定“根据市场情况，各大发电集团及发电企业，按照成本加微利原则，测算大用户直供最低交易报价，由省电力行协加权平均后公布执行”，并确定 2016 年山西省第二批大用户直供电报价较上网标杆电价让利幅度不超过 0.02 元/千瓦时，最低交易报价为 0.30 元/千瓦时。

2017 年国家发展改革委指导山西省发展改革委依法作出处理决定：对达成垄断协议发挥组织作用的山西省电力行业协会，依法从重处罚，罚款 50 万元。对参与达成并实施垄断协议、积极配合调查、认真整改的涉案企业处上年度相关销售额 1%罚款，对 23 家涉案企业合计罚款 7 288 万元。

2. 吴小秦诉陕西广电网络传媒（集团）股份有限公司捆绑交易纠纷案：2012 年，吴小秦前往广电公司缴纳数字电视基本收视维护费时获悉，该费每月最低标准由 25 元上调至 30 元，于是缴纳了 3 个月的维护费 90 元，其中数字电视基本收视维护费 75 元、数字电视节目费 15 元。吴小秦认为，广电公司在数字电视市场内具有支配地位，其收取数字电视节目费的行为剥夺了自己的自主选择权，构成搭售，故诉至法院。最高人民法院支持了吴小秦的主张，认为广电公司在陕西省境内有线电视传输服务市场上具有市场支配地位，其将数字电视基本收视服务和数字电视付费节目服务捆绑在一起向吴小秦销售的行为违反了反垄断法第 17 条第 1 款第 5 项之规定，该规定具体内容为：“没有正当理由搭售商品，或者在交易时附加其他不合理的交易条件。”

3. 可口可乐收购汇源案：汇源果汁 2008 年 9 月 3 日发布公告称，荷银将代表可口可乐公司全资附属公司以约 179.2 亿港元收购汇源果汁集团有限公司股本中的全部已发行股份及全部未行使可换股债券，可口可乐提出的每股现金作价为 12.2 港元。11 月 3 日，汇源发布声明称可口可乐并购汇源案已正式送交商务部审批。商务部 2009 年 3 月 18 日宣布，可口可乐并购汇源果汁未通过反垄断调查，决定禁止此项经营者集中，因为收购会影响或限制竞争，不利于中国果汁行业的健康发展。这是反垄断法实施以来第一个未获通过的案例。

4. 斯维尔诉广东省教育厅行政垄断案：斯维尔、广联达、上海鲁班软件有限公司占据工程造价算量软件市场的主要份额。2014 年广东“省赛”组委会发布通知称，大赛由广东省教育厅主办，广州城建职业学院承办，广联达软件股份有限公司“协办”。在随后组委会公布的《赛项技术规范》和《竞赛归程》中明确赛事软件指定使用广联达独家的认证系统、广联达土建算量软件GCL2013和广联达钢筋算量软件GGJ2013。斯维尔在多次与省教育厅沟通希望获得公平竞争的机会无果后向广州市中级人民法院提起行政诉讼，请求判决广东省教育厅滥用行政权力指定广联达产品为独家参赛软件的行为违法。广州中院作出一审判决，认定省教育厅在省赛中指定广联达软件为独家参赛软件的行为违法。广东省高院判决驳回省教育厅上诉请求，维持原判。

第二节　反不正当竞争法

反不正当竞争法与反垄断法共同作为竞争法的中流砥柱。反垄断法通过预防和制止垄断行为维护市场竞争秩序，反不正当竞争法则通过制止不正当竞争行为实现竞争法的立法使命。

一、反不正当竞争法的实体制度

在调整方式上，我国《反不正当竞争法》以规制行为为路径欲达到维护竞争秩序、保护经营者和消费者合法权益的目的。其第二章共规定了七类不正当竞争行为，该七类不正当竞争行为的相关规定构成了反不正当竞争法的核心实体制度。

（一）市场混淆

《反不正当竞争法》第6条规定：“经营者不得实施下列混淆行为，引人误认为是他人商品或者与他人存在特定联系：（一）擅自使用与他人有一定影响的商品名称、包装、装潢等相同或者近似的标识；（二）擅自使用他人有一定影响的企业名称（包括简称、字号等）、社会组织名称（包括简称等）、姓名（包括笔名、艺名、译名等）；（三）擅自使用他人有一定影响的域名主体部分、网站名称、网页等；（四）其他足以引人误认为是他人商品或者与他人存在特定联系的混淆行为。”

经营者违反上述规定实施混淆行为的，由监督检查部门责令停止违法行为，没收违法商品。违法经营额五万元以上的，可以并处违法经营额五倍以下的罚款；没有违法经营额或者违法经营额不足五万元的，可以并处二十五万元以下的罚款。情节严重的，吊销营业执照。经营者登记的企业名称违反《反不正当竞争法》第6条规定的，应当及时办理名称变更登记；名称变更前，由原企业登记机关以统一社会信用代码代替其名称。

反不正当竞争法之所以要规制市场混淆行为，是由于混淆行为本质上是借助别人已有的商业信誉，通过搭其他经营者的“便车”销售自己的商品。与此同时，市场混淆行为也会造成市场上的商品的混淆，破坏市场正常的竞争秩序，侵害消费者的合法权益。市场混淆行为本身具有道德上的不当性和法律上的违法性，其侵犯了反不正当竞争法所保护的竞争秩序、经营者和消费者的合法权益等法益。市场混淆行为不仅为反不正当竞争法所禁止，也为知识产权法所不容。

（二）商业贿赂

商业贿赂是指经营者在生产经营过程中，为谋取交易机会或竞争优势，通过秘密给付财物或其他报酬等不正当手段收买客户的负责人、雇员、合伙人和政府有关部门的工作人员等具有一定影响市场交易能力的有关人员的行为。

我国《反不正当竞争法》第7条将商业贿赂作为一种独立的不正当竞争行为进行了规定：经营者不得采用财物或者其他手段贿赂下列单位或者个人，以谋取交易机会或者竞争优势：（1）交易相对方的工作人员；（2）受交易相对方委托办理相关事务的单位或者个人；（3）利用职权或者影响力影响交易的单位或者个人。经营者在交易活动中，可以以明示方式向交易相对方支付折扣，或者向中间人支付佣金，但支付方和接收方都应当如实入账。经营者的工作人员进行贿赂的，应当认定为经营者的行为；但是，经营者有证据证明该工作人员的行为与为经营者谋取交易机会或者竞争优势无关的除外。

商业贿赂具有如下特征：

第一，商业贿赂的主体是从事市场交易的经营者，买方和买方均可成为商业贿赂的主体。

第二，商业贿赂行为的实施目的是排挤竞争对手、谋取竞争优势或交易机会。

第三，商业贿赂的形式多样且隐蔽。除了金钱形式的回扣之外，免费度假、旅游、考察、宴席、色情服务、教育优惠等均可作为商业贿赂的具体表现形式。还包括经营者为销售或者购买商品，假借促销费、宣传费、赞助费、科研费、劳务费、咨询费、佣金等名义，或者以报销各种费用等方式，给付对方单位或者个人的财物。

第四，商业贿赂的侵犯客体包括市场竞争秩序、企业内部管理秩序、经营者利益等。侵犯的法益具有多元性。

经营者违反《反不正当竞争法》第7条规定贿赂他人的，由监督检查部门没收违法所得，处十万元以上三百万元以下的罚款。情节严重的，吊销营业执照。

（三）虚假或引人误解的宣传

我国《反不正当竞争法》第8条明确规定："经营者不得对其商品的性能、功能、质量、销售状况、用户评价、曾获荣誉等作虚假或者引人误解的商业宣传，欺骗、误导消费者。经营者不得通过组织虚假交易等方式，帮助其他经营者进行虚假或者引人误解的商业宣传。"该规定包括两种类型：

1. 虚假宣传和引人误解的宣传

虚假宣传是指商品宣传的内容与商品的实际情况不相符合。引人误解的宣传是指就一般社会公众的合理判断而言，宣传的内容会使得接受宣传的人对被宣传的商品的情况产生错误的认识，基于错误认识实施错误购买决策。可以做如下类比：商品本身的情形是U，但宣传的内容是相近于V的U，虽然经营者根据商品的实际进行宣传，但该种宣传易使接受宣传的人将U认成V并基于该错误认识做出错误购买决策。

2. 帮助虚假宣传和引人误解的宣传

为促进经营者的诚信经营，营造良好的社会竞争秩序，在电子商务蓬勃发展的时代背景下，以组织虚假交易等方式帮助其他经营者进行虚假或者引人误解的商业宣传也被反不正当竞争法所禁止。

我国《反不正当竞争法》对于虚假宣传行为的法律责任也作出了明确规定。《反不正当竞争法》第20条规定："经营者违反本法第八条规定对其商品作虚假或者引人误解的商业宣传，或者通过组织虚假交易等方式帮助其他经营者进行虚假或者引人误解的商业宣传的，由监督检查部门责令停止违法行为，处二十万元以上一百万元以下的罚款；情节严重的，处一百万元以上二百万元以下的罚款，可以吊销营业执照。经营者违反本法第八条规定，属于发布虚假广告的，依照《中华人民共和国广告法》的规定处罚。”

（四）侵犯商业秘密

商业秘密是一种特殊的无形财产。它产生于传统知识产权诞生的时代，但其权利内容与商标权、著作权等知识产权具有较大区别，在保护手段上与知识产权也有不同。

我国《反不正当竞争法》第 9 条将商业秘密规定为：“本法所称的商业秘密，是指不为公众所知悉、具有商业价值并经权利人采取相应保密措施的技术信息、经营信息等商业信息。”根据国家工商总局 1998 年颁布的《关于禁止侵犯商业秘密行为的若干规定》：不为公众所知悉，是指该信息是不能从公开渠道直接获取的；权利人采取保密措施包括订立保密协议，建立保密制度及采取其他合理的保密措施；技术信息和经营信息，包括设计、程序、产品配方、制作工艺、制作方法、管理诀窍、客户名单、货源情报、产销策略、招投标中的标底及标书内容等信息；权利人，是指依法对商业秘密享有所有权或者使用权的公民、法人或者其他组织。

我国《反不正当竞争法》第 9 条列举了四种侵犯商业秘密的行为类型：（1）以盗窃、贿赂、欺诈、胁迫、电子侵入或者其他不正当手段获取权利人的商业秘密；（2）披露、使用或者允许他人使用以前项手段获取的权利人的商业秘密；（3）违反保密义务或者违反权利人有关保守商业秘密的要求，披露、使用或者允许他人使用其所掌握的商业秘密；（4）教唆、引诱、帮助他人违反保密义务或者违反权利人有关保守商业秘密的要求，获取、披露、使用或者允许他人使用权利人的商业秘密。

主体方面，经营者以外的其他自然人、法人和非法人组织实施上述所列违法行为的，视为侵犯商业秘密。第三人明知或者应知商业秘密权利人的员工、前员工或者其他单位、个人实施上述所列违法行为，仍获取、披露、使用或者允许他人使用该商业秘密的，视为侵犯商业秘密。

他人独立研制或开发出相同或近似的商业秘密，转让、授权或善意当事人获取商业秘密和反向工程不构成侵犯商业秘密的行为。其中，反向工程是指通过技术手段对公开渠道取得的产品进行拆卸、测绘、分析等，将该产品中的有关技术信息还原复制出来的方法。

责任方面，经营者以及其他自然人、法人和非法人组织违反本法第 9 条规定侵犯商业秘密的，由监督检查部门责令停止违法行为，没收违法所得，处十万元以上一百万元以下的罚款；情节严重的，处五十万元以上五百万元以下的罚款。

（五）不正当有奖销售

有奖销售是指经营者销售商品或者提供服务，附带性地向购买者提供物品、金钱或者其他经济上的利益的行为。《反不正当竞争法》第 10 条规定，经营者进行有奖销售不得存在下列情形：（1）所设奖的种类、兑奖条件、奖金金额或者奖品等有奖销售信息不明确，影响兑奖；（2）采用谎称有奖或者故意让内定人员中奖的欺骗方式进行有奖销售；（3）抽奖式的有奖销售，最高奖的金额超过五万元。第 22 条规定：“经营者违反本法第十条规定进行有奖销售的，由监督检查部门责令停止违法行为，处五万元以上五十万元以下的罚款。”

有奖销售对于增加产品销量、提高经济效益、加速经营者的资金利用率、激发消费者的购买欲望等具有积极的作用，但不正当有奖销售具有诸多弊端，表现为对正常的竞争秩序的破坏。此外，不正当有奖销售会使经营者将精力放到以奖励吸引消费者进而获得竞争优势而不是提高技术水平、降低商品价格等方面，这对于市场生产力的提高具有一定的阻碍作用。

（六）商业诋毁

商业诋毁又被称为商业诽谤，指市场经营主体为提高市场份额、打击竞争对手故意捏造和散布有损其竞争对手商业信誉和商品声誉的虚假信息。《反不正当竞争法》第 11 条明确规定："经营者不得编造、传播虚假信息或者误导性信息，损害竞争对手的商业信誉、商品声誉。"商业诋毁是一种传统的、典型的不正当竞争行为。由于信誉是经营者在市场竞争中的安身之本，损害竞争对手的商业信誉和商品声誉会对竞争对手的正常经营活动造成不利影响甚至毁灭性影响，因此，该种行为应当为反不正当竞争法所禁止。

商业诋毁行为主要表现为：（1）利用散发公开信、召开新闻发布会、刊登对比性广告、声明性广告等形式，制造、散布贬损竞争对手商业信誉、商品声誉的虚假事实；（2）在对外经营过程中，向业务客户即消费者散布虚假事实，以贬低竞争对手的商业信誉，诋毁其商品或服务的质量声誉；（3）利用商品的说明书，吹嘘本产品质量上乘，贬低同业竞争者生产销售的同类商品；（4）唆使他人在公众中造谣并传播、散布竞争对手所售的商品质量有问题，使公众对该商品失去信赖，以便自己的同类商品取代之；（5）组织人员，以顾客或者消费者的名义，向有关经济监督管理部门做关于竞争对手产品质量低劣、服务质量差、侵害消费者权益等情况的虚假投诉，从而达到贬低其商业信誉的目的。

法律责任方面，经营者违反《反不正当竞争法》第 11 条规定损害竞争对手商业信誉、商品声誉的，由监督检查部门责令停止违法行为、消除影响，处十万元以上五十万元以下的罚款；情节严重的，处五十万元以上三百万元以下的罚款。

（七）互联网不正当竞争行为

随着不正当竞争行为的互联网化，我国《反不正当竞争法》为规制发生在互联网领域的不正当竞争行为在立法上作出了及时的回应。其第 12 条规定："经营者利用网络从事生产经营活动，应当遵守本法的各项规定。经营者不得利用技术手段，通过影响用户选择或者其他方式，实施下列妨碍、破坏其他经营者合法提供的网络产品或者服务正常运行的行为：（一）未经其他经营者同意，在其合法提供的网络产品或者服务中，插入链接、强制进行目标跳转；（二）误导、欺骗、强迫用户修改、关闭、卸载其他经营者合法提供的网络产品或者服务；（三）恶意对其他经营者合法提供的网络产品或者服务实施不兼容；（四）其他妨碍、破坏其他经营者合法提供的网络产品或者服务正常运行的行为。"

现实生活中，互联网行业反竞争行为频繁发生。以上六种传统的不正当竞争行为均可能发生在互联网市场，除此之外，基于互联网自身的功能、特点，新型不正当竞争行为不断涌现。

其一，利用关键词链接的混淆行为。互联网就像一片汪洋大海，互联网中的信息如果不通过搜索引擎和关键词作为工具，查找信息难过大海捞针。因此，关键词成为经营者在互联网中获得流量、提高自身竞争力的重要工具，该工具同时发挥着便利意图获得信息的消费者的作用。因而，经营者通过将他人的商标、名称设定为自身链接的关键词，以攀附他人的竞争力，搭他人便车，吸引更多消费者购买其商品或服务。由于识别力的不足，当出现消费者通过关键词搜索获得的结果与其预期的结果不同时，消费者很容易产生混淆并作出错误消费决策。

其二，流量劫持行为。网络用户访问网站的过程大致包括如下环节：用户请求—请求到达服务器—服务器返回访问请求—网站获得流量+用户获得访问结果。然而，通过客户端劫持、DNS 劫持和运营商劫持会使流量从应然获得者转移到流量劫持行为的实施者。在流量至上的互联网这一经营领域中，流量劫持行为的不正当性非常明显。

法律责任方面，经营者违反《反不正当竞争法》第 12 条规定妨碍、破坏其他经营者合法提供的网络产品或者服务正常运行的，由监督检查部门责令停止违法行为，处 10 万元以上 50 万元以下的罚款；情节严重的，处 50 万元以上 300 万元以下的罚款。

二、反不正当竞争法的程序制度

（一）行政程序

反不正当竞争法的核心程序制度是对涉嫌不正当竞争行为的调查。

1. 调查机关

《反不正当竞争法》第 4 条规定："县级以上人民政府履行工商行政管理职责的部门对不正当竞争行为进行查处。"因此，我国对涉嫌不正当竞争行为进行调查的机关是各级市场监督管理部门。

2. 调查手段

我国监督检查部门调查涉嫌不正当竞争行为，可以采取下列措施：（1）进入涉嫌不正当竞争行为的经营场所进行检查；（2）询问被调查的经营者、利害关系人及其他有关单位、个人，要求其说明有关情况或者提供与被调查行为有关的其他资料；（3）查询、复制与涉嫌不正当竞争行为有关的协议、账簿、单据、文件、记录、业务函电和其他资料；（4）查封、扣押与涉嫌不正当竞争行为有关的财物；（5）查询涉嫌不正当竞争行为的经营者的银行账户。

查询涉嫌不正当竞争行为的经营者的银行账户应当向监督检查部门主要负责人书面报告，并经批准。采取前述第四项、第五项规定的措施，应当向设区的市级以上人民政府监督检查部门主要负责人书面报告，并经批准。监督检查部门调查涉嫌不正当竞争行为，应当遵守《中华人民共和国行政强制法》和其他有关法律、行政法规的规定，并应当将查处结果及时向社会公开。

被调查的经营者、利害关系人及其他有关单位、个人应当如实提供有关资料或者情况。监督检查部门及其工作人员对调查过程中知悉的商业秘密负有保密义务。

任何单位和个人有权向监督检查部门举报。监督检查部门应当向社会公开受理举报的电话、信箱或者电子邮件地址，并为举报人保密。对实名举报并提供相关事实和证据的，监督检查部门应当将处理结果告知举报人。

（二）司法程序

从司法程序来看，因涉及不正当竞争的行为往往与侵犯知识产权的行为重叠、交叉。根据案件类型以及我国法院组织法有关级别管辖的规定，大部分反不正当竞争类的案件属于我国中级人民法院管辖。这是反不正当竞争法司法程序方面的特殊情形。

相关案例

1. 江苏某电梯有限公司商业混淆案：江苏省连云港市工商局根据举报，发现江苏某电梯公司未经商标权利人许可在其电梯上使用 SIEMENS 标志。经查证，执法人员发现当事人虽然经 SIEMENS 商标权利人及其授权人同意在电梯上标注“西门子合作伙伴”和“Siemens core components”等字样，但当事人在使用中将 SIEMENS、siemens、Siemens 与其他字母分列两排并放大字号，其他字母字号较小易被忽略。连云港市工商局认为，当事人突出使用标志的行为，极易让人对其生产的电梯来源产生混淆，不当利用了商标权利人的市场影响力，误导社会公众，构成《反不正当竞争法》第 6 条第 4 项中的混淆行为，并且对该电梯公司作出行政处罚，罚款金额 150 万元。

2. 江苏南通好得家生活馆商业贿赂案：通州区市场监管局执法人员对好得家生活馆现场检查时发现，其采取向旅行社及自带团队的导游、驾驶员给付现金的方式，吸引导游、驾驶员带旅游团游客过来消费。通州区市场监管局认为，当事人利用导游、司机和旅行社对游客的特殊影响力，暗中给付导游、驾驶员、旅行社“人头介绍费”和“销售提成”，拉拢促使导游及旅行社将游客带至“好得家生活馆”进行购物消费（未如实入账）以争取交易机会，违反了《反不正当竞争法》第 7 条第 1 款第 3 项的规定，属商业贿赂行为，责令当事人立即停止违法行为并处以罚款。

3. 天津百乐思生物科技发展有限公司第二分公司虚假宣传案：该公司自行编辑内容制作了宣传牌，宣传内容中有“富硒麦芽粉，同类产品含硒最高，科学安全，防癌抗癌，抗氧化衰老，营养修护细胞”“诺丽原液，取自水果皇后”“诺丽果，纯天然，无污染，零添加；富含 227 种最强营养成分，消炎抗菌，清体润肠，修复细胞，改善失眠，增强免疫”等用语。经查，“富硒麦芽粉”“诺丽原液”等均为普通食品，该公司宣称的上述内容均为虚构的。行政执法机关认为该公司的上述行为违反了《反不正当竞争法》第 8 条第 1 款的规定，依据《反不正当竞争法》第 20 条第 1 款的规定，责令当事人停止违法行为，并处罚款 20 万元。

4. 上海某设备公司商业诋毁案：上海某设备公司（原告）与佛山市某电器公司（被告）均生产抽油烟机等家用电器，具有竞争关系。上海某设备公司注册了多环＋duohuan 以及图形的组合商标。2007 年，广告发布者刘某在《慧聪商情广告》发布广告，并在产品广告右下方发布郑重声明，其称市场上出现的康佳、上海多环等均为仿冒。后经查实该广告严重失实。二审法院认定刘某郑重声明的行为是被告的授权行为，判令两主体连带赔偿原告 15 万元。

【法考练习题】

1. 【2017 年】某景区多家旅行社、饭店、商店和客运公司共同签订《关于加强服务协同 提高服务水平的决定》，约定了统一的收费方式、服务标准和收入分配方案。有人认为此举构成横向垄断协议。根据《反垄断法》，下列哪一说法是正确的？（　　）

A. 只要在一个竞争性市场中的经营者达成协调市场行为的协议，就违反该法

B. 只要经营者之间的协议涉及商品或服务的价格、标准等问题，就违反该法

C. 如经营者之间的协议有利于提高行业服务质量和经济效益，就不违反该法

D. 如经营者之间的协议不具备排除、限制竞争的效果，就不违反该法

【参考答案】 D

解析：A、B选项均未考量《反垄断法》第15条所规定的“垄断协议豁免”条款，以偏概全，故两选项错误。

C选项，垄断行为的判断标准是“是否具有排除、限制竞争的效果”，有利于提高行业服务质量和经济效益的协议可能能构成垄断协议。

D选项表述正确，如若经营者达成的垄断协议不具备排除、限制竞争的效果，该种协议便并不属于垄断协议。选择D。

2.【2015年】某市甲、乙、丙三大零售企业达成一致协议，拒绝接受产品供货商丁的供货。丙向反垄断执法机构举报并提供重要证据。经查，三企业构成垄断协议行为。关于三企业应承担的法律责任，下列哪些选项是正确的？（　　）

A. 该执法机构应责令三企业停止违法行为，没收违法所得，并处以相应罚款

B. 丙企业举报有功，可酌情减轻或免除处罚

C. 如丁因垄断行为遭受损失的，三企业应依法承担民事责任

D. 如三企业行为后果极为严重，应追究其刑事责任

【参考答案】 ABC

解析：A、B选项正确。参见《反垄断法》第46条第1款、第2款的规定：“经营者违反本法规定，达成并实施垄断协议的，由反垄断执法机构责令停止违法行为，没收违法所得，并处上一年度销售额百分之一以上百分之十以下的罚款；尚未实施所达成的垄断协议的，可以处五十万元以下的罚款。经营者主动向反垄断执法机构报告达成垄断协议的有关情况并提供重要证据的，反垄断执法机构可以酌情减轻或者免除对该经营者的处罚。”

C选项正确。参见《反垄断法》第50条的规定：“经营者实施垄断行为，给他人造成损失的，依法承担民事责任。”

D选项错误。题干并未提供犯罪事实，从题干中看，三企业的行为并未触犯刑法中的具体罪名，因此无法律理由追究其刑事责任。

3.【2014年】某省L市旅游协会为防止零团费等恶性竞争，召集当地旅行社商定对游客统一报价，并根据各旅行社所占市场份额，统一分配景点反佣、古城维护费反佣等收入。此计划实施前甲旅行社主动向反垄断执法机构报告了这一情况并提供了相关证据。关于本案，下列哪些判断是错误的？（　　）

A. 旅游协会的行为属于正当的行业自律行为

B. 由于尚未实施，旅游协会的行为不构成垄断行为

C. 如构成垄断行为，L市反垄断执法机构可对其处以50万元以下的罚款

D. 如构成垄断行为，对甲旅行社可酌情减轻或免除处罚

【参考答案】 ABC

解析：A选项，《反垄断法》第16条规定：“行业协会不得组织本行业的经营者从事本章禁止的垄断行为。”行业协会的“组织”行为是否违法取决于经营者的行为是否为垄断行为，本题中，经营者统一报价、统一返佣达成了固定价格的垄断协议，因此旅游协会

组织的行为违法，A 选项错误。

B 选项错误。参见《反垄断法》第 13 条的规定："本法所称垄断协议，是指排除、限制竞争的协议、决定或者其他协同行为。"垄断协议不要求经营者已经实施。

C 选项错误。L 市级别不符合要求，应当是"某省……"或"国务院……"才有反垄断执法权。参见《反垄断法》第 10 条第 2 款的规定："国务院反垄断执法机构根据工作需要，可以授权省、自治区、直辖市人民政府相应的机构，依照本法规定负责有关反垄断执法工作。"

D 选项正确。甲旅行社有主动报告并提供证据的行为。《反垄断法》第 46 条第 2 款规定："经营者主动向反垄断执法机构报告达成垄断协议的有关情况并提供重要证据的，反垄断执法机构可以酌情减轻或者免除对该经营者的处罚。"

4.【2017 年】某蛋糕店开业之初，为扩大影响，增加销售，出钱雇人排队抢购。不久，该店门口便时常排起长队，销售盛况的照片也频频出现于网络等媒体，附近同类店家生意随之清淡。对此行为，下列哪一说法是正确的？（　　）

A. 属于正当的营销行为

B. 构成混淆行为

C. 构成虚假宣传行为

D. 构成商业贿赂行为

【参考答案】C

解析：A 选项，本选项要区分的是"合法经营"与"不正当竞争行为"。根据《反不正当竞争法》第 2 条第 2 款的规定："本法所称的不正当竞争行为，是指经营者在生产经营活动中，违反本法规定，扰乱市场竞争秩序，损害其他经营者或者消费者的合法权益的行为。"本案中，该蛋糕店出钱雇人抢购，造成虚假繁荣的销售盛况，而非以质优价低吸引消费者的行为，对于蛋糕市场的正常竞争秩序造成了破坏，与此同时附近同类店家生意随之清淡，消费者受到不实抢购情况的影响作出购物决策体现出该行为对于经营者和消费者权益的不当影响。因此该蛋糕店的行为具有不正当竞争性，并非正当的营销行为。

B 选项错误。《反不正当竞争法》第 6 条规定："经营者不得实施下列混淆行为，引人误认为是他人商品或者与他人存在特定联系：（一）擅自使用与他人有一定影响的商品名称、包装、装潢等相同或者近似的标识；（二）擅自使用他人有一定影响的企业名称（包括简称、字号等）、社会组织名称（包括简称等）、姓名（包括笔名、艺名、译名等）；（三）擅自使用他人有一定影响的域名主体部分、网站名称、网页等；（四）其他足以引人误认为是他人商品或者与他人存在特定联系的混淆行为。"混淆行为的核心特征是引人误认，误认的内容是商品混淆和商品与他人间的关联混淆。在本案中，不存在消费者对于此商品与彼商品或此商品与彼经营者的关系的混淆。故 B 选项错误。

C 选项正确。《反不正当竞争法》第 8 条第 1 款规定："经营者不得对其商品的性能、功能、质量、销售状况、用户评价、曾获荣誉等作虚假或者引人误解的商业宣传，欺骗、误导消费者。"本题中存在对商品（蛋糕）的销售状况作引人误解的虚假宣传，C 选项当选。

D 选项错误。本案中不存在商业贿赂的情况。

5.【2016年】甲县善福公司（简称甲公司）的前身为创始于清末的陈氏善带福铺，享誉百年，陈某继承祖业后注册了该公司，并规范使用其商业标识。乙县善福公司（简称乙公司）系张某先于甲公司注册，且持有“善福100”商标权。乙公司在其网站登载善福铺的历史和荣耀，还在其产品包装标注“百年老牌”“创始于清末”等字样，均为证明其与善福铺存在历史联系。甲、乙公司存在竞争关系。关于此事，下列哪些说法是正确的？（　　）

A. 陈某注册甲公司的行为符合诚实信用原则

B. 乙公司登载善福铺历史及标注字样的行为损害了甲公司的商誉

C. 甲公司使用“善福公司”的行为侵害了乙公司的商标权

D. 乙公司等在善福铺历史及标注字样的行为构成虚假宣传

【参考答案】AD

解析：A选项正确，陈某继承祖业注册了甲公司，其为“老字号”继承者，延续使用善福铺具有合理性，其使用“善福”字号并非为了与乙公司的商标相混淆并达到误导消费者的意图。所以甲公司行为符合诚实信用原则，A选项当选。

B选项错误。《反不正当竞争法》第11条规定：“经营者不得编造、传播虚假信息或者误导性信息，损害竞争对手的商业信誉、商品声誉。”本题乙公司为宣传自己利用甲公司的老字号，并未诋毁甲公司，不符合诋毁商誉的法律规定。

C选项错误。题目中指出甲公司系规范使用商业标识，未突出使用字号，不构成侵犯商标权，故C选项错误。

D选项正确。乙公司行为属于对品牌来源进行虚假宣传，其行为系虚假宣传，构成不正当竞争行为。D选项当选。

第七章

消费者权益保护法

【导语】

消费是国民经济发展的第一驱动力，没有消费，就没有生产。正是消费者不断增长的需求才推动着生产的不断发展。消费者是现代社会每一个个体都具有的社会身份，消费者与作为商品和服务提供者的经营者相比，存在着明显的信息劣势，消费者在自由选择商品和服务、公平交易、个人信息保护、消费维权等方面都明显处于弱势地位，需要国家介入消费关系，对经营者进行规制，对消费者进行适当的倾斜保护，以实现双方的利益平衡，维护社会公平正义。本章学习的重点包括消费者概念的内涵与外延，消费者的权利以及与消费者权利相对应的经营者的义务，国家和社会对消费者的保护。本章学习的难点是关于消费者身份的法律确认以及消费者权益的法律救济。

第一节　消费者权益保护法概述

一、消费者的概念

所谓消费者，是指为生活消费需要购买、使用商品或者接受服务的自然人。它是与经营者相对应的概念。我国《消费者权益保护法》第 2 条规定："消费者为生活消费需要购买、使用商品或者接受服务，其权益受本法保护；本法未作规定的，受其他有关法律、法规保护。"对于消费者概念的内涵需要从以下几个方面把握：

第一，消费者通常是指个体社会成员，即自然人。消费者的自然人属性是国际社会的共识，各国立法以及国际上权威的法律词典均将消费者定义为"自然人""个人""个体社会成员"。

第二，消费者购买、使用商品或者接受服务不是为了经营目的或者职业目的，而是为了自己使用，即生活消费。生活消费的范围很广，既包括物质生活消费，也包括精神生活消费，还包括投资理财等金融消费。

第三，消费者不限于直接的购买人，也包括最终的消费者或使用者。事实上，消费者购买商品或服务以后，既可以用于自己消费，也可以送给他人由他人消费，购买者、最终使用者都是消费者。

关于消费者的范围，理论与实践中讨论最多的是“知假买假者”或“职业索赔人”是否属于消费者。准确地把握消费者概念的内涵，有利于解决立法和司法实践中关于消费者身份的认定，不至于因界定范围过窄而遗漏保护，也不会因范围过宽而无所适从。

2013年《消费者权益保护法》修订后，为配合该法实施，最高人民法院于2013年12月制定出台了《关于审理食品药品纠纷案件适用法律若干问题的规定》，其第3条规定："因食品、药品质量问题发生纠纷，购买者向生产者、销售者主张权利，生产者、销售者以购买者明知食品、药品存在质量问题而仍然购买为由进行抗辩的，人民法院不予支持。”明确了食品药品领域“知假买假者”也是消费者。最高人民法院的司法解释出台后，职业打假或索赔呈现出泛滥之势，引起社会的普遍关注。职业打假或索赔本身是一把双刃剑，一方面能够净化市场，对不合格产品以及假冒伪劣行为起到一定的遏制作用；另一方面也可能产生道德风险或者市场秩序上的问题。对此，应通过不断的制度创新，对不诚信的消费者或职业索赔人的行为加以约束和规范，从而消解这一制度带来的负面作用，使之发挥出积极效果。

二、消费者权益保护法的概念与适用对象

（一）消费者权益保护法的概念

消费者权益保护法，是指以保护消费者利益为宗旨，调整在保护消费者权益过程中所发生的各种社会关系的法律规范的总称。消费者权益保护法有广义和狭义之分，广义的消费者权益保护法，是包括与消费者权益保护相关的所有法律规范的总称，例如民法、刑法中与消费者权益保护相关的法律规范。狭义的消费者权益保护法是指《中华人民共和国消费者权益保护法》这一单行法。

需要强调的是，《消费者权益保护法》并不是保护消费者的唯一法律，许多其他法律都有保护消费者的立法目的和作用，例如《反不正当竞争法》《广告法》《产品质量法》《食品安全法》《电子商务法》等。

（二）消费者权益保护法的适用对象

根据《消费者权益保护法》第2条、第3条、第62条的规定，该法的适用对象包括：

（1）消费者为生活消费需要购买、使用商品或者接受服务的，适用消费者权益保护法。

（2）农民购买、使用直接用于农业生产的生产资料时，参照消费者权益保护法执行。需要特别说明的是，《消费者权益保护法》第62条明确规定“农民购买、使用直接用于农业生产的生产资料，参照本法执行”，将农民的生产行为与普通消费行为同样对待，体现了对农民的特别保护。其他国家立法中也有类似规定，例如日本。

（3）经营者为消费者提供其生产、销售的商品或者提供服务，适用消费者权益保护法。

三、消费者保护的理念与基本原则

（一）消费者保护的理念

1. 消费者主权

“消费者主权”是指消费者拥有最终决定权。这一理念的基本含义是：任何生产者的

决定乃至整个国民经济无非都是由消费者全体来引导的，不考虑消费者意愿的生产者不但无法得到利润，还会遭到淘汰。只有最能符合消费者大众利益需要的生产结构才是适当的，生产者的利润也才是正当的。

消费者主权理论是由 20 世纪著名的自由主义经济学家哈耶克提出并作出系统论述的。消费者主权理论描述了消费者在决定商品生产的种类和数量上怎样起着“至高无上”的决定作用。以哈耶克的理论为代表的消费者主权思想的确立，是西方市场经济学的一个重大成果。这一理论的直接后果是确立了消费者在市场经济中的真正地位。因此，世界各国消费者团体把“消费者主权”作为一个理论原则或口号。实际上，在现代社会条件下，消费者和经营者常常是一种交互主权的关系，不存在绝对的“主权”。

2. 可持续消费

可持续消费，是指遵循生态规律、注重环境因素，努力调节消费和环境承载力之间的矛盾，鼓励节约资源、保护环境的消费方式。随着当代高新科技和经济的迅猛发展以及不可持续消费与生产模式的大面积蔓延，全球性的生态形势急剧恶化。尤其是当生态环境的破坏已经转化为沉重的经济负担时，人们不得不对破坏自然的行为乃至价值观念作出反思。人类已经清醒地认识到“环境危机”严重威胁人类的生存、制约经济发展和影响社会稳定，并在全球范围内提倡和引导旨在变革人类现行消费方式和生产模式的可持续发展运动。

“可持续消费”与“可持续生产”构成“可持续发展”的两个方面。可持续消费概念的前身是联合国环境规划署于 1989 年实施的“清洁生产”计划，该计划针对的是产品的提供方。1992 年，在国际消费者联会全球峰会中，可持续消费作为重要的挑战问题被提出。在可持续消费的前提下，厂商和商家提供服务以及相关的产品以满足消费者的基本需求，旨在提高生活质量，同时使自然资源和有毒材料的使用量最少，使服务或产品在使用过程中产生的废物和污染物最少，从而不危及后代需求。可持续消费理念不仅仅是因为人类和环境所付出的代价引发的，它也是消费者所要求的。我国《消费者权益保护法》亦在立法中体现了这一人类共同理念，其第 5 条第 3 款规定：“国家倡导文明、健康、节约资源和保护环境的消费方式，反对浪费。”

（二）消费者保护的基本原则

1. 对消费者权益特殊保护的原则

我国《消费者权益保护法》第 1 条开宗明义指出：为保护消费者的权益……制定本法。这体现了国家立法向处于弱者地位的消费者的倾斜。对消费者权益给予特殊保护是由于消费者的弱者地位和利益的特殊性。虽然消费者与经营者从事交易，在法律地位上是平等的，但这种平等只是一种形式上的平等，并不代表实质上的平等。由于信息的不对称，消费者购买商品或服务，其选择与判断完全依赖于经营者，合同条件一般均由经营者事先拟定，大多是以格式合同的形式实现，而且关于商品的正确使用、售后服务也要依赖于经营者。由于消费者是分散的个人，而经营者往往拥有庞大的组织机构和雄厚的经济实力，聚集着各种专门人才，消费者在与经营者的交易中总是处于弱势地位，因而消费者的利益极易受到来自经营者的侵害，所以需要对消费者给予特殊保护。正是基于上述原因，许多国家都通过立法从涉及消费者利益的各个方面对消费者予以倾斜保护，对经营者予以严格要求和限制。

2. 国家干预和社会监督的原则

《消费者权益保护法》第5条明确规定："国家保护消费者的合法权益不受侵害。国家采取措施，保障消费者依法行使权利，维护消费者的合法权益。"这一规定体现了国家干预的原则。第6条规定：保护消费者的合法权益是全社会的共同责任，国家鼓励、支持一切组织和个人以及大众传播媒介进行社会监督、舆论监督。这一规定体现了消费者权益保护的社会监督原则。消费者权益受到损害，不是简单的个人问题，而是市场经济体系中内在的问题，必须以国家和社会力量来解决。消费者作为个体社会成员，其经济力量及掌握信息的能力都非常有限，因而无力与经营者抗衡，这就需要国家与社会站在消费者一方，对经营者的行为进行规制，对消费者提供帮助。国家不仅要通过立法加强对消费者的保护，而且要通过行政执法和司法活动，使消费者的权益得到切实的维护。同时，保护消费者的合法权益也是全社会的职责，各种社会组织，特别是以保护消费者权益为目的的消费者组织和各种社会团体，应当明确地站在消费者的立场上，对与消费者利益有关的企业活动和社会经济活动进行社会监督。大众传媒在实现社会监督和消费者教育方面也起着重要作用，负有特别重要的职责，报刊、广播、电视、网络媒体应当对侵害消费者权益的行为进行及时的揭露、曝光，使其受到社会的普遍谴责。同时要通过各种宣传媒介宣传法律知识和消费知识，提高消费者的自我保护能力，促进经营者的产品质量意识和诚信意识的提高。

四、消费者权益保护的法律体系

消费者权益保护的法律体系是指涉及消费者保护的各种法律规范所组成的有机整体。如《消费者权益保护法》和其他专门的消费者保护单行法律、法规，以及其他法律、法规中的有关消费者保护的法律规范。作为其组成部分的各种法律规范都具有相同的作用与价值，即具有保护消费者利益的特定法律功能，基于此，才有这些调整不同性质社会关系的法律规范集合起来，构成法律体系中的一个类别——消费者权益保护法律体系。它包括民法、经济法、刑法、行政法以及程序法等诸多领域中的法律规定，涉及的内容极为广泛，诸如竞争法、价格法、广告法、产品质量法、电子商务法、金融法等等，都包含有保护消费者权益的法律规定，都具有保护消费者的价值功能。组成消费者权益保护法律体系的各部分之间必须按照系统学的原理，遵循整体性、互相联系性、有序性和动态性原则建立起来，使其成为一个由法律渊源体系、法律规范体系和实施体系所构成的互相联系的、有序的、动态的有机整体，其总体功能大于部分功能的简单相加。

相关案例

职业打假人是不是消费者

冯长顺于2012年6月2日一次性购买了五盒神麒口服液，潘家园门诊部为其开具了五张收据。在本案之前，冯长顺曾持其中一张收据，以慈铭健康体检管理集团股份有限公司北京潘家园门诊部（以下简称潘家园门诊部）欺诈消费者为由向法院起诉，法院对该案作出（2012）朝民初字第25510号民事判决书。随后，丛李松持另一张收据起诉潘家园门诊部形成本案。丛李松起诉称，其在《北京晚报》看到神麒口服液（消癌平口服液）的广告后（该广告称这种药物的吸收利用率可达传统中药的几倍以上），为给其患有癌症的婶婶治病，从潘家园门诊部购买此药，后来发现潘家园门诊部在广告中夸大药品的适应证和功效，严重误导和欺骗消费者，故起诉要求潘家园门诊部退还货款450元，赔偿450元，支付误时费9 099元，赔偿精神损失费1元。在本案发生前，北京市药品监督管理局于2012年3月发布的《违法药品广告公告》中写有："……神麒口服液两种药品发布违规广告情节严重"，4月至6月期间发布的《违法药品广告公告》所附的《违规药品广告情况汇总表》中均包括神麒口服液，其后标示的经营企业均包括慈铭中西医门诊药房。一审法院认为，从李松提交的证据无法确信从李松具有购买该种商品的正当原因，无法确信其消费者身份，判决驳回从李松的全部诉讼请求。二审法院认为：潘家园门诊部虽认为从李松不是因生活消费需要购买该药品，不属于法律意义上的消费者，但潘家园门诊部此意见不足以否认从李松的消费者身份，其不能因此免责。因此潘家园门诊部应对从李松的合理损失承担赔偿责任。

第二节　消费者权利的法律界定

一、消费者权利概述

消费者权利，是指在消费活动中，消费者依法享有的各项权利的总和。"消费者权利"的明确概括，是美国总统肯尼迪于1962年3月15日在"消费者权利咨文"中首次提出的。肯尼迪在该咨文中强调"每一个人都是消费者"，并指出了消费者的四项基本权利：(1)安全权；(2)知情权；(3)选择权；(4)意见被尊重权。1969年，尼克松总统补充了"方便救济的权利"。1975年，福特总统添加了"消费者受教育权"。1985年4月9日，联合国大会通过了《保护消费者准则》，提出了消费者的八项权利：(1)得到必需的物资和服务借以生存的权利；(2)享有公平的价格待遇和选择的权利；(3)安全保障权；(4)获得足够资讯的权利；(5)寻求咨询的权利；(6)获得公平赔偿和法律帮助的权利；(7)获得消费者教育的权利；(8)享有健康环境的权利。这些权利被称为"消费者的人权"，成为各国政府保护消费者立法的指针。

二、我国立法保护的消费者权利

消费者的权利是消费者利益在法律上的体现。消费者的权利内容丰富，是包含财产权、人身权等多种民事、经济、社会权利在内的综合权利，其基本性质是生存权、发展权和其他基本人权。我国《消费者权益保护法》第二章对消费者权利进行了专门规定，为消费者设立了相互独立又相互关联的九项基本权利。但是，随着市场经济的发展，特别是网络经济的出现，九项权利已经不能满足保护消费者的需要，消费者权利已经超出了九项权利的范围，个人信息受保护权、无理由退货权等也属于消费者的权利范畴。

（一）安全保障权

消费者安全保障权，是指消费者在购买、使用商品或接受服务时所享有的人身和财产安全不受侵害的权利，是消费者最基本的权利。《消费者权益保护法》第7条规定："消费者在购买、使用商品和接受服务时享有人身、财产安全不受损害的权利。消费者有权要求经营者提供的商品和服务，符合保障人身、财产安全的要求。”消费者安全保障权包括人身安全和财产安全两个方面，而人身安全又包括消费者的健康不受损害和生命安全两个方面。

（二）知情权

消费者知情权，是指消费者在购买、使用商品或接受服务时，享有知悉其购买、使用的商品或者接受服务的真实情况的权利。知情权是消费者行使其他相关权利的基础，消费者只有全面了解商品和服务的真实信息，才能正确地选择商品和服务。我国《消费者权益保护法》第 8 条对消费者知情权作了明确规定，消费者知情权的内容包括：一是消费者有权了解商品和服务的真实情况；二是有权充分获取商品和服务的相关信息，根据商品或者服务的不同情况，要求经营者提供商品的价格、产地、生产者、用途、性能、规格、等级、主要成分、生产日期、有效期限、检验合格证明、使用方法说明书、售后服务，或者服务的内容、规格、费用等有关情况。

（三）选择权

消费者选择权，是指消费者根据自己的意愿自主地选择其购买的商品及接受的服务的权利。根据《消费者权益保护法》第 9 条的规定，消费者选择权具有以下几方面内容：一是有权自主选择经营者；二是有权自主选择商品品种或者服务方式；三是自主决定购买或者不购买任何一种商品、接受或者不接受任何一项服务；四是在自主选择商品或者服务时，有权进行比较、鉴别和挑选。

（四）公平交易权

公平交易权，是指消费者在与经营者进行消费交易中所享有的获得公平的交易条件的权利。公平交易是市场经济的本质要求。根据《消费者权益保护法》第 10 条的规定，公平交易权的内容可以概括为以下几点：其一，消费者有权要求商品或服务应当具备其应有的功能和质量；其二，消费者有权要求商品或服务的定价公允，即价格合理；其三，消费者有权要求商品或服务的计量正确，不得克扣或短斤少两，不得降低服务水平；其四，消费者有权拒绝经营者的强制交易行为。

（五）请求赔偿权

请求赔偿权，是指消费者因购买、使用商品或者接受服务受到人身、财产损害的，享有依法获得赔偿的权利。它是弥补消费者所受损害的不可少的权利。我国《消费者权益保护法》第 11 条专门规定了消费者的这一项权利，并在第 55 条规定了惩罚性赔偿制度。

（六）结社权

消费者结社权，是指消费者享有依法成立维护自身合法权益的社会团体的权利。消费者的这一权利是消费者改善自身弱势地位、与经营者抗衡的必然要求，也是《宪法》上公民结社自由的具体体现。消费者享有依法结社权，意味着政府不仅不能对合法的消费者组织加以限制，还应该在制定有关消费者方面的政策时充分征求消费者组织的意见。

（七）受教育权

受教育权，是指消费者享有的获得有关消费和消费者权益保护方面的知识的权利。根据《消费者权益保护法》第 13 条的规定，作为一项权利，消费者可以通过适当方式提出获得相关教育的要求，督促经营者充分、客观地披露有关商品服务信息；政府、企业、社会组织、新闻媒体应当努力发展各种设施、提供各种条件，保证消费者能够接受这种教育；消费者也应当努力掌握所需商品或者服务的知识和使用技能，正确使用商品，提高自我保护意识。

（八）受尊重权

消费者受尊重权，是指消费者在购买、使用商品和接受服务时所享有的人格尊严、民族习惯以及个人隐私得到尊重和保护的权利。尊严，是人的存在意义和存在价值的最高体现，消费者的受尊重权是我国宪法及民法规定的各种人身权保护原则和制度在消费者生活中的具体体现。尊重消费者的人格尊严和民族风俗，保护消费者的个人隐私，有助于形成公序良俗，有利于社会文明进步。

（九）监督、批评、控告和建议权

消费者监督权，是指消费者享有对商品和服务以及保护消费者权益工作进行监督的权利。具体而言，是指消费者有权检举、控告侵害消费者权益的行为和国家机关及其工作人员在保护消费者权益工作中的违法失职行为，有权对保护消费者权益工作提出批评、建议。

（十）个人信息受保护权

个人信息受保护权，是指个人对个人信息所享有的支配、控制和排除他人非法利用和侵害的权利。个人信息受保护权，从内容上看，包括信息获取权、知情权、查询权、修改权、删除权、可携带权等。我国的《个人信息保护法》已列入全国人大立法计划，正在制定过程中。目前，个人信息的法律保护分散在《消费者权益保护法》《电子商务法》《未成年人保护法》《民法典》等法律以及与计算机信息网络服务管理相关的行政法规中。《消费者权益保护法》第 14 条规定消费者“享有个人信息依法得到保护的权利”，并且在第 29 条具体规定了经营者在收集、使用消费者个人信息过程中的保护义务。

个人信息以及个人信息保护，是社会发展到互联网时代而产生出来的内容十分广泛的概念。我国《网络安全法》第 76 条第 5 项规定：“个人信息，是指以电子或者其他方式记录的能够单独或者与其他信息结合识别自然人个人身份的各种信息，包括但不限于自然人的姓名、出生日期、身份证件号码、个人生物识别信息、住址、电话号码等。”在日常工作与生活中，经常有人将“个人信息”称为“个人隐私”，相互替代使用，但实际上二者之间是有区别的，最大的区别是范围上不同。一般而言，个人隐私包含在个人信息之中，即个人信息包含个人隐私，个人隐私只是个人信息的一部分。以个人信息是否公开为标准，个人信息可以分为公开个人信息和隐私个人信息。个人信息权和隐私权是两项不同的权利，隐私权作为一项典型的民事权利，即尊严型人格权，通常由民法进行保护。而个人信息权保护则需要制定专门的《个人信息保护法》，从私法、公法、行政执法等多个方面来提供全面的法律保护，并不是仅仅停留在民事权利这一个层面。

（十一）无理由退货权

无理由退货权，又称消费者撤销权或反悔权，英美法称为冷静期，是指消费者在商品合同成立生效、支付价款取得商品后，依法或者依约定在一定期限内享有的无条件退货而不必承担违约责任的权利。无理由退货权是我国《消费者权益保护法》赋予消费者的一项新权利。它的确立，完善了我国消费者的权利体系，也使消费者权益得到更加充分的保障，理论价值和实践意义均十分重大。

消费者无理由退货权最初产生于有关访问销售中的冷静期制度，后扩大适用于远程购物、购买保险甚至线下购物等广泛的领域，是在消费者知情权、选择权、公平交易权等基本权利的基础上，主要针对网络购物等消费者权益保护的需要而设立的。由于权利本身是对消费者已有的知情权、选择权等权利的综合保护，故《消费者权益保护法》以经营者义务的形式加以体现，是通过经营者义务反射出的消费者权利。该法第 25 条对该权利行使的条件、限制、费用承担等作出了具体规定。（详见第三节）

相关案例

上海迪士尼“禁带食品入园案”

2019 年 3 月，上海迪士尼乐园因“禁止自带饮食”被华东政法大学大三学生王某告上了法庭。起因是，2019 年 1 月 30 日，王某前往上海迪士尼乐园游玩，并携带部分即食食品以备游玩时食用，在乐园安检时被开包检验，被告知根据《上海迪士尼乐园游客须知》游客不得携带食品进入乐园，经交涉未果，王某自行处置食品后入园。3 月 15 日，原告王某诉至上海浦东法院，请求判令：1. 确认被告《上海迪士尼乐园游客须知》中“不得携带以下物品入园”部分的“食品、酒精饮料、超过 600 毫升的非酒精饮料”条款内容无效；2. 被告赔偿原告因上述入园规则被迫丢弃的食品损失 46.30 元。此案被媒体曝光后引起广泛关注，法院受理后，多次组织双方调解。9 月 12 日，原、被告双方达成调解协议：被告上海国际主题乐园有限公司补偿原告王某人民币 50 元（当庭给付）。本案审理期间，被告对入园规则中相关条款内容进行了修改：除少数特殊食品仍禁止携带外，游客可携带供本人食用的食品及饮料进入上海迪士尼乐园。

第三节　各类主体保护消费者的义务

一、经营者的义务

经营者，是指从事商品生产、经营或者提供服务的自然人、法人和非法人组织。《消费者权益保护法》为了保证法律所规定的消费者权益能够充分实现，与消费者的权利相对应，集中规定了经营者的若干义务。因为消费者的权利在相当程度上是通过经营者义务的履行来实现的。在经营者与消费者的关系中，经营者的义务包括两类：一类是基于法律规定而产生的法定义务；另一类是基于合同规定而产生的约定义务。《消费者权益保护法》所规定的义务属于前一种义务，即法定义务，但它所规定的多属于经营者的基本义务，具有一定的概括性。除此之外，《产品质量法》《食品安全法》《价格法》《广告法》《电子商务法》《旅游法》等其他法律和行政法规中还有很多关于经营者义务的具体规定，这些规定均属于经营者对消费者应该承担的法定义务。另外，经营者与消费者之间作为合同当事人，也会以合同的形式约定各种义务，从而产生契约义务。

经营者的义务除了按照法律的规定作出一定的行为和不行为以外，其义务的实现主要靠经营者的“自律”，因为经营者的自律是经营者义务实现的最重要途径，是经营者实现对消费者承诺和责任保证的第一道关口和根本保障。

《消费者权益保护法》作为保护消费者的基本法，只规定了消费者的权利和经营者的义务。但这并不意味着，消费者只享有权利，不承担义务；反过来，经营者也不可能只承担义务不享有权利。作为市场经济的主体，在享有权利的同时亦应承担相应的义务。经营者应当享有的权利以及消费者应承担的义务可以在其他法律中规定。

我国《消费者权益保护法》第 16 条至第 29 条对经营者的义务集中进行了规定，具体包括：

（一）按法定或约定履行的义务

经营者向消费者提供商品或服务，应当依照《消费者权益保护法》和其他有关法律、法规的规定履行义务。经营者和消费者有约定的，应当按照约定履行义务，但双方的约定不得违背法律、法规的规定。

（二）听取意见和接受监督的义务

经营者应当听取消费者对其提供的商品或服务的意见，接受消费者的监督。消费者既可以针对商品或服务中的问题直接向企业提出建议或批评，也可以向消费者组织或消费者保护的行政部门反映或投诉。

（三）保障消费者人身和财产安全的义务

1．安全警示与保障义务

经营者应当保证其提供的商品或服务符合保障人身、财产安全的要求。对可能危及人身、财产安全的商品和服务，应当向消费者作出真实的说明和明确的警示，并说明和标明正确使用商品或者接受服务的方法以及防止危害发生的方法。宾馆、商场、餐馆、银行、机场、车站、港口、影剧院等经营场所的经营者，应当对消费者尽到安全保障义务。这是经营者应当承担的安全警示和安全保障义务。

2．缺陷产品与服务的召回义务

经营者发现其提供的商品或者服务存在缺陷，有危及人身、财产安全危险的，应当立即向有关行政部门报告和告知消费者，并采取停止销售、警示、召回、无害化处理、销毁、停止生产或者服务等措施。采取召回措施的，经营者应当承担消费者因商品被召回支出的必要费用。

（四）提供真实信息的义务

经营者有提供商品和服务真实信息的义务。经营者向消费者提供有关商品或者服务的质量、性能、用途、有效期限等信息，应当真实、全面，不得作虚假或者引人误解的宣传。经营者对消费者就其提供的商品或者服务的质量和使用方法等问题提出的询问，应当作出真实、明确的答复。经营者提供商品或者服务应当明码标价。

（五）标明真实身份的义务

1．标明真实名称和标记的义务

经营者应当标明其真实名称和标记。租赁他人柜台或者场地的经营者，应当标明其真实名称和标记。

2．远程购物、金融服务经营者的信息提供义务

采用网络、电视、电话、邮购等方式提供商品或者服务的经营者，以及提供证券、保险、银行等金融服务的经营者，应当向消费者提供经营地址、联系方式、商品或者服务的数量和质量、价款或者费用、履行期限和方式、安全注意事项和风险警示、售后服务、民事责任等信息。

（六）出具销售或服务凭据的义务

经营者提供商品或者服务，应当按照国家有关规定或者商业惯例向消费者出具购货凭证或者服务单据；消费者索要购货凭证或者服务单据的，经营者必须出具，不得拒绝。

（七）保证商品和服务质量的义务

（1）经营者应当保证商品或者服务应当具有的质量。经营者应当保证在正常使用商品或者接受服务的情况下其提供的商品或者服务应当具有的质量、性能、用途和有效期限；但消费者在购买该商品或者接受服务前已经知道其存在瑕疵，且存在该瑕疵不违反法律强制性规定的除外。

（2）实际质量与表明的质量状况应当相符。经营者以广告、产品说明、实物样品或者其他方式表明商品或者服务的质量状况的，应当保证提供的商品或者服务的实际质量与表明的质量状况相符。

（3）对质量瑕疵应当承担举证责任。经营者提供的机动车、计算机、电视机、电冰箱、空调器、洗衣机等耐用商品或者装饰装修等服务，消费者自接受商品或者服务之日起六个月内发现瑕疵，发生争议的，由经营者承担有关瑕疵的举证责任。

（八）质量瑕疵的退货、更换、修理义务

经营者提供的商品或者服务不符合质量要求的，消费者可以依照国家规定、当事人约定退货，或者要求经营者履行更换、修理等义务。没有国家规定和当事人约定的，消费者可以自收到商品之日起七日内退货；七日后符合法定解除合同条件的，消费者可以及时退货，不符合法定解除合同条件的，可以要求经营者履行更换、修理等义务。因退货、更换、修理而产生的运输等必要费用由经营者承担。

（九）不得以格式条款等方式损害消费者权益的义务

经营者有不得以格式条款等方式损害消费者权益的义务。经营者在经营活动中使用格式条款的，应当以显著方式提请消费者注意商品或者服务的数量和质量、价款或者费用、履行期限和方式、安全注意事项和风险警示、售后服务、民事责任等与消费者有重大利害关系的内容，并按照消费者的要求予以说明。经营者不得以格式条款、通知、声明、店堂告示等方式，作出排除或者限制消费者权利、减轻或者免除经营者责任、加重消费者责任等对消费者不公平、不合理的规定，不得利用格式条款并借助技术手段强制交易。格式条款、通知、声明、店堂告示等含有上述所列内容的，其内容无效。

（十）七日无理由退货义务

经营者采用网络、电视、电话、邮购等方式销售商品，消费者有权自收到商品之日起七日内退货，且无需说明理由。该义务确立了消费者的反悔权，但因该权利的行使不是因为商品本身不合格，也不是质量存在瑕疵，只是因为远程购物环境下，消费者无法真实了解和挑选商品，其知情权和选择权的行使受到一定限制，为保护消费者的上述权利，法律规定了经营者的该项义务。但这势必对经营者造成一定影响，增加经营者的经营成本。因此，为合理平衡双方利益，法律亦规定下列商品不适用无理由退货：（1）消费者定作的；（2）鲜活易腐的；（3）在线下载或者消费者拆封的音像制品、计算机软件等数字化商品；（4）交付的报纸、期刊。除前面所列商品外，其他根据商品性质并经消费者在购买时确认不宜退货的商品，不适用无理由退货。

消费者退货的商品应当保持完好，应当不影响商品的二次销售。经营者应当自收到退

回商品之日起七日内返还消费者支付的商品价款。退回商品的运费由消费者承担；经营者和消费者另有约定的，按照约定。

（十一）不得侵犯消费者人格尊严和人身自由的义务

经营者不得对消费者进行侮辱、诽谤，不得搜查消费者的身体及其携带的物品，不得侵犯消费者的人身自由。

（十二）确保消费者个人信息安全的义务

经营者收集、使用消费者个人信息，应当遵循合法、正当、必要的原则，明示收集、使用信息的目的、方式和范围，并经消费者同意。经营者收集、使用消费者个人信息，应当公开其收集、使用规则，不得违反法律、法规的规定和双方的约定收集、使用信息。经营者及其工作人员对收集的消费者个人信息必须严格保密，不得泄露、出售或者非法向他人提供。经营者应当采取技术措施和其他必要措施，确保信息安全，防止消费者个人信息泄露、丢失。在发生或者可能发生信息泄露、丢失的情况时，应当立即采取补救措施。经营者未经消费者同意或者请求，或者消费者明确表示拒绝的，不得向其发送商业性信息。

二、国家的义务

保护消费者权益不受侵犯，是国家应有的职责。国家保护消费者权益不受侵害，是我国消费者保护法所确定的保护消费者的一项基本原则。我国一直将消费者保护问题放在重要的地位，通过各种途径加强对消费者权益的保护。国家保护的途径主要有立法保护、行政保护、司法保护三个方面。

（一）立法保护

立法保护，是指国家通过制定有关消费者保护的法律、行政法规和规章来不断健全和完善消费者权益保护的法律制度。依法保护消费者权益是发展市场经济和依法治国的必然要求和组成部分，因此，加强立法是国家保护消费者权益的基石。自改革开放以来，我国在消费者权益保护领域的立法工作是同国家整体的法制建设同步协调进行的。1993 年我国发展市场经济的方向确立后，为了规范经营者的经营行为，保护消费者合法权益，促进社会主义市场经济的健康发展，陆续颁布、实施了一系列市场经济的法律，如《产品质量法》《反不正当竞争法》《价格法》《广告法》《商标法》等。1993 年 10 月 31 日第八届全国人民代表大会常务委员会第四次会议通过了《中华人民共和国消费者权益保护法》，并于 1994 年 1 月 1 日起正式实施，这是我国第一次以法律的形式全面确认消费者的权利及其保护，具有里程碑意义。2009 年 8 月 27 日，《消费者权益保护法》进行了第一次修正，2013 年 10 月 25 日进行了第二次修正。此外，国家还制定了《计量法》《标准化法》等，并制定了大量的强制性国家标准以及与国家法律相配套的行政法规与规章，后续又颁布了《农产品质量安全法》《食品安全法》《电子商务法》等，并对部分法律进行了修订。这些法律、法规及国家强制性标准的制定，都依法听取了消费者和消费者组织的意见。

（二）行政保护

行政保护是各国政府普遍采取的保护消费者的有效措施。政府部门是消费者权益保护的重要主体，政府部门对消费者权益的保护主要是运用行政权力规范经营者的经营行为，为消费者提供援助。为此，我国《消费者权益保护法》规定各级人民政府应当加强领导，组织、协调、督促有关行政部门做好保护消费者合法权益的工作，落实保护消费者合法权益的职责。各级人民政府市场监督管理部门和其他有关行政部门应当依照法律、法规的规定，在各自的职责范围内，采取措施，保护消费者的合法权益。有关行政部门应当听取消费者和消费者组织对经营者交易行为、商品和服务质量等问题的意见，及时调查处理。《消费者权益保护法》修订后还增加了加强对消费者行政保护的具体措施：(1) 有关行政部门在各自的职责范围内，应当定期或者不定期对经营者提供的商品和服务进行抽查检验，并及时向社会公布抽查检验结果。(2) 有关行政部门发现并认定经营者提供的商品或者服务存在缺陷，有危及人身、财产安全危险的，应当立即责令经营者采取停止销售、警示、召回、无害化处理、销毁、停止生产或者服务等措施。

(三) 司法保护

司法保护，是指国家通过司法机关依法对侵害消费者权益的违法行为和犯罪行为进行惩处以及根据消费者的请求依法解决消费争议的活动。国家检察机关、审判机关承担国家对消费者权益司法保护的职责。司法保护具有权威性、强制性等特点，是保障消费者权益的最终和有效的途径。检察院代表国家行使公诉权，法院代表国家行使审判权，其判决具有强制力，法院可以依自身职权强制执行生效判决。便捷、高效的司法救济对于消费者权益的维护具有特殊价值和意义，因此，人民法院应当采取有效措施，方便消费者提起诉讼，对符合我国《民事诉讼法》起诉条件的消费者争议及时审理，以使消费者权益争议尽快得到解决。

三、社会的义务

保护消费者权益，不仅是经营者与国家的义务和责任，也是全社会的共同义务和责任。消费者权益的社会保护，指的是行业协会、消费者组织等公共组织、媒体和消费者个人的保护与监督，即国家和政府以外的保护与监督。为此，《消费者权益保护法》第 6 条明确规定："保护消费者的合法权益是全社会的共同责任。国家鼓励、支持一切组织和个人对损害消费者合法权益的行为进行社会监督。大众传播媒介应当做好维护消费者合法权益的宣传，对损害消费者合法权益的行为进行舆论监督。"

(一) 社会不同主体的保护义务

消费者保护主要是国家和政府的责任，但是，这并不意味着政府是唯一的监督者和保护者，实际上政府使用全部精力也不可能包揽全部保护工作。而行业协会、消费者协会、媒体、消费者个人都有着自己的优势。消费者权益的社会保护分为如下几种类型：

1. 社会组织的保护与监督义务

社会组织的保护与监督，主要是指行业协会、消费者组织等社会公共组织对消费者所提供的保护和对经营者进行的监督。

行业协会可以从经营者自律的角度对消费者进行保护，主要体现在：(1) 从保护消费者角度制定从业规则；(2) 制定产品和服务标准以提高产品质量和服务质量；(3) 对违反从业规则和标准的企业进行处罚；(4) 解决消费争议。

消费者组织对消费者的保护主要是通过履行消费者组织的各项法定职责，实现对消费者的保护，例如进行比较试验、消费警示、消费者教育、消费争议调解、参与立法和国家标准的制定、支持消费者起诉、代表消费者提起公益诉讼、通过媒体曝光企业违法行为等。

2. 消费者个人的保护与监督义务

消费者个人也是不可忽视的消费者权益保护力量，通过消费者个体的投诉、举报以及消费者私人诉讼等方式，能够及时发现和制止企业的违法行为，一方面维护了消费者自身的合法权益，另一方面也维护了消费者全体的利益。消费者还可以通过个人微博、微信等社交平台对消费过程中的体验和感知发表见解，对欺骗消费者的违法行为等进行揭露，是不可小视的保护与监督力量。

3. 媒体的保护与监督义务

新闻媒体是社会监督和保护的重要途径，大众传播媒介应当做好维护消费者合法权益的宣传，对损害消费者合法权益的行为进行舆论监督。通过互联网新媒体、电视、广播、报纸、期刊、小说、短视频等各种形式曝光企业侵害消费者权益的违法行为，开展消费者教育，积极传递正能量，声援支持消费者等。我国中央电视台每年一次的 3·15 晚会，就是履行保护与监督义务的很好实例。

（二）消费者组织对消费者权益的维护

消费者组织是消费者行使结社权的产物。消费者组织是伴随着消费者运动的产生、发展而发展的。世界上第一个消费者组织“纽约市消费者协会”于 1891 年在美国纽约成立，此后欧洲各国也普遍成立了消费者组织。二战结束后，发展中国家普遍建立了各类消费者组织，除消费者自发成立的消费者团体，也有政府推动建立的消费者保护组织，如香港消费者委员会、中国消费者协会等，出现了以自发设立的民间组织为主体，官方消费者组织同时存在的格局。在国际消费者联会（Consumers International，简称 CI）中也同时包括了自发成立的民间消费者团体、官方设立的消费者组织和政府部门中具有消费者保护职能的机构，但三分之二以上是具有独立性的民间团体。

消费者组织作为社会团体的一种，在消费者保护方面担负着广泛的社会职能。我国消费者组织在成立之初就受到政府的格外重视，《消费者权益保护法》中设专章对其性质、职责依法进行了界定，依照《消费者权益保护法》第 36 条、第 37 条的规定，消费者协会和其他消费者组织是依法成立的对商品和服务进行社会监督的保护消费者合法权益的社会组织。消费者协会履行下列公益性职能：(1) 向消费者提供消费信息和咨询服务，提高消费者维护自身合法权益的能力，引导文明、健康、节约资源和保护环境的消费方式；(2) 参与制定有关消费者权益的法律、法规、规章和强制性标准；(3) 参与有关行政部门对商品和服务的监督、检查；(4) 就有关消费者合法权益的问题，向有关部门反映、查询，提出建议；(5) 受理消费者的投诉，并对投诉事项进行调查、调解；(6) 投诉事项涉及商品和服务质量问题的，可以委托具备资格的鉴定人鉴定，鉴定人应当告知鉴定意见；(7) 就损害消费者合法权益的行为，支持受损害的消费者提起诉讼或者依照本法提起诉讼；(8) 对损害消费者合法权益的行为，通过大众传播媒介予以揭露、批评。

相关案例

经营者“七天无理由退货”义务的承担

2015 年 11 月 8 日，杨某通过北京苏宁云商销售有限公司在网络上购买了苹果 iPhone 6 手机 1 部，金额为 4 150 元，该手机网络商品销售页面信息显示有“七天无理由退换货”标识。后杨某发现手机音量太小，发起退货申请，退货原因为：七天无理由退换货。苏宁云商公司网站显示退货申请系统审核通过。但苏宁公司一直未退货。苏宁公司表示，“七天无理由退换货”是有条件的，公司的购物网站上公示了退换货细则，其中特殊说明部分有：“苹果、小米等需激活的手机，激活后不参加无理由退换货。”杨某购买的手机不存在质量问题，且不符合退换货条件，不同意杨某要求退货退款的诉讼请求。故杨某诉至法院。法院查明：消费者需要在网站网页上点击“七天无理由退换货”的政策，方能看到关于涉案产品不适用该政策的详细细则。2016 年 4 月 19 日二审法院做出了终审判决，支持了原告的诉讼请求，认为：网络购物中，在商品不属于法定排除适用“七天无理由退货”政策的前提下，经营者主张其商品排除适用“七天无理由退货”政策，但未以合理方式向消费者进行告知并经消费者进行确认，经营者亦未能就此向消费者准确传达该信息。在消费者对经营者的相关主张不予认可的情形下，人民法院应当认定经营者关于该商品排除适用“七天无理由退货”政策的主张不能成立。

第四节 消费者权利的法律救济

一、消费者争议的解决

（一）争议解决的途径

消费者争议，又称消费者纠纷或消费争议，是指由消费者提出的消费者与经营者在购买、使用商品或者接受服务过程中发生的权益争议。消费者争议通常具有小额性、多发性、多样性、分散性、复杂性、群体性等特点，不可能通过大量的诉讼来解决。因此，解决消费争议必须根据消费者纠纷的特点坚持多元化的纠纷解决途径。我国《消费者权益保护法》第 39 条规定了五种争议解决途径，即与经营者协商和解，请求消费者协会或者依法成立的其他调解组织调解，向有关行政部门投诉，根据与经营者达成的仲裁协议提请仲裁机构仲裁，以及向人民法院提起诉讼。

1. 与经营者协商和解

这是由双方当事人在意思自治的范围内采取的解决方式。它是指消费争议双方当事人就争议事项，在平等自愿的基础上，本着公平合理解决问题的态度和诚意，通过弄清事实、分清责任、交换意见、取得沟通，从而找出解决争议的方案的一种方式。该程序适用于当事人对争议的原因、责任等认识分歧不大的争议，具有省时、省力、及时、直接、有效、和平的特点。许多经营者愿意并重视与消费者通过这一方式解决纠纷。但协商和解不具有法律强制力，如果经营者故意推诿、逃避责任，争议问题难以得到圆满解决，消费者应及时谋求其他途径。

2. 请求消费者协会或者依法成立的其他调解组织调解

调解是指在第三方的介入和主持下，由纠纷双方当事人就有关争议问题进行自愿协商，达成协议，从而解决纠纷的一种方式。因主持调解的第三方的身份不同，调解可以分为民间调解、行政调解、司法调解等。消费者协会是依法成立的对商品和服务进行社会监督的保护消费者合法权益的社会组织，具有公益性，其依据职责所进行的调解属于民间调解，不具有强制性。依法成立的其他调解组织目前主要是指行业协会、人民调解委员会等民间调解组织。

3. 向有关行政部门投诉

向有关行政部门投诉，是指消费者在消费过程中，其合法权益受到侵害时，就有关事实向有关行政机关反映情况，请求解决纠纷，维护自身合法权益并处理违法经营者的行为的过程。这里的有关行政机关是指各级人民政府所属的与保护消费者权益相关的职能部门，主要包括市场监督管理部门、电信部门、邮政部门、农业部门、文化旅游管理部门等。有关国家机关应当依照法律、法规的规定，在各自的职责范围内，保护消费者的合法权益，惩处经营者侵害消费者合法权益的违法行为。目前，我国市场监督管理部门是受理消费者投诉的主要部门，其覆盖全国的“12315”投诉热线，能够通过热线电话和互联网迅速受理消费者的投诉。

4. 仲裁

仲裁不同于调解，也不同于诉讼，是一种独具特色的非诉讼纠纷解决机制，其特点有：(1) 仲裁协议是仲裁解决争议的前提；(2) 仲裁裁决具有最终性和强制性；(3) 程序上的灵活性和便利性；(4) 裁判基准的自由性。根据我国《仲裁法》的规定，平等主体的公民、法人和其他组织之间发生的合同纠纷案件和其他财产权益纠纷案件可以仲裁。因此消费者合同纠纷都可以通过仲裁裁决，侵权纠纷仅涉及消费者民事财产权益的，也可以进行仲裁。

仲裁作为一种灵活的纠纷解决方式用于解决消费者纠纷，在国外已有多年的成功经验。由于消费者纠纷具有小额、分散的特点，将仲裁运用于消费者纠纷的解决，需要与一般的商事仲裁相区别，建立专门的消费者争议仲裁制度，在机构设置、仲裁协议的达成、仲裁程序、仲裁费用等方面采取有别于商事仲裁的制度。

5. 向人民法院提起诉讼

诉讼是解决消费者争议最终的途径，与其他消费争议解决途径相比，诉讼是国家司法机关主持的，由国家强制力保证实施的，最权威、最彻底的纠纷解决方法。具有如下优点：第一，不需要纠纷的另一方当事人在程序上自愿协助法庭，法官可以单方面命令当事人出庭，并通过有既判力的生效判决平息当事人的争议，从而强制性地解决纠纷；第二，法院的判决具有权威性，已经生效的判决当事人必须执行。然而诉讼也有明显的缺点：其一，需要花费较多的时间和金钱；其二，法院的判决并不代表着一定能够得到执行，对方当事人若拒不执行，消费者还须在法定的时间内申请法院予以强制执行。能否顺利执行，还要受许多条件的限制。2013 年我国《民事诉讼法》修订时，增加了小额诉讼和公益诉讼的规定，并且最高人民法院亦作出了相关司法解释。小额诉讼采用简易程序，更加方便消费者诉讼维权；消费民事公益诉讼对涉及众多消费者权益的消费争议的解决具有重要意义。

随着互联网日益渗透到社会经济生活的各个方面，传统的线下纠纷解决模式逐渐被线上纠纷解决模式所替代，在线协商和解、在线投诉、在线调解、在线仲裁、在线诉讼不断发展，被越来越多的消费者所熟悉和青睐。

(二) 解决争议的几项特殊制度

1. 销售者的先行赔付义务

《消费者权益保护法》第 40 条第 1 款规定：“消费者在购买、使用商品时，其合法权益受到损害的，可以向销售者要求赔偿。销售者赔偿后，属于生产者的责任或者属于向销售者提供商品的其他销售者的责任的，销售者有权向生产者或者其他销售者追偿。”

2. 生产者和销售者的连带责任

《消费者权益保护法》第 40 条第 2 款规定：“消费者或者其他受害人因商品缺陷造成人身、财产损害的，可以向销售者要求赔偿，也可以向生产者要求赔偿。属于生产者责任的，销售者赔偿后，有权向生产者追偿。属于销售者责任的，生产者赔偿后，有权向销售者追偿。”此时，销售者与生产者被看做一个整体，对消费者承担连带责任。

3. 服务商的责任

服务是个人和社会组织凭借技术向消费者直接提供或者借助工具、设备、设施、网络、媒体、商品等所做的工作或进行的一种经济活动。完成这种经济活动的自然人、法人或者其他组织即为服务商。消费者在接受服务时，其合法权益受到侵害的，可以向服务者要求赔偿。

4. 变更后的企业的责任

消费者在购买、使用商品或者接受服务时，其合法权益受到损害，原企业合并、分立的，可以向变更后承受其权利义务的企业要求赔偿。

5. 经营者出借营业执照的责任

出租、出借营业执照或租用、借用他人营业执照是违反工商行政管理法规的行为。根据《消费者权益保护法》第 42 条的规定，使用他人营业执照的违法经营者提供商品或者服务，损害消费者合法权益的，消费者可以向其要求赔偿，也可以向营业执照的持有人要求赔偿。

6. 租赁柜台经营者和展销会举办者责任

通过展销会、出租柜台销售商品或者提供服务，不同于一般的店铺营销方式。为在展销会结束后或出租柜台期满后，使消费者能够获得赔偿，《消费者权益保护法》第 43 条规定，消费者在展销会、租赁柜台购买商品或者接受服务，其合法权益受到损害的，可以向销售者或服务者要求赔偿。展销会结束或者柜台租赁期满后，也可以向展销会的举办者、柜台的出租者要求赔偿。展销会的举办者、柜台的出租者赔偿后，有权向销售者或者服务者追偿。

7. 网络平台经营者的责任

(1) 一般责任规定。

消费者通过网络交易平台购买商品或者接受服务，其合法权益受到损害的，可以向销售者或者服务者要求赔偿。网络交易平台提供者不能提供销售者或者服务者的真实名称、地址和有效联系方式的，消费者也可以向网络交易平台提供者要求赔偿；网络交易平台提供者作出更有利于消费者的承诺的，应当履行承诺。网络交易平台提供者赔偿后，有权向销售者或者服务者追偿。

(2) 连带责任规定。

网络交易平台提供者明知或者应知销售者或者服务者利用其平台侵害消费者合法权益，未采取必要措施的，依法与该销售者或者服务者承担连带责任。

8. 虚假广告相关主体的责任

为保护消费者免受虚假广告的侵害，维护消费者权益，《消费者权益保护法》对虚假广告所导致的损害的救济作了如下规定：

(1) 广告主与广告经营者、发布者的责任。

消费者因经营者利用虚假广告或者其他虚假宣传方式提供商品或者服务，其合法权益受到损害的，可以向经营者要求赔偿。广告经营者、发布者发布虚假广告的，消费者可以请求行政主管部门予以惩处。广告经营者、发布者不能提供经营者的真实名称、地址和有效联系方式的，应当承担赔偿责任。

(2) 广告经营者、发布者的连带责任。

广告经营者、发布者设计、制作、发布关系消费者生命健康商品或者服务的虚假广告，造成消费者损害的，应当与提供该商品或者服务的经营者承担连带责任。

(3) 广告荐证人的连带责任。

社会团体或者其他组织、个人在关系消费者生命健康商品或者服务的虚假广告或者其他虚假宣传中向消费者推荐商品或者服务，造成消费者损害的，应当与提供该商品或者服务的经营者承担连带责任。

二、经营者承担责任的形式及法律责任的确定

(一) 民事责任

侵害消费者权益的民事责任主要是财产责任，包括违约责任和侵权责任。对于侵害消费者权益的一般民事责任，适用民法的一般规定，如合同上的违约责任；对于侵害消费者权益的特殊民事责任，适用《消费者权益保护法》的特殊规定。经营者未尽到安全保障义务，造成消费者损害的，应当承担侵权责任。《消费者权益保护法》对经营者侵害消费者权益的民事责任做出了如下规定：

1. 财产损害的民事责任形式

依据《消费者权益保护法》第 52 条的规定，经营者提供商品或者服务，造成消费者财产损害的，应当依照法律规定或者当事人约定承担修理、重作、更换、退货、补足商品数量、退还货款和服务费用或者赔偿损失等民事责任。明确了责任的具体形式。

2. 人身损害民事责任

《消费者权益保护法》规定的人身损害的民事责任分为两类：(1) 生命健康受到侵害的民事责任，是指经营者提供商品或者服务造成消费者人身伤害、残疾、死亡应承担的民事赔偿责任。包括医疗费、护理费、交通费等为治疗和康复支出的合理费用，以及因误工减少的收入。造成残疾的，还应当赔偿残疾生活辅助具费和残疾赔偿金。造成死亡的，还应当赔偿丧葬费和死亡赔偿金。(2) 人格尊严受到侵害的民事责任，是指经营者侵害消费者的人格尊严、侵犯消费者人身自由或者侵害消费者个人信息依法得到保护的权利的，应当停止侵害、恢复名誉、消除影响、赔礼道歉，并赔偿损失。

3. 关于精神损害赔偿的规定

《消费者权益保护法》对精神损害赔偿做出了专门规定。根据该法第 51 条的规定，经营者有侮辱诽谤、搜查身体、侵犯人身自由等侵害消费者或者其他受害人人身权益的行为，造成严重精神损害的，受害人可以要求精神损害赔偿。请求精神损害赔偿的条件是“造成严重精神损害”。

4. 惩罚性赔偿的法律规定

惩罚性赔偿是消费者权益保护最具特色的制度。惩罚性赔偿是指由法庭所作出的赔偿

数额超出实际损害数额的赔偿。它具有补偿受害人遭受的损失，处罚和遏止不法行为等多重功效。我国 1993 年《消费者权益保护法》首次确立了“假一罚一”的惩罚性赔偿制度。2013 年修订《消费者权益保护法》时进行了修改。修订后的惩罚性赔偿的规定分为两种情形：

（1）关于欺诈行为的惩罚性赔偿。

《消费者权益保护法》第 55 条第 1 款规定：“经营者提供商品或者服务有欺诈行为的，应当按照消费者的要求增加赔偿其受到的损失，增加赔偿的金额为消费者购买商品的价款或者接受服务的费用的三倍；增加赔偿的金额不足五百元的，为五百元。法律另有规定的，依照其规定。”

（2）商品或服务存在缺陷的惩罚性赔偿。

《消费者权益保护法》第 55 条第 2 款规定：“经营者明知商品或者服务存在缺陷，仍然向消费者提供，造成消费者或者其他受害人死亡或者健康严重损害的，受害人有权要求经营者依照本法第四十九条、第五十一条等法律规定赔偿损失，并有权要求所受损失二倍以下的惩罚性赔偿。”该款规定主要是关于因产品缺陷给消费者人身和财产造成严重损害的惩罚性赔偿制度。

（二）行政处罚

侵犯消费者权益的行政处罚，是指行为人实施了违反消费者权益保护的法律、法规所必须承担的行政法律后果，表现为保护消费者权益的国家行政机关对侵犯消费者权益的经营者所作的各种行政处罚和处分。我国《消费者权益保护法》和有关法律、法规对侵犯消费者权益的行为规定了广泛的行政责任。市场监督管理部门或者其他有关行政部门可以责令改正，处以警告、没收违法所得、罚款，责令停业整顿、吊销营业执照等行政责任，并将处罚信息记入企业信用档案，向社会公布。

（三）刑事责任

刑事责任，是行为人实施了刑法禁止的犯罪行为所必须承担的刑事制裁的法律后果。刑法对消费者权益的保护主要体现在刑法对消费者人身安全的保护和对消费者经济利益的保护。损害消费者利益的犯罪行为主要有生产、销售假冒伪劣商品罪，危害公共卫生罪，扰乱市场秩序罪等。

相关案例

中消协首例公益诉讼案

2016 年 7 月 1 日，中国消费者协会就雷沃重工股份有限公司等四被告违法、违规生产销售正三轮摩托车案提起消费民事公益诉讼。2016 年 7 月 25 日，北京市第四中级人民法院正式受理此案。其间，中消协与雷沃重工等四被告多次进行会谈、调解、质证，2019 年 4 月 26 日初步达成调解协议。经人民法院公告和审查后，2019 年 6 月 10 日，北京市四中院正式签发民事调解书，中消协六项诉讼请求全部实现。这是中消协提起的首个公益诉讼案件，也是全国首例以调解结案的消费民事公益诉讼案件。公益诉讼发生后，雷沃重工高度重视，立即采取整改措施，全面停止超标正三轮摩托车的生产和销售，并在中国消费者协会的指导下，积极开展消费者权益保障及企业生产经营合规完善工作。

【法考练习题】

1.【2014 年】彦某将一套住房分别委托甲、乙两家中介公司出售，钱某通过甲公司看中该房，但觉得房价太高。双方在看房前所签协议中约定了防“跳单”条款：钱某对甲公司的房源信息负保密义务，不得利用其信息撇开甲公司直接与房主签约，否则支付违约金。事后钱某又在乙公司发现同一房源，而房价比甲公司低得多。钱某通过乙公司买得该房，甲公司得知后提出异议。关于本案，下列哪些判断是错误的？（　　）

A. 防“跳单”条款限制了消费者的自主选择权

B. 甲公司抬高房价侵害了消费者的公平交易权

C. 乙公司的行为属于不正当竞争

D. 钱某侵犯了甲公司的商业秘密

【参考答案】ABCD

解析：消费者自主选择权，是指消费者有权自主选择提供商品或者服务的经营者，自主选择商品品种或者服务方式，自主决定购买或者不购买任何商品、接受或者不接受任何服务；消费者在选择商品或者服务时有权比较、鉴别和挑选。题中甲公司的防“跳单”条款本身并没有剥夺消费者的自主选择权，因此 A 选项错误，当选。消费者公平交易权，是指消费者在购买商品或者接受服务时，有权获得质量保障、价格合理、计量正确等公平交易条件，有权拒绝经营者的强制交易行为。侵犯公平交易权的构成要件有两个，主观上经营者强迫消费者进行交易，客观上侵犯了质量、价格、计量等内容，题中甲公司抬高房价的行为并没有强迫消费者进行交易，因此没有侵害消费者的公平交易权，故 B 选项错误，当选。不正当竞争行为共有七种，行为主体构成不正当竞争其主观上有不正当竞争的恶意，题中的乙公司并没有恶意，只是正常的商业行为，因此 C 选项错误，当选。侵犯商业秘密作为不正当竞争的一种行为，其主观上必须有恶意，但是题中钱某并没有侵犯商业秘密的恶意。同时，商业秘密具有四性，即秘密性、价值性、实用性、保密性，很显然，对于房源信息甲公司并没有采取积极的保密措施，因此房源信息根本不构成商业秘密，更没有侵犯商业秘密。因此 D 选项错误，当选。综上，本题答案选 ABCD。

2.【2016 年】甲在乙公司办理了手机通信业务，业务单约定：如甲方（甲）预付费使用完毕而未及时补交款项，乙方（乙公司）有权暂停甲方的通信服务，由此造成损失，乙方概不负责。甲预付了费用，一年后发现所用手机被停机，经查询方得知公司由“话费有效期满暂停服务”的规定，此时账户尚有余额，遂诉之。关于此事，下列哪些说法是正确的？（　　）

A. 乙公司侵犯了甲的知情权

B. 乙公司提供格式条款时应提醒甲注意暂停服务的情形

C. 甲有权要求乙公司退还全部预付费

D. 法院应支持甲要求乙公司承担惩罚性赔偿的请求

【参考答案】AB

解析：本题考查消费者的权利与经营者的义务。根据《消费者权益保护法》第 8 条的规定，消费者享有知悉其购买、使用的商品或者接受的服务的真实情况的权利，包括服务的内容、规格、费用等有关情况。《消费者权益保护法》第 26 条规定：经营者在经营活动中使用格式条款的，应当以显著方式提请消费者注意商品或者服务的数量和质量、价款或者费用、履行期限和方式、安全注意事项和风险警示、售后服务、民事责任等与消费者有重大利害关系的内容，并按照消费者的要求予以说明。本题中，乙公司在甲办理手机通信服务时未能全面说明有关业务的重要规定，导致甲未能获知与服务有关的重要规定，属于侵犯消费者知情权的情形，乙公司理应在甲方办理业务时说明有关暂停服务等情形的特别规定。故A、B项说法正确。《消费者权益保护法》第53条规定：经营者以预收款方式提供商品或者服务的，应当按照约定提供。未按照约定提供的，应当按照消费者的要求履行约定或者退回预付款；并应当承担预付款的利息、消费者必须支付的合理费。本题中，乙方提供了服务，只是没有提醒甲有关暂停服务的特殊规定，甲有权要求乙公司承担继续履行、采取补救措施或赔偿损失等违约责任，但甲方毕竟进行了消费，无权请求返还全部预付款，故C项说法错误。《消费者权益保护法》第55条规定：经营者提供商品或者服务有欺诈行为的，应当按照消费者的要求增加赔偿其受到的损失，增加赔偿的金额为消费者购买商品的价款或者接受服务的费用的3倍；增加赔偿的金额不足500元的，为500元。法律另有规定的，依照其规定。经营者明知商品或者服务存在缺陷，仍然向消费者提供，造成消费者或者其他受害人死亡或者健康严重损害的，受害人有权要求经营者依照本法第49条、第51条等法律规定赔偿损失，并有权要求所受损失2倍以下的惩罚性赔偿。本题中，乙公司在交易过程中并没有欺诈行为或者服务存在缺陷的情形，只是未以显著方式提请消费者注意其格式条款，因而不适用惩罚性赔偿的规定，故D项说法错误。本题答案为A、B。

3.【2019年】甲在一网上商城看到一款液晶电视，产品说明页中明确标记“七天无理由退货”，甲购买一台液晶电视，1月1号收到货并安装使用，1月3号发现电视四角漏光，甲检查时还发现有漏电现象。甲以此为由向店家主张退货。店家说需要先对电视机质量进行检验，甲于1月13日收到检验报告说电视机质量合格。店家主张不符合退货条件故不能退货，下列说法正确的是（　　）。

A. 因超过7天，所以甲不能主张退货

B. 对于电视机的质量瑕疵，店家应承担举证责任

C. 甲可主张无理由退货，并自行承担运费

D. 甲可主张无理由退货，并要求店家承担不少于2倍的惩罚性赔偿

【参考答案】BC

解析：本案融合了大宗耐用商品的维权举证责任倒置制度和网购无理由退货制度。《消费者权益保护法》第25条规定：“经营者采用网络、电视、电话、邮购等方式销售商品，消费者有权自收到商品之日起七日内退货，且无需说明理由……消费者退货的商品应当完好。经营者应当自收到退回商品之日起七日内返还消费者支付的商品价款。退回商品的运费由消费者承担；经营者和消费者另有约定的，按照约定。”甲通过网络购物的方式购买电视机一台，无论电视机有无质量问题，均享受7天内无理由退货的权利。7天的期限自收到货物之日起开始算。甲1月1号收到货，1月3号主张退货，符合7天的期限要求，A项错误。本案中产品检验报告显示电视机质量合格，但使用时出现了漏光的现象，电视机是否存在质量瑕疵需要进一步印证，但消费者依旧可以主张无理由退货。消费者主张无理由退货时，在买卖双方没有约定的情形下，应由消费者承担运费。C项正确。《消

费者权益保护法》第 23 条第 3 款规定：“经营者提供的机动车、计算机、电视机、电冰箱、空调器、洗衣机等耐用商品或者装饰装修等服务，消费者自接受商品或者服务之日起六个月内发现瑕疵，发生争议的，由经营者承担有关瑕疵的举证责任。”大宗耐用商品的技术门槛较高，短期内发现瑕疵，产品本身质量有问题的可能性较大，但消费者很难提供证明。为了消费者更好的维权，《消费者权益保护法》规定了电视机等大宗耐用商品于消费者接受之日起 6 个月内发现瑕疵，引发争议的，举证责任倒置，由经营者承担有关瑕疵的举证责任，B 项正确。第 55 条第 2 款规定：经营者明知商品或者服务存在缺陷，仍然向消费者提供，造成消费者或者其他受害人死亡或者健康严重损害的，受害人有权要求所受损失二倍以下的惩罚性赔偿。只有当经营者有“明知”的过错，向消费者提供缺陷商品，且引发消费者或其他受害人严重后果时，才会承担两倍损失的惩罚性赔偿，本案中并没有产品缺陷的确认，也没有引发严重后果，不符合惩罚性赔偿的条件，D 项错误。综上，本题答案为 BC。

4.【2019 年】植物园规定，未成年人凭证件参观植物园减免（免费）。针对未带证件的未成年人，植物园在实际操作中一律按照身高计算，身高 150 厘米以下的按照规定减免，身高 150 厘米以上的，按照成年人的标准需买全票。某身高 150 厘米以上的 17 岁大学生，认为植物园的行为侵犯了其合法权益故提起诉讼，请问市消协实施的下列行为正确的是（　　）。

A. 市消协提请省消协提起公益诉讼

B. 市消协代表该大学生提起诉讼

C. 市消协参与制定有关消费者权益的法律、法规、规章和强制性标准

D. 市消协对植物园提出警告和罚款

【参考答案】 AC

解析：《消费者权益保护法》第 37 条规定：“消费者协会履行下列公益性职责：……（二）参与制定有关消费者权益的法律、法规、规章和强制性标准……（七）就损害消费者合法权益的行为，支持受损害的消费者提起诉讼或者依照本法提起诉讼；（八）对损害消费者合法权益的行为，通过大众传播媒介予以揭露、批评。消费者协会应当认真履行保护消费者合法权益的职责，听取消费者的意见和建议，接受社会监督。依法成立的其他消费者组织依照法律、法规及其章程的规定，开展保护消费者合法权益的活动。”消协作为公益性的社会组织，没有行政权力，不能做出行政处罚，所以 D 项的“警告和罚款”不正确。对于消费者个人的维权诉讼，消协可以支持，不能代表其进行诉讼，B 项错误。消协作为一线的消费者组织，能够接触到消费者维权保障中的现实需求，所以能够参与制定有关消费者权益的法律、法规、规章和强制性标准，C 项正确。《消费者权益保护法》第 47 条：“对侵害众多消费者合法权益的行为，中国消费者协会以及在省、自治区、直辖市设立的消费者协会，可以向人民法院提起诉讼。”动物园以身高作为评判未成年的唯一标准，对于身高在 150cm 以上，但未成年的众多消费者的合法权益都有侵害，中消协和省一级消协有权提起公益诉讼，所以市消协提请省消协提起公益诉讼是合法的，A 项正确。综上，本题答案为 AC。

第八章

其他市场规制法

【导语】

本章是关于其他市场规制法律制度的介绍，包括产品质量法、食品安全法、广告法、价格法、电子商务法和金融市场监管法的内容。这些市场规制法律制度的共同特点都是以实现对某一领域的市场监管为目标，对所涉及的该领域的相关法律关系进行集中立法，从而形成了围绕市场的不同领域建立起来的各自不同的法律制度，这些制度相互配合与协调，从不同方面对市场中主体的各种活动进行广泛的规制，维护社会经济秩序的健康发展。本章学习的重点是产品质量法、食品安全法、广告法、价格法、电子商务法和金融市场监管法中的基本制度，学习的难点是这些法律当中的特别制度规定。

第一节　产品质量法

一、产品质量法概述

（一）基本概念

1. 产品

《产品质量法》所称的产品，是指经过加工、制作，用于销售的产品，不包括服务。因此，天然的物品、非用于销售的物品，不属于该法所说的产品。另外，由于建设工程、军工产品在质量监督管理方面的特殊性，它们被排除在该法所称的产品范围之外，另由专门的法律予以调整；但建设工程所用的建筑材料、建筑构配件和设备及军工企业生产的民用产品，适用该法的规定。因核设施、核产品造成损害的赔偿责任，法律、行政法规另有规定的，依照其规定。

关于产品的范围，各国法律中的界定有宽有窄，并不统一。我国《产品质量法》对产品范围的界定必须符合两个要件：一是经过加工、制作；二是用于销售目的。未经加工的天然物品，如原矿、原煤、原油等，以及初级农产品，不属于该法所称的产品；建设工程以及军工产品也不属于该法所称的产品。但是，欧盟已将初级农产品纳入产品范畴；无形产品中的“电”“天然气”，很多国家认为其属于产品。

2. 产品质量

国际标准化组织（ISO）规定的产品质量的定义是，产品能满足规定的或者潜在需要的特性和特性的总和，所谓总和是指在标准中规定的产品的安全性、适用性、可靠性、维修性、有效性、经济性等质量指标，它反映、代表了产品的质量状况。

我国《产品质量法》对产品质量的界定主要包括三个方面：（1）安全性，即产品不存在危及人身、财产安全的不合理的危险，有保证人身、财产安全国家标准、行业标准的，应当符合该标准。（2）适用性，即产品“具备应当具备的使用性能”。（3）担保性，即产品质量应当符合在产品或者其包装上注明采用的产品标准，符合以产品说明、实物样品等方式表明的质量状况。

3. 产品质量监管体制

（1）产品质量监督管理部门。我国的产品质量监督管理机构在中央一级主要是国家市场监督管理总局，负责全国产品质量监督管理工作。在地方主要是各级人民政府的市场监督管理局，负责本行政区域内的产品质量监督管理工作。

各级卫生行政部门、海关、商品检验机构等依相关法律授予的职权，对某些特定产品的质量进行监督管理。

（2）产品质量监督管理部门的职权。为增强《产品质量法》的刚性，使产品质量监督部门依法行政，该法规定，县级以上产品质量监督管理部门根据已经取得的违法嫌疑证据或者举报，对涉嫌违反该法规定的行为进行查处时，可以行使下列职权：1）对当事人涉嫌从事违反本法的生产、销售活动的场所实施现场检查；2）向当事人的法定代表人、主要负责人和其他有关人员调查、了解与涉嫌从事违反本法的生产、销售活动有关的情况；3）查阅、复制当事人有关的合同、发票、账簿以及其他有关资料；4）对有根据认为不符合保障人体健康和人身、财产安全的国家标准、行业标准的产品或者有其他严重质量问题的产品，以及直接用于生产、销售该项产品的原辅材料、包装物、生产工具，予以查封或者扣押。县级以上市场监督管理部门按照国务院规定的职责范围，对涉嫌违反该法规定的行为进行查处时，也可以行使上述职权。

（二）产品质量法的立法宗旨

产品质量法是调整产品质量监督管理关系和产品质量责任关系的法律规范的总称。广义的产品质量法包括所有调整产品质量及产品责任关系的法律、法规。我们通常所说的产品质量法是指狭义的产品质量法，即 1993 年 2 月 22 日通过、同年 9 月 1 日施行的《中华人民共和国产品质量法》，该法于 2000 年 7 月 8 日修订。

《产品质量法》第 1 条规定，该法的立法目的和宗旨是为了加强对产品质量的监督管理，提高产品质量水平，明确产品质量责任，保护消费者的合法权益，维护社会经济秩序。

加强对产品质量的监督管理，提高产品质量水平，是政府的责任。运用法律手段，规范产品质量，是现代社会的要求。明确产品质量责任，其根本目的在于保护消费者的合法权益，保障社会经济的正常秩序。《产品质量法》通过建立质量监督、质量检验、产品质量责任分配、违法制裁等规则，较好地体现了这一目的。

（三）产品质量法的调整对象及其法律关系

凡在我国境内从事产品生产、销售活动的企业、其他组织和个人（包括外国人和外国企业）均必须遵守《产品质量法》。具体来说，《产品质量法》调整的法律关系包括三方面：

（1）产品质量监督管理关系，即市场监督管理部门在产品质量监督检查、行使行政惩罚权时与市场经营主体所发生的法律关系。

（2）产品质量责任关系，即因产品质量问题引起的消费者与生产者、销售者之间的法律关系，包括因产品缺陷导致的人身、财产损害在生产者、销售者、消费者之间所产生的损害赔偿法律关系。

（3）产品质量检验、认证关系，即因中介服务所产生的中介机构与市场经营主体之间的法律关系，因产品质量检验和认证不实损害消费者利益而产生的法律关系。

二、产品质量监督管理制度

（一）产品许可证制度

在市场经济条件下，公平竞争、自由贸易是基本的市场规则，但并非任何产品都能够自由地进入市场，对涉及生命、健康、财产安全的产品以及需要控制的其他产品，国家实行产品生产许可证制度，以便于从源头上对产品质量进行监控。对实行生产许可证管理的产品，未经取得许可证而擅自生产的，定为无证产品，其生产者应承担相应的法律责任。对实行生产许可证的产品的监督管理包括：（1）对产品质量的监督抽查；（2）对企业使用生产许可证的行为进行监管。

（二）标准化制度

标准化是指在经济、技术、科学和管理等社会实践中，对重复性的事物和概念，通过制定、发布和实施标准达到统一，以获得最佳秩序和社会效益。因此，在产品质量监督管理过程中，推行标准化制度是提高产品质量，保障人体健康和人身、财产安全的基本工作方法。我国《产品质量法》第 13 条规定：可能危及人体健康和人身、财产安全的工业产品，必须符合保障人体健康和人身、财产安全的国家标准、行业标准；未制定国家标准、行业标准的，必须符合保障人体健康和人身、财产安全的要求。禁止生产、销售不符合保障人体健康和人身、财产安全的标准和要求的工业产品。

根据 2017 年新修订的《标准化法》的规定，产品标准分为国家标准、行业标准、地方标准和团体标准、企业标准。

（三）企业质量体系认证制度

企业质量体系认证，是由独立的认证机构对企业的质量保证和质量管理能力所作的综合评定，它是由企业自愿申请，由独立的第三方社会认证机构依据国家颁布的标准依法进行的活动。它反映企业的技术实力、质量管理、质量保证能力等在内的整体水平，是一种独立的社会认证，并非政府的行政行为。政府可以对认证机构及其认证活动进行引导和规范。

企业质量体系认证已经有一百多年的历史。目前，国际上通行的企业质量管理和质量保证标准主要是 ISO9000 系列。我国在 20 世纪 90 年代将 ISO9000 系列标准转化为国家标准，随后，各行业也将 ISO9000 系列标准转化为行业标准。企业质量认证可以为普通消费者、社会提供可信赖的质量信息。而通过企业质量体系认证的企业则能因此获得消费者和社会的信任。

（四）产品质量认证制度

1. 产品质量认证的概念

产品质量认证，是依据产品标准和相应的技术要求，由独立的认证机构确认某一产品符合相应标准和相应技术要求的活动。我国《产品质量法》第 14 条第 2 款规定："国家参照国际先进的产品标准和技术要求，推行产品质量认证制度。企业根据自愿原则可以向国务院市场监督管理部门认可的或者国务院市场监督管理部门授权的部门认可的认证机构申请产品质量认证。经认证合格的，由认证机构颁发产品质量认证证书，准许企业在产品或者其包装上使用产品质量认证标志。"像绿色食品标志、有机食品标志、纯羊毛标志等既是产品质量认证标志，同时又是证明商标。

2. 产品质量认证制度的作用

实行产品质量认证的目的是保证产品质量，提高产品信誉，保护用户和消费者的利益，促进国际贸易和发展国际质量认证合作。

产品质量认证的对象是产品，即产品的质量技术水平。质量认证机构必须是独立于生产者和经营者之外的第三方机构，能够对产品质量的可信度做出一个客观的评价，由此才能体现市场的公平竞争机制，提高产品的信誉，对产品实行优胜劣汰。

3. 产品质量认证的种类

按照认证性质的不同，产品质量认证分为安全认证和合格认证。根据内容的不同，分为强制认证和自愿认证。一般来说，对有关人身安全、健康和其他法律法规有特殊规定者为强制性认证，其他产品实行自愿认证制度。

（五）产品质量检验制度

产品质量检验制度，是指产品的经营者、消费者、管理者或者其他相关方在一定的条件下借助技术手段和方法，按照特定的标准或者法律、法规的规定或者合同约定，对产品的规格、性能等进行检验，以确定其是否达到特定标准的制度。《产品质量法》第 12 条规定："产品质量应当检验合格，不得以不合格产品冒充合格产品。"根据检验主体的不同，产品质量检验由生产者检验、销售者检验、消费者检验、管理者检验等组成。

（六）缺陷产品召回制度

缺陷产品召回制度，是指产品的生产商、销售商、进口商在得知其生产、销售或进口的产品存在可能引发消费者健康、安全问题的缺陷时，依法向政府部门报告，及时通知消费者，并从市场上和消费者手中收回缺陷产品，采取更换、赔偿等积极有效的补救措施，以消除危害风险的制度。缺陷产品召回制度最早产生于美国，1966 年美国的《国家交通与机动车安全法》规定了汽车召回制度，开创了产品召回制度的先河。此后各国相继普遍建立了产品召回制度。2004 年我国国家质检总局制定发布了《缺陷汽车产品召回管理规定》，该规定现已失效，取而代之的是 2012 年的《缺陷汽车产品召回管理条例》。之后，产品召回的范围不断扩大，从最初的汽车到儿童玩具、药品、食品再到所有商品和服务，逐步建立和完善了产品召回制度。

1. 产品召回的目的

产品召回的目的是消除在某类、某批已经投入流通的产品中的制造缺陷或设计缺陷，保护消费者的人身和财产安全。

2. 产品召回的对象

产品召回的对象是已经投入流通的“缺陷产品”。而在食品召回中为不安全食品，即有证据证明对人体健康可能或已经造成危害的食品。

何谓缺陷产品，国际上一般认为产品存在“不合理的危险”即属缺陷产品。根据我国《产品质量法》第46条的规定，缺陷是指产品存在危及人身、他人财产安全的不合理的危险；产品有保障人体健康和人身、财产安全的国家标准、行业标准的，是指不符合该标准。可见，我国对产品缺陷的界定确立了两个标准：不合理危险标准和国家与行业的强制性标准，且强制性标准优先适用。即企业进入流通的产品只要符合国家强制性标准，就不认为有缺陷。事实上，这些强制性标准不一定涵盖所有的安全性指标，实践中经常会出现产品虽然符合强制性标准，但仍然具有不合理危险的情况。

3. 召回的实施主体

召回的实施主体主要包括监管者、生产商、销售商。

（1）监管者。通常是政府部门负责管理产品质量的机构，负责监督生产者召回缺陷产品。当生产者不召回缺陷产品时指令生产者召回。

（2）生产商。产品召回主要是针对生产商规定的义务，在生产与销售的环节中，生产商是设计、制造产品的人，是缺陷产品的源头，因此有义务承担产品召回的责任。

（3）销售商。它们的地位处于产品从生产者到消费者的最后一个环节，与消费者之间一般均有直接的合同关系，在产品召回过程中，是协助者的角色，发现缺陷产品负责向政府报告，协助生产商实施缺陷产品警示和召回。

（七）产品监督抽查制度

产品监督抽查制度是指产品质量监督管理部门为监督产品质量，依法对在我国境内生产、销售的产品进行有计划的随机抽样、检验，并对检查结果公布和处理的活动。该制度是国家对产品质量监管的基本制度之一。监督的主要方式是抽查，根据监督抽查的需要，可对产品进行检验。抽查的重点，是可能危及人体健康和人身、财产安全的产品，影响国计民生的重要工业产品以及消费者、有关组织反映有质量问题的产品。

三、生产者和销售者的产品质量义务

（一）生产者的产品质量义务

1. 作为的义务

（1）产品质量应符合下列要求：1）不存在危及人身、财产安全的不合理危险，有国家标准、行业标准的应当符合该标准；2）具备产品应当具备的使用性能；3）符合在产品或者其包装上注明采用的产品标准，符合以产品说明、实物样品的方式表明的质量状况。

（2）包装及产品标识应当符合法律的规定和要求。属于特殊产品的，如易碎、易燃、易爆的物品，有毒、有腐蚀性、有放射性的物品等，其包装、标识依照规定作出警示标志或者中文警示说明。

2. 不作为的义务

不作为的义务包括：不得生产国家明令淘汰的产品；不得伪造产地，不得伪造或者冒用他人的厂名、厂址；不得伪造或者冒用认证标志、名优标志等质量标志；不得掺杂、掺

假，不得以假充真、以次充好，不得以不合格产品冒充合格产品。

（二）销售者的产品质量义务

1. 进货验收义务

销售者应当建立并执行进货检查验收制度，该制度相对消费者及国家市场管理秩序而言是销售者的义务，相对供货商而言则是销售者的权利。严格执行进货验收制度，可以防止不合格产品进入市场，可以为准确判断和区分生产者及销售者的产品质量责任提供依据。

2. 保持产品质量的义务

销售者进货后应对保持产品质量负责，以防止产品变质、腐烂，丧失或降低使用性能，产生危害人身、财产的瑕疵等。如果进货时的产品符合质量要求，销售时发生质量问题的，销售者应当承担相应的责任。

3. 不得更改、覆盖、涂抹有关产品标识的义务

销售者在销售产品时，应保证产品标识符合产品质量法对产品标识的要求，符合进货时验收的状态，不得更改、覆盖、涂抹产品标识，以保证产品标识的真实性。

4. 不得违反禁止性规范义务

对销售者而言，法律规定的禁止性规范有以下各项：（1）不得销售国家明令淘汰并停止销售的产品和失效、变质的产品；（2）不得伪造产地，不得伪造或者冒用他人的厂名、厂址；（3）不得伪造或者冒用认证标志、名优标志等质量标志；（4）不得掺杂、掺假，不得以假充真、以次充好，不得以不合格产品冒充合格产品。

四、产品责任

（一）产品责任的概念

产品责任，又称产品侵权损害赔偿责任，是指产品存在危及人身、财产安全的不合理危险，造成消费者人身或者财产损害后，缺陷产品的生产者、销售者应当承担的特殊侵权的民事责任。

（二）产品责任和产品质量责任的关系

在产品质量法上，产品责任与产品质量责任存在着明显区别。产品责任是一种特殊的侵权责任，它与一般侵权责任的区别在于，侵权人致人损害的原因是产品存在缺陷，而不是行为人直接的加害行为。产品质量责任是指产品的生产者和经销者因产品质量不符合国家的有关法规、质量标准以及合同规定的产品适用、安全和其他特性的要求，所应承担的法律后果。它们的区别主要表现在：

1. 责任性质不同

产品质量责任是一种综合责任，不仅包括民事赔偿责任，还包括行政责任和刑事责任，产品责任仅是一种特殊侵权的民事责任。

2. 构成要件不同

产品质量责任的承担不以发生损害后果为要件，而产品责任必须是生产者生产的产品具有缺陷，并且实际发生了损害后果时，生产者才承担产品责任。

3. 责任产生的时间不同

产品质量责任可能产生于生产、销售、使用等任何一个环节，在这些环节中，只要经

营者违反了产品质量担保义务，就应当承担产品质量责任。而产品责任只能发生在消费使用环节，当产品的使用导致人身损害或者财产损害时，经营者才承担产品责任。

（三）产品责任的归责原则

关于产品责任的归责原则，现代多采取客观主义标准，只要因产品缺陷造成人身、财产损害的，不论有无过错，均应负赔偿责任，即严格责任。该原则反映了经营者与消费者在社会经济领域里力量消长的变化轨迹。我国《产品质量法》对生产者、销售者的产品责任分别作了不同的规定：

1. 生产者的严格责任

因产品存在缺陷造成人身、财产损害的，生产者应当承担赔偿责任。也就是说，无论生产者处于什么样的主观心理状态，都应承担赔偿责任。因此，这是一种严格责任。但严格责任不同于绝对责任，它仍然是一种有条件的责任。产品质量法同时规定了法定免责条件，即生产者能够证明有下列情形之一的，不承担赔偿责任：（1）未将产品投入流通的；（2）产品投入流通时，引起损害的缺陷尚不存在的；（3）将产品投入流通时的科学技术水平尚不能发现缺陷的存在的。

2. 销售者的过错责任

由于销售者的过错使产品存在缺陷，造成人身、财产损害的，销售者应当承担赔偿责任。但销售者如果能够证明自己没有过错，则不必承担赔偿责任。销售者不能指明缺陷产品的生产者也不能指明缺陷产品的供货者的，应当承担赔偿责任。可见，这里的过错是一种推定过错，销售者负有举证责任，否则不能免除赔偿责任。

五、产品质量责任

产品质量责任，是指产品质量不符合明示或默示的质量要求，即产品有瑕疵，生产者或销售者所要承担的责任。生产经营者除了应当承担民事责任外，还应当接受行政机关的处罚，缴纳罚款等。情节严重的还会被判处刑罚。

（一）产品瑕疵的民事责任

1. 销售者的先行负责及赔偿

我国的《产品质量法》规定，售出的产品有下列情形之一的，销售者应当负责修理、更换、退货；给购买产品的消费者造成损失的，销售者应当赔偿损失：（1）不具备产品应当具备的使用性能而事先未作说明的；（2）不符合在产品或者其包装上注明采用的产品标准的；（3）不符合以产品说明、实物样品等方式表明的质量状况的。

2. 销售者赔偿后的追偿

销售者依照规定负责修理、更换、退货、赔偿损失后，属于生产者的责任或者属于向销售者提供产品的其他供货商的责任的，销售者有权向生产者、供货商追偿。

（二）产品瑕疵的行政处罚

为了加强对产品质量的监督管理，杜绝产品事故隐患，《产品质量法》第49条至第56条明确了生产者、销售者违反产品质量法应承担的行政处罚责任。

1. 行政处罚的行为

生产者、销售者有下列行为之一的，由市场监督管理部门给予行政处罚：（1）生产、销售不符合保障人体健康，人身、财产安全的国家标准、行业标准的产品的；（2）在产品中掺杂、掺假，以假充真，以次充好，或者以不合格产品冒充合格产品的；（3）生产国家明令淘汰的产品、销售国家明令淘汰并停止销售的产品的；（4）销售失效、变质产品的，伪造产地，冒用他人厂名、厂址，伪造或者冒用各种质量标志的；（5）使用的产品标识不符合本法规定的；（6）拒绝接受依法进行的产品质量监督检查的；（7）隐匿、转移、变卖、损毁被依法查封、扣押的物品的。

2. 行政处罚的种类

行政处罚的种类包括责令停止违法行为、没收违法所得、罚款、吊销营业执照。拥有行政处罚权的市场监督管理部门应根据具体情节决定处罚的种类，以及单处还是并处。此外，没收的对象除违法生产、销售的产品和违法所得外，对生产者专门用于生产假冒伪劣产品、不合格产品的原辅材料、包装物、生产工具也应予没收。

六、其他相关人的违法行为及责任

（一）为违法行为提供便利条件的责任

已知或应知属于该法规定禁止生产、销售的产品而为其提供运输、保管、仓储等便利条件的，或者提供制假技术的，应没收其收入，并处罚款。

（二）服务业经营者的责任

服务业经营者将禁止销售的产品用于经营性服务的，责令停止使用；对知道或应当知道该产品是禁止销售的产品的，依该法对销售者的处罚规定进行处罚。

（三）市场监督管理部门及相关行政部门的法律责任

1. 市场监督管理部门的法律责任

市场监督管理部门有下列行为的，应承担相应的法律责任：（1）监督抽查中超量索取样品或者向被检查人收取检验费用的，由其上级市场监督管理部门或者监察机关责令退还，情节严重的，对直接主管人员和责任人员依法给予行政处分。（2）市场监督管理部门或者其他国家机关违反《产品质量法》第25条的规定，向社会推荐产品或者以监制监销等方式参与产品经营活动的，由其上级机关或者监察机关责令改正，消除影响，有违法收入的予以没收；情节严重的，对直接负责的主管人员和其他责任人员依法给予行政处分；产品质量检验机构有此行为的，由市场监督管理部门责令改正，消除影响，有违法收入的予以没收，可以并处违法收入一倍以下的罚款；情节严重的，撤销其质量检验资格。（3）市场监督管理部门的工作人员渎职构成犯罪的，依法追究刑事责任；尚未构成犯罪的，依法给予行政处分。

2. 地方政府和国家机关的责任

各级人民政府工作人员和其他国家机关工作人员，违反《产品质量法》第9条的规定，有下列行为之一的，给予行政处分；构成犯罪的，依法追究刑事责任：（1）包庇、放纵行为；（2）通风报信、帮助违法当事人逃避查处的行为；（3）阻挠、干预查处行为。

（四）社会团体、社会中介机构的法律责任

1. 检验机构及认证机构的法律责任

（1）产品质量检验机构、认证机构伪造检验结果或者出具虚假证明的，应责令改正，对单位和直接主管人员及责任人员处以罚款，没收违法所得；情节严重的，取消其检验资格、认证资格。

(2) 产品质量检验机构、认证机构出具的检验结果或者证明不实，造成损失的，应当承担相应的赔偿责任；造成重大损失的，撤销其检验资格、认证资格。

(3) 产品质量认证机构违反《产品质量法》第 21 条的规定，不履行质量跟踪检验义务的，对因其产品不符合认证标准给消费者造成的损失，与产品的生产者、销售者承担连带责任；情节严重的，撤销其认证资格。

2. 社会团体、社会中介机构的承诺与保证责任

社会团体、社会中介机构对产品质量的承诺和保证，对消费者而言，通常比生产者、销售者自己的保证更加有效，如果不实，欺骗性、危害性也更大，为了约束他们的行为，《产品质量法》第 58 条规定："社会团体、社会中介机构对产品质量作出承诺、保证，而该产品又不符合其承诺、保证的质量要求，给消费者造成损失的，与产品的生产者、销售者承担连带责任。"

相关案例

宜家中国召回"马尔姆"系列抽屉柜产品案

据报道，自 1985 年来，宜家在美国和加拿大超过 300 个"倾倒意外"，造成 8 个儿童死亡，144 个儿童受伤，年龄在 19 个月到 10 岁。宜家称，通过初步调查，发生意外事件的柜子都没有按照正确方式安装在墙上。事发家庭强调：并不知道宜家关于这一抽屉柜重心不稳、需要固定的声明。2014 年，美国两起儿童死亡事件之后，宜家公布告示提供免费的安装配件，2016 年，由于两年中发生 3 起宜家衣柜翻倒导致儿童死亡的事件，宜家开始在美国和加拿大市场召回产品。同年 7 月，在宜家美国发布召回公告一个月后，迫于国内舆论压力，宜家中国也发起了对马尔姆抽屉柜的召回。原国家质量监督检验检疫总局（以下简称质检总局）官方网站公告称，经质检总局约谈后，宜家中国向质检总局提交了召回计划，决定从 2016 年 7 月 12 日起，在中国市场上召回 1999 年至 2016 年期间销售的马尔姆系列抽屉柜。

2016 年 7 月 12 日，宜家中国在官网上发布《关于"马尔姆"抽屉柜的重要说明》，呼吁消费者重视家居安全。该说明指出："当与墙面正确连接规定后，宜家的抽屉柜没有安全隐患。""任何高于 75 厘米的抽屉柜在没有固定的情况下，站上去都有倾倒的可能。"为确保我们的消费者能够安全地使用抽屉，宜家中国提供四个措施：1. 对于已经购买了马尔姆抽屉柜的顾客，宜家将继续免费提供上墙配件，以确保使用安全。2. 你可以联系宜家工作人员，要求免费上门安装和固定服务。3. 对于不想继续使用马尔姆抽屉柜的消费者，可以退回宜家商店，宜家退还全款。4. 你也可以联系宜家，上门收取马尔姆柜，宜家退还全款。在 2016 年召回事件中，宜家中国处理了超过 2.2 万个申请，其中 8 000 人退货，剩下的包括配件和安装服务。宜家也在一周中，根据消费者留下的信息，打了 3 000 多个电话告知"牢牢固定"的安全警示。

2017 年 11 月 21 日，宜家宣布从北美市场召回 1 730 万个"马尔姆"系列抽屉柜，起因是 2017 年 5 月因该款抽屉柜发生倾倒，造成美国加州一名 5 岁儿童死亡。同时重申了四项召回措施，但不在中国重申召回。2018 年 2 月 13 日，国家工商行政管理总局（以下简称工商总局）消费者权益保护局已经依法约谈宜家公司。约谈中，消费者权益保护局要求宜家公司对此次召回事件进行详细说明。同时提出三点要求：一是宜家公司在

中国市场从事商业活动必须严格遵守中国的法律法规；二是宜家公司要认真履行企业的主体责任；三是要进一步扩大与消费者及舆论大众的沟通渠道，保障消费者的合法权益。宜家公司承诺，严格遵守中国法律法规和相关标准，切实履行企业的主体责任，积极配合工商部门，扩大与消费者的沟通渠道，确保消费者合法权益的实现。宜家公司表示，在 2016 年“马尔姆”抽屉柜召回时，向消费者作出的四项承诺仍然有效。

第二节　食品安全法

一、基本概念

（一）食品

食品是指具有人类所需的营养要素可供人食用的物品，是人类赖以生存和发展的最基本的物质。这是一般意义上的食品概念。《食品安全法》第 150 条第 1 款对食品的定义为：“食品，指各种供人食用或者饮用的成品和原料以及按照传统既是食品又是中药材的物品，但是不包括以治疗为目的的物品。”这里规定的食品概念是广义的，不仅包括直接食用的各种食物，还包括食品原料，既包括加工食品，也包括食用农产品（初级农产品），囊括了从农田到餐桌的整个食物链中的食品。故以下列举的均属于食品安全法所说的食品：（1）可以直接食用或经简单加工后即可食用的各种天然和人工食品；（2）用于加工各种食品的食物原料、食品添加剂和水等；（3）酒类和其他各种饮料；（4）具有一定的医疗价值，通过人们口服食用的方式发挥作用的滋补品、保健品；（5）按照传统既是食品又是中药材的物品（以治疗为目的的物品不属于食品）。

（二）食品安全

1. 食品安全的概念界定

根据《食品安全法》第 150 条第 2 款对“食品安全”的定义，食品安全是指食品无毒、无害，符合应当有的营养要求，对人体健康不造成任何急性、亚急性或者慢性危害。食品安全是相对于“食品卫生”提出的一个概念，基于不同的角度可以作出不同的理解。

（1）食品安全是个科学概念。食品安全与科学技术的发展与进步密切相关。食品安全离不开生物、化学、医学、农业、食品、营养等学科，以及公共卫生科学。每一次食品安全方面的重大进步，都与科学技术进步带来的对新的病菌和危害的确认有关。对食源性疾病的预防和控制也有赖于科学的食品加工和处理方法。生物技术的发展，转基因食品的出现，使得食品安全更是一个科学技术问题。与此同时，科技发展本身又促生了一些新的危险，许多危害或危险的解决又依赖于更有效的科学方法和路径。

（2）食品安全是个社会概念。与卫生学、营养学、生物学等学科概念不同，食品安全是个社会治理概念。不同国家以及不同时期，食品安全所面临的突出问题和治理要求有所不同。在发达国家食品安全所关注的主要是因科学技术发展所引发的风险问题，而在发展中国家，食品安全所侧重的则是市场经济发育不成熟所引发的问题，如假冒伪劣、有毒有害食品的非法生产经营等。

(3) 食品安全是个经济概念。食品作为一种必需品，有着巨大的市场。无论是国内市场还是国际市场，随着富裕程度的增加，特别是物流的便捷，食品贸易比以前大大增加。但是，各种食源性疾病和食品安全事件的不断发生对经济产生了巨大负面影响。例如，英国的疯牛病、比利时的二噁英、中国的三聚氰胺事件都造成了严重的经济损失，引发了消费者食品安全信任危机，导致需求和出口下降，抑制了生产和销售，出现行业生存与发展危机。

(4) 食品安全是个政治概念。无论是发达国家还是发展中国家，食品安全都是企业和政府对社会最基本的责任和必须作出的承诺。食品安全与生存权、健康权紧密相连，通常属于政府保障或者政府强制的范畴。

(5) 食品安全是个法学概念。自 20 世纪 80 年代以来，一些国家以及有关国际组织从社会系统工程建设的角度，逐步以食品安全的综合立法替代卫生、质量、营养等要素立法。1990 年英国颁布了《食品安全法》；2000 年，欧盟发表了具有指导意义的《食品安全白皮书》，2002 年颁布了欧盟《通用食品法》；2003 年，日本制定了《食品安全基本法》；部分发展中国家也制定了食品安全法，如印度 2006 年制定了《食品安全与标准法》；我国 2009 年也制定了第一部《食品安全法》，反映了时代发展的要求。

2. 食品安全的属性

(1) 风险性。食品安全的风险性指的是任何食品都存在一定的风险，亦即食品中存在的危害因素对健康产生不良影响的可能性及其程度。世界上不存在“零风险”的食品。然而，由于食品安全对人们健康的影响性，普通大众并不会以这种模式看待食品安全的风险性。在他们眼里，零风险才是安全的食品，不能存在任何可能危及健康的危害因素。近年来，随着风险分析概念的提出，人们已经逐渐认识到食品安全“零风险”的不可能性，只有以风险的存在为前提，对其作出科学的评估，并减低风险，才是食品安全监管的主要方向。

(2) 相对性。正因为食品安全具有风险性，因而具有相对性。食品安全的相对性是说不存在绝对安全的食品。食品的安全性受到土壤、环境、加工条件、加工方法、饮食习惯、科学技术、疾病构造等各种因素的影响，并随着时间、地点和消费群体的不同，而产生不同的安全评价标准。其相对性表现为：一方面，食品安全作为食品质量的一个组成部分，在一定程度上取决于消费者的主观评价。每个消费者身体状况和饮食习惯的不同会造成相同食品安全的差异性。例如，鱼虾等海鲜产品对绝大多数人是安全的食品，对于少数海鲜过敏的人就有可能带来危险。因此，不存在也不可能存在一个绝对的安全标准。另一方面，食品的安全性难以被完全界定。例如许多被宣布为有害或者有毒的化学性、物理性或微生物性的食品安全问题都是以人眼难以发现的形态而存在的，且有些难以被检测。

(3) 社会性。食品安全问题的社会性主要体现为：1）社会关系复杂性和利益多元性。食品安全涉及多方利益主体，如何平衡和保障食品安全利益相关者之间的利益关系，即国家与企业、个人之间的利益关系，食品生产经营者与消费者之间的利益关系，食品生产经营者之间以及他们内部的利益关系，是保障食品安全的核心问题。2）食品安全治理需要调动社会各方力量，包括政府监管部门、食品生产经营者、行业协会、科学家、消费者组织、媒体、消费者个人等多方利益主体的共同参与，形成食品安全社会共治的格局。

(4) 公共性。食品安全不仅关系到每一位国民的生命健康，同时还与经济发展、国际贸易以及环境污染等问题密切相关。食品安全在其发展过程中除了对每一位国民个人利益的关切和保护之外，还必须体现出对公共利益的考量。一方面，食品安全是全人类都应该享有的一项基本权利，食品安全的权利本质就是人权；另一方面，食品安全的政治取向，决定了政府作为公共利益的代表主体，在制定法律、法规和食品安全标准时，必须考虑其对社会公共利益、伦理道德、文化传统等的影响。例如各国对转基因食品的态度并不是单纯从产品质量本身考虑，更多的还是基于人们对该种产品的忧虑以及消费者组织的影响力。

（三）食品安全法

1. 食品安全法的概念

广义的食品安全法应是包含全部食品安全问题的综合性法律。狭义的食品安全法指的是《中华人民共和国食品安全法》这一基本法形式的专门立法。

食品安全法是经济法的重要部门法，是市场规制法及消费者保护法的重要组成部分。其调整的对象主要是食品安全监管关系。它可以分成两大类：一类是食品安全监管体制关系，另一类是食品安全监督管理关系。前者是指各食品安全监管部门因食品安全监管方面的权限划分而发生的社会关系，实质上是一种监管权的分配关系；后者是指在食品安全监管过程中所发生的社会关系，主要体现为食品安全监管部门与食品生产经营者双方之间的关系，包括食品安全风险监测和评估关系、食品安全标准制定与公布关系、食品生产经营管理关系、食品检验关系、食品进出口关系、食品安全事故处理关系、食品安全监督管理关系（如食品安全信息发布与交流沟通关系）等。

2. 食品安全法的内容

2015 年 4 月 24 日，十二届全国人大常委会第十四次会议表决通过新修订的《食品安全法》，并于 2015 年 10 月 1 日起施行。这是我国食品安全监管领域的一件大事，对于保证食品安全具有重大意义。新修订的《食品安全法》共十章，包括总则、食品安全风险监测和评估、安全标准、生产经营、检验、进出口、安全事故处置、监督管理、法律责任和附则。由过去 104 条增至 154 条，贯彻了建立最严格覆盖全过程食品监管制度、加快政府职能转变和深化行政审批制度改革的精神，建立了统一权威的食品安全监管体制，回应了维护食品安全、保障人民群众生命健康的社会呼声，对未来食品安全监管工作指明了方向。

二、食品安全法基本制度

（一）食品安全风险监测和评估制度

1. 风险监测

食品安全风险监测，是指系统和持续地收集食源性疾病、食品污染以及食品中有害因素的监测数据及相关信息，并进行综合分析和及时通报的活动。食品安全监测主要有三项内容：一是食源性疾病，包括常见的食物中毒、人畜共患传染病、肠道传染病、寄生虫病等。二是食品污染，分为生物性污染和化学性污染两大类。生物性污染是指有害细菌、真菌、病毒以及寄生虫对食品造成的污染，化学性污染是指有毒有害的化学物质对食品造成的污染。三是食品中的有害因素，主要包括食品污染物、食品添加剂，食品中天然存在的有害物质，以及食品加工、保存过程中产生的有害物质。

食品安全风险监测的职责主要是发现食品中的安全风险，确认不安全食品和风险因子。监测项目主要包括致病性微生物、农药残留、兽药残留、重金属、过敏原物质以及其他危害人体健康的物质，重点针对婴幼或儿童食品、消费者关注和反映问题较多的食品，以及使用范围广、消费量大的食品。

食品安全风险监测的目标是为了了解和掌握食品安全状况，以便有针对性地对食品安全进行监管，并将监测与风险评估的结果作为制定食品安全标准、确定检查对象和检查频次的科学依据。

2. 风险评估

现有的描述风险评估的法律定义来自联合国粮农组织和世界卫生组织共同建立的食品法典委员会（CAC）等食品安全、动物健康和植物健康标准的制定组织。但一般认为，食品安全风险评估，是指对食品、食品添加剂中生物性、化学性和物理性危害因素对人体健康可能造成的不良影响所进行的科学评估，具体包括危害识别、危害特征描述、暴露评估、风险特征描述等四个阶段。危害识别，是指根据相关的科学数据和科学实验，来判断食品中的某种因素会不会危及人体健康的过程。危害特征描述，是对某种因素对人体可能造成的危害予以定性或定量。暴露评估，是指通过膳食调查，确定危害以何种途径进入人体，同时计算出人体对各种食物的安全摄入量究竟是多少。风险特征描述，是综合危害识别、危害描述和暴露评估的结果，总结某种危害因素对人体产生不良影响的程度。

食品安全风险评估是一项以科学为基础的工作，它的整个过程会运用到食品相关领域的专业知识，得出的数据必须精确无误，这样才能够有效防范可能存在的各种风险。

根据《食品安全法》的规定，国务院卫生行政部门负责组织食品安全风险评估工作，成立由医学、农业、食品、营养、生物、环境等方面的专家组成的食品安全风险评估专家委员会进行食品安全风险评估。2009 年 12 月 8 日，第一届国家食品安全风险评估专家委员会成立。根据《国家食品安全风险评估专家委员会章程》的规定，专家委员会设主任委员 1 名，副主任委员 2～3 名，秘书长 1 名，副秘书长 2～3 名，委员若干名。专家委员会根据评估需要设置专门工作组，具体负责不同专业领域的风险评估工作。专家委员会受托独立开展食品安全风险评估工作，专家委员会委员每届任期为五年。

（二）食品安全标准制度

食品安全标准是保障食品安全的重要技术手段，是食品安全法律规范体系的重要组成部分，是进行食品安全监管的基本依据。

1. 食品安全标准的含义

食品安全标准，是指国家为了保证食品安全，保障公众身体健康而制定的食品、食品添加剂以及食品相关产品的生产经营者在其经营活动中必须遵守的强制执行标准。

根据我国《食品安全法》的规定，食品安全标准可以分为国家标准、地方标准和企业标准。食品安全标准应当包括下列内容：

（1）食品、食品添加剂、食品相关产品中的致病性微生物、农药残留、兽药残留、生物毒素、重金属等污染物质以及其他危害人体健康物质的限量规定；

（2）食品添加剂的品种、使用范围、用量；

（3）专供婴幼儿和其他特定人群的主辅食品的营养成分要求；

（4）对与食品卫生、营养等食品安全要求有关的标签、标志、说明书的要求；

（5）食品生产经营过程的卫生要求；

(6) 与食品安全有关的质量要求；

(7) 食品检验方法与规程；

(8) 其他需要制定为食品安全标准的内容。

对于没有食品安全国家标准的，各省、自治区、直辖市人民政府卫生行政部门可以制定并公布食品安全地方标准，并报国务院卫生行政部门备案。国家鼓励食品生产企业制定严于食品安全国家标准或者地方标准的企业标准，在本企业适用，并报省级卫生行政部门备案。

2. 食品安全国家标准的制定和审查

(1) 制定。

食品安全国家标准由国务院卫生行政部门会同国务院食品监督管理部门制定、公布，国务院标准化行政部门提供国家标准编号。

食品中农药残留、兽药残留的限量规定及其检验方法与规程由国务院卫生行政部门、国务院农业行政部门会同国务院食品监督管理部门制定。屠宰畜、禽的检验规程由国务院农业行政部门会同国务院卫生行政部门制定。

制定食品安全国家标准，应当依据食品安全风险评估结果并充分考虑食用农产品质量安全风险评估结果，参照相关的国际标准和国际食品安全风险评估结果，并将食品安全国家标准草案向社会公布。广泛听取食品生产经营者、消费者、有关部门等方面的意见。

(2) 审查。

食品安全国家标准应当经食品安全国家标准审评委员会审查通过。食品安全国家标准审评委员会由医学、农业、食品、营养、生物、环境等方面的专家以及国务院有关部门、食品行业协会、消费者协会的代表组成，对食品安全国家标准草案的科学性和实用性等进行审查。经审查通过的食品安全国家标准，公众可以在省级以上人民政府卫生行政部门的网站免费查阅、下载。

(三) 食品生产经营制度

1. 食品生产经营

根据《食品安全法》第33条的规定，按照食品安全标准进行生产经营是生产经营者最基本、最核心的义务，除了应当符合食品安全标准外，食品生产经营还应当符合下列要求：

(1) 具有与相应的食品原料处理和食品加工、包装、贮存等场所，保持该场所环境整洁，并与有毒、有害场所以及其他污染源保持规定的距离；

(2) 具有相应的生产经营设备或者设施，有相应的消毒、更衣、盥洗、采光、照明、通风、防腐、防尘、防蝇、防鼠、防虫、洗涤以及处理废水、存放垃圾和废弃物的设备或者设施；

(3) 有专职或者兼职的食品安全专业技术人员、食品安全管理人员和保证食品安全的规章制度；

(4) 具有合理的设备布局和工艺流程，避免食品接触有毒物、不洁物；

(5) 容器使用前应当洗净、消毒，炊具、用具用后应当洗净，保持清洁；

(6) 贮存、运输和装卸食品的容器、工具和设备应当安全、无害，保持清洁，防止食品污染，并符合保证食品安全所需的温度、湿度等特殊要求，不得将食品与有毒、有害物品一同贮存、运输；

（7）使用无毒、清洁的包装材料、餐具、饮具和容器；

（8）食品生产经营人员应当保持个人卫生，穿戴清洁的工作衣、帽等；

（9）用水应当符合国家规定的生活饮用水卫生标准；

（10）使用的洗涤剂、消毒剂应当对人体安全、无害；

（11）法律、法规规定的其他要求。

为了防止有毒有害食品的生产经营，《食品安全法》第 34 条规定禁止生产经营下列食品、食品添加剂、食品相关产品：

（1）用非食品原料生产的食品或者添加食品添加剂以外的化学物质和其他可能危害人体健康物质的食品，或者用回收食品作为原料生产的食品；

（2）致病性微生物，农药残留、兽药残留、生物毒素、重金属等污染物质以及其他危害人体健康的物质含量超过食品安全标准限量的食品、食品添加剂、食品相关产品；

（3）用超过保质期的食品原料、食品添加剂生产的食品、食品添加剂；

（4）超范围、超限量使用食品添加剂的食品；

（5）营养成分不符合食品安全标准的专供婴幼儿和其他特定人群的主辅食品；

（6）腐败变质、油脂酸败、霉变生虫、污秽不洁、混有异物、掺假掺杂或者感官性状异常的食品、食品添加剂；

（7）病死、毒死或者死因不明的禽、畜、兽、水产动物肉类及其制品；

（8）未按规定进行检疫或者检疫不合格的肉类，或者未经检验或者检验不合格的肉类制品；

（9）被包装材料、容器、运输工具等污染的食品、食品添加剂；

（10）标注虚假生产日期、保质期或者超过保质期的食品、食品添加剂；

（11）无标签的预包装食品、食品添加剂；

（12）国家为防病等特殊需要明令禁止生产经营的食品；

（13）其他不符合法律、法规或者食品安全标准的食品、食品添加剂、食品相关产品。

2. 食品生产经营准入许可

国家对食品生产经营实行市场准入制度，包括：（1）食品生产经营许可。从事食品生产、食品销售、餐饮服务，应当依法取得许可，但是销售食用农产品不需要取得许可。（2）食品添加剂生产许可。（3）“三新”产品许可。利用新的食品原料生产食品，或者生产食品添加剂新品种、食品相关产品新品种，应当提交相关产品的安全性评估材料并得到许可。

3. 食品召回制度

（1）食品召回的概念。

食品召回，是指按照食品安全法的规定，由食品生产者自己主动或者经国家有关部门责令，对已经上市销售的不符合食品安全标准的食品，由生产者公开回收，并采取相应措施及时消除或者减少食品安全危害的制度。我国 2007 年 8 月发布了《食品召回管理规定》，并在 2009 年《食品安全法》中正式确立了该制度。由于食品药品监管体系的改革和职能的合并、调整，以及《食品安全法》的修订，2015 年 3 月 11 日国家食品药品监督管理总局第 12 号令重新制定发布了新的《食品召回管理办法》。

（2）食品召回的类型。

食品召回可以分为主动召回和责令召回两种。主动召回包括：1）生产者召回。食品生产者发现其生产的食品不符合食品安全标准或者有证据证明可能危害人体健康的，应当立即停止生产，召回已经上市销售的食品，通知相关经营者和消费者，并记录召回和通知情况。2）经营者召回。食品经营者发现其经营的食品不符合食品安全标准或者有证据证明可能危害人体健康的，应当立即停止经营，通知相关生产者和消费者，并记录停止经营和通知情况。食品生产者接到经营者的通知后，认为应当召回的，应当立即召回。由于经营者的原因，如贮存不当，造成其经营的食品有前述情况的，应当由经营者，而非生产者进行召回。责令召回，是指食品生产经营者未依照法律规定召回或者停止经营不符合食品安全标准的食品的，县级以上人民政府食品药品监督管理部门可以责令其召回或者停止经营。

（3）食品召回级别。

依据《食品召回管理办法》，根据食品安全风险的严重和紧急程度，食品召回分为三级：1）一级召回。食用后已经或者可能导致严重健康损害甚至死亡的，食品生产者应当在知悉食品安全风险后24小时内启动召回，并向县级以上地方食品药品监督管理部门报告召回计划。2）二级召回。食用后已经或者可能导致一般健康损害，食品生产者应当在知悉食品安全风险后48小时内启动召回，并向县级以上地方食品药品监督管理部门报告召回计划。3）三级召回。标签、标识存在虚假标注的食品，食品生产者应当在知悉食品安全风险后72小时内启动召回，并向县级以上地方食品药品监督管理部门报告召回计划。标签、标识存在瑕疵，食用后不会造成健康损害的食品，食品生产者应当改正，可以自愿召回。

（4）对召回食品的处理。

一般情况下，食品生产经营者应当对召回的食品采取无害化处理、销毁等措施，防止其再次流入市场，并将食品召回和处理情况向县级以上食品药品监督管理部门报告。但是，对因标签、标识等不符合食品安全标准而被召回的食品，食品生产者可以在采取补救措施且能保证食品安全的情况下继续销售，销售时应当向消费者明示补救措施。

4. 食品广告制度

食品广告的内容应当真实合法，不得含有虚假内容，不得涉及疾病预防、治疗功能。食品生产经营者对食品广告内容的真实性、合法性负责。县级以上人民政府食品监督管理部门和其他有关部门以及食品检验机构、食品行业协会不得以广告或者其他形式向消费者推荐食品。消费者组织不得以收取费用或者其他牟取利益的方式向消费者推荐食品。

（四）食品检验制度

食品检验，是指企业自身或食品检验机构根据食品安全标准和检验规程，对食品、食品原料、食品辅助材料的安全性和质量以及食品生产过程管理措施的有效性进行验证，以确保食品安全的重要手段和技术支撑。通过检验，可以及时了解食品生产安全控制措施上存在的问题，及时排查原因，并采取改进措施。食品检验根据实施检验的主体的不同，分为企业自行检验和监督管理部门的检验。

食品检验机构是按照国家有关认证认可的规定取得资质，从事食品检验活动的机构。食品检验由食品检验机构指定的检验人独立进行。检验人应当依照有关法律、法规的规定，并按照食品安全标准和检验规范对食品进行检验，尊重科学，恪守职业道德，保证出具的检验数据和结论客观、公正，不得出具虚假检验报告。食品检验实行食品检验机构与检验人负责制。食品检验报告应当加盖食品检验机构公章，并有检验人的签名或者盖章。食品检验机构和检验人对出具的食品检验报告负责。

（五）食品进出口制度

1. 进出口管理机构及其职责

食品进出口的管理机构主要是国家出入境检验检疫部门，其主要职责包括：（1）对进出口的食品进行检验；（2）受理向我国境内出口食品的出口商或者代理商的备案以及向我国境内出口食品的境外食品生产企业的注册，并定期更新公布；（3）收集、汇总进出口食品安全信息，及时通报相关部门、机构和企业，并建立相关企业的信用记录，予以公布。对有不良记录的进口商、出口商和出口食品生产企业，加强对其进出口食品的检验检疫。（4）境外发生的食品安全事件可能对我国境内造成影响，或者在进口食品、食品添加剂、食品相关产品中发现严重食品安全问题的，应当及时采取风险预警或者控制措施，并向国务院有关部门通报。

2. 食品进口管理制度

进口的食品、食品添加剂以及食品相关产品应当符合我国食品安全国家标准。进口的食品应当经出入境检验检疫机构检验合格后，海关凭出入境检验检疫机构签发的通关证明放行。进口的预包装食品应当有中文标签、中文说明书。进口商应当建立食品进口和销售记录制度，如实记录食品的名称、规格、数量、生产日期、生产或者进口批号、保质期、出口商和购货者名称及联系方式、交货日期等内容。

3. 食品出口管理制度

出口的食品由出入境检验检疫机构进行监督、抽检，海关凭出入境检验检疫机构签发的通关证明放行。出口食品生产企业和出口食品原料种植、养殖场应当向国家出入境检验检疫部门备案。

（六）食品安全事故处置制度

食品安全事故处置制度是旨在有效预防、积极应对食品安全事故，高效组织应急处置工作，最大限度地减少食品安全事故的危害，保障公众健康与生命安全，维护正常的社会经济秩序的一系列措施的组合。食品安全事故，指食源性疾病、食品污染等源于食品，对人体健康有危害或者可能有危害的事故。

1. 食品安全事故应急预案

食品安全工作实行预防为主、风险管理的工作原则，为有效应对食品安全事故的发生，《食品安全法》规定各级人民政府应制定食品安全事故应急预案。国务院组织制定国家食品安全事故应急预案。县级以上地方人民政府制定本行政区域的食品安全事故应急预案，并报上一级人民政府备案。食品安全事故应急预案应当对食品安全事故分级、事故处置组织指挥体系与职责、预防预警机制、处置程序、应急保障措施等作出规定。

食品生产经营企业，是食品安全的第一责任人，为降低食品安全事故发生的危险，以及发生食品安全事故以后，将事故控制在可控范围内，《食品安全法》第102条规定：食品生产经营企业应当制定食品安全事故处置方案，定期检查本企业各项食品安全防范措施的落实情况，及时消除事故隐患。

2. 食品安全事故处置

食品安全事故发生后，事故发生单位在第一时间内应当立即采取应急措施，防止危害扩散，及时报告和通报，启动相应级别的应急预案，果断采取措施；县级以上疾病预防控制机构应当对事故现场进行卫生处理，对与事故有关的因素开展流行病学调查，并向同级食品药品监督管理、卫生行政部门提交流行病学调查报告。

3. 食品安全事故调查

发生食品安全事故，设区的市级以上人民政府食品药品监督管理部门应当立即会同有关部门进行事故责任调查，督促有关部门履行职责，向本级人民政府和上一级人民政府食品药品监督管理部门提出事故责任调查处理报告。涉及两个以上省、自治区、直辖市的重大食品安全事故由国务院食品药品监督管理部门组织事故责任调查。

调查食品安全事故，应当坚持实事求是、尊重科学的原则，及时、准确查清事故性质和原因，认定事故责任，提出整改措施。调查食品安全事故，除了查明事故单位的责任，还应当查明有关监督管理部门、食品检验机构、认证机构及其工作人员的责任。食品安全事故调查部门有权向有关单位和个人了解与事故有关的情况，并要求提供相关资料和样品。有关单位和个人应当予以配合，不得拒绝。任何单位和个人不得阻挠、干涉食品安全事故的调查处理。

三、食品安全的政府监管

（一）食品安全监督管理体制

各国政府为了应对监管的需要，不断调整和完善食品安全的监管模式。从政府主体数量和权利配置的角度，可以把食品安全监管划分为多部门联合兼管模式和独立监管模式。

围绕加强监管，我国的食品安全监管体制经历了从《食品卫生法》到2009年的《食品安全法》，再到2015年《食品安全法》的重大调整，具体可以分为四个阶段：

1. 2009年《食品安全法》颁布之前的多部门分段监管时期

主要按照一个监管环节由一个部门监管的原则，采取分段监管为主、品种监管为辅的方式。农业部负责初级农产品生产环节的监管；质检部门负责食品生产加工环节的监管；工商部门负责食品流通环节的监管；卫生部门负责餐饮业和食堂等消费环节的监管；食品药品监管部门负责对食品安全的综合监督、组织协调和依法组织查处重大事故。

2. 2009—2013年卫生部综合监管时期

根据2009年《食品安全法》的规定，国务院设立食品安全委员会，并且将其常设机构设在卫生部，确立了由卫生部牵头承担食品安全综合协调职责的监管体系。2009—2013年，卫生部全面承担了食品安全风险评估、食品安全标准制定、食品安全信息公布、食品检验机构的资质认定条件和检验规范制定，及组织查处食品安全重大事故，朝着食品安全统一监管迈出了重要的一步。但国务院质量监督、工商行政管理和食品药品监督管理部门依然按照分段监管的职责规定，分别对食品生产、食品流通、餐饮服务活动实施监督管理。

3. 2013—2018年国家食品药品监督管理总局统一监管时期

2013年，新一届政府机构与职能调整，国务院成立"国家食品药品监督管理总局"，明确由食品药品监督管理部门对食品安全进行全程监管，以解决过去九龙治水、分段监管的局面，并以法律的形式明确写进了2015年《食品安全法》。将原来的由质量监督、工商行政和食品药品监督管理三个部门分别对食品生产、销售和餐饮服务进行分段监管，调整为由国家食品药品监督管理总局进行统一监督管理，建立了从生产、流通到消费环节，即生产经营全过程统一监管的食品安全监督管理体系。

新的监管体制下，食品药品监督管理部门、卫生部门、农业部门的职责划分有了较为清晰的描述，同时三部门之间的相互协调机制、信息共享机制的建立得到重视和加强。风险监测、评估、标准的制定主要在卫生部门；农业部门独立承担食用农产品的生产和质量安全的监督管理。在地方实施层面，食品安全监管体系改变了以往的自上而下的纵向垂直管理，变为各省、市、县地方政府横向的分级监管体系。由地方政府对本行政区域的食品安全工作负总责，统一领导、组织、协调食品安全工作。

4. 2018年至今的市场监督管理部门统一监管时期

2018年，国务院机构进行重大调整，组建了“国家市场监督管理总局”，将原工商、质量监督、食品药品、物价部门的职责全部划归市场监管部门，食品安全监管由市场监督管理部门统一负责，卫生部门与农业部门仍然在各自的职责范围内分工协作。这一体制的调整有利于形成更加统一、高效的监管机制，尤其是有利于加强基层监管力量的整合，提高监管效能。

（二）食品安全监督管理措施

1. 食品安全风险分级

国际上在食品安全风险管理方面的一条重要经验是综合运用风险分析的方法，实施食品安全风险分级管理，以食品安全风险评估结果为依据，对于高风险食品实行严格监管，对于高风险企业增加监督检查频次。我国《食品安全法》第109条亦明确了实施风险分级管理的制度。

2. 食品安全监督检查

根据《食品安全法》的规定，县级以上人民政府食品监督管理部门在履行食品安全监督管理职责时，有权采取强制性措施，对生产经营者遵守本法的情况进行监督检查。强制性措施主要包括：（1）现场检查；（2）抽样检验；（3）查阅、复制有关资料；（4）查封、扣押有关产品；（5）查封违法从事生产经营活动的场所。

3. 食品安全信用档案

《食品安全法》第113条规定，县级以上人民政府食品监督管理部门应当建立食品生产经营者食品安全信用档案，记录许可颁发、日常监督检查结果、违法行为查处等情况，依法向社会公布并实时更新；对有不良信用记录的食品生产经营者增加监督检查频次，对违法行为情节严重的食品生产经营者，可以通报投资主管部门、证券监督管理机构和有关的金融机构。

4. 责任约谈制度

责任约谈，是食品安全领域新的行政执法方式。责任约谈分为：（1）食品监督管理部门对食品生产经营者约谈；（2）本级人民政府对食品安全监管部门（主要负责人）约谈；（3）上级人民政府对下级人民政府（主要负责人）约谈。责任约谈情况和整改情况将被纳入食品生产经营者食品安全信用档案，以及地方人民政府和有关部门食品安全监督管理工作评议、考核记录。

5. 有奖举报制度

为加强食品安全社会共治，鼓励知情人积极发现、提供违法经营者的违法经营线索，共同做好食品安全防治工作，《食品安全法》第 115 条规定，县级以上人民政府食品监督管理部门应当公布本部门的电子邮件地址或者电话，接受咨询、投诉、举报。对查证属实的举报，给予举报人奖励。同时，为防止举报人遭受所在企业的打击报复，规定有关部门应当对举报人的信息予以保密。举报人举报所在企业的，该企业不得以解除、变更劳动合同或者其他方式对举报人进行打击报复。

四、食品安全法律责任

食品安全法律责任，是指从事食品生产经营的企业、个人或者其他组织以及政府部门及其工作人员，因违反国家有关食品安全的法律、法规的禁止性规定，而应当承担的不利后果。

（一）行政法律责任

行政法律责任是指责任主体因行政违法行为而应承担的不利后果。通常情况下，行政法律责任在法律规定的情况下，适用严格责任原则。根据责任主体不同，食品安全行政法律责任的形式可分为：

1. 针对市场主体的行政处罚

具体形式包括责令改正、警告、责令停产停业、没收、罚款、吊销许可证、拘留等行政处罚措施。

2. 针对监管主体的行政责任

主要针对监管主体失职或属于监管以及滥用职权、徇私舞弊的违法行政行为。目前食品安全法规定的行政责任形式主要有记大过、降级、撤职或者开除、引咎辞职等。

（二）民事法律责任

民事法律责任是指食品生产经营者因民事违法行为而应当承担的不利后果。《食品安全法》第 148 条对食品安全民事法律责任做了专门规定，明确规定了首负责任制和惩罚性赔偿制度。

1. 关于首负责任制的规定

《食品安全法》第 148 条第 1 款规定："消费者因不符合食品安全标准的食品受到损害的，可以向经营者要求赔偿损失，也可以向生产者要求赔偿损失。接到消费者赔偿要求的生产经营者，应当实行首负责任制，先行赔付，不得推诿；属于生产者责任的，经营者赔偿后有权向生产者追偿；属于经营者责任的，生产者赔偿后有权向经营者追偿。"

2. 关于惩罚性赔偿的规定

《食品安全法》第 148 条第 2 款规定："生产不符合食品安全标准的食品或者经营明知是不符合食品安全标准的食品，消费者除要求赔偿损失外，还可以向生产者或者经营者要求支付价款十倍或者损失三倍的赔偿金；增加赔偿的金额不足一千元的，为一千元。但是，食品的标签、说明书存在不影响食品安全且不会对消费者造成误导的瑕疵的除外。"与《消费者权益保护法》规定的惩罚性赔偿制度相比，惩罚力度明显增大。

此外，食品生产经营者因刑事违法行为还应当承担刑事法律责任。

相关事例

三聚氰胺奶粉事件

三聚氰胺奶粉事件又称2008年中国奶制品污染事件，是中国的一起食品安全事故。事故起因是很多食用三鹿集团生产的奶粉的婴儿被发现患有肾结石，随后在其奶粉中发现化工原料三聚氰胺。根据公布数字，截至2008年9月21日，因使用三鹿婴幼儿奶粉而接受门诊治疗咨询且已康复的婴幼儿累计39 965人，正在住院的有12 892人，此前已治愈出院1 579人，死亡4人，另截至9月25日，香港有5人、澳门有1人确诊患病。事件引起各国的高度关注和对乳制品安全的担忧。中国国家质检总局公布对国内的乳制品厂家生产的婴幼儿奶粉的三聚氰胺检验报告后，事件迅速恶化，包括伊利、蒙牛、光明、圣元及雅士利在内的多个厂家的奶粉都检出三聚氰胺。该事件亦重创中国制造商品信誉，多个国家禁止了中国乳制品进口。9月24日，中国国家质检总局表示，牛奶事件已得到控制，9月14日以后新生产的酸乳、巴氏杀菌乳、灭菌乳等主要品种的液态奶样本的抽样检测中均未检出三聚氰胺。2011年，中国中央电视台《每周质量报告》调查发现，有7成中国民众不敢买国产奶。

（一）事件背景、发展过程及处置

随着我国经济的迅速发展，2000年后，乳制品消费群体巨大，市场上除了少量进口乳制品外，以我国自主生产的产品为主。在此因素下，知名品牌三鹿顺势推出18元一袋的婴幼儿配方奶粉，并成为重要且知名婴幼儿奶粉品牌，多年蝉联我国自制乳品市场的首位。由于市场需求甚巨、价格竞争等因素，公司与政府均忽视了生产流程及质量控制。从2007年11月起，三鹿集团先后接到消费者反映：婴幼儿食用三鹿婴幼儿奶粉后，出现尿液变色或尿液中有颗粒现象，并陆续有婴幼儿死亡和大量住院报告。但是三鹿集团公司和石家庄市政府在获悉三鹿奶粉造成婴幼儿患病情况后隐瞒实情、不及时上报，导致事态不断扩大。最终酿成一场后果极其严重的特大食品安全事故。2008年9月12日，三鹿集团声称，此事件是由于不法奶农为获取更多的利润向鲜牛奶中掺入三聚氰胺。2008年9月13日，国务院启动国家安全事故Ⅰ级响应机制处置三鹿奶粉污染事件。患病婴幼儿实行免费救治，所需费用由财政承担。有关部门对三鹿婴幼儿奶粉生产和奶牛养殖、原料奶收购、乳品加工等各环节开展检查。质检总局亦会同有关部门对市场上所有婴幼儿奶粉进行了全面检验检查。随后，河北省政府决定对三鹿集团立即停产整顿。三鹿集团董事长和总经理田文华被免职，后并遭刑事拘留，石家庄市分管农业生产的副市长张发旺，石家庄市委副书记、市长冀纯堂也相继被撤职处理。河北省委也决定免去吴显国河北省省委常委、石家庄市委书记职务。22日，李长江引咎辞去国家质检总局局长职务，这是因此次事件辞职的最高级官员。毒奶粉事件在中国形成了一股“行政问责与司法问责风暴”。经相关调查后，检察机构逮捕相关当事人。

2009年1月22日，河北省石家庄市中级人民法院一审宣判，三鹿前董事长田文华被判处无期徒刑，三鹿集团高层管理人员王玉良、杭志奇、吴聚生则分别被判有期徒刑15年、8年及5年。三鹿集团作为单位被告，犯了生产、销售伪劣产品罪，被判处罚款人民币4 937余万元。制造和销售含三聚氰胺的奶农张玉军、高俊杰及耿金平三人被判处死刑，薛建忠无期徒刑，张彦军有期徒刑15年，耿金珠有期徒刑8年，萧玉有期徒刑5年。

中华人民共和国国家质量监督检验检疫总局对全国婴幼儿奶粉三聚氰胺含量进行检查，结果显示，有22家婴幼儿奶粉生产企业的69批次产品检出了含量不同的三聚氰胺，除了河北三鹿外，还包括广东雅士利、内蒙古伊利、蒙牛集团、青岛圣元、上海熊猫、山西古城、江西光明乳业英雄牌、宝鸡惠民、多加多乳业、湖南南山等，均被要求立即下架。

三鹿牌婴幼儿奶粉事件发生以后，中国乳制品协会协调有关责任企业出资筹集了总额11.1亿元的婴幼儿奶粉事件赔偿金。赔偿金用途有二：一是设立2亿元医疗赔偿基金，二是用于报销患儿急性治疗终结后、年满18岁之前可能出现相关疾病发生的医疗费用。

（二）事件影响

事件爆发后，多个国家和地区开始全面或部分禁止中国奶制品及相关产品（糖果、咖啡和巧克力等）的销售或进口。世界卫生组织、联合国教科文组织和联合国儿童基金会于2008年9月25日联合发布声明，对危机扩大表示担忧，希望中国当局对婴幼儿食品实施更严格的监管。国内民众的信心指数降至最低点，许多人不敢吃国内品牌奶制品，出现了到外国抢购、代购奶粉的风潮并持续多年，中国乳制品行业受到重创，但也促进了食品安全立法和社会治理。

第三节　广告法

一、广告法概述

（一）广告在消费生活中的作用

广告是企业通过一定媒介和形式直接或间接地宣传、介绍自己的商品或服务，吸引消费者购买的行为。现代社会人们接受消费信息的途径主要依赖于广告（包括网上信息提供）。为了保护消费者，使其获得完整正确的信息并作出合理选择，各国均通过广告法、商标法、产品质量法、消费者权益保护法等相关立法对信息的提供进行规制，防止以不适当的方式向消费者提供不适当的信息，维护公平市场秩序，防止欺诈的发生。

广告在消费生活中具有重要作用，广告信息的准确与否决定着消费者所采取行动的对与错。随着消费者与企业之间信息差别的扩大，无论是对消费者来说，还是对企业来说，广告的必要性与重要性都得到了提高。但是二者需要广告的理由、目的不同，消费者作为商品、服务的最终利用者，希望了解商品和服务的包括缺点在内的全部事实真相。与此相反，企业做广告是为了能让消费者选购自己的商品和服务。因此，广告内容是否可信成为问题的关键。

向消费者提供准确的信息是参与市场竞争的所有企业的责任和义务。广告法规定，广告应当真实、合法，以健康的表现形式表达广告内容，符合社会主义精神文明建设和弘扬中华民族优秀传统文化的要求。广告主应当对广告内容的真实性负责。广告不得含有虚假或者引人误解的内容，不得欺骗、误导消费者。

但并不是所有的企业都能做到这一点，许多消费者由于广告的误导或过度宣传，错误地购买了某种商品。要防止此类现象的存在和发生，就需要依靠国家立法和各级行政部门依法进行规制。对广告的规制，其方式主要包括：法律调整、行政规制和行业自律。在法律调整方面，各国普遍颁布了广告法，规制的重点是广告的真实性和适度性、正当性，以保护消费者的知情权和选择权。

（二）广告法的定位

广告法是调整广告主、广告经营者、广告发布者、广告代言人从事广告活动的法律规范的总称。2015 年 4 月 24 日修订通过的《中华人民共和国广告法》第 1 条开宗明义规定：“为了规范广告活动，保护消费者的合法权益，促进广告业的健康发展，维护社会经济秩序，制定本法。”从立法目的而言，广告法不是设定广告主体权利的法律，而是约束广告主体、保护消费者权益、维护市场秩序的法律。因此，消费者利益保护是广告法律制度设计的中心。

维护广告的真实性是广告立法的最基本动因。目前许多国家都在法律中规定了一系列维护广告真实性的条款，并予以严格执行。我国对广告的法律规制主要依靠《广告法》及相关行政法规、规章，此外，《消费者权益保护法》《反不正当竞争法》《食品安全法》《药品管理法》等也都有对虚假及误导消费者的广告的法律规制。

（三）广告法的适用范围

1. 空间上的适用范围

根据《广告法》的规定，凡在中华人民共和国境内，商品经营者或者服务提供者通过一定媒介和形式直接或者间接地介绍自己所推销的商品或者服务的商业广告活动都应遵守本法。

2. 客体上的适用范围

从客体上讲，仅限于商业广告活动。由于商业广告活动对消费者利益和经济秩序的影响，需要国家进行协调。而社会广告活动虽然也必须予以规范，但它不具有商业性，不是经济活动，不属于广告法的规制对象。

3. 主体上的适用范围

（1）监管主体。

按照《广告法》的规定，县级以上人民政府市场监督管理部门是广告监督管理机关。在广告监管实践中，除市场监管部门以外，政府的一些其他部门也有广告管理的权力，主要是依法对广告主的主体资格、广告的内容和表现形式、有关证明文件或材料负有审查职责。

（2）广告法律责任主体。

现行广告法确认的责任主体包括广告主、广告经营者、广告发布者、广告代言人、广告行业组织等。

广告主是指为推销商品或者服务，自行或者委托他人设计、制作、发布广告的自然人、法人或者其他组织。

广告经营者是指接受委托提供广告设计、制作、代理服务的自然人、法人或者其他组织。

广告发布者，是指为广告主或者广告主委托的广告经营者发布广告的自然人、法人或者其他组织。

广告代言人，是指广告主以外的，在广告中以自己的名义或者形象对商品、服务作推荐、证明的自然人、法人或者其他组织。

广告行业组织，是指依照法律、法规和章程的规定，制定广告行业规范，加强行业自律，促进行业发展，引导会员依法从事广告活动的社会组织。

二、广告内容规范

（一）一般广告准则

1. 广告应当准确、清楚、明白

广告中对商品的性能、功能、产地、用途、质量、成分、价格、生产者、有效期限、允诺等或者对服务的内容、提供者、形式、质量、价格、允诺等有表示的，应当准确、清楚、明白。广告中表明推销的商品或者服务附带赠送的，应当明示所附带赠送商品或者服务的品种、规格、数量、期限和方式。法律、行政法规规定广告中应当明示的内容，应当显著、清晰表示。

2. 广告不得有法律禁止的情形

《广告法》规定，广告不得有下列情形：使用或者变相使用中华人民共和国的国旗、国歌、国徽，军旗、军歌、军徽；使用或者变相使用国家机关、国家机关工作人员的名义或者形象；使用“国家级”“最高级”“最佳”等用语；损害国家的尊严或者利益，泄露国家秘密；妨碍社会安定，损害社会公共利益；危害人身、财产安全，泄露个人隐私；妨碍社会公共秩序或者违背社会良好风尚；含有淫秽、色情、赌博、迷信、恐怖、暴力的内容；含有民族、种族、宗教、性别歧视的内容；妨碍环境、自然资源或者文化遗产保护。

3. 广告应当真实准确

广告使用数据、统计资料、调查结果、文摘、引用语等引证内容的，应当真实、准确，并表明出处。引证内容有适用范围和有效期限的，应当明确表示。广告中涉及专利产品或者专利方法的，应当标明专利号和专利种类。未取得专利权的，不得在广告中谎称取得专利权。禁止使用未授予专利权的专利申请和已经终止、撤销、无效的专利作广告。

4. 广告应当具有可识别性

广告应当能够使消费者辨明其为广告。大众传播媒介不得以新闻报道形式变相发布广告，通过大众传播媒介发布的广告应当有广告标记，与其他非广告信息相区别，以避免消费者产生误解。

5. 广告不得贬低其他生产经营者的商品或者服务

广告法禁止利用广告贬低他人，是指禁止在广告中采用不公正、不准确、不全面的陈述损害其他经营者商业信誉、商品声誉，削弱对手竞争能力的行为。

（二）特殊商品与服务的广告准则

广告法对涉及人体健康与安全的不同类型的产品（服务）广告规定了比一般广告更为严格的限制。

1. 医药广告准则

《广告法》规定，医疗、药品、医疗器械广告不得含有下列内容：表示功效、安全性的断言或者保证；说明治愈率或者有效率；与其他药品、医疗器械的功效和安全性或者其他医疗机构比较；利用广告代言人作推荐、证明。药品广告的内容不得与国务院药品监督管理部门批准的说明书不一致，并应当显著标明禁忌、不良反应。

2. 保健食品广告准则

保健食品广告不得含有：表示功效、安全性的断言或者保证；涉及疾病预防、治疗功能；声称或者暗示广告商品为保障健康所必需；与药品、其他保健食品进行比较；利用广告代言人作推荐、证明。保健食品广告应当显著标明"本品不能代替药物"。

3. 农药、兽药、饲料和饲料添加剂广告准则

农药、兽药、饲料和饲料添加剂广告不得含有：表示功效、安全性的断言或者保证；利用科研单位、学术机构、技术推广机构、行业协会或者专业人士、用户的名义或者形象作推荐、证明；说明有效率；违反安全使用规程的文字、语言或者画面。

4. 酒类广告准则

酒类广告不得含有：诱导、怂恿饮酒或者宣传无节制饮酒；出现饮酒的动作；表现驾驶车、船、飞机等活动；明示或者暗示饮酒有消除紧张和焦虑、增加体力等功效。

5. 教育、培训广告准则

教育、培训广告不得含有：对升学、通过考试、获得学位学历或者合格证书，或者对教育、培训的效果作出明示或者暗示的保证性承诺；明示或者暗示有相关考试机构或者其工作人员、考试命题人员参与教育、培训；利用科研单位、学术机构、教育机构、行业协会、专业人士、受益者的名义或者形象作推荐、证明。

6. 招商投资广告准则

招商等有投资回报预期的商品或者服务广告，应当对可能存在的风险以及风险责任承担有合理提示或者警示，并不得含有：对未来效果、收益或者与其相关的情况作出保证性承诺，明示或者暗示保本、无风险或者保收益等，国家另有规定的除外；利用学术机构、行业协会、专业人士、受益者的名义或者形象作推荐、证明。

7. 房地产广告准则

房地产广告，房源信息应当真实，面积应当表明为建筑面积或者套内建筑面积，并不得含有：升值或者投资回报的承诺；以项目到达某一具体参照物的所需时间表示项目位置；违反国家有关价格管理的规定；对规划或者建设中的交通、商业、文化教育设施以及其他市政条件作误导宣传。

8. 种养殖广告准则

农作物种子、林木种子、草种子、种畜禽、水产苗种和种养殖广告关于品种名称、生产性能、生长量或者产量、品质、抗性、特殊使用价值、经济价值、适宜种植或者养殖的范围和条件等方面的表述应当真实、清楚、明白，并不得含有：科学上无法验证的断言；表示功效的断言或者保证；对经济效益进行分析、预测或者作保证性承诺；利用科研单位、学术机构、技术推广机构、行业协会或者专业人士、用户的名义或者形象作推荐、证明。

（三）虚假广告的认定标准

广告以虚假或者引人误解的内容欺骗、误导消费者的，构成虚假广告。广告有下列情形之一的，认定为虚假广告：

（1）商品或者服务不存在的；

（2）商品的性能、功能、产地、用途、质量、规格、成分、价格、生产者、有效期

限、销售状况、曾获荣誉等信息，或者服务的内容、提供者、形式、质量、价格、销售状况、曾获荣誉等信息，以及与商品或者服务有关的允诺等信息与实际情况不符，对购买行为有实质性影响的；

(3) 使用虚构、伪造或者无法验证的科研成果、统计资料、调查结果、文摘、引用语等信息作证明材料的；

(4) 虚构使用商品或者接受服务的效果的；

(5) 以虚假或者引人误解的内容欺骗、误导消费者的其他情形。

(四) 禁止发布广告的情形

1. 禁止烟草广告的规定

《广告法》规定，禁止在大众传播媒介或者公共场所、公共交通工具、户外发布烟草广告。禁止向未成年人发送任何形式的烟草广告。禁止利用其他商品或者服务的广告、公益广告，宣传烟草制品名称、商标、包装、装潢以及类似内容。烟草制品生产者或者销售者发布的迁址、更名、招聘等启事中，不得含有烟草制品名称、商标、包装、装潢以及类似内容。

2. 禁止替代母乳广告的规定

《广告法》规定，禁止在大众传播媒介或者公共场所发布声称全部或者部分替代母乳的婴儿乳制品、饮料和其他食品广告。

3. 禁止发布变相医药广告的规定

广播电台、电视台、报刊音像出版单位、互联网信息服务提供者不得以介绍健康、养生知识等形式变相发布医疗、药品、医疗器械、保健食品广告。

4. 禁止使用医疗用语的广告规定

除医疗、药品、医疗器械广告外，禁止其他任何广告涉及疾病治疗功能，并不得使用医疗用语或者易使推销的商品与药品、医疗器械相混淆的用语。

5. 禁止药品广告的规定

麻醉药品、精神药品、医疗用毒性药品、放射性药品等特殊药品，药品类易制毒化学品，以及戒毒治疗的药品、医疗器械和治疗方法，不得作广告。

三、广告活动规范

广告活动，是指广告主、广告经营者、广告发布者设计、制作、发布广告过程中的一系列行为的总和。广告活动总是通过广告主、广告经营者、广告发布者实施一定行为来完成的，其实施的好坏不仅影响到广告业的声誉和发展，还直接关系到市场经济秩序、国家利益和消费者利益的保护。为此，《广告法》不仅要使广告内容、形式符合准则要求，而且必须对广告活动的形式、行为予以规定。

(一) 广告活动的形式

1. 依法订立广告合同

《广告法》规定，广告主、广告经营者、广告发布者之间在广告活动中应当依法订立书面合同。根据广告内容的不同，广告合同可以分为广告设计制作合同、广告发布业务合同、广告市场调查合同等。广告主委托设计、制作、发布广告，应当委托具有合法经营资格的广告经营者、广告发布者。

2. 广告代理

广告代理，是指在广告活动中，广告主委托广告经营者设计、策划广告，广告发布者通过广告经营者承揽广告发布业务的形式。广告代理不同于传统的单方委托代理，是一种特殊的“双方代理”。广告代理是国际上通行的广告活动形式，适应了广告业中专门化分工发展的需要，有助于促进广告专业化水平的提高。

（二）广告活动主体的义务

1. 禁止不正当竞争

广告活动主体（广告主、广告经营者、广告发布者）不得在广告活动中进行任何形式的不正当竞争，也不得在其设计、制作、发布的广告中包含任何不正当竞争的内容。

2. 不得在广告中擅自使用他人名义或形象

广告主或者广告经营者在广告中使用他人名义或者形象的，应当事先取得其书面同意；使用无民事行为能力人、限制民事行为能力人的名义或者形象的，应当事先取得其监护人的书面同意。

3. 确保广告及其相关活动真实合法

（1）广告代言人在广告中对商品、服务作推荐、证明，应当依据事实，符合本法和有关法律、行政法规规定，并不得为其未使用过的商品或者未接受过的服务作推荐、证明。

（2）不得利用不满十周岁的未成年人作为广告代言人。

（3）对在虚假广告中作推荐、证明受到行政处罚未满三年的自然人、法人或者其他组织，不得利用其作为广告代言人。

（4）不得在中小学校、幼儿园内开展广告活动，不得利用中小学生和幼儿的教材、教辅材料、练习册、文具、教具、校服、校车等发布或者变相发布广告，但公益广告除外。

（5）在针对未成年人的大众传播媒介上不得发布医疗、药品、保健食品、医疗器械、化妆品、酒类、美容广告，以及不利于未成年人身心健康的网络游戏广告。针对不满十四周岁的未成年人的商品或者服务的广告不得含有下列内容：劝诱其要求家长购买广告商品或者服务；可能引发其模仿不安全行为。

（6）不得以法律禁止的方式发布广告。包括：不得在禁止设置户外广告的区域设置户外广告；未经当事人同意或者请求，不得向其住宅、交通工具等发送广告，也不得以电子信息方式向其发送广告。在互联网页面以弹出等形式发布的广告，应当显著标明关闭标志，确保一键关闭。

四、广告审查和监测

（一）广告审查

广告审查，是指对某些特殊商品和服务广告在发布前由有关部门（广告审查机关）对广告的内容依照法律、行政法规的规定进行审核的活动。它是广告监管中的事前预防机制，目的在于通过审查，确保广告的真实、合法，从而防止广告违法行为的发生。我国《广告法》除规定广告经营者、广告发布者应当按照国家有关规定建立、健全广告业务的审核制度，不得设计、制作、代理、发布内容不符或证明文件不全的广告之外，还专门确立了政府有关部门对广告的审查制度。对发布医疗、药品、医疗器械、农药、兽药和保健食品广告，以及法律、行政法规规定应当进行审查的其他广告进行审查，未经审查不得发布。我国的广告审查机关是县级以上人民政府的有关部门，它们在各自的职责范围内负责广告审查工作。例如，药品广告，药品监督管理部门是药品广告审查机关。

（二）广告监测

为了确保广告发布质量，及时发现违法广告，减少违法广告带来的负面影响，《广告法》规定，市场监督管理部门应当在全国建立健全广告监测制度，完善监测措施，及时发现和依法查处违法广告行为。采用现代化的技术手段，建立、完善全国统一的广告监测网络。任何单位或者个人有权向市场监督管理部门和有关部门投诉、举报违反本法的行为。市场监督管理部门和有关部门应当向社会公开受理投诉、举报的电话、信箱或者电子邮件地址，接到投诉、举报的部门应当自收到投诉之日起七个工作日内，予以处理并告知投诉、举报人。

五、广告法律责任

（一）广告违法行为的行政处罚

涉嫌违反广告法的行为，由县级以上人民政府市场监督管理部门依法进行调查，并对认定为违反广告法的行为，根据法律规定和违法情况的不同，给予责令停止发布广告、责令改正、责令消除影响、没收违法所得、没收广告费用、罚款、暂停广告发布业务、吊销营业执照、吊销广告发布登记证件、由广告审查机关撤销广告审查批准文件等行政处罚。

（二）损害消费者权益的民事责任

1. 广告主的赔偿责任

违反广告法规定，发布虚假广告，欺骗、误导消费者，使购买商品或者接受服务的消费者的合法权益受到损害的，由广告主依法承担民事责任。

2. 广告经营者、广告发布者的先行赔偿责任

广告经营者、广告发布者不能提供广告主的真实名称、地址和有效联系方式的，消费者可以要求广告经营者、广告发布者先行赔偿。

3. 广告经营者、广告发布者、广告代言人与广告主的连带赔偿责任

关系消费者生命健康的商品或者服务的虚假广告，造成消费者损害的，其广告经营者、广告发布者、广告代言人应当与广告主承担连带责任。其他商品或者服务的虚假广告，造成消费者损害的，其广告经营者、广告发布者、广告代言人，明知或者应知广告虚假仍设计、制作、代理、发布或者作推荐、证明的，应当与广告主承担连带责任。

相关案例

永和食品（中国）股份有限公司广告违法案

2019 年永和食品（中国）股份有限公司在微信公众号中发布了题为“这杯国饮，果断赞了！”的广告宣传，含有“永和豆浆的产品作为国礼走进各国驻华大使馆”的内容。经查实，当事人在非正式场合向个别使馆工作人员赠送其产品，赠送行为和产品均未经政府授权，与广告宣称严重不符。当事人上述广告混淆概念误导受众。对此，市场监管部门作出行政处罚，责令停止发布违法广告，并处罚款 30 万元。

相关案例

上海林怀网络科技有限公司违法广告案

上海林怀网络科技有限公司在微博及其官方网站宣传其驾照考试培训项目“最快20小时拿证”“考试不过，免费重学”“全自营一对一教学模式”等。经查实，“20小时”系指20个上车实操小时，而非总学时，当事方承认“最快20小时拿证”是不可能存在的；“免费重学”，只是免除教学费用，其他费用并不免除；宣传“全自营一对一教学模式”，实际上当事方只是部分自营；同时当事方在其官网利用学员手持驾照、送锦旗和学员微信聊天图片等进行推荐证明。对此，监管部门责令当事人停止发布违法广告，并处罚款35万元。

第四节 价格法

一、价格法概述

（一）价格和价格形成机制

1. 价格的概念

价格，是指商品和服务价值的货币表现，是商品和服务的交换价值在流通过程中所取得的转化形式。价格具有调整经济关系、调节经济活动的功能。价格变动可以向人们传递市场信息，反映供求关系变化状况，引导消费者的消费决策和企业生产、经营决策。狭义的价格仅指商品价格和经营性服务的收费标准。广义的价格，还包括各种生产要素的价格，如劳动力价格、利率、汇率价格等。我国《价格法》所指的价格是狭义的价格。

2. 价格形成机制

价格形成机制，就是价格的管理体系，也称价格模式，是指以市场配置资源为基础，以完善有效的政府宏观调控为手段，通过建立有利于产业结构优化、行业可持续发展的价格指数、完整的成本核算框架、完备的市场交易体制，引导生产、流通和消费的价格制定与调整的制度安排。主要有三方面的内容：一是价格管理权限，即价格决策的主体是谁，由谁定价；二是价格形式，包括价格形成的方式、途径和机理；三是价格调控方式，包括价格调控的对象、目标和措施。

在市场经济体制下，价格形成机制要求大部分产品和劳务价格放开，由企业自主定价。这是因为：价格的形成受多种因素影响，是一个综合、复杂、多变的过程，必须由对产品生产经营条件和市场环境的变化了解最多最准确的企业来定价，才能建立合理的价格体系，从而使企业自觉地提高经济效益。

企业自主定价并不是说全部价格都由企业决定。少数对政治、社会稳定和国民经济长期发展有重大影响的产品和劳务要由国家定价，大多数一般性商品和劳务的价格完全放开由企业定价。

由企业自主定价的市场价格体系是让价值规律、供求规律、竞争规律真正成为价格形成的基本规律，建立起政府间接调控的价格管理体制。

（二）价格法的概念和特点

价格法，是指国家为调整与价格的制定、执行、监督有关的各种经济关系而制定的法律规范的总称。价格法的调整对象是价格关系，具体包括：（1）各级价格主管部门及其他有关部门与经营者之间因价格制定、执行发生的经济关系。（2）各级价格主管部门及其他有关部门与经营者之间因确定作价原则、调整和执行商品价格或非商品收费所发生的价格关系。（3）因价格监督检查所发生的社会关系。（4）经营者之间以及他们与消费者之间因提供商品或服务所形成的市场价格关系。

从价格关系的内容可以得出，一方面，价格法调整经营者价格的行为具有市场规制法的属性；另一方面，价格法通过价格这一宏观调控手段实现对国民经济的总体调控，又体现了其宏观调控法的属性。因此，价格法具有双重性。

（三）价格法的作用

1. 规范价格行为，发挥价格合理配置资源的作用

市场决定资源配置是市场经济的一般规律，市场经济本质上就是市场决定资源配置的经济。市场配置资源主要是通过反映市场供求状况和资源稀缺程度的价格信号的引导来实现的。公平竞争的市场环境，是形成合理价格的基本条件；而公平竞争的市场环境，单纯通过市场自身的作用难以形成，必须发挥政府和其他力量对市场的监督作用才能造就。《价格法》通过确立规范价格行为的价格监管制度，为市场优化资源配置创造公平竞争环境。

2. 稳定物价总水平，促进经济健康发展

物价总水平是指一个国家或地区在一定时期（如年、季、月）内全社会所有商品和服务价格变动状态的平均或综合，一般用价格指数来度量。稳定市场价格总水平是国家重要的宏观调控目标。物价稳定是经济稳定、财政稳定、货币稳定的集中体现，物价稳定同时标志着社会总体需求量的基本平衡，财政收支的基本平衡和市场流通的货币供应量与市场的货币量的基本适应。《价格法》通过价格监管和对价格违法行为的查处，有利于稳定市场价格总水平，促进国民经济健康发展。

3. 保护消费者和经营者的合法权益

《价格法》明确规定我国的基本价格制度是实行并完善在国家宏观调控下主要由市场形成价格的机制，绝大多数的商品由市场定价，极少数商品和服务实行政府指导价或政府定价。由市场定价意味着通过市场竞争，由经营者自主定价，因而，经营者之间的价格竞争会变得更加广泛和激烈，价格不正当竞争行为和价格垄断行为可能变得更加普遍，进而损害其他经营者的公平、自由竞争权和消费者的合法权益。《价格法》一方面通过实行市场调节价，由经营者制定价格并通过法律保障经营者的定价自主权、公平自由竞争权，进而保护经营者的合法权益；另一方面，针对不规范的市场价格行为，例如，价格欺诈、乱涨价、价格误导等不正当价格行为，通过法律加以约束，保护消费者的合法权益。必要时国家仍将针对关系老百姓生活的重要商品，出台临时干预措施，以保证民众生活。

二、价格形成上的市场与政府分工

我国社会主义市场经济体制确立后，实行的主要是由市场形成价格的机制。除极

少数商品和服务价格实行政府指导价或者政府定价外，大多数商品和服务价格实行市场调节价，由经营者在市场竞争中，依据生产经营成本和市场供求状况等因素自主定价。

（一）经营者的价格权利和义务

1. 经营者的价格权利

经营者进行价格活动，享有下列权利：(1) 自主定价权，即自主制定属于市场调节的价格；在政府指导价规定的幅度内制定价格；制定属于政府指导价、政府定价产品范围内的新产品的试销价格（特定产品除外）。(2) 检举、控告权，即经营者对侵犯其依法自主定价权利的行为有权提出检举、控告。(3) 建议权，即经营者可以对政府指导价、政府定价提出调整建议或意见。

2. 经营者的价格义务

经营者享有价格权利的同时，须承担下列价格义务：(1) 经营者应当为消费者提供价格合理的商品和服务，在市场竞争中获取合法利润。(2) 经营者应当根据其经营条件建立、健全内部价格管理制度，准确记录与核定商品和服务的生产经营成本，不得弄虚作假。(3) 经营者进行价格活动，应当执行依法制定的政府指导价、政府定价和法定的价格干预措施、紧急措施。(4) 经营者销售、收购商品和提供服务，应当按照政府价格主管部门的关于商品和服务价格标示的规定；不得在标价之外加价出售商品，不得收取任何未予标明的费用。

3. 经营者的不当价格行为

根据我国《价格法》及相关行政法规、规章的规定，禁止或限制经营者的下列价格违法行为：

(1) 相互串通，操纵市场价格，损害其他经营者或者消费者的合法权益；

(2) 为了排挤竞争对手或者独占市场，以低于成本的价格倾销，扰乱正常的生产经营秩序，损害国家利益或者其他经营者的合法权益；

(3) 捏造、散布涨价信息，哄抬价格，推动商品价格过高上涨，违反法律、法规的规定牟取暴利；

(4) 利用虚假的或者使人误解的价格手段，诱骗消费者或者其他经营者与其进行交易；

(5) 提供相同商品或者服务，对具有同等交易条件的其他经营者实行不同的价格；

(6) 采取抬高等级或者压低等级等手段收购、销售商品或者提供服务，变相提高或者压低价格；

(7) 不执行政府指导价、政府定价以及法定的价格干预措施、紧急措施，违反明码标价等价格违法行为。

（二）政府定价权限

1. 政府定价的范围

为了保证市场价格形成机制发挥主要作用，《价格法》在一定程度上明确了政府定价行为的“权力清单”。按照规定，下列商品和服务价格，政府在必要时可以实行政府指导价或者政府定价：(1) 与国民经济发展和人民生活关系重大的极少数商品价格；(2) 资源稀缺的少数商品价格；(3) 自然垄断经营的商品价格；(4) 重要的公用事业价格；(5) 重要的公益性服务价格。

为了防止政府指导价、政府定价范围的扩大，《价格法》还规定了政府定价权限和具体适用范围，以中央的和省级地方的定价目录为依据。省级以下各级地方人民政府不得制定定价目录。

2. 政府定价的程序

为了提高政府价格决策的民主性、科学性和透明度，《价格法》规定：制定、调整关系群众切身利益的公用事业价格、公益性服务价格、自然垄断经营的商品价格等政府指导价、政府定价，应当建立听证会制度，由政府价格主管部门主持，征求消费者、经营者和有关方面的意见，论证其必要性、可行性。根据听证笔录制作听证报告，对听证会参加人的意见作出采纳与不采纳的建议和理由说明，并向社会公布。

三、价格监督检查与监测

（一）价格监管机构

价格监管机构，是指依法负责价格监管工作的政府部门。目前主要是各级人民政府的市场监督管理部门。我国《价格法》规定：国务院价格主管部门统一负责全国的价格工作，国务院其他有关部门在各自的职责范围内，负责有关的价格工作。县级以上地方各级人民政府价格主管部门负责本行政区域内的价格工作，县级以上地方各级人民政府其他有关部门在各自的职责范围内，负责有关的价格工作。

（二）价格监督检查

1. 价格行政执法监督检查

价格行政执法监督检查，由县级以上各级人民政府的价格主管部门实施。政府价格主管部门进行价格监督检查时，可以行使以下职权：（1）询问当事人或者有关人员，并要求其提供证明材料和与价格违法行为有关的其他资料；（2）查询、复制与价格违法行为有关的账簿、单据、凭证、文件及其他资料，核对与价格违法行为有关的银行资料；（3）检查与价格违法行为有关的财物，必要时可以责令当事人暂停相关营业；（4）在证据可能灭失或者以后难以取得的情况下，可以依法先行登记保存，当事人或者有关人员不得转移、隐匿或者销毁。对于监督检查中发现的不当价格行为，不执行政府指导价、政府定价以及法定的价格干预措施、紧急措施，违法明码标价等行为，政府价格主管部门有权依法对行为人进行行政处罚。

2. 价格社会监督

按照《价格法》的规定，消费者组织、职工价格监督组织、居民委员会、村民委员会等组织以及消费者，有权对价格行为进行社会监督。新闻单位有权进行价格舆论监督。政府价格主管部门应当充分发挥社会公众的价格监督作用，建立对价格违法行为的举报制度，接受群众举报，并对举报的价格违法行为及时进行调查处理。

（三）价格监测和干预

为适应价格调控和管理的需要，《价格法》规定，政府价格主管部门应当建立价格监测制度，对重要商品、服务价格的变动进行监测。同时，考虑到某些重要商品对国民经济和人民生活影响巨大，而这些商品的生产和供给有可能出现不稳定状况，《价格法》亦规定了政府可以以行政手段对价格进行干预。政府价格干预的制度措施主要包括：（1）建立重要商品储备制度；（2）建立价格调节基金制度；（3）建立收购保护价格制度；（4）限定差价率或者利润率；（5）物价上涨过猛时实行提价申报和调价备案制度；（6）当市场价格总水平出现剧烈波动等异常状态时，采取临时集中定价权；（7）部分或者全面冻结价格。

相关事例

上海市人民政府在中国国际进口博览会期间实行临时价格干预措施

首届中国国际进口博览会于2018年11月5日至10日在上海举行。上海市政府发布通告，为保持进口博览会期间价格稳定，营造良好的价格秩序和环境，经市政府研究，2018年10月26日至2018年11月14日，对全市酒店旅馆、网约出租汽车和部分公共停车场（库）实行临时价格干预措施：（1）酒店旅馆客房价格。干预措施实施期间，全市所有酒店旅馆各类客房的实际交易价格（包含线上、线下所有交易渠道），不得高于2017年10月1日至11月30日期间该酒店旅馆同等房型、同等服务条件客房的最高交易价格。2017年12月1日以后新开业的酒店旅馆，应当参照同等地段、同等档次酒店旅馆客房价格水平，确定临时价格干预措施实施期间各类客房最高销售价格，并向所在区旅游主管部门申报。（2）网约出租汽车运价。本通告施行前已在沪运营的网约出租汽车平台，其在临时价格干预措施实施期间各类车型运价，不得高于通告施行前一日该平台实际执行运价，同时，不得新增其他收费项目。本通告开始施行后在沪新投入运营的网约出租汽车平台，其在临时价格干预措施实施期间各类车型运价，不得高于通告施行前已在沪运营网约出租汽车平台在通告施行前一日相同或相似车型的最高运价。（3）实行市场调节价的公共停车场（库）价格。本通告施行前，国家会展中心（上海）周边6个区已对外经营的公共停车场（库）在临时价格干预措施实施期间，机动车停放收费标准不得高于本通告施行前经营者办理公共停车场（库）经营备案时报送的收费标准。本通告开始施行后，国展会展中心（上海）周边6个区首次办理经营备案的公共停车场（库）机动车停放收费标准在临时价格干预措施实施期间，不得高于所在区域同等场（库）政府指导价上限。自2018年首届起，上海市人民政府连续在进口博览会期间实施临时价格干预措施。

第五节　电子商务法

一、电子商务法概述

（一）电子商务的概念

《电子商务法》中所说的电子商务是指通过互联网等信息网络销售商品或者提供服务的经营活动。

（二）电子商务法的概念、宗旨和原则

电子商务法，是通过规范人们在电子交易、电子支付和货物交付等方面的电子商务行为，调整电子商务关系的法律。简言之，电子商务法就是规范电子商务活动的法律规范的

总称。形式意义上的电子商务法，是指以电子商务法命名的成文电子商务法典，如我国已颁布的《电子商务法》，实质意义的电子商务法还包括散见于其他法律法规中的与电子商务有关的法律规范，比如《网络安全法》《电信条例》《互联网信息服务管理办法》等法规。

电子商务法的立法宗旨是保障电子商务各方主体的合法权益，规范电子商务行为，维护市场秩序，促进电子商务持续健康发展。根据这一宗旨，电子商务法确立了以下基本原则：

1. 诚实信用原则

从事电子商务活动应当遵循自愿、公平、诚实信用的原则，遵守法律和公认的商业道德，公平参与市场竞争，履行消费者权益保护、环境保护、知识产权保护、网络安全与个人信息保护等方面的义务。

2. 市场决定和国家鼓励原则

国家发挥市场在资源配置中的决定性作用，电子商务经营主体依法自主经营、自律管理。国家鼓励发展电子商务新业态、创新商业模式，促进电子商务技术研发和推广应用，推进电子商务诚信体系建设，营造有利于电子商务创新发展的市场环境。

3. 平等对待线上线下商务活动原则

国家对线上线下商务活动平等对待，促进线上线下融合发展，各级人民政府和有关部门不得采取歧视性的政策措施，不得滥用行政权力排除限制市场竞争。

4. 行业自律和市场多元共治原则

电子商务行业组织和电子商务经营主体应当加强行业自律，建立健全行业规范和网络规范，引导本行业经营者公平竞争，推动行业诚信建设。国家鼓励、支持和引导电子商务行业组织、电子商务经营主体和消费者共同参与电子商务市场治理。

二、电子商务法主体

（一）电子商务经营主体

根据《电子商务法》第 9 条第 1 款，电子商务经营主体是指通过互联网等信息网络销售商品或者提供服务的自然人、法人和非法人组织，包括电子商务平台经营者、平台内经营者以及通过自建网站、其他网络服务销售商品或者提供服务的电子商务经营者。

1. 电子商务平台经营者

电子商务平台经营者是指在电子商务活动中，为交易双方或者多方提供虚拟经济场所、交易撮合、信息发布等服务，供交易双方或者多方独立开展交易活动的法人或者非法人组织。电子商务平台具有营利性、中介性和一定的公共性。为规范电子商务平台经营者的行为，保护消费者和其他各方主体权益，《电子商务法》规定的平台经营者义务如下：

（1）核验、登记义务。电子商务平台经营者应当要求申请进入平台销售商品或者提供服务的经营者提交其身份、地址、联系方式、行政许可等真实信息，进行核验、登记，建立登记档案，并定期核验更新。对关系消费者生命健康的商品或者服务，电子商务平台经营者对平台内经营者的资质资格未尽到审核义务，或者对消费者未尽到安全保障义务，造成消费者损害的，依法与该平台内经营者承担连带责任等相应的责任。

（2）报送、提示和配合义务。第一，电子商务平台经营者应当按照规定向市场监督管理部门报送平台内经营者的身份信息，提示未办理市场主体登记的经营者依法办理登记，并配合市场监督管理部门，针对电子商务的特点，为应当办理市场主体登记的经营者办理登记提供便利。第二，电子商务平台经营者应当依照税收征收管理法律、行政法规的规定，向税务部门报送平台内经营者的身份信息和与纳税有关的信息，并应当提示其他电子商务经营者依法办理税务登记。

（3）检查报告义务。电子商务平台经营者应当对平台内的商品或者服务信息进行检查监控，发现需要取得相关行政许可以及销售的商品或提供的服务不符合保障人身、财产安全的要求，以及销售或者提供法律、行政法规禁止交易的商品或者服务，应当依法采取必要的处置措施，并向有关主管部门报告。电子商务平台经营者知道或者应当知道平台内经营者销售的商品或者提供的服务不符合保障人身、财产安全的要求，或者有其他侵害消费者合法权益行为，未采取必要措施的，依法与该平台内经营者承担连带责任。

（4）保障交易安全义务。电子商务平台经营者应当采取技术措施和其他必要措施保证其网络安全、稳定运行，防范网络违法犯罪活动，有效应对网络安全事件，保障电子商务交易安全。

（5）规则公平公开义务。电子商务平台经营者应当遵循公开、公平、公正的原则，制定平台服务协议和交易规则，明确进入和退出平台、商品和服务质量保障、消费者权益保护、个人信息保护等方面的权利和义务。平台服务协议和交易规则应当在平台首页显著位置持续公示，并保证经营者和消费者能够便利、完整地阅览和下载。

电子商务平台经营者修改平台服务协议和交易规则，应当在其首页显著位置公开征求意见，采取合理措施确保有关各方能够及时充分表达意见。平台内经营者不接受修改内容，要求退出平台的，电子商务平台经营者不得阻止，并按照修改前的服务协议和交易规则承担相关责任。

电子商务平台经营者不得利用服务协议、交易规则以及技术等手段，对平台内经营者在平台内的交易、交易价格以及与其他经营者的交易等进行不合理限制或者附加不合理条件，或者向平台内经营者收取不合理费用。

电子商务平台经营者依据平台服务协议和交易规则对平台内经营者违反法律、法规的行为实施警示、暂停或者终止服务等措施的，应当及时公示。

（6）业务区分义务。电子商务平台经营者在其平台上开展自营业务的，应当以显著方式区分标记自营业务和平台内经营者开展的业务，不得误导消费者。电子商务平台经营者对其标记为自营的业务依法承担商品销售者或者服务提供者的民事责任。

（7）信息保存义务。电子商务平台经营者应当记录、保存平台上发布的商品和服务信息、交易信息，并确保信息的完整性、保密性、可用性。商品和服务信息、交易信息保存时间自交易完成之日起不少于三年；法律、行政法规另有规定的，依照其规定。

（8）建立信用评价制度义务。电子商务平台经营者应当建立健全信用评价制度，公示信用评价规则，为消费者提供对平台内销售的商品或者提供的服务进行评价的途径。电子商务平台经营者不得删除消费者对其平台内销售的商品或者提供的服务的评价。

（9）广告明示义务。电子商务平台经营者应当根据商品或者服务的价格、销量、信用等以多种方式向消费者显示商品或者服务的搜索结果；对于竞价排名的商品或者服务，应当显著标明“广告”。

（10）保护知识产权义务。电子商务平台经营者应当建立知识产权保护规则，与知识产权权利人加强合作，依法保护知识产权。

2. 电子商务平台内经营者

平台内经营者，是指通过电子商务平台经营者提供的平台销售商品或者提供服务的经营者。平台内经营者的主要义务包括：

第一，依法办理市场主体登记，取得经营资格。除依法不需要取得许可的以个人技能提供劳务、家庭手工业、农产品自产自销以及依照《网络交易监督管理办法》年交易额累计不超过10万元的经营者以外，均需办理主体登记，需要取得相关行政许可的，还应当取得行政许可。

第二，电子商务经营者应在其首页显著位置，持续公示营业执照信息以及与其经营义务有关的行政许可信息、属于依法不需要办理市场主体登记情形等信息，或者上述信息的链接标识。营业执照信息或者行政许可信息发生变更时，应当及时更新公示。

第三，电子商务经营者在自行终止从事电子商务活动的情况下，应当提前30日在首页显著位置公示有关信息并采取必要措施保障消费者的合法权益。

3. 其他电子商务经营者

主要是指通过自建网站和其他网络服务销售商品或者提供服务的经营者。根据2021年3月15日公布的《网络交易监督管理办法》的规定：网络社交、网络直播等网络服务提供者为经营者提供网络经营场所、商品浏览、订单生成、在线支付等网络交易平台服务的，应当依法履行网络交易平台经营者的义务。通过上述网络交易平台服务开展网络交易活动的经营者，应当依法履行平台内经营者的义务。

（二）电子商务服务主体

电子商务服务主体，主要是指快递物流和电子支付经营者等。

（三）电子商务监管主体

1. 电子商务交易和平台经营监管机构

电子商务经营者提供商品或服务的行为涉及《消费者权益保护法》《产品质量法》《食品安全法》《药品管理法》《反垄断法》《反不正当竞争法》《广告法》《价格法》《知识产权法》等许多法律，因此，这就需要依法进行监督管理，其中，国家市场监督管理总局和地方各级市场监督管理部门承担着主要的监管职责。

2. 电子支付监管机构

根据法律规定，中国人民银行和国务院银行业监督管理机构依法对电子支付服务提供者进行监督管理。

3. 快递物流服务监管机构

根据相关法律法规规定，对快递物流服务经营者进行监管的主要机构是邮政管理部门和交通运输管理部门。

另外，为保障公共安全和电子商务的有效运行，公安机关、商务部、电信部门等也参与电子商务的监管。

三. 电子商务经营法律制度

(一) 交易制度

(1) 电子商务经营者销售商品或者提供服务应当符合保障人身、财产安全和环境保护的要求，不得销售或者提供法律、行政法规禁止交易的商品或者服务。

(2) 电子商务经营者销售商品或者提供服务应当依法出具纸质发票或者电子发票等购物凭证或者服务单据。电子发票与纸质发票具有同等法律效力。

(3) 电子商务经营者应当全面、真实、准确、及时地披露商品或者服务信息，保障消费者的知情权和选择权。电子商务经营者不得以虚构交易、编造用户评价等方式进行虚假或者引人误解的商业宣传，欺骗、误导消费者。电子商务经营者根据消费者的兴趣爱好、消费习惯等特征向其提供商品或者服务的搜索结果的，应当同时向该消费者提供不针对其个人特征的选项，尊重和平等保护消费者合法权益。电子商务经营者搭售商品或者服务，应当以显著方式提请消费者注意，不得将搭售商品或者服务作为默认同意的选项。电子商务经营者应当按照承诺或者与消费者约定的方式、时限向消费者交付商品或者服务，并承担商品运输中的风险和责任。但是，消费者另行选择快递物流服务提供者的除外。

电子商务经营者按照约定向消费者收取押金的，应当明示押金退还的方式、程序，不得对押金退还设置不合理条件。消费者申请退还押金，符合押金退还条件的，电子商务经营者应当及时退还。

(4) 电子商务经营者因其技术优势、用户数量、对相关行业的控制能力以及其他经营者对该电子商务经营者在交易上的依赖程度等因素而具有市场支配地位的，不得滥用市场支配地位，排除、限制竞争。

(5) 电子商务经营者收集、使用其用户的个人信息，应当遵守法律、行政法规有关个人信息保护的规定。电子商务经营者应当明示用户信息查询、更正、删除以及用户注销的方式、程序，不得对用户信息查询、更正、删除以及用户注销设置不合理条件。电子商务经营者收到用户信息查询或者更正、删除的申请的，应当在核实身份后及时提供查询或者更正、删除用户信息。用户注销的，电子商务经营者应当立即删除该用户的信息；依照法律、行政法规的规定或者双方约定保存的，依照其规定。

(二) 电子支付制度

电子商务当事人可以约定采用电子支付方式支付价款。

(1) 电子支付服务提供者为电子商务提供电子支付服务，应当遵守国家规定，告知用户电子支付服务的功能、使用方法、注意事项、相关风险和收费标准等事项，不得附加不合理交易条件。电子支付服务提供者提供电子支付服务不符合国家有关支付安全管理要求，造成用户损失的，应当承担赔偿责任。

(2) 电子支付服务提供者应当确保电子支付指令的完整性、一致性、可跟踪稽核和不可篡改。电子支付服务提供者应当向用户免费提供对账服务以及最近三年的交易记录。

(3) 用户在发出支付指令前，应当核对支付指令所包含的金额、收款人等完整信息。支付指令发生错误的，电子支付服务提供者应当及时查找原因，并采取相关措施予以纠正。造成用户损失的，电子支付服务提供者应当承担赔偿责任，但能够证明支付错误非自身原因造成的除外。电子支付服务提供者完成电子支付后，应当及时准确地向用户提供符合约定方式的确认支付的信息。

（4）电子支付服务提供者提供电子支付服务应当符合国家有关支付安全管理要求，发现支付指令未经授权，或者收到用户支付指令未经授权的通知时，应当立即采取措施防止损失扩大。电子支付服务提供者未及时采取措施导致损失扩大的，对损失扩大部分承担责任。

用户应当妥善保管交易密码、电子签名数据等安全工具。用户发现安全工具遗失、被盗用或者未经授权的支付的，应当及时通知电子支付服务提供者。未经授权的支付造成的损失，由电子支付服务提供者承担；电子支付服务提供者能够证明未经授权的支付是因用户的过错造成的，不承担责任。

（三）物流交付制度

电子商务当事人可以约定采用快递物流方式交付商品。快递物流服务提供者为电子商务提供快递物流服务，应当遵守法律、行政法规，并应当符合承诺的服务规范和时限。快递物流服务提供者在交付商品时，应当提示收货人当面查验；交由他人代收的，应当经收货人同意。快递物流服务提供者在提供快递物流服务的同时，可以接受电子商务经营者的委托提供代收货款服务。

四、电子商务法律责任

《电子商务法》中的法律责任，主要是对电子商务经营者和平台经营者违反法律、行政法规的行为予以行政处罚。同时规定，电子商务经营者销售商品或者提供服务，不履行合同义务或者履行合同义务不符合约定，或者造成他人损害的，依法承担民事责任。

电子商务经营者违反法律规定从事经营活动，由市场监督管理部门根据行为、情节的不同，可以分别情况，责令限期改正或者责令停业整顿，并处以 1 万到 200 万元不等的罚款。

相关事例

2017 年，电商巨头阿里系的菜鸟网络（以下简称：菜鸟）与顺丰速运（以下简称：顺丰）相互关闭互通数据接口的“丰菜之争”引起了社会广泛关注。2017 年 6 月 2 日，菜鸟率先发布了《菜鸟关于顺丰暂停物流数据接口的声明》，称 5 月 31 日晚上 6 点接到顺丰发来的数据接口暂停告知；6 月 1 日凌晨，顺丰就关闭了自提柜的数据信息回传；6 月 1 日中午，顺丰又进一步关闭了整个淘宝平台物流信息的回传。针对菜鸟的这一声明，顺丰方面则给予反驳，称菜鸟单方面于 6 月 1 日零点切断丰巢（由顺丰主导建立的智能快递柜系统）信息接口，6 月 1 日上午 11 时，顺丰才停止对阿里系平台的物流详情推送。顺丰并称菜鸟之所以封杀顺丰，背后原因是阿里方面希望顺丰放弃使用腾讯云改用阿里云。短短三天，“丰菜之争”基本落幕。在国家邮政局的干预下，从 2017 年 6 月 3 日 12 时起，菜鸟顺丰双方已全面恢复业务合作和数据传输。据了解，国家邮政局多次出手解决菜鸟顺丰之争。看似没有竞争关系的电商业和快递业，上演愈演愈烈的数据之争，足以说明数据在现代社会的价值。

相关案例

据 2016 年央视“3·15”晚会报道，记者在淘宝上开了一个卖面膜的店铺，虽然并没有真实的货品，但只要支付给“刷客”佣金，便可在三天内立马升级为蓝钻，拥有 200 多条好评。首先购买访客，以躲避淘宝的监督，随后便开始刷单。即使店内没有一件真实商品，也可通过网上的“代发空包”服务，将一件件并不真实存在的包裹进行签收。刷单最大的危害是给消费者造成一种误导和欺骗，制造店铺虚假繁荣。2016 年 11 月 10 日，国家发展改革委、人民银行、中央网信办、公安部、商务部、工商总局、质检总局和中国消费者协会联合签署印发了《关于对电子商务及分享经济领域炒信行为相关失信主体实施联合惩戒的行动计划》，以规范网络交易行为，提升网上交易主体信用真实度，维护信用秩序，净化市场环境。对此，《电子商务法》第 17 条已将刷单炒信行为纳入该法的规制范围。

相关案例

2016 年 5 月 13 日，范先生在京东商城购买了四款京东自营的真力时手表，总价款 14.7 万余元，据官网商品介绍，手表表镜材质为蓝宝石水晶，但范先生在收到商品后，发现商品说明书保修卡上写明手表材质为蓝宝石水晶玻璃。随后，范先生将手表送至中工商联珠宝玉石检测中心进行检测，检测结果为人工合成蓝宝石。为此，范先生将京东商城告上了法庭，却在诉讼中得知“自营”是指京东集团，该商品销售主体为京东海荣公司，京东电子商务公司非适格被告，起诉被驳回。京东商城也辩称双方不存在买卖合同关系，尽管涉案产品属京东自营，但该公司仅提供网络交易平台，未参与买卖行为。京东商城还在法庭上表示：“自营”为京东集团自营而非京东商城自营，具体的销售主体由京东集团根据订单具体情况确定，即根据消费者所在区域、商品库存量等，由京东集团自行决定开发票主体及发货公司主体。2016 年 12 月，朝阳法院向京东发出司法建议，建议京东在网站页面显著位置对“自营”等专有概念作出明确解释，所有商品销售页面均应披露销售者详细信息，并将销售授权书在明显位置予以公示。京东在给法院的回函中表示，将完善自营产品信息披露，加大事前筛查和商家管控。对此，《电子商务法》第 37 条已明确将其纳入该法规制范围，规定电子商务平台经营者在其平台上开展自营业务的，应当以显著方式区分标记自营业务和平台内经营者开展的业务，不得误导消费者。

相关事例

在 2017 年“6·18”促销期间，淘宝对同时入驻淘宝、京东两家平台的商家提出要求，让选择参加淘宝“6·18”促销活动的商铺在网页上公告，明示自己无法参加京东的店庆活动，还要在微博上披露京东强行锁定店铺后台的事情；若已承诺参加京东的促销活动，也要无条件退出。该行为既违反国家工商总局 2015 年部门规章《网络商品和服务集中促销活动管理暂行规定》第 11 条，网络集中促销组织者限制、排斥平台内的网络集中促销经营者参加其他第三方交易平台组织的促销活动，也违反《反不正当竞争法》《反垄断法》的相关规定，侵害平台的公平竞争权益，并造成对平台内经营者权益的侵害。

第六节　金融市场监管法

一、金融市场监管概述

（一）金融市场的概念和分类

金融市场是指以金融资产为交易对象而形成的供求关系及其机制的总和。现代市场经济是以金融业为核心的经济，金融市场则是金融业存在和发展的基础。它包括三层含义：（1）金融市场是金融资产交易的有形和无形的场所；（2）它反映了金融资产的供应者和需求者之间形成的供求关系；（3）它包含了金融资产交易过程中所产生的运行机制。金融市场监管通常是指商业银行市场、证券市场、保险市场、期货市场以及信托市场的监管，本教材鉴于篇幅的限制，只对前三者进行介绍。

（二）金融市场的特性

从历史来看，自由银行制度之下，金融机构破产、金融危机频发和经济衰退的现象相伴而生。20 世纪 30 年代，美国爆发金融危机之后，以美国为代表的西方国家放弃了自由银行制度，开始对银行业实施严格的监督管理，在利率水平、业务范围和经营地域等方面，对银行机构施加了种种限制，但从理论上讲，金融体系具有内在不稳定性，金融市场所具有的公共物品特性、自然垄断性、外部效应、信息不对称等特性，则是政府实施金融监管的最根本原因。

1. 金融市场的公共物品属性

由于金融市场发挥着调节和配置资源的重要作用，一个有效的金融市场和金融体系为社会公众共同分享，无法排斥某一部分社会成员享受此利益，而且增加某一主体享用此种利益，也并不影响金融体系成本，因此金融市场和金融体系对整个社会经济具有明显的公共物品特征，需要政府的外部监管，来保持金融体系的健康稳定。

2. 金融市场的自然垄断特性

金融机构是经营货币的特殊企业，它所提供的产品和服务特征决定了不完全适用一般工商企业的自由竞争原则。一方面金融机构规模经济的特征，使金融机构的自由竞争很容易形成金融业的高度垄断，会对资源配置效率和消费者福利方面带来损失，而且金融寡头的出现，还将产生经济或政治上的不利影响；另一方面，金融机构过度竞争，将导致整个金融体系的不稳定，进而危及整个经济体系的稳定和安全。

3. 金融市场的外部效应特性

金融业是一个特殊的高风险行业，它所面临的风险包括信用风险、利率风险、汇率风险、市场风险、操作风险、法律风险等，而且风险之间存在极强的连锁效应，一个金融机构陷于危机，极易在整个金融体系引起系统风险。另外，金融业与国民经济其他经济部门存在极为密切的联系，金融风险爆发和金融危机的出现将影响整个国民经济增长。2008 年的美国金融危机导致的严重后果，即是金融市场外部效应的明证。

4. 金融市场的信息不对称特性

信息是预测未来必不可少的最基本要素，因而在理性决策中占据着举足轻重的地位，由于金融业务的高度专业性和现代金融机构的复杂性，相关信息在金融机构和客户之间分布极不均衡，普通金融市场参与者如要获得充分信息，通常要支付巨大成本，这将导致金融市场的交易量和金融市场效率降低。

为解决金融市场自身无法解决的上述问题，政府作为独立于市场交易主体之外的第三方，有必要对金融市场进行监管。

（三）金融市场监管的宗旨

1. 维护金融体系安全和稳定

金融体系是全社会货币的供给者和货币运行及信用活动的中心，金融业运行的状况，对社会经济的运行和发展起着至关重要的作用。金融机构是以营利为目的的特殊企业，加之市场竞争越来越激烈，在以高杠杆率为特征的经营方式下，金融机构有动力从事高风险的金融业务，以获取更大的利润，但如果某个金融机构的经营活动出现问题，将引发其他金融机构的信用危机，甚至对整个国民经济都会产生重大影响，为此，金融监管的首要目标是要维护国家金融体系的安全和稳定。

2. 保护消费者和公众利益

金融机构作为信用中介，集中了社会公众和各部门的闲置资金，在为存款人或投资者等消费者和社会公众提供金融服务的同时，其经营状况还直接关系到每一位消费者的利益。而金融机构由于业务的高度专业性，普通消费者通常难以掌握其经营状况，合法权益难以得到有效保障，而存款人和投资者的信心，是金融市场存在和发展的前提，因此，维护消费者和公众的合法权益是金融监管要实现的重要目标。

3. 促进金融业公平有效竞争

竞争是市场经济的基本规律，也是保护先进、淘汰落后的有效机制。良好的金融秩序是保证金融安全的重要前提，公平合理的竞争是保持良好金融秩序的重要条件。为了金融业的健康发展，金融监管当局要创造一个公平、高效、适度、有序的竞争环境，既要保证不会由于金融业高度垄断而丧失效率和活力，又要防止出现过度竞争而波及金融业的安全和稳定。

（四）金融市场监管的原则

1. 独立监管原则

独立监管原则是指监管机构不受政府不当干预和利益集团俘获，按照法定监管目标实施监管。监管独立性可以进一步区分为目标独立性和工具独立性。政府可以设定监管目标，但监管机构要能够独立决定如何实现监管目标。

2. 审慎监管原则

审慎监管原则是指监管机构应当关注金融机构如何衡量和管理经营中的风险，而不仅仅是其业务和风险水平是否符合规定。换言之审慎监管原则，坚持金融监管要以金融机构的风险管理为基础和核心，在制度构建时更加注重激励相容，金融监管不能仅仅考察监管目标，还应当参照金融机构的经营目标，将经营机构的内部风险管理和市场约束纳入监管范畴，引导这两种力量来支持监管目标的实现。

3. 适度监管原则

金融监管是一把双刃剑，适度的金融监管可以减少系统风险，保证金融市场稳定，提高金融运行的效率；但监管过度可能阻碍金融业发展，降低金融机构的竞争力。

4. 并表监管原则

并表监管是指金融监管机构应以整个金融集团为对象，对金融集团的总体经营和所有风险进行监管。这里的金融集团既包括集团境内外直接的分支机构和子公司，也包括集团的控股公司和金融附属公司。

5. 市场约束原则

市场约束也称纪律约束，是指在市场化环境下，银行利益相关方，包括存款人、债权人、银行股东等，出于对自身利益的考虑关注其利益所在银行的经营状况，并根据自身掌握的信息和对信息的研判，在必要的时候采取一定措施促使银行更加审慎经营。通常要求和鼓励金融机构及时、准确、全面地向公众披露信息，在信息可得的基础上，通过市场参与者以自由选择行为来发挥对机构的监督和制约作用，通过经济力量本身对金融机构和金融活动实施约束。

6. 监管协作原则

对于尚未设立超级监管机构的国家，通常存在多个金融监管机构，由于金融业务创新发展和金融控股公司等混业经营机构的出现，银行业、证券业和保险业品种交叉日益增多，为避免监管职能出现真空地带，加强监管机构之间的协作十分重要。而且随着金融全球化的发展，跨国金融集团大量出现，且规模不断膨胀，必须加强对跨国金融集团的监管，并防范金融风险在各国的快速传播。

（五）金融市场监管模式及我国的选择

1. 金融市场的主要监管模式

目前世界各国金融监管模式主要分为三类：分业监管模式、统一监管模式、超级监管模式。

（1）分业监管模式。分业监管是指对不同金融机构或金融业务按照所属行业进行划分，由不同的监管部门分别监管，早期的金融市场多采用这一监管模式。

（2）统一监管模式。就是按照监管目标的不同，将一项或几项监管目标赋予统一监管机构进行监管。目前采取统一监管模式的国家和地区越来越多，但基于各国不同的文化背景，金融市场发展路径和阶段、统一监管的方式和程度各不相同，例如有的国家将银行和证券市场的审慎监管统一交给一个监管机构负责，有的国家将证券和保险市场的审慎监管统一交给一个监管机构负责，还有的国家将银行和保险市场的审慎监管统一交给一个监管机构负责。

（3）超级监管模式。超级监管模式是统一监管模式的一种极端方式，即对不同金融机构的所有金融监管职能均交给一个监管机构统一负责。目前英国、新加坡、韩国等国家和地区采取这一模式，其主要特点是金融市场和金融机构相对集中，有利于超级监管模式的建立和运行。

2. 我国金融市场监管模式选择

近年来，随着各国金融经营模式的变化，我国严格的分业经营模式也有所松动，先是放宽分业经营限制，允许合格的证券商和基金公司进入银行同业拆借市场融资，允许保险资金有条件进入证券市场，允许合格商业银行设立基金管理公司；后于2003年和2005年分别对《商业银行法》和《证券法》进行修订，在保留“证券业和银行业、信托业、保险业实行分业经营、分业管理，证券公司与银行、信托、保险业务机构分别设立”规定的同时，明确“国家另有规定的除外”，为混业经营扫清了法律障碍。特别是金融控股公司作为混业经营的实现形式，发展迅猛，也对分业监管模式提出了重大挑战。因此，为适应我国混业经营发展的需要，2018年，中国银行保险监督管理委员会成立，其主要职责是依照法律法规统一监督管理银行业和保险业，维护银行业和保险业合法、稳健运行，防范和化解金融风险，保护金融消费者合法权益，维护金融稳定。

（六）金融市场监管的主要内容

为维护金融体系安全和稳定，保护消费者和公众利益，促进金融市场公平有效竞争，金融监管机构对各类金融机构实施监管的主要内容包括：

1．市场准入监管

金融市场准入监管是指金融监管机构允许经营金融产品的金融机构进入金融市场的行为。市场准入监管是金融监管的基础，金融市场准入包括三个方面：机构准入、业务准入和高级管理人员准入。

2．资本监管

资本监管是指为维护金融机构的清偿能力，保护公共利益，监管机构对金融机构资本充足率等资本状况作出特殊要求以及相关的监管措施。资本充足率是资本监管的基础概念，是指金融机构合格自有资本与风险资产的比例。制定最低的资本充足率，有助于降低存款者、债权人和其他利益相关人遭受损失的风险，并有助于监管者维护整个银行体系的稳定。

3．合规性监管

合规性监管是指通过集合检查手段，对金融机构执行金融法律法规、政策制度等情况进行监管，以规范金融机构经营行为，维护金融秩序。但是由于各项监管规章制度往往落后于金融业务的快速发展，因而合规性监管有一定的滞后性，而且合规性监管没有深入了解金融机构的风险管理水平，因而难以掌握金融机构真实的管理水平和风险状况，这就需要通过加强风险监管进行弥补。

4．风险监管

风险监管注重考核金融机构识别、衡量、监督和控制风险的能力和水平，尤其注重金融机构内部的风险控制和管理。风险监管的核心内容是通过资产负债比例管理和风险管理来制约金融机构的资产规模、资产结构和风险度，以达到资产的安全性、流动性和盈利性的统一。

5．公司治理结构监管

稳健的公司治理结构是金融监管有效发挥作用的基础，金融监管机构通常对金融机构的董事会、高级管理人员在公司治理和风险管理中的职责予以明确规定，并监督其人员职责履行情况。

6．市场退出监管

市场退出监管通常包括对于有问题的金融机构采取接管和救助措施；对于难以挽救的危机金融机构，及时采取收购兼并、破产等市场退出性处置措施，以防止演变为系统性风险或地区性金融风险。

二、商业银行监管法

（一）商业银行风险与监管

商业银行是指吸收公众存款、发放贷款、办理结算等业务的企业法人。商业银行与一般的工商企业一样，是以营利为目的的企业。但是商业银行又是不同于一般公司企业的特殊企业，其特殊性表现为经营对象的差异，其本质是为客户提供所有的金融服务，并以存贷款为主要信用业务，以获取利润为主要经营目标的金融机构。商业银行的风险主要有：（1）信用风险；（2）市场风险；（3）利率风险；（4）流动性风险；（5）操作风险。

（二）我国商业银行监管法律制度

在国际上，成立于1975年的“巴塞尔银行监管委员会”被广泛视为银行监管领域的首要国际组织。该委员会分别于1988年和1997年发布了《关于统一国际银行资本衡量和资本标准的协议》和《有效银行监管的核心原则》两份指导性文件，2006年又发布了新版的《有效银行监管的核心原则》，对银行业监管提出了新要求。

就我国商业银行的监管制度构建而言，在法律制度方面，结合国情，我国已初步实现了与这两份文件的接轨。

1. 我国商业银行的体系

自1984年开始，我国调整了中国人民银行的职能，由中国人民银行专门行使中央银行职能，从此我国形成了以中国人民银行为中心，以中国工商银行、中国银行、中国建设银行、中国农业银行为基础的专业银行组织体系。1995年《中华人民共和国商业银行法》（2004年、2015年两次修订）颁布后，正式确立了我国银行业的商业银行体系。我国目前的金融组织体系是以中国人民银行为核心，以商业银行为主体，包括政策性银行和众多非银行金融机构并存的网络。

2. 商业银行的设立

商业银行的设立，各国一般均采取核准设立的方式，我国也不例外。我国商业银行法规定，设立商业银行，应当经国务院银行业监督管理机构审查批准。未经国务院银行业监督管理机构批准，任何单位和个人不得从事吸收公众存款等商业银行业务，任何单位不得在名称中使用“银行”字样。商业银行变更登记事项、更换董事、高级管理人员以及分立、合并的，同样应当经国务院银行业监督管理机构审查批准。

设立商业银行，应当具备下列条件：（1）有符合《商业银行法》和《中华人民共和国公司法》规定的章程。（2）有符合《商业银行法》规定的注册资本最低限额。设立全国性商业银行的注册资本最低限额为十亿元人民币。设立城市商业银行的注册资本最低限额为一亿元人民币，设立农村商业银行的注册资本最低限额为五千万元人民币。注册资本应当是实缴资本。（3）有具备任职专业知识和业务工作经验的董事、高级管理人员。（4）有健全的组织机构和管理制度。（5）有符合要求的营业场所、安全防范措施和与业务有关的其他设施。设立商业银行，还应当符合其他审慎性条件。

商业银行的组织形式、组织机构适用《中华人民共和国公司法》的规定。

3. 商业银行的经营范围

依照《商业银行法》第3条的规定，商业银行可以经营下列部分或者全部业务：（1）吸收公众存款；（2）发放短期、中期和长期贷款；（3）办理国内外结算；（4）办理票据承兑与贴现；（5）发行金融债券；（6）代理发行、代理兑付、承销政府债券；（7）买卖政府债券、金融债券；（8）从事同业拆借；（9）买卖、代理买卖外汇；（10）从事银行卡业务；（11）提供信用证服务及担保；（12）代理收付款项及代理保险业务；（13）提供保管箱服务；（14）经国务院银行业监督管理机构批准的其他业务。

经营范围由商业银行章程规定，报国务院银行业监督管理机构批准。商业银行经中国人民银行批准，可以经营结汇、售汇业务。

4. 商业银行监管的目标

我国《银行业监督管理法》第 3 条第 1 款规定："银行业监督管理的目标是促进银行业的合法、稳健运行，维护公众对银行业的信心。"可见，我国商业银行监管的目标主要包括两个：（1）促进银行业的合法、稳健运行，保证银行业的健康经营和发展；（2）维护公众对银行业的信心。这样的监管目标完全符合巴塞尔银行监管委员会《有效银行监管的核心原则》对监管目标的建议，符合现代商业银行监管的目标。

5. 商业银行监管机构

中国银行保险监督管理委员会（简称银保监会），是监督管理商业银行的主要机构，依据《银行业监督管理法》及相关法律、法规履行相关监管职责。

与此同时，中国人民银行、国家审计部门以及商业银行内部的监察和稽核部门同样履行其自身对商业银行的特殊监管职责。

6. 商业银行监管的内容

（1）对商业银行的市场准入进行监管。我国《商业银行法》和《银行业监督管理法》都对商业银行的市场准入做出了规定，包括设立条件、最低注册资本、高级管理人员任职资格等，并经过银行业监督管理机构审核批准。

（2）对商业银行的业务运营进行监管。其主要内容包括：1）资本充足率监管。我国《商业银行法》第 39 条规定，商业银行贷款，资本充足率不得低于 8%。此外《商业银行资本充足率管理办法》引入国际上成熟的资本监管经验，建立了一套操作性强、透明度高的标准和程序，划分出资本充足、资本不足、资本严重不足三种情况，分别采取不同的监管措施。2）信贷风险监管。我国《商业银行法》第 39 条对信贷风险的监管亦作出了明确的规定："商业银行贷款，应当遵守下列资产负债比例管理的规定：……（二）流动性资产余额与流动性负债余额的比例不得超过百分之二十五……（四）对同一借款人的贷款余额与商业银行资本余额的比例不得超过百分之十……"3）流动性监管。我国《商业银行法》第 39 条对流动性资产的监管也作出了明确的规定："商业银行贷款，应当遵守下列资产负债比例管理的规定：……（三）流动性资产余额与流动性负债余额的比例不得低于百分之二十五……"此外，中国人民银行发布的《商业银行资产负债比例管理暂行监控指标》也对我国商业银行流动性监管的相关指标作出了详尽规定。

三、证券市场监管法

（一）证券法概述

1. 证券

证券是指发行人为筹集资本而发行的，表示持有人对发行人享有股权或者债权的书面凭证，包括股票、公司债券、投资基金、权证、证券期货和期权等金融衍生产品。我国《证券法》中规定的证券是指：股票、公司债券、存托凭证和国务院依法认定的其他证券。

2. 证券市场

证券市场是股票、公司债券等有价证券及其衍生产品发行和交易的场所。证券市场是市场经济的重要组成部分，它能够筹集资金、优化资源配置、调整产业结构、增强企业活力，是政府货币政策的重要依托。

从市场职能的角度，证券市场可以分为发行市场和交易市场。证券的发行市场，即一级市场，通过发行证券进行筹资活动。证券的交易市场，即二级市场，是对已发行的证券进行买卖、转让和流通的市场。

3. 证券法

证券法是指规范证券发行和交易行为、保护投资者合法权益、促进证券市场健康发展的法律规范的总称。狭义上的证券法，是指我国1998年制定的《中华人民共和国证券法》（2005年、2019年两次修订）。我国《证券法》规定，证券的发行和交易活动，必须遵循公开、公平、公正的原则，平等、自愿、有偿、诚实信用的原则，合法原则，分业经营、分业管理原则，以及国家集中统一监督管理与行业自律相结合原则。

（二）证券发行

1. 证券发行注册制

各国对证券发行普遍实行审核制度，即由证券监管机关依法对证券发行作出是否准予发行的决定。关于证券发行审核制度，世界上有注册制和核准制两种形式，前者以美国、日本为代表，后者以欧洲大陆国家为代表。我国在2019年12月《证券法》修订之前一直实行的是核准制，即由证券监管机构对证券发行进行严格的实质审查。《证券法》修订后，全面推行证券发行注册制度，对证券发行制度做了系统的修改完善。其第9条规定："公开发行证券，必须符合法律、行政法规规定的条件，并依法报经国务院证券监督管理机构或者国务院授权的部门注册。未经依法注册，任何单位和个人不得公开发行证券。证券发行注册制的具体范围、实施步骤，由国务院规定。"该规定为有关板块和证券品种分步实施注册制留出了必要的法律空间。

注册制下，证券发行者需提供与证券发行有关的一切信息，证券监管机构对发行者提供的资料进行审核，审查资料是否具有真实性、全面性、准确性与及时性，保证发行信息的彻底公开，不对证券发行者的实质性条件进行限制。在法定期限内，发行申报若未被证券监管机构拒绝注册，即可发行证券，无须政府授权。注册制的实施有利于简化审查程序，节省募集资金的时间，提高发行效率，但是对投资者的判断能力提出了较高要求。

2. 股票发行

根据发行方式，证券发行分为公开发行和非公开发行，向不特定对象发行证券或者向特定对象发行证券累计超过200人的，为公开发行；向特定对象发行证券，且累计人数不查过200人的，为非公开发行。

公司首次公开发行股票，应当符合下列条件：（1）具备健全且运行良好的组织机构；（2）具有持续经营能力；（3）最近三年财务会计报告被出具无保留意见审计报告；（4）发行人及其控股股东、实际控制人最近三年不存在贪污、贿赂、侵占财产、挪用财产或者破坏社会主义市场经济秩序的刑事犯罪；（5）经国务院批准的国务院证券监督管理机构规定的其他条件。

公开发行存托凭证的，应当符合首次公开发行新股的条件以及国务院证券监督管理机构规定的其他条件。

3. 债券发行

公开发行公司债券，应当符合下列条件：（1）具备健全且运行良好的组织机构；（2）最近三年平均可分配利润足以支付公司债券一年的利息；（3）国务院规定的其他条件。

公开发行公司债券筹集的资金，必须按照公司债券募集办法所列资金用途使用；改变资金用途，必须经债券持有人会议作出决议。公开发行公司债券筹集的资金，不得用于弥补亏损和非生产性支出。有下列情形之一的，不得再次公开发行公司债券：（1）对已公开发行的公司债券或者其他债务有违约或者延迟支付本息的事实，仍处于继续状态；（2）违反本法规定，改变公开发行公司债券所募资金的用途。

（三）证券交易

证券交易是指证券持有人在证券交易场所依照交易规则将证券转让给其他投资者，对方支付对价的法律行为。

1. 证券上市

证券上市是指发行公司与证券交易所之间订立上市契约，发行公司将其发行的有价证券在证券交易所的集中交易市场买卖的法律行为。证券上市是链接证券发行市场和交易市场的纽带，是证券在二级市场进行交易的前提。

申请证券上市交易，应当向证券交易所提出申请，由证券交易所依法审核同意，并由双方签订上市协议。申请证券上市交易，应当符合证券交易所上市规则规定的上市条件，包括对发行人的经营年限、财务状况、最低公开发行比例和公司治理、诚信记录等提出的要求。

2. 证券交易的一般规定

（1）证券交易当事人依法买卖的证券，必须是依法发行并交付的证券。非依法发行的证券，不得买卖。依法发行的证券，《公司法》和其他法律对其转让期限有限制性规定的，在限定的期限内不得转让。

（2）上市公司持有百分之五以上股份的股东、实际控制人、董事、监事、高级管理人员，以及其他持有发行人首次公开发行前发行的股份或者上市公司向特定对象发行的股份的股东，转让其持有的本公司股份的，不得违反法律、行政法规和国务院证券监督管理机构关于持有期限、卖出时间、卖出数量、卖出方式、信息披露等的规定，并应当遵守证券交易所的业务规则。

（3）为证券发行出具审计报告或者法律意见书等文件的证券服务机构和人员，在该证券承销期内和期满后六个月内，不得买卖该证券。为发行人及其控股股东、实际控制人，或者收购人、重大资产交易方出具审计报告或者法律意见书等文件的证券服务机构和人员，自接受委托之日起至上述文件公开后五日内，不得买卖该证券。实际开展上述有关工作之日早于接受委托之日的，自实际开展上述有关工作之日起至上述文件公开后五日内，不得买卖该证券。

（4）证券交易场所、证券公司和证券登记结算机构的从业人员，证券监督管理机构的工作人员以及法律、行政法规规定禁止参与股票交易的其他人员，在任期或者法定限期内，不得直接或者以化名、借他人名义持有、买卖股票或者其他具有股权性质的证券，也不得收受他人赠送的股票或者其他具有股权性质的证券。任何人在成为前款所列人员时，其原已持有的股票或者其他具有股权性质的证券，必须依法转让。实施股权激励计划或者员工持股计划的证券公司的从业人员，可以按照国务院证券监督管理机构的规定持有、卖出本公司股票或者其他具有股权性质的证券。

(5) 证券交易场所、证券公司、证券登记结算机构、证券服务机构及其工作人员应当依法为投资者的信息保密，不得非法买卖、提供或者公开投资者的信息；不得泄露所知悉的商业秘密。

(四) 证券监管

1. 证券监管机构

我国《证券法》规定：国务院证券监督管理机构依法对全国证券市场实行集中统一监督管理。国务院证券监督管理机构根据需要可以设立派出机构，按照授权履行监督管理职责。国务院证券监督管理机构，即中国证监会，设有股票发行审核委员会和国际顾问委员会两个专门委员会，并设有内部职能部门、派出机构等，在对证券市场实施监督管理中，根据国务院的授权依法履行下列职责：

(1) 依法制定有关证券市场监督管理的规章、规则，并依法进行审批、核准、注册，办理备案；

(2) 依法对证券的发行、上市、交易、登记、存管、结算等行为，进行监督管理；

(3) 依法对证券发行人、证券公司、证券服务机构、证券交易场所、证券登记结算机构的证券业务活动，进行监督管理；

(4) 依法制定从事证券业务人员的行为准则，并监督实施；

(5) 依法监督检查证券发行、上市、交易的信息披露；

(6) 依法对证券业协会的自律管理活动进行指导和监督；

(7) 依法监测并防范、处置证券市场风险；

(8) 依法开展投资者教育；

(9) 依法对证券违法行为进行查处；

(10) 法律、行政法规规定的其他职责。

2. 我国证券业的自律监管

我国《证券法》第 96 条第 1 款规定，证券交易所、国务院批准的其他全国性证券交易场所是为证券集中交易提供场所和设施，组织和监督证券交易，实行自律管理的法人。第 164 条规定，证券业协会是证券业的自律性组织，是社会团体法人。由此可见，我国证券业的自律监管主要是证券交易所和证券业协会的监管。

证券交易所是为证券的集中交易提供场所和设施，组织和监督证券交易，实行自律管理的法人，分为公司制和会员制两类。我国的证券交易所是不以营利为目的的会员制事业单位法人。1990 年 12 月和 1991 年 7 月上海证券交易所和深圳证券交易所分别正式营业，目前，我国证券交易所的监管就是指上海证券交易所和深圳证券交易所的监管。根据《证券法》和《证券交易所管理办法》等的相关规定，其自律监管的职能主要体现在以下方面：

（1）证券交易所对证券交易活动的监管。证券交易所对证券交易活动的监管，是通过制定交易规则、公布交易信息、进行实时监控、采取技术性停牌或者临时停市措施来实现的。

（2）证券交易所对上市公司的监管。包括：制定具体的上市规则；订立上市协议；建立上市保荐人制度；暂停、终止上市交易；督促信息披露。

证券业协会是由证券商组成的对证券行业实行自律监管的组织，是社会团体法人。它制定和实施行业自律规则，监督、检查会员及其从业人员行为，对违反法律、行政法规、自律规则或者协会章程的，按照规定给予纪律处分或者实施其他自律管理措施；对会员之间、会员与客户之间发生的证券业务纠纷进行调解等。

3. 信息披露

信息披露制度是指证券发行人及其他信息披露义务人，按照法律规定，将公司及证券的有关信息真实、准确、完全、及时地公开，以供证券投资者作出投资判断，从而维护证券投资者合法权益的法律制度。信息披露制度是政府管理证券市场的重要手段，是证券市场的核心和基石。我国《证券法》第五章专门对信息披露的标准、主体和内容做出了详细规定。

《证券法》第 78 条规定："发行人及法律、行政法规和国务院证券监督管理机构规定的其他信息披露义务人，应当及时依法履行信息披露义务。信息披露义务人披露的信息，应当真实、准确、完整，简明清晰，通俗易懂，不得有虚假记载、误导性陈述或者重大遗漏。证券同时在境内境外公开发行、交易的，其信息披露义务人在境外披露的信息，应当在境内同时披露。"

信息披露的意义在于：（1）有利于证券监督管理机构全面审查发行人、上市公司的情况，对是否准予发行证券做出准确判断；（2）有利于维护市场的公平性，使投资者有平等的获取信息的机会，防止出现内幕交易，操纵市场和欺诈现象；（3）有利于公司改善经营管理，提高公司治理水平。

信息披露制度包括证券发行的信息披露、证券上市的信息披露和证券上市后的持续信息披露制度。信息披露的内容主要是：公司财务信息和公司治理的信息，以及可能对上市公司股票和上市交易的公司债券交易价格产生较大影响的重大事件。

4. 投资者保护与禁止的交易行为

（1）我国《证券法》规定，根据财产状况、金融资产状况、投资知识和经验、专业能力等因素，投资者可以分为普通投资者和专业投资者。证券公司向投资者销售证券、提供服务时，应当按照规定充分了解投资者的基本情况、财产状况、金融资产状况、投资知识和经验、专业能力等相关信息；如实说明证券、服务的重要内容，充分揭示投资风险；销售、提供与投资者上述状况相匹配的证券、服务。证券公司违反上述规定导致投资者损失的，应当承担相应的赔偿责任。

（2）证券交易内幕信息的知情人或者非法获取内幕信息的人，在内幕信息公开以前，不得买卖该公司的证券，或者披露该信息，或者建议他人买卖该证券。违反法律规定从事内幕交易的，责令依法处理非法持有的证券，没收违法所得。国务院证券监督管理机构工作人员从事内幕交易的，从重处罚。

（3）在证券交易活动中作出虚假陈述或者信息误导的，责令改正，并处以罚款；属于国家工作人员的，还应当依法给予处分。

（4）以获取利益或减少损失为目的，利用手中掌握的资金等优势，操纵证券市场给投资者造成损失的，行为人应当依法承担赔偿责任。

上述行为构成犯罪的，依法承担刑事责任。

四、保险市场监管法

（一）保险市场监管法概述

保险市场监管是一个国家对本国保险业的监督和管理，即国家保险监督管理机构依照法定职权对保险市场和保险企业监督管理的活动。保险业是一个特殊的行业。首先，它以各种风险为经营对象，行业本身具有风险事故发生的偶然性和不平衡性。其次，保险业务具有风险性，保险业务承保的风险范围广、经营的险种多，囊括了社会经济各个领域。再次，保险影响具有广泛性，一旦保险公司经营不善，则将可能影响社会生活的各个方面，关系到社会经济的稳定与发展。

因此，加强对保险业的监管，其目的主要在于：（1）保证保险公司的偿付能力，保护被保险人及受益人的合法权益；（2）规范保险市场的行为，防止利用保险进行欺诈；（3）维护保险市场秩序，最终促进保险业的健康发展。

此处所说的保险不同于《社会保险法》中的养老保险、工伤保险、医疗保险等社会保险，是一种商业行为，以营利为目的。现代保险法在内容上包括两大部分：一是保险合同，主要调整保险合同当事人和关系人之间的法律关系；二是保险业法，主要调整相关监管机构对保险公司等保险法主体的监督和管理关系。我国的保险市场监管法可以分为两部分：（1）《保险法》中的有关保险监管的法律规定；（2）我国保险监管机构颁布的大量规章，如《保险代理人监管规定》（2020 年 11 月公布）、《保险公司管理规定》（2009 年发布，2015 年修订）等。

（二）保险监管机构

2018 年 3 月，根据第十三届全国人大第一次会议通过的《关于国务院机构改革的决定》，新组建的中国银行保险监督管理委员会承担监督管理保险业的职责。保险监督管理机构遵循依法、公开、公正的原则，对保险业实施监督管理，维护保险市场秩序，保护投保人、被保险人和受益人的合法权益。

（三）保险监管内容

1. 市场准入监管

设立保险公司应当经国务院保险监督管理机构批准。《保险法》第 68 条规定，设立保险公示应具备下列条件：（1）主要股东具有持续盈利能力，信誉良好，最近三年内无重大违法违规记录，净资产不低于人民币二亿元；（2）有符合本法和《中华人民共和国公司法》规定的章程；（3）有符合本法规定的注册资本；（4）有具备任职专业知识和业务工作经验的董事、监事和高级管理人员；（5）有健全的组织机构和管理制度；（6）有符合要求的营业场所和与经营业务有关的其他设施；（7）法律、行政法规和国务院保险监督管理机构规定的其他条件。设立保险公司，其注册资本的最低限额为人民币 2 亿元。注册资本必须为实缴货币资本。

保险公司的董事、监事和高级管理人员，应当品行良好，熟悉与保险相关的法律、行政法规，具有履行职责所需的经营管理能力，并在任职前取得保险监督管理机构核准的任职资格。

2. 变更监管

保险公司有下列情形之一的，应当经保险监督管理机构批准：（1）变更名称；（2）变更注册资本；（3）变更公司或者分支机构的营业场所；（4）撤销分支机构；（5）公司分立或者合并；（6）修改公司章程；（7）变更出资额占有限责任公司资本总额百分之五以上的股东，或者变更持有股份有限公司股份百分之五以上的股东；（8）国务院保险监督管理机构规定的其他情形。

3. 保险公司终止的监管

（1）保险公司的解散。保险公司因分立、合并需要解散，或者股东会、股东大会决议解散，或者公司章程规定的解散事由出现，经国务院保险监督管理机构批准后方可解散。保险公司解散，应当依法成立清算组进行清算。经营有人寿保险业务的保险公司，除因分立、合并或者被依法撤销外，不得解散。

（2）保险公司的撤销。保险公司因违法经营被依法吊销经营保险业务许可证的，或者偿付能力低于国务院保险监督管理机构规定标准，不予撤销将严重危害保险市场秩序、损害公共利益的，由国务院保险监督管理机构予以撤销并公告，依法及时组织清算组进行清算。

（3）保险公司的破产。保险公司有破产法规定的破产情形的，经国务院保险监督管理机构同意，保险公司或者其债权人可以依法向人民法院申请重整、和解或者破产清算；国务院保险监督管理机构也可以依法向人民法院申请对该保险公司进行重整或者破产清算。

（4）合法权益保护。经营有人寿保险业务的保险公司被依法撤销或者被依法宣告破产的，其持有的人寿保险合同及责任准备金，必须转让给其他经营有人寿保险业务的保险公司；不能同其他保险公司达成转让协议的，由国务院保险监督管理机构指定经营有人寿保险业务的保险公司接受转让。转让或者由国务院保险监督管理机构指定接受转让前款规定的人寿保险合同及责任准备金的，应当维护被保险人、受益人的合法权益。

4. 经营监管

（1）经营范围的监管。保险公司的业务范围通常包括：1）人身保险业务，包括人寿保险、健康保险、意外伤害保险等保险业务；2）财产保险业务，包括财产损失保险、责任保险、信用保险、保证保险等保险业务；3）国务院保险监督管理机构批准的与保险有关的其他业务。

经营范围的监管通常包括两个方面：一是保险人可否兼营保险以外的其他业务，非保险人可否兼营保险和类似保险的业务；二是同一保险公司可否经营性质不同的数种保险业务。

我国《保险法》明确确定：保险公司应当在国务院保险监督管理机构依法批准的业务范围内从事保险经营活动。保险人不得兼营人身保险业务和财产保险业务。但是，经营财产保险业务的保险公司经国务院保险监督管理机构批准，可以经营短期健康保险业务和意外伤害保险业务。

保险业和银行业、证券业、信托业实行分业经营、分业管理，保险公司与银行、证券、信托业务机构分别设立。国家另有规定的除外。

（2）保险条款和费率的监管。保险合同是一种专业性很强的技术合同。在实际生活中，保险合同的内容及主要条款由保险人一方确定，投保人只能依据保险人设定的不同险种的标准合同进行选择。从表面上看，保险合同是双方当事人自愿订立的，实际上双方当事人之间存在信息不对称、交易力量不对等、投保人保险知识缺乏等差异，这就在客观上要求保险监管机构需要从保护被保险人权益出发，对保险合同及其条款进行严格的审查，以达到公平合理的目的。

我国《保险法》规定：关系社会公众利益的保险险种、依法实行强制保险的险种和新开发的人寿保险险种等的保险条款和保险费率，应当报国务院保险监督管理机构批准。国务院保险监督管理机构审批时，应当遵循保护社会公众利益和防止不正当竞争的原则。其他保险险种的保险条款和保险费率，应当报保险监督管理机构备案。

保险公司使用的保险条款和保险费率违反法律、行政法规或者国务院保险监督管理机构的有关规定的，由保险监督管理机构责令停止使用，限期修改；情节严重的，可以在一定期限内禁止申报新的保险条款和保险费率。

5. 财务监管

（1）资金运用监管。我国《保险法》规定：保险公司的资金运用必须稳健，遵循安全性原则，并保证资产的保值增值。保险公司的资金运用限于以下形式：1）银行存款；2）买卖债券、股票、证券投资基金份额等有价证券；3）投资不动产；4）国务院规定的其他资金运用形式。

（2）偿付能力监管。偿付能力的监管是国家对保险业监管的首要目标，也是其监管的核心目标。保证公司偿付能力的措施包括保证金、责任准备金、公积金、保险保障基金及其他手段。

保证金是指国家规定保险公司成立时向国家缴存的保证金额。保险公司应当按照其注册资本总额的20%提取保证金，存入国务院保险监督管理机构指定的银行。除公司清算时用于清偿债务外，不得动用。

责任准备金是指保险公司为了承担未到期责任和处理未决赔款而从保险费收入中提存的一种资金准备。

公积金是保险公司按照《公司法》和公司章程的规定，提取的不做利润分配而提留备用的部分积累资金。保险公司应当依法提取公积金。

保险保障基金是用于保险公司被撤销、被宣告破产或国务院有关机构认定的属于保险业面临的重大危机，可能严重危及社会公共利益和金融稳定的情况下，用于向保单持有人或者保单受让公司等提供救济的法定基金。

其他手段包括经营财产保险业务的保险公司当年自留保险费，不得超过其实有资本金加公积金总和的四倍。保险公司对每一危险单位，即对一次保险事故可能造成的最大损失范围所承担的责任，不得超过其实有资本金加公积金总和的百分之十；超过的部分应当办理再保险。

对偿付能力不足的保险公司，监管机构应当将其列为重点监管对象，并可以根据具体情况采取下列措施：1）责令增加资本金、办理再保险；2）限制业务范围；3）限制向股东分红；4）限制固定资产购置或者经营费用规模；5）限制资金运用的形式、比例；6）限制增设分支机构；7）责令拍卖不良资产、转让保险业务；8）限制董事、监事、高级管理人员的薪酬水平；9）限制商业性广告；10）责令停止接受新业务。

(3) 财务状况监管。保险公司应当于每一会计年度终了后三个月内，将上一年度的营业报告、财务会计报告及有关报表报送监管机构，并依法公布。

6. 特殊监管

对保险公司实施整顿和接管，是监管机构对保险公司的经营活动采取的特殊监管措施。

保险公司的整顿，是指在保险公司有违反《保险法》规定的某些行为时，并且在监管部门规定的期限内未予改正的情况下，国家监管部门采取的对该保险公司进行整治、监督，介入其日常管理的行为。

保险公司的接管，是指在保险公司实施了违反《保险法》规定的某些行为并且造成了严重后果的情况下，监管机构采取必要的措施代为行使该保险公司的经营管理权力，以保护被保险人利益，恢复保险公司正常经营的行为。

相关案例

包商银行被接管案

包商银行成立于1998年12月，是内蒙古自治区最早成立的股份制商业银行，前身为包头市商业银行，2007年9月经中国银监会批准更名为包商银行。被接管前，包商银行在全国设有18家分行、291个营业网点，以及29家村镇银行，机构遍布全国16个省、市、自治区。根据监管披露的信息，明天集团持有包商银行89%的股权，而包商银行大量资金被明天集团违规占用，形成逾期，导致包商银行出现严重的信用风险。自2017年起，包商银行资本充足率已低于监管要求。资本充足率要求作为银行业监管红线，指标意义重大，从包商银行案例来看，持续增加的信用风险和资产质量压力首先侵蚀利润，银行难以进行内源性资本补充，而包商银行为非上市商业银行，且主要股东均为明天集团关联公司，一旦股东集中出现问题，则外源性资本补充难度同时加大。低于监管红线的资本充足率将从各方面显著影响经营。具体表现为：盈利能力持续恶化，资产不良率持续攀升，同业负债占比偏高，资本补充压力巨大。截至2017年3季度末，其资本充足率为9.5%，已无法满足10.5%的监管要求；核心一级资本充足率为7.4%，也低于7.5%的监管要求。2019年5月24日，包商银行被中国人民银行、银保监会依法接管，接管期限一年。在2019年6月完成大额债权收购与转让后，7—9月完成了清产核资，10月起接管领导小组启动了包商银行改革重组事宜。2020年4月9日，银保监会批准了新银行即蒙商银行的筹建申请；4月29日，银保监会内蒙古监管局批准了蒙商银行的开业申请。4月30日，蒙商银行完成工商登记，依法设立。蒙商银行定位为城市商业银行，经营范围界定为内蒙古自治区内，回归内蒙古、服务内蒙古经济社会发展。经营宗旨为扎根内蒙古，依法稳健经营，建成资本充足、内控严密、运营安全、服务和效益良好的区域性商业银行。

相关案例

抚顺特钢财务造假案

本案系一起国有上市企业长期系统性造假的典型案件。2010 年至 2017 年 9 月，抚顺特殊钢股份有限公司（简称抚顺特钢）滥用特殊钢原料投炉废料可作普通钢原料的特点，伪造“返回钢”入库凭证虚增库存，虚增利润约 19 亿元。2019 年 5 月，抚顺特钢未按期披露 2017 年年度报告和 2018 年季报被行政处罚。本案表明，证监会将持续加大对各类信息披露违法行为的打击力度，督促上市公司严格依法履行各项信息披露义务，促进上市公司规范运作，推动上市公司质量不断提高。

相关案例

安邦保险重组为“大家保险”

2018 年 2 月 23 日，银保监会发布公告，鉴于安邦集团存在违反《保险法》规定的经营行为，可能严重危及公司偿付能力，银保监会宣布接管安邦。经过两年重组为“大家保险”。截至 2020 年 1 月，接管前安邦集团发行的 1.5 万亿元中短存续期理财保险已全部兑付，未发生一起逾期和违约事件，平稳度过现金流的给付高峰，有力地保障了保险消费者合法权益。

相关案例

银保监会依法对天安财险、华夏人寿、天安人寿、易安财险、新时代信托、新华信托等六家机构实施接管

2020 年 7 月 16 日，银保监会发布公告称，自 2020 年 7 月 17 日起，将依法对天安财险、华夏人寿、天安人寿、易安财险、新时代信托、新华信托等六家机构实施接管，接管期限为一年，如接管工作未达到预期效果，接管期限依法延长。从接管之日起，被接管机构股东大会、董事会、监事会停止履行职责，相关职能全部由接管组承担。接管组行使被接管机构经营管理权，接管组组长行使被接管机构法定代表人职责。被接管原因是：鉴于天安财产保险股份有限公司、华夏人寿保险股份有限公司、天安人寿保险股份有限公司、易安财产保险股份有限公司触发了《中华人民共和国保险法》第 144 条规定的接管条件，公司偿付能力严重不足；新时代信托股份有限公司、新华信托股份有限公司触发了《中华人民共和国银行业监督管理法》第 38 条和《信托公司管理办法》第 55 条规定的接管条件，已经或者可能发生信用危机。为保护保险活动当事人、信托当事人合法权益，维护社会公共利益，中国银保监会决定对上述六家机构实施接管。接管后，消费者可以购买天安财险等六家机构正常在售的金融产品。被接管的六家机构经营不中断，可以正常开展业务。接管前签订的保险合同继续有效。

【法考练习题】

1.【2000 年】依照《产品质量法》的规定，下列何种产品属于该法所称的产品？（　　）

A. 芝麻油　　B. 大坝　　C. 冰毒　　D. 电力

【参考答案】A

解析：大坝属于建设工程，冰毒属于非法产品，电力属于未经过加工、制作的产品，它们均不属于《产品质量法》的适用范围。

2.【2002 年】下列哪些产品的包装不符合《产品质量法》的要求？（　　）

A. 某商场销售的“三星”彩电只有韩文和英文的说明书

B. 某厂生产的火腿肠没有标明厂址

C. 某厂生产的香烟上没有标明“吸烟有害身体健康”

D. 某厂生产的瓶装葡萄酒没有标明酒精度

【参考答案】ABCD

解析：根据《产品质量法》第 27 条的规定，产品或者其包装上应当有中文标明的产品名称、厂名和厂址；根据产品的特点和要求需要标明产品规格、等级、所含主要成分的名称和含量的，用中文相应予以标明。可见 ABD 都不符合《产品质量法》的要求。第 28 条规定，有毒物品依照国家有关规定作出警示标志或者用中文警示说明。香烟含有焦油，对人体有毒有害，国家有关部门规定香烟包装上必须标明“吸烟有害身体健康”，故 C 项也不符合《产品质量法》的要求。

3.【2010 年】根据《产品质量法》规定，下列哪一说法是正确的？（　　）

A.《产品质量法》对生产者、销售者的产品缺陷责任均实行严格责任

B.《产品质量法》对生产者产品缺陷实行严格责任，对销售者实行过错责任

C. 产品缺陷造成损害要求赔偿的诉讼时效期间为二年，从产品售出之日起计算

D. 产品缺陷造成损害要求赔偿的请求权在缺陷产品生产日期满十年后丧失

【参考答案】B

解析：选项 A 错误，选项 B 正确。我国《产品质量法》对生产者、销售者的产品缺陷责任分别作了不同规定，对生产者实行严格责任，对销售者实行过错责任。选项 C、D 错误。《产品质量法》第 45 条规定，因产品存在缺陷造成损害要求赔偿的诉讼时效期间为二年，自当事人知道或者应当知道其权益受到损害时起计算。因产品存在缺陷造成损害要求赔偿的请求权，在造成损害的缺陷产品交付最初消费者满十年丧失；但是，尚未超过明示的安全使用期的除外。

4.【2016 年】某企业明知其产品不符合食品安全标准，仍予以销售，造成消费者损害。关于该企业承担的法律责任，下列哪一说法是错误的？（　　）

A. 除按照消费者请求赔偿实际损失之外，并按消费者要求支付所购食品价款十倍的赔偿金

B. 应当承担民事赔偿责任和缴纳罚款、罚金的，优先支付罚款、罚金

C. 可能被采取的强制措施种类有责令改正、警告、停产停业、没收、罚款、吊销许可证

D. 如该企业被吊销食品生产许可证，其直接负责的主管人员五年内不得从事食品生产经营管理工作

【参考答案】B

解析：选项 A 说法正确，《食品安全法》第 148 条规定：生产不符合食品安全标准的

食品或者经营明知是不符合食品安全标准的食品，消费者除要求赔偿损失外，还可以向生产者或者经营者要求支付价款十倍或者损失三倍的赔偿金；增加赔偿的金额不足一千元的，为一千元。选项B说法错误，《食品安全法》第147条规定：违反本法规定，造成人身、财产或者其他损害的，依法承担赔偿责任。生产经营者财产不足以同时承担民事赔偿责任和缴纳罚款、罚金时，先承担民事赔偿责任。选项C说法正确，违反食品安全标准，可能被采取的强制措施种类包括责令改正、警告、停产停业、没收、罚款、吊销许可证。选项D说法正确，《食品安全法》第135条第1款规定：被吊销许可证的食品生产经营者及其法定代表人、直接负责的主管人员和其他直接责任人员自处罚决定作出之日起五年内不得申请食品生产经营许可，或者从事食品生产经营管理工作、担任食品生产经营企业食品安全管理人员。故选B。

5.【2011年】关于食品添加剂管制，下列哪一项说法符合《食品安全法》的规定？(　　)

A. 向食品生产者供应新型食品添加剂的，必须持有省级卫生行政部门发放的特别许可证

B. 未获得食品添加剂销售许可的企业，不得销售含有食品添加剂的食品

C. 生产含有食品添加剂的食品的，必须给产品包装加上载有“食品添加剂”字样的标签

D. 销售含有食品添加剂的食品的，必须在销售场所设置载明“食品添加剂”字样的专柜

【参考答案】C

解析：《食品安全法》规定，国家对食品添加剂的生产实行许可制度。食品添加剂新品种的生产需要报国务院卫生行政部门审批，而非由省级卫生行政部门发放特别许可证，故A项错误。《食品安全法》仅是要求新的食品添加剂生产之前，相关生产者应向国务院卫生行政部门申请许可。如果该食品添加剂通过评估，进入允许使用范围，生产者在生产中只须符合相应食品安全标准对食品添加剂的品种、范围、用量的规定即可使用该添加剂，因此B选项不正确。同样，《食品安全法》没有规定食品销售者销售含有食品添加剂的食品时，需要在销售场所设置载明“食品添加剂”字样专柜的注意义务，因此D项于法无据，不当选。

《食品安全法》第70条规定：“食品添加剂应当有标签、说明书和包装。标签、说明书应当载明本法第六十七条第一款第一项至第六项、第八项、第九项规定的事项，以及食品添加剂的使用范围、用量、使用方法，并在标签上载明‘食品添加剂’字样。”据此，食品添加剂的标签中应当载明“食品添加剂”字样；含有食品添加剂的食品同样需要在产品包装上标明食品添加剂的具体名称。因此，C选项正确。

6.【2009年】关于国家食品安全风险监测制度，下列哪些表述是正确的？(　　)

A. 食品安全风险监测制度以食源性疾病、食品污染以及食品中的有害因素为监测对象

B. 食品安全风险监测计划由国务院卫生行政部门会同有关部门制定、实施

C. 通过食品安全风险监测发现食品安全隐患时，国务院卫生行政部门应当立即进行检验和食品安全风险评估

D. 食品安全风险监测信息是制定、修订食品安全标准和对食品安全实施监督管理的科学依据

【参考答案】ABC

解析：《食品安全法》规定，国家建立食品安全风险监测制度，对食源性疾病、食品污染以及食品中的有害因素进行监测，故选项A正确。《食品安全法》规定，国务院卫生行政部门会同国务院食品安全监督管理等部门，制定、实施国家食品安全风险监测计划，故选项B正确。《食品安全法》规定，有下列情形之一的，应当进行食品安全风险评估：（1）通过食品安全风险监测或者接到举报发现食品、食品添加剂、食品相关产品可能存在安全隐患的……故选项C正确。《食品安全法》规定，食品安全风险评估结果是制定、修订食品安全标准和实施食品安全监督管理的科学依据，选项D错误。

7.【模拟】下列关于医疗、药品、医疗器械广告的说法错误的是（　　）。

A. 不得含有功效、安全性的断言或者保证的内容

B. 不得含有说明治愈率或者有效率的内容

C. 医疗、药品、医疗器械广告发布前需要经过广告审查机关审查广告内容

D. 可以利用广告代言人作推荐、证明

【参考答案】D

解析：《广告法》规定，药品、医疗器械广告不得有下列内容：（1）表示功效、安全性的断言或者保证；（2）说明治愈率或者有效率；（3）与其他商品、医疗器械的功效和安全性或者其他医疗机构比较；（4）利用广告代言人作推荐、证明；（5）法律、行政法规禁止的其他内容。根据该条的规定，ABC选项正确，D选项错误。

8.【模拟】下列关于虚假广告的说法错误的是（　　）。

A. 广告商品或者服务不存在的为虚假广告

B. 广告商品的性能与实际情况不符，对购买行为有实质性影响的为虚假广告

C. 两年内发布虚假广告三次以上或者有其他严重情节的，处广告费用三倍以上五倍以下的罚款

D. 广告以虚假或者引人误解的内容欺骗、误导消费者的，构成虚假广告

【参考答案】C

解析：《广告法》规定，广告不得含有虚假的内容，不得欺骗和误导消费者。广告以虚假或者引人误解的内容欺骗、误导消费者的，构成虚假广告。广告有下列情形之一的，为虚假广告：（1）商品或者服务不存在的；（2）商品的性能、功能、产地、用途、质量、规格、成分、价格、生产者、有效期限、销售状况、曾获荣誉等信息，或者服务的内容、提供者、形式、质量、价格、销售状况、曾获荣誉等信息，以及与商品或者服务有关的允诺等信息与实际情况不符，对购买行为有实质性影响的；（3）使用虚构、伪造或者无法验证的科研成果、统计资料、调查结果、文摘、引用语等信息作证明材料的；（4）虚构使用商品或者接受服务的效果的；（5）以虚假或者引人误解的内容欺骗、误导消费者的其他情形。所以根据上述法条的规定，ABD正确。选项C错误。《广告法》规定，两年内有三次以上违法行为或者有其他严重情节的，处广告费用五倍以上十倍以下的罚款，所以C选项错误，答案是C。

9.【模拟】下列说法错误的是（　　）。

A. 广告主、广告经营者、广告发布者之间在广告活动中应当依法订立书面合同

B. 广告中不得使用无民事行为能力人、限制民事行为能力人的名义或者形象

C. 广告经营者、广告发布者应当公布其收费标准和收费办法

D. 广告发布者向广告主、广告经营者提供的覆盖率、收视率、点击率、发行量等资料应当真实

【参考答案】B

解析：《广告法》规定，广告主、广告经营者、广告发布者之间在广告活动中应当依法订立书面合同，故选项A正确。《广告法》规定，广告主或者广告经营者在广告中使用他人名义或者形象的，应当事先取得其书面同意；使用无民事行为能力人、限制民事行为能力人的名义或者形象的，应当事先取得其监护人的书面同意，故选项B错误。《广告法》规定，广告经营者、广告发布者应当公布其收费标准和收费办法，故选项C正确。《广告法》规定，广告发布者向广告主、广告经营者提供的覆盖率、收视率、点击率、发行量等资料应当真实，故选项D正确。所以本题应选B。

10.【模拟】下列选项属于经营者的价格权利的是（　　）。

A. 自主制定属于市场调节的价格

B. 自主制定属于政府指导价规定的幅度外的价格

C. 自主制定属于政府定价的价格

D. 自主制定商品的价格

【参考答案】A

解析：根据《价格法》的规定，经营者进行价格活动，享有下列权利：(1) 自主制定属于市场调节的价格；(2) 在政府指导价规定的幅度内制定价格；(3) 制定属于政府指导价、政府定价产品范围内的新产品的试销价格，特定产品除外；(4) 检举、控告侵犯其依法自主定价权利的行为。所以本题应当选A。

11.【模拟】市场调节价的定价主体是（　　）。

A. 经营者　B. 行业主管部门　C. 价格主管部门　D. 消费者

【参考答案】A

解析：《价格法》规定，市场调节价，是指由经营者自主制定，通过市场竞争形成的价格。所以本题应当选A。

12.【模拟】价格的基本形式包括（　　）。

A. 市场零售价　B. 市场调节价　C. 政府指导价　D. 政府定价

【参考答案】BCD

解析：根据《价格法》的规定，国家实行并逐步完善宏观经济调控下主要由市场形成价格的机制。价格的制定应当符合价值规律，大多数商品和服务价格实行市场调节价，极少数商品和服务价格实行政府指导价或者政府定价。所以本题应当选BCD。

13.【模拟】根据《电子商务法》的规定，以下各项错误的是（　　）。

A. 国家平等对待线上线下商务活动，促进线上线下融合发展，各级人民政府和有关部门不得采取歧视性的政策措施，不得滥用行政权力排除、限制市场竞争

B. 国务院有关部门按照职责分工负责电子商务发展促进、监督管理等工作。市级以上地方各级人民政府可以根据本行政区域的实际情况，确定本行政区域内电子商

务的部门职责划分

C. 国家建立符合电子商务特点的协同管理体系，推动形成有关部门、电子商务行业组织、电子商务经营者、消费者等共同参与的电子商务市场治理体系

D. 电子商务行业组织按照本组织章程开展行业自律，建立健全行业规范，推动行业诚信建设，监督、引导本行业经营者公平参与市场竞争

【参考答案】B

解析：《电子商务法》规定，国家平等对待线上线下商务活动，促进线上线下融合发展，各级人民政府和有关部门不得采取歧视性的政策措施，不得滥用行政权力排除、限制市场竞争，故选项A正确。《电子商务法》规定，国务院有关部门按照职责分工负责电子商务发展促进、监督管理等工作。县级以上地方各级人民政府可以根据本行政区域的实际情况，确定本行政区域内电子商务的部门职责划分。选项中是市级政府，应当是县级以上政府，故选项B错误。《电子商务法》规定，国家建立符合电子商务特点的协同管理体系，推动形成有关部门、电子商务行业组织、电子商务经营者、消费者等共同参与的电子商务市场治理体系，故选项C正确。《电子商务法》第8条规定，电子商务行业组织按照本组织章程开展行业自律，建立健全行业规范，推动行业诚信建设，监督、引导本行业经营者公平参与市场竞争，故选项D正确。所以本题应选B。

14. **【模拟】**电子商务经营者，是指通过互联网等信息网络从事销售商品或者提供服务的经营活动的自然人、法人和非法人组织，不包括（　　）。

A. 电子商务平台经营者

B. 平台内经营者

C. 通过自建网站、其他网络服务销售商品或者提供服务的电子商务经营者

D. 消费者

【参考答案】D

解析：根据《电子商务法》规定，本法所称电子商务经营者，是指通过互联网等信息网络从事销售商品或者提供服务的经营活动的自然人、法人和非法人组织，包括电子商务平台经营者、平台内经营者以及通过自建网站、其他网络服务销售商品或者提供服务的电子商务经营者。根据该条，不包括D，所以本题应选D。

15. **【模拟】**某电子商务平台内一网店销售假酒，平台经营者知道情况后，并没有采取任何措施，电子商务平台经营者应当承担的责任形式是（　　）。

A. 与网店经营者承担连带责任

B. 对网店经营者的赔偿责任承担补充责任

C. 承担按份责任

D. 不承担责任

【参考答案】A

解析：《电子商务法》第38条规定，电子商务平台经营者知道或者应当知道平台内经营者销售的商品或者提供的服务不符合保障人身、财产安全的要求，或者有其他侵害消费者合法权益行为，未采取必要措施的，依法与该平台内经营者承担连带责任。根据该条的规定，本题应当选A。

16.【模拟】在下列哪种情况下，中国人民银行可以对商业银行实施接管？（　　）

A. 严重违法经营

B. 重大违约行为

C. 可能发生信用危机

D. 擅自开办新业务

【参考答案】 C

解析：《商业银行法》规定，当商业银行已经或者可能发生信用危机，严重影响存款人的利益时，国务院银行业监督管理机构可以对该银行实行接管。所以根据该法条的规定，答案应当选 C。

17.【模拟】根据我国《商业银行法》的规定，设立全国性商业银行注册资本的最低限额为（　　）元人民币。

A. 3 000 万　　B. 5 000 万　　C. 1 亿　　D. 10 亿

【参考答案】 D

解析：设立商业银行应当符合《商业银行法》规定的注册资本最低限额。设立全国性商业银行的注册资本最低限额为 10 亿元人民币，设立城市商业银行的注册资本最低限额为 1 亿元人民币，设立农村商业银行的注册资本最低限额为 5 000 万元人民币。所以本题应当选 D。

18.【2017】下列哪项不属于银监会监管职责的范围？（　　）

A. 依法发布对银行业金融机构监督管理的规章

B. 依法审批商业银行设立、变更、终止及业务范围

C. 依法对金融市场实施宏观调控

D. 依法指导和监督银行业自律组织的活动

【参考答案】 C

解析：《银行业监督管理法》第 15 条规定："国务院银行业监督管理机构依照法律、行政法规制定并发布对银行业金融机构及其业务活动监督管理的规章、规则。"所以 A 选项正确。

《银行业监督管理法》第 16 条规定："国务院银行业监督管理机构依照法律、行政法规规定的条件和程序，审查批准银行业金融机构的设立、变更、终止以及业务范围。"所以 B 选项正确。

《中国人民银行法》第 31 条规定："中国人民银行依法监测金融市场的运行情况，对金融市场实施宏观调控，促进其协调发展。"所以 C 选项错误，对金融市场实施宏观调控的权力属于中国人民银行，而不是银监会，这是宏观调控主体资格法定原则的体现。

《银行业监督管理法》第 31 条第 1 款规定："国务院银行业监督管理机构对银行业自律组织的活动进行指导和监督。"所以 D 选项正确。

19.【2020 年】依据我国《证券法》的相关规定，关于证券发行的表述，下列哪一选项是正确的？（　　）

A. 所有证券必须公开发行，而不得采用非公开发行的方式

B. 发行人可通过证券承销方式发行，也可由发行人直接向投资者发行

C. 只有依法正式成立的股份公司才可发行股票

D. 国有独资公司均可申请发行公司债券

【参考答案】 D

解析：A 项考查证券发行的方式。依据《证券法》第 10 条规定，证券发行既可以采取公开发行方式，也可以采取定向发行方式。A 项错误。

B 项考查证券发行是不是必须通过承销方式发行，《证券法》第 28 条规定："发行人向不特定对象发行的证券，法律、行政法规规定应当由证券公司承销的，发行人应当同证券公司签订承销协议。证券承销业务采取代销或者包销方式。"B 项说法过于绝对，错误。

C 项考查发行股票的主体。依据《证券法》第 12 条、第 13 条，《公司法》第 77 条规定，设立股份公司时也可募集股份。股份公司发行股票包括设立公司时的募集股份和公司成立后的发行新股。C 项错误。

D 项考查国有独资公司是否均可申请发行公司债券。依据《证券法》第 16 条规定，不管是股份公司还是有限公司，只要符合条件，均可申请发行债券。请注意是"申请"，如果没有这两个字，则是错误的。D 项正确。

20. **【2010 年】** 根据《证券法》，以下对证券交易所的描述，哪项是正确的？（　　）

A. 证券交易所是为证券集中交易提供场所和设施，组织和监督证券交易，实行自律管理的法人

B. 证券交易所是提供证券集中竞价交易场所的不以营利为目的的法人

C. 证券交易所的设立和解散，由国务院证券监督管理机构决定

D. 证券交易所章程的制定和修改，必须经国务院批准

【参考答案】 A

解析：我国《证券法》第 96 条第 1 款规定，证券交易所、国务院批准的其他全国性证券交易场所是为证券集中交易提供场所和设施，组织和监督证券交易，实行自律管理的法人。因此，A 选项正确。B 选项对证券交易所的描述有遗漏，故 B 项错误。证券交易所的设立和解散须经国务院批准决定，故 C 项错误。证券交易所章程的制定和修改必须经国务院证券监督管理机构批准，故 D 项错误。

21. **【模拟】** 下列关于《保险法》立法目的的描述，哪些是正确的？（　　）

A. 保护保险活动当事人的合法权益

B. 规范保险活动

C. 维护社会经济秩序和社会公共利益

D. 促进保险业的健康发展

【参考答案】 ABCD

解析：《保险法》第 1 条规定："为了规范保险活动，保护保险活动当事人的合法权益，加强对保险业的监督管理，维护社会经济秩序和社会公共利益，促进保险事业的健康发展，制定本法。"故 ABCD 全选。

22. **【模拟】** 关于保险业和银行业、证券业、信托业之间的经营管理和机构设置的描述，正确的是（　　）。

A. 保险业和银行业、证券业、信托业实行分业经营、分业管理，保险公司与银行、证券、信托业务机构分别设立

B. 保险业和银行业、证券业、信托业实行分业经营、分业管理，保险公司与银行、

证券、信托业务机构分别设立。国家另有规定的除外

C. 保险业和银行业、证券业、信托业实行分业经营、混业管理，保险公司与银行、证券、信托业务机构可联合设立

D. 保险业和银行业、证券业、信托业实行混业经营、混业管理，保险公司与银行、证券、信托业务机构可联合设立

【参考答案】B

解析：我国《保险法》规定：保险业和银行业、证券业、信托业实行分业经营、分业管理，保险公司与银行、证券、信托业务机构分别设立。国家另有规定的除外。故B选项正确。

第三篇

宏观调控法

第九章

宏观调控法的一般原理

【导语】

宏观调控法是经济法中的一个重要分支，在对宏观调控的各个部门法进行学习之前，首先需要对宏观调控法的一般原理有所了解并建立起正确的认识，因为它是理解宏观调控领域各个部门法的前提和基础，也是统领各个部门法的总则。本章第一节从宏观调控的定义入手，介绍了宏观调控的手段，包括货币政策、财政政策、规划政策、产业政策，探究了对宏观调控权的法律限制，为之后对宏观调控法的深入研究作以铺垫。第二节以及第三节是对宏观调控法的一个概述，包括宏观调控法的定义、体系构成、基本原则和调整方法，将宏观调控法的基础知识进行了介绍与论证，为学习宏观调控法的分则部分打下坚实的基础。本章学习的重点是宏观调控法的定义、基本原则和调整方法，难点是宏观调控法的基本原则和调整方法。

第一节　宏观调控概述

一、什么是宏观调控

宏观调控和市场规制是现代国家的两大经济职能，市场规制主要是对微观经济主体的市场行为进行调整，而宏观调控则是国家从经济运行的全局出发，对国民经济总体的供求关系进行调节和控制。

宏观调控是指在市场经济体制下，国家有关机关为了实现社会总需求与社会总供给之间的平衡，主要运用间接手段对社会经济运行进行调节与控制。对于这一定义可以从以下几个方面理解。

首先，宏观调控应该建立在认知与尊重市场规律的基础上，不能抛弃市场经济体制，盲目进行调节。《宪法》第 15 条第 1 款“国家实行社会主义市场经济”，确立了我国的现行经济体制。宏观调控即宏观经济调控，所以它依然要在市场经济体制下进行。

其次，实行宏观调控的主体是国家有关机关，是公权力主体而非私主体。《宪法》第

15 条第 2 款规定："国家加强经济立法，完善宏观调控。"由此可见，实行宏观调控的主体是国家，但是因为国家是一个抽象的主体，在具体执行的过程中需要国家有关机关代表国家去实施。宏观调控的立法权由国家最高立法机关行使，宏观调控的执法权由国家最高行政机关及其职能部门行使。究其原因，这是宏观调控作为一种公共物品所决定的，由"国家实施宏观调控，在经济、社会等层面比其他主体有更多的合法性，同时，也与国家对宏观调控立法权的垄断有直接的关系"①。

再次，宏观调控应该始终坚持其基本目标，即实现社会总需求与社会总供给之间的平衡。宏观调控的目的是实现宏观经济目标，一般包括经济增长、充分就业、物价稳定和国际收支平衡这四个方面。因为这四个目标在特定时期经常出现耦合和冲突，所以仍需要坚持社会总供给与社会总需求之间的均衡这一基本目标。② 宏观调控关注宏观经济，即国民经济总体及其经济活动和运行状态，所以要始终坚持社会总需求与社会总供给之间的平衡。

最后，宏观调控主要运用间接手段，并不是直接对微观经济主体的行为进行调整。在市场经济体制下，要充分尊重市场规律，让市场在资源配置中发挥决定性作用，让"看不见的手"与"看得见的手"互相配合，从而实现国家的宏观调控目标。如政府在不同的经济时期，综合运用货币、财政、价格、计划和产业促进等手段对国民经济总量进行调控。再如，政府大多数情形下是通过法律手段或经济手段等间接手段实现宏观调控的，只有在特别的情形中，才采用行政手段等直接手段。③

二、宏观调控手段

为了实现我国宏观调控的主要目标，即促进经济增长，增加就业，稳定物价，保持国际收支平衡，就需要综合、协调运用各种宏观调控手段对国民经济总量进行调整。

（一）宏观调控的各种手段

宏观调控手段，一般包括货币政策、财政政策、规划政策、产业政策等。

货币政策是中央银行为实现特定的经济目标所采取的各种控制和调节货币供应量或信用量，进而影响宏观经济的方针、政策和措施。其调节行为主要发生在流通领域，重点是调节社会需求总量，并通过影响流通中的货币量来实现对社会总需求的调控。货币政策一般由中央银行制定和实施，决策程序简单，且其对社会总需求的影响是间接的。

财政政策是指政府依法通过税收、转移支付和政府采购等手段对市场进行调控，包括财政收入政策和财政支出政策，也可将其分为扩张性财政政策和紧缩性财政政策。财政政策的调节行为主要发生在分配领域，重点是对资源配置的优化和经济结构的调整，其制定需要通过立法机关，并交有关机关执行，决策程序较为复杂，但是一旦实施，将直接影响社会的有效需求。

规划政策是指政府在一定时期内对国民经济和社会发展作出的部署和安排，并以此确

① 张守文. 宏观调控权的法律解析. 北京大学学报（哲学社会科学版），2001（3）.

② 薛克鹏. 经济法学. 北京：中国政法大学出版社，2018：369.

③ 张守文. 经济法学. 6 版. 北京：北京大学出版社，2014：94.

定行动方案的活动。在市场经济下，国家规划是对市场的宏观指导，没有强制力，具有战略性、宏观性、政策性等特征，是国家宏观经济调控的手段之一。规划最主要的特征是事前性，它是政府运用财政政策、货币政策、产业政策等手段调控市场的预先安排，为其指明目标与方向。

产业政策是指一国政府为促进产业发展，实现国民经济和社会发展目标，制定和实施的优化产业布局和结构、重点支持和加快培育特定产业部门和领域、推动技术进步的各种政策措施的总称。主要包括产业结构政策、产业组织政策、产业技术政策和产业布局政策等。

（二）各种手段的综合运用

不同的宏观调控手段一般是由不同的宏观调控部门通过行使宏观调控权而实施的，不同的手段所对应的目标不同，但是其总目标是一致的，即实现社会总需求与社会总供给之间的平衡。为了实现这一宏观调控目标就需要综合运用各种宏观调控手段，因为“单一的调控手段因其自身的特点和局限性是无法实现宏观调控目标的，宏观调控的综合协调是国民经济本身的内在要求和客观需要，这早已为各国宏观调控的实践所证明”①。在综合、协调运用宏观调控手段的同时，其实也是对宏观调控权的一种制约与监督，从而防止宏观调控各部门为了维护一己私利、部门利益而滥用权力，置国家经济大局和百姓经济利益于不顾。

具体来讲，首先规划政策要与货币政策、财政政策相互协调，因为规划政策为货币政策和财政政策指明了目标方向，而规划政策的实现需要依靠财政政策和货币政策。其次，产业政策要与货币政策、财政政策相互协调，因为产业政策的成功实现要依赖财政政策和货币政策，而财政政策和货币政策的制定和实施，也要符合国家规划和独立的产业政策立法所确定的产业政策。最后，因为财政政策和货币政策在调节范围、侧重点、时滞性等方面的不同，两者也需要相互协调。总之，因为宏观调控是国家对整个国民经济综合的总量的调控，所以其调控手段必然是综合性的。

此外，宏观调控手段的综合性体现在法律手段、经济手段和行政手段等多种手段的综合使用，其中法律手段和经济手段是间接手段，是市场经济条件下宏观调控的主要手段，而行政手段是直接手段，其使用要限定在必要的范围之内。

三、宏观调控权的法律限制

宏观调控权是指国家为确保社会总需求与社会总供给之间的平衡，实现国民经济持续、稳定、协调增长的目标，而运用经济、法律和行政的手段对社会经济运行进行调节与控制而授予宏观调控主体的法定职权。宏观调控权是一项独立的国家权力，而不是行政权力的内容之一。

宏观调控是建立在自由竞争的市场经济理念、财产所有权不可侵犯、意思自治和契约自由所构成的法治基础上的，所以它要求国家对经济的宏观调控在任何情况下都不能违背市场经济的基本理念，不能对市场经济的法治基础构成损害②，这就是对宏观调控权的法

① 刘文华. 经济法. 4版. 北京：中国人民大学出版社，2012：264.

② 李曙光. 经济法学. 2版. 北京：中国政法大学出版社，2013：75.

律限制。

具有法律上的合法性的宏观调控首先就需要主体合法，即法律通过明确授权而使得某个主体因此享有宏观调控权。因为宏观调控权作为一项国家权力，其来源于人民对权力的让与，并且行使宏观调控权带来的后果也将会直接或间接地影响到人民的生产与生活，所以宏观调控权只能由法律明确授予，这将会涉及宏观调控权主体的法律限制。

由于国家只是一个抽象的主体，在宏观调控权具体实施的过程中，还是需要依赖国家机关。这就涉及宏观调控权的配置问题，包括纵向配置与横向配置，其实就是权力在不同国家机关之间的划分。

宏观调控权的纵向配置涉及的是中央与地方权力的划分，即宏观调控权是应由中央国家机关与地方国家机关均享有还是只能由中央国家机关享有，学界通说的观点是后者，即只能由中央层级的国家机关享有并行使宏观调控权。其原因在于宏观调控涉及的是对社会总需求与社会总供给的调控，需要对国民经济总量有一个准确的判断并针对此进行调控，这才是宏观的意义。地方层级的国家机关对于整个国家的经济发展形势等的判断难免会因为各种因素而有所偏差，依此采取的宏观调控措施也将难以达到其最终的目的。此外，因为宏观调控是中央级次的公共物品，所以应由中央政权来提供。

宏观调控权的横向配置是指在中央层级的国家机关之间进行权力的划分，哪些国家机关可以享有，哪些国家机关不能享有，国家机关及其各部门分别享有何种内容的宏观调控权，等等。宏观调控权的横向配置如果能够做到权力分配的明晰、得当，那么将会在一定程度上解决国家机关之间的越权、弃权、争权、滥权等问题，这将为宏观调控的实施效果带来很大的益处。

按照立法权、执法权、司法权的分类将宏观调控权的横向配置具体化为：宏观调控的立法权应归属于全国最高立法机关，即全国人民代表大会。宏观调控的执法权应归属于全国最高行政机关及其职能部门，即国务院及其职能部门。一般情况下，均认为司法机关不具有宏观调控的权力，这是因为司法机关具有被动性的特征，不诉不理是司法权的特性。但是我国最高司法机关，即最高人民法院与最高人民检察院，在运用司法权审理案件、制定司法解释的过程中，其实是可以保障宏观调控行为的顺利实施的。此外，宏观调控行为应接受司法审查，即宏观调控行为是否具有可诉性的问题。虽然目前在我国还没有建立起司法审查宏观调控行为的相关制度，但是根据权责一致的法理学原则，拥有宏观调控权的主体就应对行使宏观调控权带来的法律后果负责，这才能对其产生约束力，以便更好地实施宏观调控。

对中央政府的宏观调控权的法律限制主要是对中央政府的权力职能的定位以及立法权的规定，这主要体现在我国的《宪法》与《立法法》中。其内容大致包括：全国人民代表大会代表和全国人民代表大会常务委员会组成人员有权提出对国务院及其职能部门的质询案；全国人民代表大会有权审查和批准国民经济和社会发展计划和计划执行情况的报告以及国家的预算和预算执行情况的报告，有权罢免行政官员，改变或者撤销全国人民代表大会常务委员会不适当的决定等。实际上这就是以法律的形式对宏观调控权进行精确地、准确地、合法地配置，并对宏观调控权的不当、错误行使进行追责。

相关事例

新冠疫情下的宏观调控①

2020年初突如其来的新冠疫情对我国经济造成了较大的冲击，在整个社会被按下暂停键的同时，经济的发展也遭到了巨大的阻碍。但是幸运的是我们有充足的宏观政策工具可用，从而能够有效对冲疫情影响。习近平总书记在统筹推进新冠肺炎疫情防控和经济社会发展工作部署会议上强调，要“加大宏观政策调节力度”“宏观政策重在逆周期调节，节奏和力度要能够对冲疫情影响”。为贯彻落实这一重要要求，让宏观政策更精准、更有效、更有针对性，有必要以辩证思维处理好四对关系。

首先是处理好总量与结构的关系，比如，在财政政策方面，在已经出台财政贴息、大规模降费、缓缴税款等政策的同时，有必要继续研究出台阶段性、有针对性的减税降费政策，加大对一些行业复工复产的支持力度，帮助中小微企业渡过难关。再比如，在货币政策方面，应针对企业复工复产面临的债务偿还、资金周转和扩大融资等迫切问题，创新完善金融支持方式，为防疫重点地区单列信贷规模，为受疫情影响较大的行业、民营和小微企业提供专项信贷额度等。

其次是处理好当前与长远的关系，在宏观政策安排上，既要立足当前，保持经济运行在合理区间，更要着眼长远，注重产业结构调整、新旧动能转换。比如，立足当前，有必要多措并举做好高校毕业生等群体就业工作，确保就业大局稳定；着眼长远，应该研究制定相应政策措施，推动生物医药、医疗设备、5G网络、工业互联网等加快发展。

再次是处理好供给与需求的关系，我们要毫不动摇坚持以供给侧结构性改革为主线，通过删除那些没有需求的无效供给、创造适应新需求的有效供给，打通供求渠道，努力实现供求关系新的动态均衡。

最后是处理好政府与市场的关系，加大宏观政策调节力度，相关部门既要勇于担当、主动作为，又要坚持市场化、法治化的原则。在制定宏观政策时，应分类别、分区域，根据不同行业、企业特点，制定差异化的政策措施；在实施宏观政策时，应注重用政策引导市场预期，用法治维护市场有序运行，促进企业复工复产，充分激发企业内生动力。

第二节　宏观调控法的定义和体系构成

一、宏观调控法的定义

宏观调控法是调整国家在调节和控制宏观经济活动过程中所发生的各种社会经济关系的法律规范的总称。对这一定义可以从以下几个方面理解。

（一）宏观调控法是规范和调整宏观调控关系的

宏观调控法的调整对象是宏观调控关系，即国家调节和控制宏观经济活动过程中所发生的各种社会经济关系。宏观调控关系包括宏观调控主体、宏观调控客体与宏观调控内容

① 郭威．以辩证思维把握宏观调控政策．人民日报，2020-03-19．

三个要素。具体来讲，宏观调控关系的一方主体是国家，但是在实际执行过程中是中央级别的国家机关及其内部职能部门在发挥作用。宏观调控关系的客体是国民经济的总体活动，包括国民经济与社会发展计划、财政税收关系、货币信贷关系、投资关系、涉外经济管理关系等直接影响国民经济整体运行和社会稳定的问题。① 宏观调控关系的内容是国家运用各种宏观调控手段来引导和促进社会发展，实现社会总供给与社会总需求之间的均衡。

宏观调控法追求的不是私法意义上的私人利益，也不是政府利益即统治集团的利益，其追求的是社会公共利益，所以宏观调控关系涉及现实社会中的国民经济整体利益、社会公共利益和国家根本与长远利益。其内容十分广泛，主要包括：财税调控关系、金融调控关系、规划调控关系、产业调控关系、投资调控关系、储备调控关系、价格调控关系和涉外调控关系。上述均为宏观调控法的调整对象，所以宏观调控法不是一部法，而是一个法律规范系统，是多个部门法的总称。

（二）宏观调控法的目的是为政府宏观调控界定权限

宏观调控法是一部政府干预法，它授予了政府以宏观调控权，允许政府在一定的条件下，综合运用各种手段对国民经济进行调控以实现宏观调控的最终目标。但是政府的干预不是无限度的、随意的，而是应该依法进行的、有限的、符合市场经济规律的干预。这是依法治国的要求，也是依法行政的要求。此外，因为有权力必有腐败，宏观调控也难以避免地会面临政府失灵的困境，权力寻租、公共决策失效、内部性、权责不一致等问题都意味着政府对国民经济的干预不是万能的，所以要矫正政府失灵的偏差，防止权力的滥用。宏观调控法要为宏观调控权的行使设定一个边界，其内容包括宏观调控权行使的程序、界限、责任等，从而为政府宏观调控立章建制，实现政府宏观调控的法治化。

（三）宏观调控法是政策性法律

因为宏观调控是对国民经济的调控，而国民经济是不断变化发展的，有时甚至是瞬息万变的，所以有效的宏观调控就需要紧跟经济形势的发展脚步，要及时地应对经济的变化，要具有相当大的灵活性。但是法律的特征之一是滞后性，特征之二是稳定性，所以一般来讲，法律很难根据经济形势的变化而迅速做出改变，但是政策却可以，因为政策的制定、通过、发布等程序都会比法律简化、容易许多。因此，宏观调控法要充分运用政策的灵活性。宏观调控政策是宏观调控法的指南与先导，宏观调控法是宏观调控政策的法律化，宏观调控法是与政策结合得最为密切的法律之一②。宏观调控手段中的货币政策、财政政策、规划政策、产业政策等与宏观调控法中的中央银行法、财税法、规划法、产业法等就是最好的例证。

二、宏观调控法的体系构成

宏观调控法不是一部独立的法律，而是由多部调整国家在调节和控制宏观经济活动过程中所发生的各种社会经济关系的法律规范的总称。对于宏观调控法的体系构成，不同的学者有不同的看法，但是总的来说主要包括金融调控法、财政法、规划法、产业法等内

---

① 李曙光. 经济法学. 2版. 北京：中国政法大学出版社，2013：77.

② 王卫国，李东方. 经济法学. 4版. 北京：中国政法大学出版社，2019：423.

容。本书在之前介绍了宏观调控手段主要包含了货币政策、财政政策、规划政策和产业政策，不同的宏观调控政策都是宏观调控主体在具体运用宏观调控权时的表现，而宏观调控权需要在法律的监督与控制下行使，这是调控法定原则的表现，也是对宏观调控权的法律限制，因此，每一种宏观调控手段都对应一种法律，但是每一种法律又不仅仅是对宏观调控手段的规范，还包括其他宏观调控内容，具体内容如下。

（一）金融调控法

现代市场经济是一种货币经济，要真正解决经济周期问题，无论是抑制通货膨胀还是扩大就业，都必须运用货币政策。为了使金融机构尤其是中央银行能够谨慎、妥善、规范、负责地管理经营货币和运用货币政策，从而对宏观经济进行调控，金融调控法必不可少。

金融调控法的法律体系由中央银行法、政策性银行法和货币法三部分构成。① 这些部门法中其实不仅包含宏观调控的内容，也包含了市场规制的内容，因为市场规制的内容在第八章中已经做出了相关阐述，所以在此不再赘述，我们在此部分主要关注的是这些法律规范中与宏观调控法有关的内容。

1. 中央银行法

金融的宏观调控主要是中央银行的宏观调控。中央银行进行的宏观调控，主要以控制货币供应量为主，从而保持币值的稳定。中央银行通过运用公开市场业务、再贴现率和法定存款准备金率等经济手段来抽紧或放松金融市场上的资金供应，最终达到宏观调控的目的。中国人民银行是我国的中央银行，控制着我国的货币供应量，行使着执行货币政策的宏观调控权。为了规范其对该项宏观调控权的行使，《中国人民银行法》对此作出了具体的规定，这将在第十一章中进行详细的介绍，在此只是简单提及。

2. 政策性银行法

在市场经济国家的金融体制中，政策性银行是商业性金融机构必要的和有益的补充，其存在旨在弥补商业性金融出现的失灵，贯彻国家的特定政策，发挥着宏观调控工具和手段的作用。我国的政策性银行是均成立于 1994 年的国家开发银行、中国农业发展银行和中国进出口银行，它们分别承担着不同的宏观调控职能，但是总的来说都是在为国家的经济发展战略服务。政策性银行法是关于政策性银行的设立宗旨、经营目标、业务范围、业务方式、组织架构、运营监管的法律规范的总称。或者说，“政策性银行法是调整国家利用政策性银行对经济进行干预、协调的过程中所产生的经济关系的法律形式”。②

宏观调控具有多种手段，其中最基本、最重要的是货币政策和财政政策。政策性银行就是将这两种宏观调控手段综合于一身，并克服这两种手段的弊端，最终成为实施宏观调控的有力主体。一方面，政策性银行兼具财政与银行的特点，通过开展长期低利率贷款的投放，直接对项目进行投资参股，提供担保、保险、利息补贴等业务，克服了财政政策的无偿性、成本高、效率低下、财政负担严重等缺陷，从而有效地发挥出宏观调控的作用。另一方面，政策性银行的调控方式是直接参与和间接引导相结合的形式，如政策性银行可以通过对一些风险高，周期长，利润率低，资金需求量大，商业性金融机构不愿或不能投

---

① 卢炯星．论创立和完善我国宏观经济法的法律体系．政法论坛，2001（2）．

② 张长利．政策性银行法性质探析．法学杂志，2000（1）．

资但又对国民经济、社会发展有重要意义的部门、行业或产业进行贷款、投资，从而促进这些部门、行业或产业的发展，这是直接发挥政策性银行对社会经济的结构性调整作用。政策性银行一旦确定将对某些部门、行业或产业提供资金，则反映了经济发展的长远目标，表明了国家对这些领域的扶持意向，从而增强了民间金融机构的信心，降低了这些领域的投资风险，以至于民间金融机构就将放宽对这些领域的投资审查，纷纷协同投资。在民间金融机构对某一产业的投资热情高涨起来之后，政策性银行便可以逐渐减少其份额，从该领域中淡出，转而扶持其他行业，而把该投资领域让给民间金融机构，并开始另一轮循环。这就形成一种政府资金对民间资金运用方向的诱导机制，使民间资金的流向符合国家宏观经济管理和调控的意图，这就是一种间接的调控方式。上述方式克服了货币政策在实施的过程中因为中央银行的指令与商业银行的操作之间的时间差问题进而导致的信号传递过程中可能出现的失真及其滞后性，这将很可能最终使实际调控的效果偏离预定的目标，无法达到有效的宏观调控的弊端。因此，由于政策性银行在宏观调控的过程中发挥出了巨大的、不可替代的作用，所以政策性银行法成为宏观调控法中的重要的一部分，同时也是金融法的重要渊源。

我国的政策性银行虽然已经运行了多年，但是针对政策性银行的专门立法却仍未完成，政策性银行的性质、宗旨、经营原则、业务范围等方面都欠缺明确的、统一的、高阶层的法律规范，各政策性银行的组织及其业务运营还主要是依据各自的银行章程和较低层级的法律规范的零散规定进行，以至于在具体运行的过程中出现了不少的问题，如专门立法的缺乏增加了政策性银行的运营成本，降低了其运营效率；另外，由于缺少法律法规明确规定政策性银行商业性业务与政策性业务的具体范围，随着时间的推移，政策性银行与商业银行之间就不可避免地出现了业务冲突的现象，两者本应在资源配置上相互配合、各取所长，但是在所涉业务上频繁发生冲突，将会导致不利于政策性银行贯彻国家政策，从而降低经济宏观调控的效果，也会导致降低市场配置资源效率、破坏金融生态平衡等结果。总之，政策性银行法的不完善将对政策性银行的规范运作和国家宏观调控的目的的实现尤为不利。

3. 货币法

货币法是调整在货币发行、流通及其管理中所发生的社会关系的法律规范总称。它主要确立货币的种类及其法律地位，确定货币的印铸与发行权、货币发行机关和发行程序，规定对本国或本地区货币、外汇以及贵金属的流通管理等。根据所调整货币种类的不同，货币法可以分为通货管理法、外汇管理法、金银管理法；根据所调整货币运动的层次和顺序不同，货币法可以划分为货币发行法和货币流通法；根据所调整领域的不同，货币法可以划分为国内货币法和国际货币法。一般情况下，我们会采用第一种分类来研究货币法的体系构成。

通货管理法即人民币法律制度，包括人民币的发行、流通管理以及保护等内容。外汇管理是指一个国家为了维护本国汇价，保持本国收支平衡，依法对本国境内的外汇收支、买卖、借贷、转移以及外汇汇率和外汇市场实行一定限制的制度。外汇管理法是调整国家在外汇管理活动过程中发生的法律关系的法律规范的总称。我国国务院于 1996 年发布了行政法规《外汇管理条例》（1997 年修正，2008 年修订），该条例借鉴了国际惯例，巩固了我国外汇改革的成果，其包括经常项目外汇管理、资本项目外汇管理、金融机构外汇业务管理、人民币汇率和外汇市场管理等内容。金银管理是指国家授权某一政府机关对金银的生产、收购、配售、经营以及进出国境等方面进行的管理。大多数国家都会通过立法的形式来加强对金银的管理，包括严格管理型、部分管理型和自由放任型，而我国对金银一直实行的是严格管理制度，我国国务院于 1983 年发布并实施的行政法规《金银管理条例》（2011 年修订）以及其他一些有关金银管理的规范性文件构成了我国金银管理制度的基本内容①。

（二）财政法

财政是国家参与部分产品和国民收入的分配和再分配所形成的一种特殊的分配关系，包括国家与各级政府之间的财政分配关系；国家通过财政收入和财政支出调节社会供给和需求的总水平，以实现国家的社会经济目标。财政法是贯彻国家财政政策、调节国民收入分配的主要法律，是宏观经济法的重要组成部分。财政法由财政基本法、财政收入法、财政支出法和监督管理法组成。具体来讲包括预算法、税法、国债法、国有资产管理法、政府采购法、转移性支出法、财政监督法等法律。因为财政法的大部分内容在之后的章节中将会进行展开，所以此处主要是简单地介绍与概括。

（三）规划法

国家规划主要是合理确定社会经济发展战略和宏观调控经济目标，实施产业政策，促进产业结构优化。其作用在于为社会各经济主体提供作决策时参考的经济情报信息，引导企业作出符合国家规划的决策和行为，从而起到诱导经济运行、调控经济发展的作用。规划法是规制国民经济和社会发展规划的编制、审批、实施的法律规范的总称，其目的在于避免政府对市场的过度干预。我国规划法的主要渊源是全国人大常委会于 2007 年 10 月发布、2008 年 1 月开始实施的《城乡规划法》（2015 年、2019 年修正），它是规划法体系内的为数不多的法律层级的文件，除此之外就是全国人民代表大会发布的《国民经济和社会发展第十四个五年规划纲要》《国民经济和社会发展第十三个五年规划纲要》等工作文件。

（四）产业法

产业是指从事相同性质的经济活动的所有单位的集合。② 相对于企业来说，它是同类企业的集合体。根据不同的分类标准，产业可以进行不同的划分，我们最熟悉的分类应该是第一产业、第二产业与第三产业。不同种类的产业对于国民经济的发展发挥着不同的作用，也有着不同的发展特点与前景，除了依靠市场进行资源配置以外，还必须依赖政府的干预以克服市场失灵的弊端，干预的手段就是产业政策。所谓产业政策就是一国政府为了其全局和长远利益而主动干预产业活动的各种政策的总和③。而产业法是调整国家在产业政策制定和实施过程中所发生的各种社会经济关系的法律规范的总和。

产业政策和产业法既联系紧密又有所差别。两者的联系在于产业法其实就是对产业政策的制定、实施的规范与保障，产业法对于产业政策的效力是肯定的并且其内容就是以产业政策的内容作为基础的。产业法具有很强的政策性，因为不同的时期、同一时期的不同

---

① 李昌麒. 经济法学. 3 版. 北京：法律出版社，2016：374-378.

② 李曙光. 经济法学. 2 版. 北京：中国政法大学出版社，2013：190.

③ 王卫国，李东方. 经济法学. 4 版. 北京：中国政法大学出版社，2019：488.

产业的发展状况是不同的，产业法要跟随产业政策的变化而变化。但是两者也是具有相当大的差异的，首先产业政策中会规定产业发展的主要目标和措施，但是产业法本身并不会设定产业发展的具体目标，它主要是为相关主体设定权利和规定义务；产业政策变化非常频繁，因为经济形势和社会环境是在不断变化的，所以要适时地调整产业政策，但是法律是具有稳定性和滞后性的，它不能朝令夕改，不能频繁地变动，这将会影响到法律的权威性；产业政策的范围非常广，内容极其纷繁复杂，但是产业法不可能面面俱到地将所有的产业政策内容包括在内，因此制定一部普遍适用于各个产业的产业法典是很难的，截至目前还没有一个国家制定出专门的适用于各个产业的综合性的产业法典，大多数还主要是针对特定产业或者是在特定时期进行立法，并且根据我国的国情来看，我国在较长的时期内也是不适合制定适用于各个产业的综合性产业法典的。

关于产业法的体系构成，在学界也是有不同的观点，但是总的来说包括以下几个部分，分别是产业结构法、产业技术法、产业组织法、区域经济协调法。我国的产业政策非常丰富，针对特定产业制定的产业法也是在陆续完善的过程中，目前有《中小企业促进法》《循环经济促进法》《煤炭法》《企业国有资产法》等。

（五）其他内容

宏观调控法的体系构成中除了上述金融法、财政法、规划法、产业法等规模较大的板块之外，还有一些规模较小的法律也可以被纳入其中，所以在此部分进行介绍。

一是《价格法》中有关宏观调控的内容。政府对价格的管理分为宏观管理和微观管理。因为价格的微观管理是指国家针对具体的价格和价格问题实施的直接、具体的管理，所以它不是对价格的宏观调控，此处不作介绍。而价格的宏观管理即价格的宏观调控，它主要采用间接的管理方式，其基本政策目标是稳定市场价格总水平，为了实现这个目标，国家建立和实施的价格调控制度有计划调控目标制度、价格监测制度和价格调节储备制度等。价格是市场的信号灯，如果仅仅依靠市场上的供求关系来决定价格，将会出现一些弊端，所以就需要政府对价格进行管理从而稳定住市场价格的总水平，这样也是对社会总供给与社会总需求的均衡的一种助力。

二是固定资产投资法律制度。固定资产投资是指政府机构或企业投入新增固定资产或更新、改造现有固定资产的投资，包括基本建设投资和更新、改造投资。因为固定资产投资的回收期较长，所以要求国家和企业加强对该投资的计划和控制，而且因投资形成的新增生产能力将影响国民经济各个部门的比例关系、生产力布局和生产技术水平，所以国家对固定资产投资进行宏观调控，从而促进国民经济的协调发展。固定资产投资法律制度主要包括固定资产投资主体法律制度和固定资产投资管理法律制度等内容，具体的内容将会在第十二章第四节中进行展开。

三是对外贸易法律制度。对外贸易是指一个国家或地区与其他国家或地区之间所进行的商品和服务交换活动，一般包括货物进出口、技术进出口与国际服务贸易。在这个经济全球化的时代，各个国家的经济与贸易的联系越来越紧密，对外贸易的任何变化都会直接影响到国内经济，它不仅关系到国家的收支平衡，而且关系到国内产品的生产和销售状况。所以，国家会积极主动地介入对外贸易的管理，根据不同经济发展时期的具体情况而制定不同的对外贸易政策，而对外贸易政策对于国内经济的发展是具有宏观调控的作用的，因此，对外贸易法是宏观调控法的一部分。对外贸易法是调整国家在对外贸易的管理、监督以及促进过程中产生的各种经济关系的法律规范的总称，其具体内容将在第十二章第四节展开。

相关事例

中国宏观调控法的发展历程①

自党的十一届三中全会以来，中国就走上了市场经济的发展道路，在历届中共中央的统一领导下，自1978年至1992年，是我国经济体制改革的探索期；自1993年至2020年，为适应社会主义市场经济的发展，实施宏观调控下的市场经济体制，我国又走过了28年的发展历程。在我国的社会主义市场经济发展得越来越好的同时，我国宏观调控的法治化程度也在一直加深，因为我国经济的发展历程与西方国家的不同，所以我国更需要通过宏观调控法来控制政府对市场的干预。

在中国决定实施社会主义市场经济体制之初，为了使市场经济和宏观调控在法律上得到保障，国家首先于1993年3月29日，由第八届全国人民代表大会第一次会议通过了《中华人民共和国宪法修正案》。该修正案第7条，将原来的“国家在社会主义公有制基础上实行计划经济。国家通过经济计划的综合平衡和市场调节的辅助作用，保证国民经济按比例地协调发展”“禁止任何组织或者个人扰乱社会经济秩序，破坏国家经济计划”修改为“国家实行社会主义市场经济”“国家加强经济立法，完善宏观调控”“国家依法禁止任何组织或者个人扰乱社会经济秩序”。从而，为国家实施宏观调控提供了宪法依据。与此同时，经过20多年的发展，在2012年党的十八大对《中国共产党党章》进行修订时，在党章总纲中，增加了“中国共产党领导人民发展社会主义市场经济。毫不动摇地巩固和发展公有制经济，毫不动摇地鼓励、支持、引导非公有制经济发展。发挥市场在资源配置中的基础性作用，建立完善的宏观调控体系”的阐述。经过2017年党的十九大会议的修改，《中国共产党党章》中的最新表述为“中国共产党领导人民发展社会主义市场经济。毫不动摇地巩固和发展公有制经济，毫不动摇地鼓励、支持、引导非公有制经济发展。发挥市场在资源配置中的决定性作用，更好发挥政府作用，建立完善的宏观调控体系”。上述三个重要修改，从国家最高层次肯定了宏观调控的重要地位和作用，是中国宏观调控法治的最高依据。这是其他经济立法及其法治所不具备的。

2011年10月国务院新闻办公室公布的《中国特色社会主义法律体系》白皮书称，截至2011年8月底，除宪法规定外，在有效的法律和行政法规中，有相当的法律和行政法规体现了国家的宏观调控职能，主要包括：对经济活动实施宏观调控和管理的《预算法》《价格法》《中国人民银行法》；不断健全税收制度的《企业所得税法》《个人所得税法》《车船税法》《税收征收管理法》等法律，以及《增值税暂行条例》《消费税暂行条例》《营业税暂行条例（已失效）》《城市维护建设税暂行条例》等行政法规；对金融行业的安全运行实施监督管理的《银行业监督管理法》《反洗钱法》等法律；保障农业发展和国家粮食安全的《农业法》《种子法》《农产品质量安全法》等法律；对重要行业实施监督管理和产业促进的《铁路法》《公路法》《民用航空法》《电力法》等法律；规范重要自然资源的合理开发和利用的《土地管理法》《森林法》《水法》《矿产资源法》等法律；促

① 董玉明．中国宏观调控法四十年论要．经济法论丛，2018（2）．

进能源的有效利用和可再生能源开发的《节约能源法》《可再生能源法》《循环经济促进法》《清洁生产促进法》等法律；以确立社会主义市场经济条件下的对外贸易体制，规范对外贸易经营者的权利和义务的《对外贸易法》；还有社会法中的《就业促进法》《社会保险法》。

上述这些法律、行政法规及政策性文件，虽然没有被冠以“宏观调控”或“宏观调控法”的名称，但是，它们是研究中国宏观调控法的基本实践依据，也是改革开放四十多年来，中国的市场经济与宏观调控法治化的具体表现。

第三节 宏观调控法的基本原则和调整方法

一、宏观调控法的基本原则

（一）宏观调控决策集权原则

该原则是指宏观调控决策权应被法律明确地授予中央政府，对特别重大的宏观调控措施，其决策权则应交由全国人大或全国人大常委会行使。之所以如此，是因为在上述宏观调控权的法律限制中我们已经论述了宏观调控权作为一项中央层级的公共物品，只能由中央级别的国家机关来行使，这是一种科学的、合理的、符合经济发展规律的安排，而且宏观调控法是一个授权法，在法律明确授予权力之后，这种安排具有了合法性色彩，也体现了主体资格法定的内涵。

但是这一原则并不意味着政府部门或地方政府就不享有一定的决策权和参与权。因为在国家宏观调控决策的过程中，政府部门或地方政府也享有相应的评议权和建议权；在国家宏观调控决策的范围内，政府部门或地方政府享有一定的自主决策权；在国家宏观调控决策形成并生效后，政府部门或地方政府是最主要的实施主体。

（二）宏观调控权力制衡原则

宏观调控权是一项国家权力，是一项公权，其行使的结果将会影响整个国民经济。公权的应用本就应该被限制在一定的范围内，法无授权即禁止是对其的原则性规定，权力的制衡是防止出现宏观调控中的权力腐败、政府失灵的重要手段。宏观调控法是规范宏观调控权力主体行为的法，将其行为限制在法律允许的范围内才能督促他们更加负责、更加科学、更加有效地行使宏观调控权，为实现宏观调控的目标而努力。

这个原则一方面要求宏观调控权力主体要切实贯彻权责一致的理念，在拥有权力的同时也要注意谨慎行使，否则就需要承担法律责任，另一方面也要求赋予部分主体尤其是宏观调控措施涉及的单位和个人（其中市场主体是最主要的构成部分）以参与、监督、异议、抗辩、获得补偿与赔偿的权利。虽然宏观调控并不直接作用于市场主体，但是其调控的结果却会实际地影响到市场主体的利益，所以类似于行政法基本原则中的程序正当原则所要求的公众参与，在宏观调控决策作出的过程中或作出后，听取公众的意见能进一步促进宏观调控措施安排的科学、合理、得当。而且宏观调控法不仅应该是授权法、控权法，还应该是权利保障法。还有，这一原则要求宏观调控制定和实施程序的法定化，因为宏观调控包含的内容极其纷繁复杂，再加上其灵活性非常大，所以实体的内容不宜在法律中作出太多的、太过细致的规定，这样一来就给予了宏观调控权力主体极大的自由裁量空间，如果不在程序方面对其加以控制的话，就难以控制宏观调控中出现的人治风险和政治失灵的危机。

（三）宏观调控手段法治化原则

一直以来，经济学界和法学界认为的宏观调控的三大手段即经济手段、行政手段和法律手段，被认为是并行不悖的手段。但是就宏观调控的实际运行情况来看，依然存在着很多游离于法律之外的调控手段，因为它们的目标是解决经济运行中出现的问题，只要符合经济规律，取得了较好的绩效，在总体上增进了社会福利，那么就说明该宏观调控手段具有了合理性，但是它们忽略了过程中的合法性的要求。之所以存在这种情况，是因为国家制定的法律总是相对滞后于现实的不断流变的经济活动，而是否符合现实的经济社会生活的要求，则是衡量法律的生命力和有效性的至为重要的标准。所以很多国家实施的宏观调控大都是突破已有法律规定的框架的过程，因为其在经济上的合理性，所以尽管被认为是违法的，但也以“良性违法”看待它，从而肯定其的存在①。

但是，随着依法治国进程的不断前进，依法办事意识的不断增强，在法律手段之外进行宏观调控将不再适应这个时代的要求，宏观调控手段法治化原则要求经济手段与行政手段只有依照法律规定的程序进行决策和实施，或者只有经过法律的认可，才有合法存在和运行的根据。宏观调控手段法治化原则要求立法机关将有效而具有普遍意义的宏观调控措施制定为具体的法律规范并形成制度；在较为紧急的情况下或实施时间短、涉及的问题比较特殊的临时性宏观调控措施情况下，可以通过立法机构颁布特别法令或由立法机构明确授权国务院及宏观调控部门颁布行政特别法令，实现宏观调控的法治化②。

（四）宏观调控适度原则

因为宏观调控的理论来源就是对市场失灵的缺陷进行弥补，所以宏观调控应该是适度的、有限的调控，是尊重市场与客观经济规律的调控，是作为市场配置资源的辅助手段的调控，在市场经济条件下应该更是如此。为了防止政府对市场的过度干预，宏观调控适度原则要求政府调控不得冲击和削弱市场机制作用的发挥，应当促进和保护市场调节功能的充分发挥；要求政府的调控必须尊重客观经济规律，依法进行干预；要求政府一般不得直接干预经济组织的具体生产经营活动，要以间接调控为主。因为我国经历过计划经济给予的惨痛教训，所以更应该对此原则加以重视，让市场在资源配置中发挥决定性作用，更好地发挥政府的作用。

二、宏观调控法的调整方法

宏观调控法的调整方法是宏观调控法中确认的符合宏观调控法目的、任务和效果的，能够发生与确定国家调节经济关系的宏观调控行为模式，其由国家宏观调控行为的类型（涵摄于宏观调控手段中）与法律后果构成③。

---

①　张守文．宏观调控权的法律解析．北京大学学报（哲学社会科学版），2001（3）．

②　胡光志，田杨．宏观调控法基本原则新探——从金融危机中“救市”需要法治化谈起．重庆大学学报（社会科学版），2011，17（1）．

③　徐澜波．论宏观调控法的调整方法——从经济法的调整方法切入．法学，2020（7）．

（一）国家宏观调控行为的类型

国家的宏观调控行为其实就是其所运用的各种宏观调控手段，根据本章第一节的论述来看，本书所认为的宏观调控手段一般包括货币政策、财政政策、规划政策、产业政策等，每一种手段又包含了多种工具与制度，在此不再赘述。而此处需要强调的是宏观调控法的调整方法是主客观性相统一的宏观调控手段，它意味着：首先，宏观调控法的调整方法以客观的国家调节经济的行为和活动为对象，具有客观性；其次，宏观调控法的调整方法源于国家经济调节职能和调节行为，具有主观性和国家意志性。具体来讲，就是说并非所有具有实际效果的手段和工具都是宏观调控法要予以规范和调整的，只有那些符合宏观调控自然本质要素的宏观调控手段才需要法律加以规范和调整。另外，若有些被国家用于调节宏观经济协调发展的手段符合其他部门法的调整方法（如行政法），那么它就可以或应该被其他部门法调整方法所涵盖和吸收，则就不应将其归于宏观调控法应该调整的手段，即就不是宏观调控手段。

综上所述，本书依旧坚持认为货币政策、财政政策、规划政策和产业政策是国家的宏观调控手段，而且是具有规范性的、应被纳入宏观调控法进行规范与调整的宏观调控手段，是宏观调控法调整方法内容的组成部分。

（二）国家宏观调控行为的法律后果

法律后果是指规则中指示可能的法律结果或法律反应的部分。[①] 法律后果可分为三种形态：其一，肯定性法律后果，即法律承认这种行为合法、有效并加以保护以致奖励；其二，否定性法律后果，即法律不予承认、加以撤销以致制裁；其三，既不肯定也不否定的法律后果。因为一般情况下，第三种法律后果的形态存在于调整允许意思自治行为所产生的社会关系的法律规范中，而宏观调控法不是此类的法律规范，其重在强调对宏观调控主体的授权与控权，调整的是国家在宏观调控过程中与受调控主体所发生的社会关系，因此其法律后果只有肯定性形态与否定性形态。宏观调控法的肯定性的法律后果是指宏观调控法规范对宏观调控主体调控行为的法律效果的认可性、合法性和激励性规定；宏观调控法的否定性的法律后果是指宏观调控法规范对宏观调控主体宏观调控行为的法律效果的反对性、不予承认、加以撤销以致制裁的规定。

由于对法律调整方法的认识不同，所以对宏观调控法的调整方法的认识也会存在不同，甚至是千差万别，但是就其内容来讲不同观点之间又有许多的共通之处。本书在此只是选取了其中一种观点进行论述，此种观点更加强调了宏观调控法的独特性。

相关事例

韩国金融危机的爆发[②]

1997 年初，韩国几家规模较大的企业，如韩宝钢铁和三美等集团的破产引起几家商业银行出现大量坏账和呆账，当年 6 月又发生了商业票据问题，从而导致了整个金融系统危机的爆发。

韩国企业，特别是大型企业集团融资结构的最大特点就是负债/资本比率高，根据

---

① 张文显. 法理学. 3 版. 北京：高等教育出版社，北京大学出版社，2007：117.

② 龚焰. 政府的过度干预——韩国金融危机浅析. 世界经济，1998 (5).

《亚洲商业周刊》报道，韩国大多数企业的负债是其资本的3倍，超过10倍以上的也不乏其例。造成韩国企业主要以借债方式融资的原因是政府对经济的长期干预。从20世纪60年代朴正熙上台开始，韩国政府就大力推行以出口带动经济的发展模式，政府控制金融系统，从国内和国际上筹措资金，并以极低的甚至负利率（贷款利率低于市场利率）向出口企业提供贷款。从1970年开始，韩国政府调整产业政策，重点支持发展重化工业。凡与政府确定的战略产业相符的工业项目，均可较容易地从银行系统中得到低息优惠贷款。但到1972年，商业银行和专业银行出现资金供给能力不足的现象，而场外交易市场却异常活跃。原因是某些企业将从银行获得的低息贷款在场外交易市场上以高息贷给那些无法从银行借得资金的中小型企业，或投机于房地产市场，以赚取高额利润。为了截获这部分资金，解决企业资金短缺问题，韩国政府组建了许多非银行金融机构，其中包括一些综合金融公司，以便向企业提供更多的融资渠道。韩国政府对金融系统的干预，以及为企业提供的政策性贷款和各种信用担保，降低了企业的融资成本，使企业从银行获得贷款的成本大大低于从其他渠道融资的成本。同时由于韩国企业集团基本都由家族拥有和管理，企业的所有者不愿公开发行企业股本唯恐失去对企业的所有权。上述情况导致韩国企业过度依赖借债来进行投资、生产和经营，结果造成了负债/资本比率过高，增大了企业的经营风险。正是韩国企业融资结构的不合理，特别是不正当地利用滚动商业票据①的方式筹措长期投资资本，并且不及时出具长期证券将短期票据赎回，直接造成了企业倒闭和金融危机的爆发。

此外，政府对商业银行的长期干预和对企业的大量政策性扶植贷款，剥夺了商业银行的自主经营权，严重地削弱了他们管理和控制贷款风险的积极性。当政府的政策规定成为商业银行追求利润的障碍时，银行就会进行市场创新，运用新的金融工具和技术经营金融资产。韩国的商业银行为取得更大的经济效益，避开政府对存贷款利率的限制，进行市场创新，大量投资于商业票据市场，增加了市场的需求，刺激了供给，诱导企业出具更多的商业票据，使得该市场过度膨胀，增加了金融市场的不稳定因素，这也是金融危机爆发的原因之一。

【法考练习题】

1.【2017年】在加大房地产市场宏观调控的形势下，某市政府对该市房地产开发的管理现状进行检查，发现以下情况，其中哪些做法是需要纠正的？（　　）

A. 房地产建设用地的供应，在充分利用现有建设用地的同时，放宽占用农用地和开发未利用地的条件

B. 土地使用权出让，符合土地利用总体规划、城市规划或年度建设用地计划之一即可

C. 预售商品房，要求开发商交清全部土地使用权出让金，取得土地使用权证书，并持有建设工程规划许可证等

① 滚动商业票据（滚票）是指在第一批融资票据到期之前，出具第二批票据，并用第二批票据所融资金赎回第一批票据；然后在第二批票据到期之前，出具第三批票据，并用所融资金赎回第二批票据，以此类推。

D. 采取税收减免等方面的优惠措施，鼓励房地产开发企业开发建设商业办公类住宅，方便市民改作居住用途

【参考答案】ABD

A 项考查城市建设用地。《土地管理法》第 22 条（1998 年版，现为第 21 条）规定："城市建设用地规模应当符合国家制定的标准，充分利用现有建设用地，不占或者尽量少占农用地。"我国对农用地和开发未利用土地都是严格管理，对开发未利用地优先开发成农用地。A 项说法错误，应选。

B 项考查根据《房地产管理法》第 10 条规定："土地使用权出让，必须符合土地利用总体规划、城市规划和年度建设用地计划。"都需要符合。B 项说法错误，应选。

C 项考查商品房预售的条件。《房地产管理法》第 45 条规定："商品房预售，应当符合下列条件：（一）已交付全部土地使用权出让金，取得土地使用权证书；（二）持有建设工程规划许可证；（三）按提供预售的商品房计算，投入开发建设的资金达到工程建设总投资的百分之二十五以上，并已经确定施工进度和竣工交付日期；（四）向县级以上人民政府房产管理部门办理预售登记，取得商品房预售许可证明。商品房预售人应当按照国家有关规定将预售合同报县级以上人民政府房产管理部门和土地管理部门登记备案。商品房预售所得款项，必须用于有关的工程建设。""等"字把其他条件也涵盖了，C 项说法正确，不选。

D 项考查商业办公项目在开发过程中，应当按规划批准的建筑物使用性质进行建设，不得擅自改变房屋结构、设施设备，改变房屋规划用途。D 项说法错误，应选。

2. **【2016 年】**某镇拟编制并实施镇总体规划，根据《城乡规划法》的规定，下列哪一说法是正确的？（　　）

A. 防灾减灾系镇总体规划的强制性内容之一

B. 在镇总体规划确定的建设用地范围以外，可设立经济开发区

C. 镇政府编制的镇总体规划，报上一级政府审批后，再经镇人大审议

D. 建设单位报批公共垃圾填埋场项目，应向国土部门申请核发选址意见书

【参考答案】A

A 项考查防灾减灾是否属于总体规划的强制性内容。《城乡规划法》第 17 条第 2 款规定："规划区范围、规划区内建设用地规模、基础设施和公共服务设施用地、水源地和水系、基本农田和绿化用地、环境保护、自然与历史文化遗产保护以及防灾减灾等内容，应当作为城市总体规划、镇总体规划的强制性内容。"防灾减灾属于强制性内容的范围之内，A 项正确。

B 项考查经济开发区的设立。《城乡规划法》第 30 条第 2 款规定："在城市总体规划、镇总体规划确定的建设用地范围以外，不得设立各类开发区和城市新区。"B 项错误。

C 项考查镇总体规划的审批。《城乡规划法》第 16 条第 2 款规定："镇人民政府组织编制的镇总体规划，在报上一级人民政府审批前，应当先经镇人民代表大会审议，代表的审议意见交由本级人民政府研究处理。"C 项错误。

D 项考查项目规划。《城乡规划法》第 36 条第 1 款规定："按照国家规定需要有关部门批准或者核准的建设项目，以划拨方式提供国有土地使用权的，建设单位在报送有关部门批准或者核准前，应当向城乡规划主管部门申请核发选址意见书。"D 项错误。

3.【2010 年】关于国有土地，下列哪些说法是正确的？（　　）

A. 国有土地可以是建设用地，也可以是农用地

B. 国有土地可以确定给单位使用，也可以确定给个人使用

C. 国有土地可以有偿使用，也可以无偿使用

D. 国有土地使用权可以有期限，也可以无期限

【参考答案】ABCD

《土地管理法》第 4 条规定："国家实行土地用途管制制度。国家编制土地利用总体规划，规定土地用途，将土地分为农用地、建设用地和未利用地。严格限制农用地转为建设用地，控制建设用地总量，对耕地实行特殊保护。前款所称农用地是指直接用于农业生产的土地，包括耕地、林地、草地、农田水利用地、养殖水面等；建设用地是指建造建筑物、构筑物的土地，包括城乡住宅和公共设施用地、工矿用地、交通水利设施用地、旅游用地、军事设施用地等；未利用地是指农用地和建设用地以外的土地。使用土地的单位和个人必须严格按照土地利用总体规划确定的用途使用土地。"故国有土地可以是建设用地，也可以是农用地，A 选项正确，当选。

《土地管理法》第 9 条（1998 年版，现为第 10 条）规定："国有土地和农民集体所有的土地，可以依法确定给单位或者个人使用。使用土地的单位和个人，有保护、管理和合理利用土地的义务。"故 B 选项正确，当选。

《土地管理法》第 2 条第 5 款规定："国家依法实行国有土地有偿使用制度。但是，国家在法律规定的范围内划拨国有土地使用权的除外。"可见，国有土地可以有偿使用，也可以无偿使用，C 选项正确，当选。

《城市房地产管理法》第 8 条规定："土地使用权出让，是指国家将国有土地使用权（以下简称土地使用权）在一定年限内出让给土地使用者，由土地使用者向国家支付土地使用权出让金的行为。"第 23 条规定："土地使用权划拨，是指县级以上人民政府依法批准，在土地使用者缴纳补偿、安置等费用后将该幅土地交付其使用，或者将土地使用权无偿交付给土地使用者使用的行为。依照本法规定以划拨方式取得土地使用权的，除法律、行政法规另有规定外，没有使用期限的限制。"根据上述两个法条可以看出，国有土地使用权可以有期限，也可以无期限，D 选项正确，当选。

第十章

税　法

【导语】

税与我们每个人息息相关。首先，税取之于民。不论向国家直接缴纳还是在消费等活动中间接缴纳，我们每个人都是国家税收的来源。其次，税用之于民。国家通过征税，获得充足的资金支持以提供公共产品和公共服务。税法是规范税收行为、调整税收关系的法律规范的总称，在宏观调控法中具有举足轻重的地位，影响着收入分配、资源配置及经济稳定与社会发展等。本章从税法的基本原理和税收法律具体制度两个方面入手，意在使读者明晰税法的基本理论，包括税法的调控法定位、基本结构、课税要素、调整方式、法律分配等，同时希望帮助读者掌握商品税、所得税及财产税的具体征收规则。本章学习的重点是税法的基本原理，难点是税收法律的具体制度。

第一节　税法基本原理

一、税收调控与税法

（一）税收调控

税收，简称"税"，是指国家为满足其政务支出的财政需要或为实现其他行政目的，凭借政治权力，依法向居民和非居民强制、非罚、无偿征收的货币或财物，是一种财政收入的形式，是国家财政收入的最主要来源。税收的实质是国家对国民收入的再分配，通过该再分配使社会资源按照国家的意志在不同的领域间流动，实现国家一定的调控目的。

1. 税收的特征

税收具有以下特征：

（1）公共性。税收以筹集满足政务支出或其他行政目的的需要的必要资金为目的。国家为实现国家机器的正常运转、满足公共需求，需要金额庞大的资金支持，其必然要通过征税的手段来实现上述目的，而此目的具有较强的公共性，与费、罚款等具有性质上的差异。

（2）强制性。税收一方面是国家机器正常运转、公共需求充分满足的必要条件，另一方面，税收的征收必然使纳税人无对价地丧失自己的财富。若国家征税不以政治权力进行强制，税便很难顺利地征收。国家的政治权力是税收的直接依据，而非生产资料的所有权等，这便是税收的强制性。在奴隶社会、封建社会，税收的强制性更多地体现为主权者掠夺性的活动，而在民主法治国家中税种、税率、征收方式等都是依照法律的规定进行的。任何纳税人都必须依法纳税，自觉履行纳税义务，否则就要受到法律的制裁。

（3）无偿性。纳税人缴纳的税款被用于国家政务支出以提供外交、国防、公共安全、疫情防控、市政管理等公共物品。虽然从该角度看来，纳税人缴纳的税款与国家提供的服务之间有报偿的关系，但就具体特定的纳税人而言，因公共物品的特殊性，纳税人缴纳的税款与从国家公共支出中所获得的利益并非具有必然的等值关系，国家不负担向纳税人直接返还的义务，也不需要对纳税人付出任何代价，反映在征纳税过程中完全无对价的征收，这便是税收的无偿性。

（4）固定性。税收的固定性是指国家通过税法的形式事先将纳税人、代扣代缴人、征税比例、征税金额等固定下来，依照确定的标准进行征税。纳税人只要取得了应当纳税的收入、实施了应当纳税的行为或占有了应当纳税的资源及财产就必须按照固定的标准进行纳税。固定性体现了税收法定的原则，是现代法治国家税收的应然状态。

（5）政策性。国家征税的主要目的虽然是获得财政收入，但是这是征税的直接目的。税收的间接目的包括利用该财政收入平均社会财富、优化资源配置、鼓励科学进步、抑制通货膨胀、保护生态环境、提升教育水平等。税收是现代国家实现多种政策目标的重要工具之一，具有较明显的政策性。

（6）非惩罚性。税收不是国家对纳税人的违法行为所作出的惩罚，而是根据税收法律规定进行的征收活动。因此，税收与罚金、罚款等带有惩罚性质的行为具有本质上的差异。

2. 税收的功能

税收具有宏观调控的功能，它通过影响生产、分配和消费发挥着对国民经济和社会发展的宏观调控，是国家实现宏观调控的重要手段。

首先，税收对生产具有重要影响。税收将直接导致人们收入的减少，人们可能会通过多工作弥补因缴税而导致的财产的减少，也可能为少纳税而少工作。税收关涉着人们工作的努力程度和生产的积极性。对于不同产业征税的不同可能导致人们从某一产业转向另一产业，对投资收入的征税高低会直接影响人们是否投资及如何投资。

其次，税收对分配具有重要影响。税收的本质便是社会收入的再分配，该活动会使社会收入在社会成员之间产生流动，社会资源在社会各部门之间再次配置。税收起到防止市场失灵和降低社会分配不公的作用，有利于缓和社会矛盾，稳定社会秩序。

再次，税收对消费也有着重要影响。税收会导致纳税人收入的变化和商品及服务价格的变动，这必然会对人们的消费产生重要影响。征税过高，人们的收入降低，消费水平也会随之降低。税收降低，人们的收入相对增多，消费能力也会增高。对于商品征税的高低也会影响人们对于商品的购买欲望，对于某商品征较高税率的税可能导致人们降低对于该种商品的购买欲望并消费其替代商品。降低对于某商品的税率可能导致人们增加对于该种商品的购买欲望并带动该商品的互补商品的销量。

综上，基于税收对于生产、分配、消费的重要影响，税收成为国家宏观调控的重要手段之一，影响着整个国家的发展和国家中每个个体的幸福。

(二) 税法概述

税法具有一般法律的特性，是由国家制定或认可的、体现国家意志并由强制力保证实施的规范。此外，税法也具有区别于其他法律的独特性，其调整对象是税收法律关系，即在税收活动中形成的社会关系。因而，税法可以概括为调整税收关系的法律规范的总称。

税收法律关系具体包括以下内容：第一，税收管理体制关系。即国家权力机关及其授权的行政机关之间、中央与地方之间因国家课税权的划分与行使而发生的税收征管权责关系。第二，税收经济关系。即纳税人与国家之间的无偿转移资财关系，具体表现为征税机关与纳税人之间因征税与缴税而发生的实体权利义务关系。第三，税收征纳程序关系。即因税收的征收管理而产生的税收征收管理程序关系。第四，税收处罚关系。即税收机关与税收违法当事人之间因税收处罚而形成的权利义务关系。第五，税收救济关系。该种关系包括税务行政复议关系、税务行政诉讼关系、税务行政赔偿关系。①

税收法定原则是税法中最为重要的基本原则。税收法定原则具体是指税收法律关系的主体及其权利、义务和权力必须由法律加以规定。即没有法律依据，任何主体不得征税，居民和非居民也不得被要求缴纳税款。税收法定原则具体包括税种法定原则、税收要素确定和课税程序法定。

除此之外，税法中还包括以下几个原则：第一，税收公平原则，是指税收法律关系中各纳税主体的地位平等，税负在各纳税主体之间公平合理地分配。第二，税收效益原则，是指在税收活动中，要以最小成本去获取最大收益，要以施加给纳税人较小税负的代价换取更大的税收效益。第三，社会政策原则，是指税法是国家用以推行各种社会政策，主要是经济政策的主要手段之一，其实质是税收的基本经济职能的法律原则化。

税法的渊源是指税收法律规范的表现形态，也即形式意义上的税法的来源。一般认为，我国税法的渊源包括国内法渊源和国际法渊源。

国内法渊源是指国家权力机关及其授权的行政机关制定的调整税收关系的规范性文件。在我国主要包括宪法、税收法律、行政法规、地方性法规和税收规章。其中税收法律主要包括《个人所得税法》《税收征收管理办法》《企业所得说法》等。国际法渊源主要是指我国缔结和参加的涉及国家间税收问题的国际条约和协定，如关税和贸易总协定(GATT)。

二、税法的基本结构

税法的基本结构，是指税法体系的基本结构，包括税收体制法律规范和税收征纳法律规范。税收体制是规定税收权力分配的法律规范，是确认和配置税权的法律制度；税收征纳是税法调整税收征纳关系所形成的法律规范，又分为税收征纳实体规范和税收征纳程序规范。

(一) 税收体制法律规范

税收体制法律规范是指规定税收权力分配的法律规范。税权是国家主权的重要组成部

---

① 朱大旗. 税法. 北京：中国人民大学出版社，2015：7-8.

分，是由国家所有的实施或者不实施一定行为的资格，并且国家拥有强制力保证该种资格的实现。税权的内容主要包括税收立法权、税收征管权和税收收益权。因而，税收权力分配也包含税收立法权的分配、税收征管权的分配和税收收益权的分配。下文将具体介绍税收立法权的分配。

在我国，各级人民代表大会享有立法权，根据宪法规定，国务院及其各部委可以依其职权“规定行政措施，制定行政法规，发布决定、命令”等。因而，授权立法在我国广泛存在。在我国的背景下可以将税权立法权分为广义和狭义两类。狭义的税收立法权仅指全国人民代表大会及其常委会制定税收法律的权力，广义的税收立法权除前述内容外还包括国务院、国务院各部委以及地方各级人民代表大会和地方人民政府制定法规、规章（条例）的权力。其中，全国人民代表大会及其常委会对于中央税、共享税和全国统一实施的地方税拥有税法的制定、颁布、废止权，省级人民代表大会及其常委会享有对于零星地方税的税种的开征与停征权。国务院对于中央税、共享税和全国统一实施的地方税有制定税法实施细则的权力，省级人民代表大会就零星地方税有税收法律法规的解释权。此外，国务院税务主管部门对中央税和共享税、省级人民政府对全国统一实施的地方税有课税要素的调整权，省级人民政府主管的税务部门对零星地方税有税收的加征与减免权。

（二）税收征纳法律规范

税收征纳法律规范分为税收征纳实体规范和税收征纳程序规范。税收征纳实体规范常见于各税法的法律文本中，主要是指税收征管过程中征、纳双方主体的实体权利义务内容。税收征纳程序规范是以税收征管过程中征收管理程序关系为调整对象的法律规范，《税收征收管理法》中的大量内容均属于此种规范。

实体规范是权利义务关系的核心，程序规范是权利义务关系的保障。无论是实体规范还是程序规范均在税收征纳活动中发挥着至关重要的规范作用。

三、税法的课税要素

税法的课税要素是每一税收制度均具有的基本框架。主要包括纳税主体、征税对象、税率、纳税期限、纳税地点、纳税环节、税收优惠、税务争议处理、税收法律责任。

（一）纳税主体

纳税主体又称纳税义务人，是税法规定的直接负有纳税义务的法人、其他组织或自然人，解决的是国家对谁征税的问题。其中，自然人可以划分为居民个人和非居民个人，法人可以划分为居民法人和非居民法人。与纳税主体具有紧密联系的主体是代扣代缴义务人和代收代缴义务人。

（二）征税对象

征税对象又称征收客体、课税对象，指税法规定对什么征税。征税对象是双方权利义务共同指向的客体或标的物，是区别一种税与另一种税的最主要标志或根本标志。在我国，按照性质的不同，征税对象分为流转额、所得额、财产、资源及行为五类，也由此我国目前有五大税种，即流转税、所得税、财产税、资源税和行为税。与征税对象相关的词汇是税基，税基又叫计税依据，是据以计算征税对象应纳税款的直接数量的依据，它解决对征税对象课税的计算问题，是对课税对象的量的规定。

（三）税率

税率是指对征税对象的征收比例或征收程度。税率是计算税额的尺度，也是衡量税负轻重与否的重要参照。在征税对象既定的情形下，税收调控的力度主要体现在税率上。我国税法中的税率包括定额税率、比例税率和累进税率。定额税率是以课税对象的计量单位为基础来规定应纳税额的税率形式。比例税率的具体形式包括单一比例税率、差别比例税率和幅度比例税率。累进税率可以分为全额累进税率和超额累进税率。

（四）纳税期限

纳税期限是指税法规定的关于税款缴纳时间方面的限定。纳税期限是衡量义务人履行纳税义务的时间尺度。与纳税期限相关的概念有两个：纳税义务发生时间、缴库期限。广义上纳税期限包括申报期限及缴税期限，狭义上纳税期限仅包括后者。

（五）纳税地点

纳税地点是指缴纳税款的物理场所，是指根据各个税种纳税对象的纳税环节和有利于对税款的源泉控制而规定的纳税人的具体申报缴纳税收的地方。纳税地点一般为纳税人的住所地，也有可能在义务人的营业地、财产所在地或行为发生地等。

（六）纳税环节

纳税环节指税法规定的征税对象从生产到消费的流转过程中应当缴纳税款的环节。

（七）税收优惠

税收优惠指税法对某些特定的纳税人或征税对象给予的减轻或免除征税的处理方式，也称减税免税。如《企业所得税法》第 26 条规定："企业的下列收入为免税收入：（一）国债利息收入；（二）符合条件的居民企业之间的股息、红利等权益性投资收益；（三）在中国境内设立机构、场所的非居民企业从居民企业取得与该机构、场所有实际联系的股息、红利等权益性投资收益；（四）符合条件的非营利组织的收入。"

（八）税务争议处理

税务争议处理是指税务机关和税务管理相对人之间因确认或实施税收法律关系而产生的纠纷的处理。处理税务争议的主要途径包括税务行政复议和税务行政诉讼两种。

（九）税收法律责任

税收法律责任是指税收法律关系的主体因违反税收法律规定所应承担的法律后果。税收法律责任主要有三种形式：一是经济法律责任，包括补缴税款、加收滞纳金等。二是行政法律责任，包括吊销税务登记证、罚款、税收保全等。三是最为严重的刑事责任，当违反税收相关法律规定并触犯了刑法时，通过刑法对该种行为进行规制。

四、税法的调整方式

从税法的经济法定位来讲，税法的调整方式包括平等调整与差别调整。从税法的宏观调控法定位来讲，税法的调整方式包括整体调整与个体调整。

（一）平等调整与差别调整

法本身即带有公平、平等的含义。作为调整税收关系的法律规范，税法自然也蕴含着平等调整的含义，此含义在现代法治国家当中体现得尤为淋漓尽致。

具体而言，税法中的平等调整主要是指税法对于征税对象的平等调整，也即征税对象在税法的视角下具有同等的法律地位，向征税对象所征的税不会因为其本身的阶层、职业、爱好、性别等的不同而有所区别，包括不存在税种和税率的区别。

然而，为实现特定的政策目的，实现整个社会的蓬勃发展，税法在原则上实施平等调整措施的基础上也存在差别调整的情形。具体而言，税法通过设置差额累进税率、免税、减税等方式进行对不同行业、不同主体及不同行为等予以差别对待。

以《个人所得税法》为例。我国个人所得税中居民个人的综合所得，以每一纳税年度的收入额减除费用6万元以及专项扣除、专项附加扣除和依法确定的其他扣除后的余额，为应纳税所得额。专项扣除，包括居民个人按照国家规定的范围和标准缴纳的基本养老保险、基本医疗保险、失业保险等社会保险费和住房公积金等；专项附加扣除，包括子女教育、继续教育、大病医疗、住房贷款利息或者住房租金、赡养老人等支出。综合所得的税率适用3%～45%的超额累进税率。总体而言，综合所得较少的纳税人将会缴纳更少的税，综合所得较多的纳税人将承担相比较而言更重的税负。这符合我国实现共同富裕的目标要求，有助于缩小贫富差距，保障低收入人群的基本生活水平。同时由于教育、医疗、养老、住房等费用可以在一定情形下扣除，这也符合保障人民群众基本生活水平的要求。

综上，税法的调整方式既包括平等调整也包括差别调整，不同情况不同对待的差别调整方式符合税法之经济法定位的实质正义精神的要求。

（二）整体调整与个体调整

税法作为宏观调控法从宏观的视角通过设定税种、税率等方式影响着生产、消费等社会经济的方方面面。由于其并非直接干预市场行为，所以调整方法具有整体性和宏观性。

然而，税法也存在个体调整的特性。个体调整具体体现在行为人违反税收法律的情形下对违法者施加的法律责任。通过规定违法者的法律责任实现税法在更大程度上的被遵守与被尊重。《税收征收管理法》第五章专章规定了法律责任。

该法第60条规定："纳税人有下列行为之一的，由税务机关责令限期改正，可以处二千元以下的罚款；情节严重的，处二千元以上一万元以下的罚款：（一）未按照规定的期限申报办理税务登记、变更或者注销登记的；（二）未按照规定设置、保管帐簿或者保管记帐凭证和有关资料的；（三）未按照规定将财务、会计制度或者财务、会计处理办法和会计核算软件报送税务机关备查的；（四）未按照规定将其全部银行帐号向税务机关报告的；（五）未按照规定安装、使用税控装置，或者损毁或者擅自改动税控装置的。纳税人不办理税务登记的，由税务机关责令限期改正；逾期不改正的，经税务机关提请，由工商行政管理机关吊销其营业执照。纳税人未按照规定使用税务登记证件，或者转借、涂改、损毁、买卖、伪造税务登记证件的，处二千元以上一万元以下的罚款；情节严重的，处一万元以上五万元以下的罚款。"可见，税法中存在对于违反税法规定义务的主体进行个体调整的相关规定。

依据税法的相关规定，扣缴义务人若违反法定义务也应承担法律责任。扣缴义务人未按照规定设置、保管代扣代缴、代收代缴税款账簿或者保管代扣代缴、代收代缴税款记账凭证及有关资料的，由税务机关责令限期改正，可以处二千元以下的罚款；情节严重的，处二千元以上五千元以下的罚款。

综上，税法的调整方式既具整体调整性，又具个体调整性。

（三）税法的具体调整方式

首先，规定税种。对于何种主体征税何种主体不征税，对于何种财产、行为、收益等征税，对于何种财产、行为、收益等不征税是税法的首要调整方式。税法通过确定征税范围进而发挥其调控作用。

其次，确定税率。税率的高低直接影响人们行为动机的强弱，影响人们实施何种行为以及如何行为。对于一商品规定较高的税率会降低人们对于该种商品的需求而转向消费它的替代品。对于一行为规定较高的税率会降低人们实施该种行为的欲望而转向实施其他行为。税率是税法实现调整功能的又一具体方式。

再次，列举免税、减税的特殊情形。为保障人们的基本生活质量，解决上学难、住房难、看病难等民生问题，为倡导低碳生活制止浪费的生活行为，为保障弱势群体的利益缩小贫富差距，为促进经济的全面协调发展等，我国税法规定了各式各样的免税、减税的特殊情形。免税、减税是税法实现实质正义、落实政策目标等的重要调整方式。

最后，明确责任条款。无责任则无义务，没有明确、足够的责任，法律中义务的规定便会难以真正落实。恰当的责任条款是规范税收法律关系中各主体行为的重要因素，是税法所有调整方式切实实现的重要保障。

五、税权的法律分配

改革开放初期，为调动地方的积极性，我国曾奉行地方财政大包干的政策，地方政府的财政收入大部分用于地方建设，上缴中央的税赋非常少。这一政策虽然在一定程度上可以调动沿海省份的积极性，使得沿海地区的经济迅速发展，但也造成了不少问题：其一，财政收入大部留在地方，上缴中央的过少，使得中央财政拮据。其二，该政策使地区之间的差距扩大，不利于全国各地区协调发展。于是分税制改革应运而生。

自 1993 年颁布《国务院关于实行分税制财政管理体制的决定》起，我国正式开始对各省、自治区、直辖市以及计划单列市实行分税制改革。在此之后财政部于 1996 年下发了《关于完善省以下分税制财政管理体制意见的通知》，2002 年国务院批转了财政部的上述意见。上述三个文件共同确定了我国分税制财政管理体制的基本原则和内容。其中，在中央和地方的收入划分中，明确应根据事权与财权结合的原则，按税种划分中央与地方收入。将维护国家权益、实施宏观调控所必需的税种划分为中央税；将同经济发展直接相关的主要税种划分为中央与地方共享税；将适合地方征管的税种划分为地方税，充实地方税税种，增加地方税收入。分设中央与地方两套税务机构，中央税务机构征收中央税和中央与地方共享税，地方税务机构征收地方税。（2018 年政府机构改革，又将两套机构合并为一个机构。）

分税制的核心是中央与地方收入的划分。具体划分如下：

（1）中央税主要包括消费税、车辆购置税、关税、海关代征的进口环节增值税、消费税等。

（2）地方税主要包括城镇土地使用税、耕地占用税、土地增值税、房产税、车船税、契税、环境保护税和烟叶税等。

（3）中央与地方共享税的税种和具体分配比例如下：

1）国内增值税（不含进口环节由海关代征的部分）：中央政府分享 50%，地方政府分享 50%；

2）企业所得税：中国铁路总公司（原铁道部）、各银行总行及海洋石油企业缴纳的部分归中央政府，其余部分中央与地方政府按 60%与 40%的比例分享；

3）个人所得税：中央与地方政府按 60%与 40%的比例分享；

4）资源税：海洋石油企业缴纳的部分归中央政府，其余部分归地方政府；

5）城市维护建设税：中国铁路总公司、各银行总行、各保险总公司集中缴纳的部分归中央政府，其余部分归地方政府；

6）印花税：证券交易印花税收入归中央政府，其他印花税收入归地方政府。

分税制的指导思想是：逐步提高中央财政收入的比重，适当增加中央财力，增强中央政府的宏观调控能力；合理调节地区之间的财力分配，缩小地区差别，促使对地方财政支出的约束；坚持统一政策和分级管理相结合的原则，中央税、中央与地方共享税以及地方税的立法权都要集中在中央以保证中央政令统一，维护全国统一市场和企业公平竞争，但同时也要兼顾地方；划分税种不仅要考虑中央与地方的收入分配，也要考虑税收对经济发展和社会分配的调节作用。①

分税制改革固然有其显著的积极影响，尤其是政策颁布之初，但是时至今日，该制度也体现出一定的局限性，比如地方政府预算外收入、非税收入膨胀等问题大量存在，财政分配不均导致的政策性区域差距扩大的问题也较为突出。

六、税收征收管理

税收征收管理是指税收机关对纳税人依法征纳税和进行税务监督管理的总称。我国制定了《税收征收管理法》，凡依法由税务机关征收的各种税收的征收管理均适用该法。其对于加强税收征收管理、规范税收征收和缴纳行为、保障国家税收收入、保护纳税人的合法权益、促进经济和社会发展具有重要意义。

从税收征收管理主体来看，国务院税务主管部门主管全国税收征收管理工作。各地税务局应当按照国务院规定的税收征收管理范围分别进行征收管理。地方各级人民政府应当依法加强对本行政区域内税收征收管理工作的领导或者协调，支持税务机关依法执行职务，依照法定税率计算税额，依法征收税款。各有关部门和单位应当支持、协助税务机关依法执行职务。

（一）税务登记

税务登记是我国税收征收管理中的重要管理制度。我国《税收征收管理法》中对于税务登记的主要规定如下：

企业，企业在外地设立的分支机构和从事生产、经营的场所，个体工商户和从事生产、经营的事业单位自领取营业执照之日起 30 日内，持有关证件，向税务机关申报办理税务登记。税务机关应当于收到申报的当日办理登记并发给税务登记证件。

市场监督管理机关应当将办理登记注册、核发营业执照的情况，定期向税务机关通报。从事生产、经营的纳税人，税务登记内容发生变化的，自市场监督管理机关办理变更登记之日起 30 日内或者在向市场监督管理机关申请办理注销登记之前，持有关证件向税

① 王卫国，李东方. 经济法学. 北京：中国政法大学出版社，2016：503.

务机关申报办理变更或者注销税务登记。

（二）账簿、凭证管理

账簿、凭证管理是书中征收管理的又一重要内容。我国相关法律规定：纳税人、扣缴义务人应当按照有关法律、行政法规和国务院财政、税务主管部门的规定设置账簿，根据合法、有效凭证记账，进行核算。

此外，从事生产、经营的纳税人的财务、会计制度或者财务、会计处理办法和会计核算软件，应当报送税务机关备案。税务机关是发票的主管机关，负责发票印制、领购、开具、取得、保管、缴销的管理和监督。从事生产、经营的纳税人、扣缴义务人必须按照国务院财政、税务主管部门规定的保管期限保管账簿、记账凭证、完税凭证及其他有关资料。

（三）纳税申报

根据税法相关规定，纳税人必须依照法律、行政法规规定或者税务机关依照法律、行政法规的规定确定的申报期限、申报内容如实办理纳税申报，报送纳税申报表、财务会计报表以及税务机关根据实际需要要求纳税人报送的其他纳税资料。

扣缴义务人也应履行相关义务。扣缴义务人必须依照法律、行政法规规定或者税务机关依照法律、行政法规的规定确定的申报期限、申报内容如实报送代扣代缴、代收代缴税款报告表以及税务机关根据实际需要要求扣缴义务人报送的其他有关资料。

纳税人、扣缴义务人不能按期办理纳税申报或者报送代扣代缴、代收代缴税款报告表的，经税务机关核准，可以延期申报。经核准延期办理上述规定的申报、报送事项的，应当在纳税期内按照上期实际缴纳的税额或者税务机关核定的税额预缴税款，并在核准的延期内办理税款结算。

（四）税款征收

税款征收是税务征收管理中的核心内容。税务机关应依照法律、行政法规的规定征收税款，不得违反法律、行政法规的规定开征、停征、多征、少征、提前征收、延缓征收或者摊派税款。这是《税收征收管理法》中规定的关于税务机关的义务条款。除税务机关、税务人员以及经税务机关依照法律、行政法规委托的单位和人员外，任何单位和个人不得进行税款征收活动。

纳税人依照法律、行政法规的规定办理减税、免税。地方各级人民政府、各级人民政府主管部门、单位和个人违反法律、行政法规规定，擅自作出的减税、免税决定无效，税务机关不得执行，并向上级税务机关报告。《税收征收管理法》对税款对征收主体减税、免税的权力进行了限制。

从事生产、经营的纳税人、扣缴义务人未按照规定的期限缴纳或者解缴税款，纳税担保人未按照规定的期限缴纳所担保的税款，由税务机关责令限期缴纳，逾期仍未缴纳的，经县以上税务局（分局）局长批准，税务机关可以采取下列强制执行措施：书面通知其开户银行或者其他金融机构从其存款中扣缴税款；扣押、查封、依法拍卖或者变卖其价值相当于应纳税款的商品、货物或者其他财产，以拍卖或者变卖所得抵缴税款。

（五）税务检查

税务检查，又称纳税检查，是税务机关以国家的法律、法规政策和税收征收管理制度为依据，对纳税人履行纳税义务情况及偷逃税行为的审核及查处等一系列行为的总称。

具体而言，税务机关有权进行下列税务检查：(1) 检查纳税人的账簿、记账凭证、报表和有关资料，检查扣缴义务人代扣代缴、代收代缴税款账簿、记账凭证和有关资料；(2) 到纳税人的生产、经营场所和货物存放地检查纳税人应纳税的商品、货物或者其他财产，检查扣缴义务人与代扣代缴、代收代缴税款有关的经营情况；(3) 责成纳税人、扣缴义务人提供与纳税或者代扣代缴、代收代缴税款有关的文件、证明材料和有关资料；(4) 询问纳税人、扣缴义务人与纳税或者代扣代缴、代收代缴税款有关的问题和情况；(5) 到车站、码头、机场、邮政企业及其分支机构检查纳税人托运、邮寄应纳税商品、货物或者其他财产的有关单据、凭证和有关资料；(6) 经县以上税务局（分局）局长批准，凭全国统一格式的检查存款账户许可证明，查询从事生产、经营的纳税人、扣缴义务人在银行或者其他金融机构的存款账户。税务机关在调查税收违法案件时，经设区的市、自治州以上税务局（分局）局长批准，可以查询案件涉嫌人员的储蓄存款。

税务机关派出的人员进行税务检查时，应当出示税务检查证和税务检查通知书，并有责任为被检查人保守秘密；未出示税务检查证和税务检查通知书的，被检查人有权拒绝检查。

相关案例

刘志远等人走私抗诉案

1993 年初，尹连和许阳辉合谋，从香港走私家用电器感光材料等入内地销售。为掩盖走私事实，他们勾结有关单位向天津海关报关，制造从香港经天津转关到佳木斯向俄罗斯出口货物的假象。1993 年 6 月至 8 月间，许阳辉先后将价值人民币 3 000 余万元的日立牌彩电、胶卷、相纸等走私货物共 15 个集装箱，分两次装船运抵天津港。为使此批走私货物变为正常的转关货物，逃避海关监管，津海商业总公司行政部经理潘铸于 7 月间到佳木斯市，找到刘志远，要刘志远通过关系在佳木斯海关办理假转关手续。后刘志远找到在佳木斯海关工作的乙，要乙帮助办理假转关手续。经密谋，乙拿出自己掌管的海关非转关业务专用章；刘志远拿出了私刻的“业务章”，两人拼凑印章，伪造了海关的转关手续。然后，刘志远将假转关手续交给潘铸。潘铸拿到假转关手续后，先后付给刘志远人民币 46 万元，刘将其中的 22 万元分给乙，自得 24 万元。

1995 年 7 月 11 日天津市中级人民法院以走私罪判处被告人刘志远有期徒刑 12 年；以走私罪判处被告人乙有期徒刑 10 年。1996 年 4 月 29 日，天津市高级人民法院经过审理，认为天津市人民检察院的抗诉理由成立，予以采纳，遂以走私罪判处被告人刘志远无期徒刑，剥夺政治权利终身；以走私罪判处乙有期徒刑 13 年，剥夺政治权利 2 年。

第二节 税收法律制度

在掌握了税法的基本原理后，有必要将视角从理论转移到具体制度，进一步掌握税收法律制度中的具体内容。本节主要介绍商品税、所得税和财产税这三大税种，每一个税种中都包含着很多具体的法律制度。

一、商品税的主要法律制度

（一）增值税

增值税是现代化税制，是我国第一大税种。从本质上讲，增值税是一种消费税，是对商品与服务的消费课税，由最终的消费者承担，是对个人消费征收的间接税。增值税同时也是一种交易税，其依存于交易发生，是以合同作为中介的民事流转，为流转税的一种。

根据《中华人民共和国增值税暂行条例》《中华人民共和国增值税暂行条例实施细则》等相关的法律法规及国际立法，增值税义务的成立必须满足增值税的法律构成要件：(1) 在中华人民共和国境内（境内税）。(2) 有应税行为。应税行为是某种客体的让渡，如货物、服务、权利或义务等。应税行为的让渡手段具体包括创设、赠与、转让、放弃、免除等。(3) 有偿（对价）。(4) 应税行为与对价之间有直接联系。(5) 有营业活动。(6) 有法定增值税纳税义务人。

1. 在中华人民共和国境内

《中华人民共和国增值税暂行条例》第 1 条规定："在中华人民共和国境内销售货物或者加工、修理修配劳务（以下简称劳务），销售服务、无形资产、不动产以及进口货物的单位和个人，为增值税的纳税人，应当依照本条例缴纳增值税。"

《中华人民共和国增值税暂行条例实施细则》第 8 条规定："条例第一条所称在中华人民共和国境内（以下简称境内）销售货物或者提供加工、修理修配劳务，是指：（一）销售货物的起运地或者所在地在境内；（二）提供的应税劳务发生在境内。"

2. 应税行为

我国增值税法中的应税行为包括销售货物或者加工、修理修配劳务，销售服务、无形资产、不动产以及进口货物等。前述货物是指有形动产，包括电力、热力、气体在内。销售货物，是指有偿转让货物的所有权。加工，是指受托加工货物，即委托方提供原料及主要材料，受托方按照委托方的要求，制造货物并收取加工费的业务。修理修配，是指受托对损伤和丧失功能的货物进行修复，使其恢复原状和功能的业务。加工、修理修配劳务，是指有偿提供加工、修理修配劳务。单位或者个体工商户聘用的员工为本单位或者雇主提供加工、修理修配劳务，不包括在内。

3. 有偿

根据《中华人民共和国增值税暂行条例实施细则》的规定，有偿是指从购买方取得货币、货物或者其他经济利益。

4. 应税行为与对价之间有直接联系

指向购买方收取的合同款、滞纳金、延期付款利息、违约金、赔偿金等不能不加区别地一概计入应税销售额。例如，若合同根本没被履行，违约金并不依附于增值税应税业务而存在，那么不需要对其缴纳增值税。

5. 营业活动

营业活动是指以营利为目的而进行的连续的、有计划的、同种类的行为（活动），可以分为生产活动、销售活动、供应活动。

《营业税改增值税试点实施办法》第 10 条规定："销售服务、无形资产或者不动产，是指有偿提供服务、有偿转让无形资产或者不动产，但属于下列非经营活动的情形除外：

(一)行政单位收取的同时满足以下条件的政府性基金或者行政事业性收费。1. 由国务院或者财政部批准设立的政府性基金，由国务院或者省级人民政府及其财政、价格主管部门批准设立的行政事业性收费；2. 收取时开具省级以上（含省级）财政部门监（印）制的财政票据；3. 所收款项全额上缴财政。(二)单位或者个体工商户聘用的员工为本单位或者雇主提供取得工资的服务。(三)单位或者个体工商户为聘用的员工提供服务。(四)财政部和国家税务总局规定的其他情形。”

6. 增值税纳税人

根据《营业税改增值税试点实施办法》的规定，增值税纳税人包括增值税纳税人（即已进行增值税资格登记，应进行增值税资格登记但未进行增值税资格登记）、增值税扣缴义务人、增值税集团纳税人。

增值税的计税方法包括一般计税方法、简易计税方法和扣缴计税方法。

一般计税方法的适用主体是一般纳税人，税额计算公式为：当期应纳增值税税额－当期进项税额。

简易计税方法的主要适用主体是小规模纳税人。一般纳税人发生财政部和国家税务总局规定的应税销售行为可以选择（部分应税销售行为必须选择）适用简易计税方法计税。当期应纳增值税税额＝当期销售额（不含增值税）×征收率。

扣缴计税方法的适用主体是扣缴义务人。境外单位或者个人在境内销售劳务，在境内未设有经营机构的，以其境内代理人为扣缴义务人；在境内没有代理人的，以购买方为扣缴义务人。扣缴义务人按照规定公式和适用税率计算应扣税额：接受方支付的价款÷(1＋税率)×税率。

(二) 消费税

消费税，又称货物税、奢侈品税，是指以特定的消费品为征税对象而征收的一种商品税。《中华人民共和国消费税暂行条例》第1条规定了消费税的纳税人，即在中华人民共和国境内生产、委托加工和进口本条例规定的消费品的单位和个人，以及国务院确定的销售本条例规定的消费品的其他单位和个人。“在中华人民共和国境内”是指生产、委托加工和进口属于应当缴纳消费税的消费品的起运地或所在地在境内。

消费税一般由纳税人缴纳，扣缴义务人仅存在于委托加工应税消费品，且委托方不为个人的情形，这是由受托方向委托方交货时代收代缴税款。

消费税的征税范围主要包括四类：第一，过度消费造成危害的消费品。第二，奢侈品及非生活必需品。第三，高能耗的高档消费品。第四，不可再生的资源类消费品。

从计税依据来看，消费税实行从价定率、从量定额，或者从价定率和从量定额复合计税的办法计算应纳税额，计税依据包括销售额和销售数量。

从价定率的基本计税依据为销售额，在不同的情况下可以是销售额、同类消费品售价、组成计税价格。从量定额的基本计税依据是销售数量，在不同情况下可以是销售数量、移送使用数量、委托加工收回的应税消费品数量、进口征税数量。复合计税的计税依据是销售数量和销售额。卷烟和白酒采用的便是复合计税的方法。应纳税额等于应税销售数量乘以定额税率再加上应税销售额乘以比例税率。

(三) 关税

关税是对进出口的货物、进境物品征收的一种商品税。关税有狭义和广义之分：狭义的关税仅指一过海关根据其进出口税则对进出境货物所征的税；广义的关税除包括狭义的关税之外，还包括由海关征收的船舶吨税和在进口环节代征的国内税。

根据《中华人民共和国进出口关税条例》的规定，准许进出口的货物、进境物品，除法律、行政法规另有规定外，海关依照该条例规定征收进出口关税。其中，货物是指以贸易为目的而进出境的商品物资，以进口货物为主。物品是非以贸易为目的、主要属于个人自用的进入关境的非商品物资。

我国进口税则设有最惠国税率、协定税率、特惠税率、普通税率、关税配额税率。对进口货物在一定期限内可实行暂定税率。《中华人民共和国进出口关税条例》规定，适用最惠国税率的进口货物有暂定税率的，应当适用暂定税率；适用协定税率、特惠税率的进口货物有暂定税率的，应当从低适用税率；适用普通税率的进口货物，不适用暂定税率。适用出口税率的出口货物有暂定税率的，应当适用暂定税率。

二、所得税的主要法律制度

所得税，也称收益税，是指以纳税人在一定期间内的纯所得额或者总所得额为征税对象的税的统称。从立法的视角来看，我国所得税主要包括企业所得税和个人所得税。

（一）企业所得税

企业所得税是指中华人民共和国境内的一切企业就其来源于中国境内外的生产经营所得和其他所得而征收的税种。根据《企业所得税法》的规定，企业和其他取得收入的组织为企业所得税的纳税人。

企业分为居民企业和非居民企业。居民企业是指依法在中国境内成立，或者依照外国（地区）法律成立但实际管理机构在中国境内的企业。非居民企业是指依照外国（地区）法律成立且实际管理机构不在中国境内，但在中国境内设立机构、场所的，或者在中国境内未设立机构、场所，但有来源于中国境内所得的企业。

居民企业应当就其来源于中国境内、境外的所得缴纳企业所得税。非居民企业在中国境内设立机构、场所的，应当就其所设机构、场所取得的来源于中国境内的所得，以及发生在中国境外但与其所设机构、场所有实际联系的所得，缴纳企业所得税。非居民企业在中国境内未设立机构、场所的，或者虽设立机构、场所但取得的所得与其所设机构、场所没有实际联系的，应当就其来源于中国境内的所得缴纳企业所得税。从税率来看，企业所得税的税率为25%。在中国境内未设立机构、场所的非居民企业，或者虽设立机构、场所但取得的所得与其所设机构、场所没有实际联系的非居民企业，应就其来源于中国境内的所得缴纳20%的企业所得税。

企业每一纳税年度的收入总额，减除不征税收入、免税收入、各项扣除以及允许弥补的以前年度亏损后的余额，为应纳税所得额。企业以货币形式和非货币形式从各种来源取得的收入，为收入总额。包括：（1）销售货物收入；（2）提供劳务收入；（3）转让财产收入；（4）股息、红利等权益性投资收益；（5）利息收入；（6）租金收入；（7）特许权使用费收入；（8）接受捐赠收入；（9）其他收入。收入总额中的财政拨款、依法收取并纳入财政管理的行政事业性收费、政府性基金和国务院规定的其他不征税收入为不征税收入。

在税收优惠方面，国家对重点扶持和鼓励发展的产业和项目，给予企业所得税优惠。

国债利息收入，符合条件的居民企业之间的股息、红利等权益性投资收益，在中国境内设立机构、场所的非居民企业从居民企业取得与该机构、场所有实际联系的股息、红利等权益性投资收益，符合条件的非营利组织的收入为免税收入。从事农、林、牧、渔业项目的所得，从事国家重点扶持的公共基础设施项目投资经营的所得，从事符合条件的环境保护、节能节水项目的所得，符合条件的技术转让所得等可以免征、减征企业所得税。国家需要重点扶持的高新技术企业，减按15%的税率征收企业所得税。

（二）个人所得税

个人所得税是以个人取得的各项应税所得为征税对象，并由获取所得的个人缴纳的税种。征收个人所得税，对于调节收入分配、增加财政收入、维护国家税收权等均具重要意义。

根据《中华人民共和国个人所得税法》的规定，个人所得税的纳税人分为居民纳税人和非居民纳税人。在中国境内有住所，或者无住所而一个纳税年度内在中国境内居住累计满183天的个人，为居民个人（居民纳税人）。居民个人从中国境内和境外取得的所得，应缴纳个人所得税。在中国境内无住所又不居住，或者无住所而一个纳税年度内在中国境内居住累计不满183天的个人，为非居民个人（非居民纳税人）。非居民个人从中国境内取得的所得，应缴纳个人所得税。

我国个人所得税采用分类所得税制，将个人所得税的征收对象分为九项。具体包括：（1）工资、薪金所得；（2）劳务报酬所得；（3）稿酬所得；（4）特许权使用费所得；（5）经营所得；（6）利息、股息、红利所得；（7）财产租赁所得；（8）财产转让所得；（9）偶然所得。居民取得上述第一项至第四项所得（以下称综合所得），按纳税年度合并计算个人所得税；非居民个人取得上述第一项至第四项所得，按月或者按次分项计算个人所得税。纳税人取得上述第五项至第九项所得，依照本法规定分别计算个人所得税。

个人所得税的税率也根据类别的不同而有所差异。综合所得，适用3%～45%的超额累进税率。经营所得，适用5%～35%的超额累进税率。利息、股息、红利所得，财产租赁所得，财产转让所得和偶然所得，适用比例税率，税率为20%。具体如表10－1、表10－2所示。

表10－1　个人所得税税率表一（综合所得适用）

级数	全年应纳税所得额	税率（%）
1	不超过36 000元的	3
2	超过36 000元至144 000元的部分	10
3	超过144 000元至300000元的部分	20
4	超过300 000元至420 000元的部分	25
5	超过420 000元至660 000元的部分	30
6	超过660 000元至960 000元的部分	35
7	超过960 000元的部分	45

注1：本表所称全年应纳税所得额是指居民个人取得综合所得以每一纳税年度收入额减除费用六万元以及专项扣除、专项附加扣除和依法确定的其他扣除后的余额。注2：非居民个人取得工资、薪金所得，劳务报酬所得，稿酬所得和特许权使用费所得，依照本表按月换算后计算应纳税额。

表 10-2　个人所得税税率表二（经营所得适用）

级数	全年应纳税所得额	税率（%）
1	不超过 30 000 元的	5
2	超过 30 000 元至 90 000 元的部分	10
3	超过 90 000 元至 300 000 元的部分	20
4	超过 300 000 元至 500 000 元的部分	30
5	超过 500 000 元的部分	35

注：本表所称全年应纳税所得额是指以每一纳税年度的收入总额减除成本、费用以及损失后的余额。

以下情形中的个人所得免征个人所得税：(1) 省级人民政府、国务院部委和中国人民解放军军以上单位，以及外国组织、国际组织颁发的科学、教育、技术、文化、卫生、体育、环境保护等方面的奖金；(2) 国债和国家发行的金融债券利息；(3) 按照国家统一规定发给的补贴、津贴；(4) 福利费、抚恤金、救济金；(5) 保险赔款；(6) 军人的转业费、复员费、退役金；(7) 按照国家统一规定发给干部、职工的安家费、退职费、基本养老金或者退休费、离休费、离休生活补助费；(8) 依照有关法律规定应予免税的各国驻华使馆、领事馆的外交代表、领事官员和其他人员的所得；(9) 中国政府参加的国际公约、签订的协议中规定免税的所得；(10) 国务院规定的其他免税所得。

三、财产税的主要法律制度

财产税是指以特定财产为征税对象的税种。

(一) 契税

契税是以所有权发生转移变动的不动产为征税对象，向产权承受人征收的财产税。应缴契税的范围包括：土地使用权出售、赠与和交换，房屋买卖，房屋交换与赠与等。

契税是一种重要的地方税种，在土地、房屋交易的发生地，不管交易主体为何，只要所有权发生移转都要依法纳税。契税已成为地方财政收入的固定来源，地方契税收入呈迅速上升态势。

(二) 房产税

房产税的征税对象为房屋。房屋的计税余值或租金收入为向产权所有人征收房产税的计税依据。

房产税以在征税范围内的房屋产权所有人为纳税人。产权属于全民所有的，由经营管理的单位缴纳。产权出典的，由承典人缴纳。产权所有人、承典人不在房产所在地的，或者产权未确定及租典纠纷未解决的，由房产代管人或者使用人缴纳。

房产税依照房产原值一次减除 10%至 30%后的余值计算缴纳。具体减除幅度，由省、自治区、直辖市人民政府规定。没有房产原值作为依据的，由房产所在地税务机关参考同类房产核定。房产出租的，以房产租金收入为房产税的计税依据。房产税的税率，依照房产余值计算缴纳的，税率为 1.2%；依照房产租金收入计算缴纳的，税率为 12%。

下列房产免纳房产税：国家机关、人民团体、军队自用的房产；由国家财政部门拨付事业经费的单位自用的房产；宗教寺庙、公园、名胜古迹自用的房产；个人所有非营业用的房产；经财政部批准免税的其他房产。

（三）车辆购置税

车辆购置税是以在我国境内购置规定车辆为课税对象、在特定的环节向车辆购置者征收的一种财产税。车辆购置税的纳税人是指在我国境内购置汽车、有轨电车、汽车挂车、排气量超过150毫升的摩托车的单位和个人。其中购置是指以购买、进口、自产、受赠、获奖或者其他方式取得并自用应税车辆的行为。

车辆购置税仅在购车时一次性缴纳，以后使用中不需要再行缴纳。车辆购置税的统一税率比例为10%。

（四）车船税

车船税是指对依法应当在车船管理部门登记的车辆、船舶征收的税。在我国境内属于《中华人民共和国车船税法》所附《车船税税目税额表》规定的车辆、船舶的所有人或者管理人为车船税的纳税人，应当依法缴纳车船税。

下列车船免征车船税：捕捞、养殖渔船；军队、武装警察部队专用的车船；警用车船；悬挂应急救援专用号牌的国家综合性消防救援车辆和国家综合性消防救援专用船舶；依照法律规定应当予以免税的外国驻华使领馆、国际组织驻华代表机构及其有关人员的车船。

对节约能源、使用新能源的车船可以减征或者免征车船税；对受严重自然灾害影响纳税困难以及有其他特殊原因确需减税、免税的，可以减征或者免征车船税。

省、自治区、直辖市人民政府根据当地实际情况，可以对公共交通车船，农村居民拥有并主要在农村地区使用的摩托车、三轮汽车和低速载货汽车定期减征或者免征车船税。

从事机动车第三者责任强制保险业务的保险机构为机动车车船税的扣缴义务人，应当在收取保险费时依法代收车船税，并出具代收税款凭证。

车船税按年申报缴纳。

（五）船舶吨税

船舶吨税简称吨税，是对自境外港口进入我国境内港口的船舶，因享受了我国的航道和导航设施而付出的代价。

船舶吨税的税率包括优惠税率和普通税率。适用优惠税率的船舶包括中华人民共和国国籍的应税船舶、船籍国（地区）与中华人民共和国签订含有互相给予船舶税费最惠国待遇条款的条约或者协定的应税船舶。除使用优惠税率的船舶之外的其他应税船舶适用普通税率。

相关案例

外籍人士托马斯受雇于我国某游戏公司担任长驻总经理，合同期5年。合同规定其月薪为5万元人民币，其中3万元人民币由中国境内企业支付，2万元人民币由境外母公司支付。其来源于我国境内所得是每月5万元人民币。因为所得支付地不等于所得来源地，托马斯因任职受雇于中国境内，他因提供劳务取得的所得不论于境内还是境外支付，均属于来源于中国境内的所得。

【法考练习题】

1. 【2017 年】某教师在税务师培训班上就我国对财税法制有下列说法，其中哪些是正确的？（　　）

A. 当税法有漏洞时，依据税收法定原则，不允许以类推适用方法来弥补税法漏洞

B. 增值税的纳税人分为一般纳税人和小规模纳税人，小规模纳税人的适用税率统一为 3%

C. 消费税的征税对象为应税消费品，包括一次性竹质筷子和复合地板等

D. 车船税纳税义务发生时间为取得车船使用权或管理权的当年，并按年申报缴纳

【参考答案】AB

解析：A 选项正确。税收法定是指由立法者决定全部税收问题和税法基本原则，即如果没有相应的法律作为前提，政府则不能征税，公民也没有纳税的义务。当税法有漏洞时，依据该原则，不允许以类推适用的方法弥补税法的漏洞。

B 选项正确。《增值税暂行条例》第 12 条规定，小规模纳税人增值税征收率为 3%。

C 选项错误。消费税的税目主要有 3 大类，木质一次性筷子和实木地板为消费税的纳税对象，竹质的一次性筷子和复合地板不是消费税的纳税对象。

D 选项表述错误。根据《车船税法》第 8 条的规定，船税纳税义务发生时间为取得车船所有权或者管理权的当月，而非当年。

2. 【2016 年】关于税收优惠制度，根据我国税法，下列哪些说法是正确的？（　　）

A. 个人进口大量化妆品，免征消费税

B. 武警部队专用的巡逻车，免征车船税

C. 企业从事渔业项目的所得，可免征、减征企业所得税

D. 农民张某网上销售从其他农户处收购的山核桃，免征增值税

【参考答案】BC

解析：A 选项错误。消费税的纳税人为在我国境内生产、委托加工和进口应税消费品的单位和个人，根据现行法律规定，应税消费品包括化妆品。《消费税暂行条例》第 4 条第 3 款规定："进口的应税消费品，于报关进口时纳税。"个人大量进口化妆品，应纳消费税，出口应税消费品免征消费税，国务院另有规定除外。

B 选项正确。军队、武装警察部队专用的车船免征车船税。

C 选项正确。《企业所得税法》第 27 条规定："企业的下列所得，可以免征、减征企业所得税：（一）从事农、林、牧、渔业项目的所得"。

D 选项错误。《增值税暂行条例》第 1 条（2016 年版）规定："在中华人民共和国境内销售货物或者提供加工、修理修配劳务以及进口货物的单位和个人，为增值税的纳税人，应当依照本条例缴纳增值税。"农业生产者销售自产农产品的，可以免征增值税，张某收购后再销售的情形不免征增值税。

3. 【2016 年】根据《个人所得税法》，关于个人所得税的征缴，下列哪一说法是正确的？（　　）

A. 自然人买彩票多倍投注，所获一次性奖金特别高的，可实行加成征收

B. 扣缴义务人履行代扣代缴义务的，税务机关按照所扣缴的税款付给 2%的手续费

C. 在中国境内无住所又不居住的个人，在境内取得的商业保险赔款，应缴纳个人所得税

D. 夫妻双方每月取得的工资薪金所得可合并计算，减除费用7000元后的余额，为应税所得

【参考答案】B

解析：A选项错误。根据《个人所得税法》第3条第3项："利息、股息、红利所得，财产租赁所得，财产转让所得和偶然所得，适用比例税率，税率为百分之二十。"彩票收入属于偶然所得，适用20%的比例税率，不存在加成征收的情况。

B选项正确。《个人所得税法》第17条规定："对扣缴义务人按照所扣缴的税款，付给百分之二的手续费。

C选项错误。保险赔款作为发生保险事故造成损害之后的补偿属于免纳个人所得税的范围。无论是居民纳税人还是非居民纳税人，取得的保险赔款均不缴纳个人所得税。

D选项错误。我国尚未实施以家庭为单位的综合税制，没有计算夫妻工资薪金所得须合并免征额之说。注意该题中的税率已发生变化，应按照现行的《个人所得税法》计算免征金额。

4.【2015年】关于个人所得税，下列哪些表述是正确的？（　　）

A. 以课税对象为划分标准，个人所得税属于动态财产税

B. 非居民纳税人是指不具有中国国籍但有来源于中国境内所得的个人

C. 居民纳税人从中国境内、境外取得的所得均应依法缴纳个人所得税

D. 劳务报酬多的适用比例税率，对劳务报酬所得一次收入畸高的，可实行加成征收

【参考答案】C

解析：A选项错误，以课税对象为划分标准，税收征纳实体法可以分为商品税法、财产税法、所得税法和行为税法。个人所得税属于所得税而非财产税，因此个人所得税更不属于动态财产税。

B选项错误。我国《个人所得税法》按照住所和居住时间标准将纳税人分为居民纳税人和非居民纳税人，而非完全以国籍划分。

C选项正确。根据《个人所得税法》的规定，居民个人从中国境内和境外取得的所得应当缴纳个人所得税。

D选项错误。我国现行法律并未规定劳动报酬所得一次收入畸高的可以加成征收。

5.【2013年】甲公司欠税40万元，税务局要查封其相应价值产品。甲公司经理说："乙公司欠我公司60万元货款，贵局不如行使代位权直接去乙公司收取现金。"该局遂通知乙公司缴纳甲公司的欠税，乙公司不配合；该局责令其限期缴纳，乙公司逾期未缴纳，该局随即采取了税收强制执行措施。关于税务局的行为，下列哪些选项是错误的？（　　）

A. 只要甲公司欠税，乙公司又欠甲公司货款，该局就有权行使代位权

B. 如代位权成立，即使乙公司不配合，该局也有权直接向乙公司行使

C. 本案中，该局有权责令乙公司限期缴纳

D. 本案中，该局有权向乙公司采取税收强制执行措施

【参考答案】ABCD

解析：A 选项错误，《税收征收管理法》第 50 条第 1 款规定："欠缴税款的纳税人因怠于行使到期债权，或者放弃到期债权，或者无偿转让财产，或者以明显不合理的低价转让财产而受让人知道该情形，对国家税收造成损害的，税务机关可以依照合同法第七十三条、第七十四条的规定行使代位权、撤销权。税务机关依照前款规定行使代位权、撤销权的，不免除欠缴税款的纳税人尚未履行的纳税义务和应承担的法律责任。"因此，代位权的行使需要甲公司怠于行使到期债权。

B 选项错误。税务机关行使代位权的程序是以自己的名义向法院请求代位行使甲公司对乙公司的债权，不能直接向乙公司行使权利。

本案中共有两组法律关系，即甲公司和税务局的纳税法律关系、甲公司和乙公司的债权债务关系。乙公司和税务局并没有直接的法律关系，乙公司并不是税务局的行政相对人，税务局不能直接对乙公司采取任何保全或强制执行措施。故 C、D 选项错误。

第十一章

中央银行法

【导语】

中央银行法是关于中央银行的性质、地位、组织体系、业务范围等法律规范的总称，是金融调控的核心制度，也是经济法体系中重要的宏观调控法律制度。金融调控是以中央银行制定和实施货币政策为主导，通过调节货币供应量、利率和汇率水平，间接调控金融市场。金融调控的主体是中央银行，它是中央银行依照法律，以货币政策为核心，以币值稳定并以此促进经济发展为目标的宏观经济调控活动。本章学习的重点是中央银行的含义、地位、基本职能，以及中国人民银行的性质、地位、职责、组织机构和业务；难点是中央银行的货币政策工具以及中国人民银行的货币政策目标及货币政策工具、中国人民银行的宏观金融调控和金融监管职能。

第一节　中央银行概述

一、中央银行的产生和发展

在银行业发展初期，并没有中央银行，所有的银行都可以发行自己的银行券。随着银行业的不断发展，银行券的发行权逐渐集中到少数大银行手中，为避免分散发行造成的货币流通的混乱，在国家干预下，最终由一家银行发行货币。货币发行权的垄断，为中央银行的建立奠定了基础。成立于 1694 年的英格兰银行是近代中央银行的鼻祖。从 1800 年至 1900 年欧洲国家和日本等国先后建立了自己的中央银行体系，美国 1913 年正式建立了中央银行制度，即联邦储备系统，执行中央银行的职能。

我国的中央银行在国民政府时期逐步建立。新中国成立后，模仿苏联的大一统银行体制，中国人民银行作为国家的银行，既行使中央银行的职能，也办理专业银行、商业银行等一般金融机构的业务。1983 年，国务院发布《关于中国人民银行专门行使中央银行职能的决定》，自 1984 年 1 月 1 日起，中国人民银行专门行使中央银行职能。1986 年，国务院发布了《银行管理暂行条例》，以行政法规的形式规定中国人民银行行使中央银行职能。

1995年《中华人民共和国中国人民银行法》（2003年修订）颁布，从法律上正式确认了中国人民银行的中央银行地位。

二、中央银行与中央银行法的概念

（一）中央银行的含义与地位

中央银行是依法制定和实施国家货币政策、从事金融调控和监管的特殊金融机关。它是一国最高的货币金融管理机构，在各国金融体系中居于主导地位。作为一种特殊的金融机构，中央银行具有国家行政机关和金融机构的双重属性，居于整个金融体系的核心，并超越其他金融机构，肩负服务和管理双重职能，是国家运用金融工具调控市场经济的有形之手。

中央银行是国家的银行，但并非都由国家设立。中央银行所有制形式可以分为三类：第一类是由国家设立，如英国、法国、荷兰、挪威、印度等国的商业银行；第二类是由私人投资建立，美国、意大利、瑞士、德国、西班牙、葡萄牙等国家的中央银行属于此类；第三类是由国家与私人共同投资建立，日本、墨西哥、巴基斯坦、土耳其、智利等国属于这种模式。

但不论何种形式，即使完全由私人建立的中央银行，其管理权也不属于某个集团或个人，而是代表国家制定和实施货币政策，实行宏观调控。中央银行在经营中所获得的利润，只能按一定比例分配给私人所有者，其余要上缴财政。一个国家的中央银行的地位是由该国的中央银行法规定的，主要涉及与国会、中央政府和财政部的关系，概括起来主要有三种类型：（1）独立型。这种类型是中央银行可以独立制定和执行货币政策，直接向国会负责，政府不得直接干预货币政策的制定和执行，政府与中央银行的货币政策发生矛盾时，可通过协商方式解决。采取这种模式的有德国、美国和瑞士等国。（2）非独立型。非独立模式下，中央银行在组织上和人事上都隶属于政府，属于政府的一个职能部门，货币政策的制定和执行根据政府的决策进行。实行这种模式的有意大利、比利时、澳大利亚等国。（3）相对独立型。这种类型是，中央银行可能名义上隶属于政府或财政部门，但实际上在货币政策方面却具有较大的独立性，政府和财政部门很少干预。采用这种模式的有英国、日本、加拿大、挪威和马来西亚等国。

（二）中央银行法的概念

中央银行法是关于中央银行的性质、地位、组织体系、业务范围等法律规范的总称。为了确立中央银行在国家金融体系中的性质和地位，规定中央银行的组织机构、规范中央银行的金融行为，绝大多数国家都制定了自己的中央银行法，如《美国联邦储备法》《德意志联邦银行法》《瑞典国家银行法》等。我国亦制定了《中国人民银行法》以及《中国人民银行货币政策委员会条例》，确立了我国的中央银行体制。中央银行法既有中央银行组织机构的内容，又有规范其货币行为的内容，还有授权中央银行对金融市场进行一定监督管理的内容。

三、中央银行的基本职能

中央银行的基本职能包括：制定和执行货币政策；对金融活动实施监督管理，维护金融稳定；提供支付清算等金融服务。具体可以概括为：

1. 政府的银行

中央银行作为政府的银行，是指中央银行多数由国家投资建立，与本国政府保持着密切的联系，服务于政府，并代表政府从事有关的国内国际金融活动。政府银行职能具体包括：经理国库；代理组织发行、兑付国债和其他政府债券；经营国家的外汇和黄金储备等。

2. 发行的银行

除美国、日本等少数国家由财政部行使铸币权发行货币外，多数国家都以立法的形式赋予中央银行独享货币发行权。中央银行作为国家唯一的货币发行机构，即发行的银行，统一掌管全国的货币发行、流通和储备，维护本国货币币值的稳定。中央银行调节的主要对象是全社会信用总量，它不仅包括货币供应量，还包括信贷总规模，中央银行根据货币政策目标的要求，来调节全社会信用总量，即调节社会的总需求和总供给，从而达到调节宏观经济、促进国民经济发展的目的。

3. 清算的银行

在现代市场经济条件下，每天都会发生大量的交易活动，在交易活动中所涉及的商品与劳务的转移，必须有一个清算支付体系的支持。一般来说，市场越发达交易越频繁，对债务清算的要求就越高，商业银行充当着整个社会货币流通的清算中心，各商业银行和其他金融机构在对交易主体进行清算后，便在它们之间产生了债权债务关系清算支付的需要。通常他们再通过中央银行主持的票据交易所，对它们之间的应收应付票据进行集中统一清算。中央银行作为清算的银行，担负着维护支付、清算系统正常运行的使命。中央银行之所以提供支付和清算服务，其目的是保证金融体系的高效运行和进行风险监控。

4. 银行的银行

中央银行作为银行的银行，是指中央银行以银行业金融机构为服务对象，充当商业银行的最后贷款人的角色。作为银行的银行，中央银行有权要求银行业金融机构交存存款准备金。存款准备金一方面构成了中央银行的主要资金来源，另一方面，中央银行可以利用其保证银行业金融机构的兑付能力，同时调节和控制整个社会的货币信用总量。

对金融活动实施监督管理是中央银行的另一项基本职能。中央银行由于垄断了货币发行权而具备了维护金融稳定的能力和实施金融监管的便利。中央银行实施金融监管的目的，是维护金融业的安全和稳定，防范和化解金融风险，保护银行存款人的合法权益，维护社会公共利益，促进国民经济的健康发展，防止金融危机对国民经济的发展产生危害。

四、中央银行的货币政策工具

中央银行为实现其货币政策目标，必须通过一定的货币政策工具来运作，货币政策工具是指中央银行或者货币政策决策机构，为实现货币政策目标而采取的调节控制措施。为推行货币政策，实现一定的货币政策目标，各国中央银行都针对本国某一时期的经济和金融情况采取各种措施，对货币和信用规模进行调节和管理，中央银行扩张或紧缩信用与货币运行，是通过操作掌握在手中的货币政策工具实现的，货币政策是国家宏观经济政策的重要组成部分，是中央银行调控宏观经济的基本手段，货币政策工具分为一般性工具和选择性工具。一般性货币政策工具包括存款准备金、再贴现、公开市场操作三种，这是中央银行主要的货币政策工具，被称为中央银行传统的三大法宝。选择性货币政策工具包括贷款规模控制、特种存款、对金融企业窗口指导等。一般性货币政策工具多属于间接调控工具，选择性货币政策工具多属于直接调控工具。在过去较长时期内，中国货币政策以直接调控为主，即采取贷款规模控制、现金计划等工具。1998年以后，取消了贷款规模控制，主要采取间接货币政策工具调控货币供应总量。现阶段，中国的货币政策工具主要有公开市场操作、存款准备金、再贷款与再贴现、常备借贷便利、利率政策、汇率政策、道义劝告和窗口指导等。

相关事例

2008年国际金融危机以来美联储基金利率调整回顾

2008年金融危机始于美国经济增速放缓、美联储加息背景下次贷市场崩溃。雷曼兄弟倒闭引发全球金融市场急剧下跌和流动性收紧，美国次贷危机迅速演变为席卷全球的、自20世纪30年代大萧条以来最严重的国际金融危机。2008年12月16日，美联储宣布将联邦基金利率降至0%至0.25%的超低水平，正式步入零利率时代。由于已不存在降息空间，美联储随后采取了大规模购买美国国债、抵押贷款支持证券等非常规货币政策工具，以压低长期利率、刺激经济和向市场注入流动性，开启史无前例的量化宽松政策。从2008年底至2014年10月，美联储先后出台三轮量化宽松政策，总共购买资产约3.9万亿美元。美联储持有的资产规模占国内生产总值的比例从2007年底的约6.1%大幅升至2014年底的25.3%，资产负债表扩张到前所未有的水平。随着美国经济回到稳步复苏轨道，美联储开始考虑逐步退出金融危机后出台的超宽松货币政策。2015年12月16日，美联储宣布将联邦基金利率上调25个基点到0.25%至0.5%之间，宣告结束历时7年的零利率政策，步入新的加息周期。此后，美联储分别于2016年12月、2017年3月和6月三度加息。由于加息节奏相对缓慢，预期管理顺利，市场反应整体平静。2017年10月，美联储正式启动缩减资产负债表（"缩表"）计划，通过加息与"缩表"的政策组合，继续推动货币政策回归常态。截至2018年12月底，美联储在本轮加息周期中共加息9次，将联邦基金利率目标区间上调至2.25%至2.5%的水平。为防范全球经济增长放缓和贸易政策不确定性带来的下行风险，2019年7月31日，美联储宣布将联邦基金利率目标区间下调25个基点到2%至2.25%的水平，这是自2008年12月以来美联储首次降息。美联储同时宣布于当年8月结束资产负债表缩减计划。此后，美联储于2019年9月18日和10月30日分别降息25个基点，将联邦基金利率目标区间降至1.5%至1.75%的水平。利率"三连降"后，美联储认为当前利率水平合适，货币政策步入观望阶段。2020年3月3日，美联储宣布将联邦基金利率目标区间下调50个基点到1%至1.25%的水平，以应对新冠肺炎疫情对美国经济造成的影响。这是2008年国际金融危机以来美联储采取的首次非常规紧急降息（货币政策例会之外的降息）。美联储定于2020年3月17日至18日召开3月份货币政策例会。2020年3月15日，美联储宣布将联邦基金利率目标区间下调1个百分点到0%至0.25%的超低水平，同时启动7 000亿美元量化宽松计划。与2008年国际金融危机不同的是，美国当前并未面临金融危机，美国面临的是新冠肺炎疫情引发的公共卫生危机和潜在经济衰退风险。美联储"零利率+量化宽松"的非常规货币政策工具组合并不能阻止新冠肺炎疫情蔓延，但可通过降低融资成本、为市场注入流动性、满足家庭和企业信贷需求等渠道，缓和疫情对美国经济和金融机构的冲击，旨在避免这场公共卫生危机恶化导致美国经济衰退甚至酿成金融危机。有分析人士批评量化宽松鼓励金融机构过度冒险、加大杠杆，催生资产泡沫和通胀飙升的风险，威胁金融稳定。经济学家普遍认为，当前形势下，财政政策比货币政策应对疫情更加有效，但美国政府能否出台具有针对性的强有力财政政策仍未可知。

相关事例

中国人民银行以信贷资产质押方式发放信贷政策支持再贷款

为贯彻落实国务院关于加大改革创新和支持实体经济力度的精神，2015 年 10 月起，中国人民银行在上海、江苏等 11 省（市）推广信贷资产质押再贷款试点。试点工作进展顺利，2015 年中国人民银行已对试点地区部分地方法人金融机构符合条件的 3 022 家贷款企业完成了央行内部评级，并将评级符合标准的信贷资产纳入中国人民银行发放再贷款可接受的合格抵押品范围，这有助于解决地方法人金融机构高等级债券质押品相对不足的问题，便利央行向地方法人金融机构提供流动性支持。截至 2015 年末，试点地区的中国人民银行分支机构以信贷资产质押方式向 31 家地方法人金融机构合计发放信贷政策支持再贷款 49.73 亿元，引导金融机构扩大“三农”、小微企业等国民经济重点领域和薄弱环节信贷投放，降低社会融资成本，支持实体经济。

相关事例

中国人民银行每隔一段时间都会对金融机构的存款准备金率进行一个调整，这个调整有可能是一年一次，也有可能是一年多次，这都是不固定的，我们对央行的这种做法叫做降准，当然，有时候也会增加准备金利率。下面是 2010 年至 2020 年存款准备金率调整一览表。

中国人民银行 2010—2020 年存款准备金率历次调整一览表

公布时间	生效日期	大型金融机构			中小金融机构		
		调整前	调整后	调整幅度	调整前	调整后	调整幅度
2020 年 01 月 01 日	2020 年 01 月 06 日	13.0	12.5	−0.5	11.0	10.5	−0.5
2019 年 09 月 06 日	2019 年 09 月 16 日	13.5	13.0	−0.5	11.5	11.0	−0.5
2019 年 09 月 04 日	2019 年 01 月 25 日	14.0	13.5	−0.5	12.0	11.5	−0.5
2019 年 09 月 04 日	2019 年 01 月 15 日	14.5	14.0	−0.5	12.5	12.0	−0.5
2018 年 10 月 07 日	2018 年 10 月 15 日	15.5	14.5	−1.0	13.5	12.5	−1.0
2018 年 06 月 24 日	2018 年 07 月 05 日	16.0	15.5	−0.5	14.0	13.5	−0.5
2018 年 04 月 17 日	2018 年 04 月 25 日	17.0	16.0	−1.0	15.0	14.0	−1.0
2016 年 02 月 29 日	2016 年 03 月 01 日	17.5	17.0	−0.5	15.5	15.0	−0.5
2015 年 10 月 23 日	2015 年 10 月 24 日	18.0	17.5	−0.5	16.0	15.5	−0.5
2015 年 08 月 25 日	2015 年 09 月 06 日	18.5	18.0	−0.5	16.5	16.0	−0.5

续表

公布时间	生效日期	大型金融机构			中小金融机构		
		调整前	调整后	调整幅度	调整前	调整后	调整幅度
2015年04月19日	2015年04月20日	19.5	18.5	−1.0	17.5	16.5	−1.0
2015年02月04日	2015年02月06日	20.0	19.5	−0.5	18.0	17.5	−0.5
2012年05月12日	2012年05月18日	20.5	20.0	−0.5	18.5	18.0	−0.5
2012年02月18日	2012年02月24日	21.0	20.5	−0.5	19.0	18.5	−0.5
2011年11月30日	2011年12月05日	21.5	21.0	−0.5	19.5	19.0	−0.5
2011年06月14日	2011年06月20日	21.0	21.5	0.5	19.0	19.5	0.5
2011年05月12日	2011年05月18日	20.5	21.0	0.5	18.5	19.0	0.5
2011年04月17日	2011年04月21日	20.0	20.5	0.5	18.0	18.5	0.5
2011年03月18日	2011年03月25日	19.5	20.0	0.5	17.0	18.0	1.0
2011年02月18日	2011年02月24日	19.0	19.5	0.5	16.5	17.0	0.5
2011年01月14日	2011年01月20日	18.5	19.0	0.5	16.5	16.5	0.0
2010年12月10日	2010年12月20日	18.0	18.5	0.5	16.0	16.5	0.5
2010年11月19日	2010年11月29日	17.5	18.0	0.5	15.5	16.0	0.5
2010年11月10日	2010年11月16日	17.0	17.5	0.5	15.0	15.5	0.5
2010年05月02日	2010年05月10日	16.5	17.0	0.5	14.5	15.0	0.5

本表格来源于新浪财经头条：http://cj.sina.com.cn.

第二节　中国人民银行法

一、中国人民银行的性质、法律地位和职责

（一）中国人民银行的性质和地位

中国人民银行的性质是指中国人民银行区别于其他金融机构的根本属性。中国人民银行的法律地位是指中国人民银行与政府和其他有关部门（主要是财政部）的关系，其实质是中国人民银行的独立性问题。

根据《中国人民银行法》的规定，中国人民银行是中华人民共和国的中央银行。中国人民银行的全部资本由国家出资，属于国家所有。它在国务院领导下，制定和执行货币政策，防范和化解金融风险，维护金融稳定。中国人民银行就年度货币供应量、利率、汇率和国务院规定的其他重要事项作出的决定，报国务院批准后执行。中国人民银行就上述规定以外的其他有关货币政策事项作出决定后，即予执行，并报国务院备案。中国人民银行应当向全国人民代表大会常务委员会提出有关货币政策情况和金融业运行情况的工作报告。中国人民银行在国务院领导下依法独立执行货币政策，履行职责，开展业务，不受地方政府、各级政府部门、社会团体和个人的干涉。

上述规定，明确了中国人民银行是属于国家所有的中央银行，规定中国人民银行是国务院领导下的国家行政机关，独立执行货币政策，就有关货币政策情况和金融业运行情况

向全国人民代表大会常务委员会提出工作报告。

（二）中国人民银行的职责

根据《中国人民银行法》的规定，中国人民银行履行下列职责：(1) 发布与履行其职责有关的命令和规章；(2) 依法制定和执行货币政策；(3) 发行人民币，管理人民币流通；(4) 监督管理银行间同业拆借市场和银行间债券市场；(5) 实施外汇管理，监督管理银行间外汇市场；(6) 监督管理黄金市场；(7) 持有、管理、经营国家外汇储备、黄金储备；(8) 经理国库；(9) 维护支付、清算系统的正常运行；(10) 指导、部署金融业反洗钱工作，负责反洗钱的资金监测；(11) 负责金融业的统计、调查、分析和预测；(12) 作为国家的中央银行，从事有关的国际金融活动；(13) 国务院规定的其他职责。

中国人民银行为执行货币政策，可以依照人民银行法的有关规定从事金融业务活动。

二、中国人民银行的组织机构

中国人民银行采取的是集中制中央银行模式。

（一）领导体制

中国人民银行设行长一人，副行长若干人。中国人民银行行长的人选，根据国务院总理的提名，由全国人民代表大会决定；全国人民代表大会闭会期间，由全国人民代表大会常务委员会决定，由中华人民共和国主席任免。中国人民银行副行长由国务院总理任免。中国人民银行实行行长负责制。行长领导中国人民银行的工作，副行长协助行长工作。中国人民银行设立货币政策委员会。货币政策委员会的职责、组成和工作程序，由国务院规定，报全国人民代表大会常务委员会备案。

（二）货币政策委员会

货币政策委员会是中国人民银行的咨询议事机构。货币政策委员会的主要职责是：根据国家的宏观经济调控目标，讨论货币政策的制定和调整、货币政策工具的运用、货币政策与其他宏观经济政策的协调等涉及货币政策的重大事项，提出制定和实施货币政策的建议。

（三）分支机构

中国人民银行根据履行职责的需要设立分支机构，作为中国人民银行的派出机构。中国人民银行对分支机构实行统一领导和管理。中国人民银行的分支机构根据中国人民银行的授权，维护本辖区的金融稳定，承办有关业务。

三、中国人民银行业务

（一）发行人民币

中华人民共和国的法定货币是人民币。人民币由中国人民银行统一印制、发行和流通管理。中国人民银行发行新版人民币，应当将发行时间、面额、图案、式样、规格予以公告。禁止伪造、变造人民币。禁止出售、购买伪造、变造的人民币。禁止运输、持有、使用伪造、变造的人民币。禁止故意毁损人民币。禁止在宣传品、出版物或者其他商品上非法使用人民币图样。任何单位和个人不得印制、发售代币票券，以代替人民币在市场上流通。残缺、污损的人民币，按照中国人民银行的规定兑换，并由中国人民银行负责收回、销毁。

中国人民银行设立人民币发行库，在其分支机构设立分支库。分支库调拨人民币发行基金，应当按照上级库的调拨命令办理。任何单位和个人不得违反规定，动用发行基金。

（二）执行货币政策

根据《中国人民银行法》的规定，中国人民银行依法制定和执行货币政策。货币政策目标是保持货币币值的稳定，并以此促进经济增长。中国人民银行为执行货币政策，可以运用下列货币政策工具：（1）要求银行业金融机构按照规定的比例交存存款准备金；（2）确定中央银行基准利率；（3）为在中国人民银行开立账户的银行业金融机构办理再贴现；（4）向商业银行提供贷款；（5）在公开市场上买卖国债、其他政府债券和金融债券及外汇；（6）国务院确定的其他货币政策工具。中国人民银行为执行货币政策，运用上述所列货币政策工具时，可以规定具体的条件和程序。

（三）其他业务

除发行货币和执行货币政策外，中国人民银行还具有下列业务：（1）依照法律、行政法规的规定经理国库。（2）代理国务院财政部门向各金融机构组织发行、兑付国债和其他政府债。（3）组织或者协助组织银行业金融机构相互之间的清算系统，协调银行业金融机构相互之间的清算事项，提供清算服务。

四、中国人民银行的宏观调控职能

根据《中国人民银行法》的规定，中国人民银行依法监测金融市场的运行情况，对金融市场实施宏观调控，促进其协调发展。中国人民银行通过货币政策的制定和实施，保持社会总供给和总需求的总量平衡，在此前提下，优化国民经济结构。具体而言，就是要保证货币供应总量的适度增长，使货币供应和货币需求大体上吻合。

（一）货币政策及其目标

所谓货币政策，是指中央银行为实现特定的经济目标所采取的各种控制和调节货币供应量或信用量，进而影响宏观经济的方针、政策和措施的总和。它在社会经济中扮演一个“制动器”的角色，与其他发挥驱动作用的宏观政策（如财政政策）相互配合、相互牵制，从而保证经济持续、稳定、协调发展，为国民经济的发展创造一个良好的货币金融环境。

货币政策目标是一国中央银行据以制定和实施货币政策的目的。货币政策目标可以分为终极目标和中介目标。中介目标主要指货币供应量，而终极目标则是一般所称的货币政策目标。中央银行货币政策所要达到的终极目标一般来说有四个，即物价稳定、充分就业、经济增长和国际收支平衡。货币政策目标之间关系十分复杂，除经济增长和充分就业之间是彼此一致之外，相互之间都有矛盾。

（二）我国货币政策目标

《中国人民银行法》第3条规定：“货币政策目标是保持货币币值的稳定，并以此促进经济增长。”从实践上看，中国人民银行多年来一直是把稳定币值和促进经济增长作为货币政策的双重目标。具体可以从以下方面理解：第一，中国人民银行首要的和直接的货币政策目标是保持货币币值的稳定，这是中国人民银行制定和实施货币政策的出发点和归宿点。第二，中国人民银行制定和实施货币政策，不是为了稳定币值而稳定币值，而是为了促进经济增长而稳定币值。第三，稳定币值和经济增长在货币政策目标中不是并列的，而是有层次和主次之分的。稳定币值是货币政策目标的第一层次，促进经济增长是货币政策目标的第二层次。

五、中国人民银行宏观调控的保障制度

为了保障货币政策目标的实现，《中国人民银行法》对中国人民银行执行货币政策过程中可以采用的货币政策工具做出了具体规定，从而形成了中国人民银行宏观调控的保障制度。根据《中国人民银行法》第 23 条的规定，中国人民银行为执行货币政策，可以运用下列货币政策工具。

（一）要求银行业金融机构按照规定的比例交存存款准备金

即存款准备金制度，可以调节和控制信贷规模，影响货币供应量。当经济处于衰退状态或货币流通出现紧张时，中央银行就需要调低存款准备金，采取信用扩张政策，放松银根，扩大货币供应量，以满足市场上对资金的需要；而当经济高涨或货币流通出现过度时，中央银行则需要提高存款准备金率，实行信用紧缩政策，收缩银根，减少货币供应量。

（二）确定中央银行基准利率

基准利率，又称法定利率，是指中央银行对商业银行及其他金融机构的存贷款利率。当中央银行提高基准利率时，商业银行等金融机构筹措资金的成本增加，其对外贷款的利率必然提高，相应其客户的贷款数额就会减少，这样，社会货币供应量就会减少。反之，社会货币供应量就会增加。因此基准利率直接影响金融机构存贷款活动的开展，进而影响整个社会的信贷总量。

（三）为在中国人民银行开立账户的银行业金融机构办理再贴现

再贴现是商业银行及其他金融机构以买入的未到期的贴现票据向中央银行办理的再次贴现。在再贴现过程中，中央银行买进商业银行等持有的未到期票据，让渡现实货币；商业银行等则为解决资金短缺而出让已贴现票据。所以，再贴现时商业银行等金融机构与中央银行之间的票据买卖和资金让渡的规程，是商业银行等金融机构向中央银行融通资金的重要方式。当中央银行需要收缩银根、抑制经济过快扩张时，就可提高再贴现率，减少货币供给；反之则增加货币供给。另外再贴现率可以影响市场利率，能及时将货币政策的意图传递给社会，去引导人们的投资、消费行为，推动货币政策目标的实现。但是再贴现也存在一定的局限性，因为中央银行在再贴现中处于被动地位，无法预知商业银行的再贴现申请，无法主动而有效地控制货币供应量。

（四）向商业银行提供贷款

即再贷款制度，指中央银行对金融机构的贷款。中央银行通过适时调整再贷款的总量及利率，吞吐基础货币，促进实现货币信贷总量调控目标，合理引导资金流向和信贷投向。近年来适应金融宏观调控方式由直接调控转向间接调控的需要，再贷款所占基础货币的比重逐步下降，结构和投向也发生重要变化，新增再贷款主要用于促进信贷结构调整，引导扩大县域和“三农”信贷等某些定向方面的投放。

（五）公开市场操作

公开市场操作，是指中央银行在金融市场上公开买卖有价证券和外汇的活动，《中国人民银行法》规定，中央银行可以在公开市场上买卖国债、其他政府债券和金融债券及外

汇。中央银行买进或者卖出有价证券或外汇意味着进行基础货币的吞吐，可以达到增加或减少货币供应量的目的。公开市场操作相对于其他货币政策工具具有其独特的优势，具有公开性、平等性、灵活性、主动性的特点，对社会资金结构有较强的影响力。

（六）国务院确定的其他货币政策工具

根据《中国人民银行法》第 23 条兜底性规定条款，除上述五种法律明确规定的货币政策工具之外，也可以使用“国务院确定的其他货币政策工具”。借鉴国际经验，中国人民银行 2013 年创设了常备贷款便利操作制度，当银行体系流动性出现临时波动时，便启动该操作制度，适时向符合宏观审慎要求的政策性银行和全国性商业银行提供大额的短期流动性支持。主要功能是满足金融机构期限较长的大额流动性需求。

中国人民银行为执行货币政策，运用上述货币政策工具时，可以规定具体的条件和程序，并且可以综合考虑选择哪一种或者哪几种货币政策工具，相互配合使用，从而实现宏观调控的目标。

六、中国人民银行的金融监管职能

2003 年我国对金融监管体制作出调整后，中国人民银行不再履行监管银行业、证券业、保险业的职责，但同时考虑到中国人民银行制定和执行货币政策、防范和化解金融风险、维护金融稳定的需要，保留了部分监管职责：

（1）监督管理银行间同业拆借市场、银行间债券市场、银行间外汇市场和黄金市场。

（2）有权对金融机构以及其他单位和个人的下列行为进行检查监督：1）执行有关存款准备金管理规定的行为；2）与中国人民银行特种贷款有关的行为；3）执行有关人民币管理规定的行为；4）执行有关银行间同业拆借市场、银行间债券市场管理规定的行为；5）执行有关外汇管理规定的行为；6）执行有关黄金管理规定的行为；7）代理中国人民银行经理国库的行为；8）执行有关清算管理规定的行为；9）执行有关反洗钱规定的行为。

（3）中国人民银行根据执行货币政策和维护金融稳定的需要，可以建议国务院银行业监督管理机构对银行业金融机构进行检查监督。国务院银行业监督管理机构应当自收到建议之日起 30 日内予以回复。

（4）当银行业金融机构出现支付困难，可能引发金融风险时，为了维护金融稳定，中国人民银行经国务院批准，有权对银行业金融机构进行检查监督。

（5）中国人民银行根据履行职责的需要，有权要求银行业金融机构报送必要的资产负债表、利润表以及其他财务会计、统计报表和资料。

相关事例

中国人民银行行长易纲在 2020 年两会期间的答记者问

记者：为应对疫情冲击，欧美等主要经济体央行纷纷采取了超常规量化宽松政策。中国在金融宏观调控和货币政策方面也采取了一系列措施，目前看效果如何？下一步货币政策的基本取向和主要考虑是什么？

易纲：为对冲疫情影响，2 月 1 日人民银行会同财政部、银保监会等部门迅速出台了 30 条金融支持政策措施，加大总量逆周期调节，创新运用结构性货币政策工具，疫情暴发以来实施的对冲政策累计达5.9万亿元，为疫情防控和经济社会发展提供了有力支持。

总量上，我们通过3次降准、加大公开市场操作力度、增加再贷款再贴现等，超预期投放流动性，坚定支持我国金融市场在春节后2月3日如期开市，坚决稳定金融市场信心。

价格上，我们引导公开市场逆回购操作利率、中期借贷便利（MLF）利率、贷款市场报价利率（LPR）分别下行，并启动存量浮动利率贷款定价基准转换，推动降低存量贷款利率。

结构上，我们根据疫情形势，精准施策，积极运用3 000亿元专项优惠再贷款、1.5万亿元普惠性再贷款再贴现、6 000亿元新增政策性银行贷款额度，优先支持疫情防控重点医用物品和生活物资生产企业、受疫情影响较大的中小微企业和服务业企业等。

政策配合上，我们加强货币政策与财政政策、产业政策、金融监管政策的协调，对于疫情防控重要医用物品和生活物资生产企业提供财政贴息，延长中小微企业贷款还本付息期限，帮助困难企业渡过难关。

这些综合举措，已经取得明显成效。在大部分经济指标下滑的情况下，货币信贷逆势增长。1～4月人民币贷款新增8.8万亿元，同比多增近2万亿元，广义货币M2和社会融资规模存量同比增速分别为11.1%和12%，增速明显高于去年，体现了有力的逆周期调节。2020年以来，中小微企业融资“量增、价降、面扩”。4月末，普惠小微贷款余额同比增长25.1%，增速比上年末高2个百分点。4月新发放普惠小微贷款平均利率为5.24%，比上年12月下降0.77个百分点。4月末在金融机构有贷款余额的中小微企业超过2 800万户。

下一阶段，稳健的货币政策将更加灵活适度，我们将按照《政府工作报告》提出的要求，综合运用、创新多种货币政策工具，确保流动性合理充裕，保持广义货币M2和社会融资规模增速明显高于去年。

【法考练习题】

1.【模拟】中国人民银行实行的责任形式为（　　）。

A. 行长负责制

B. 集体负责制

C. 货币政策委员会共同负责制

D. 党委负责制

【参考答案】A

解析：《中国人民银行法》第11条规定：“中国人民银行实行行长负责制。行长领导中国人民银行的工作，副行长协助行长工作。”故A选项正确。

2.【模拟】中国人民银行为执行货币政策，可以运用下列哪些货币政策工具？（　　）

A. 向商业银行提供贷款

B. 提高或降低中央银行基准利率

C. 为在中国人民银行开立账户的金融机构办理再贴现

D. 在公开市场上买卖国债和其他政府债券及外汇

【参考答案】ABCD

解析：《中国人民银行法》第 23 条第 1 款规定："中国人民银行为执行货币政策，可以运用下列货币政策工具：（一）要求银行业金融机构按照规定的比例交存存款准备金；（二）确定中央银行基准利率；（三）为在中国人民银行开立账户的银行业金融机构办理再贴现；（四）向商业银行提供贷款；（五）在公开市场上买卖国债、其他政府债券和金融债券及外汇；（六）国务院确定的其他货币政策工具。"故 ABCD 均选。

3.【模拟】中国人民银行是中华人民共和国的中央银行，中国人民银行在国务院领导下，（　　）。

A. 制定和执行执行货币政策，防范和化解金融风险，维护金融稳定

B. 依法监测金融市场的运行情况，对金融市场实施宏观调控

C. 从事有关的国际金融活动

D. 经理国库

【参考答案】ABCD

解析：A 选项正确。《中国人民银行法》第 2 条规定："中国人民银行是中华人民共和国的中央银行。中国人民银行在国务院领导下，制定和执行货币政策，防范和化解金融风险，维护金融稳定。"

B 选项正确。《中国人民银行法》第 31 条规定："中国人民银行依法监测金融市场的运行情况，对金融市场实施宏观调控，促进其协调发展。"

C 和 D 选项正确。《中国人民银行法》第 4 条规定："中国人民银行履行下列职责：（一）发布与履行其职责有关的命令和规章；（二）依法制定和执行货币政策；（三）发行人民币，管理人民币流通；（四）监督管理银行间同业拆借市场和银行间债券市场；（五）实施外汇管理，监督管理银行间外汇市场；（六）监督管理黄金市场；（七）持有、管理、经营国家外汇储备、黄金储备；（八）经理国库；（九）维护支付、清算系统的正常运行；（十）指导、部署金融业反洗钱工作，负责反洗钱的资金监测；（十一）负责金融业的统计、调查、分析和预测；（十二）作为国家的中央银行，从事有关的国际金融活动；（十三）国务院规定的其他职责。中国人民银行为执行货币政策，可以依照本法第四章的有关规定从事金融业务活动。"从事有关的国际金融活动 、经理国库是其中的两项内容。

综上，中国人民银行是中华人民共和国的中央银行，其制定和执行货币政策，依法监测金融市场的运行情况，对金融市场实施宏观调控，履行法定职责等都是在国务院领导下进行，故 ABCD 全选。

4.【模拟】中国人民银行的货币政策目标是（　　）。

A. 充分就业

B. 保持货币币值的稳定

C. 促进经济增长

D. 稳定物价

【参考答案】BC

解析：《中国人民银行法》第 3 条规定："货币政策目标是保持货币币值的稳定，并以此促进经济增长。"故 B 和 C 正确。

第十二章

其他宏观调控法

【导语】

作为经济法的重要组成部分，宏观调控法也是一个庞大的法律部门，除了上述税法与中央银行法之外，还有一些其他宏观调控法在这个体系中也扮演着不可替代的作用，如财政法、规划法、产业法等。本章主要对这些宏观调控法进行一个大致的介绍，因为每一种法律甚至是每一个法律制度单独拿出来都可以写出很大的篇幅，而此处篇幅有限，所以只能对这些法律及其重要的制度进行一个简单的概括与总结，从而有助于我们对于宏观调控法体系及其构成有一个更加具体的、深入的了解。本章学习的重点是财政法、预算法，难点是财政法。

第一节 财政法

一、财政、财政政策与财政法

（一）财政的定义与功能

财政是指国家为满足公共需求而取得、使用和管理资财的活动的总称，包括中央财政和地方财政。它是国家参与国民收入分配和再分配的重要手段，在宏观调控和保障社会稳定方面都有重要作用。财政的主体是国家，以国家的强制力为保障；财政的目的是满足公共需求和实现国家职能；财政的内容包括财政收入、财政支出与财政管理这三个部分。

财政活动具有筹集、分配、调节资金和监督资金使用的职能，是组织国家收入和支出、保障国家机器正常运转的重要工具，是调节社会再生产的综合杠杆。除此之外，财政还有一个监督管理的职能，也就是说财政在履行资源配置、收入分配、调控经济等职能的过程中，对国民经济各个方面的活动进行综合反映和制约的功能。具体来讲，它是指通过宏观经济运行指标的监测、跟踪，及时反馈信息，为国家宏观调控提供决策依据；通过建立健全财政、税收、财务会计法规，对微观经济运行进行监督管理，规范经济秩序，维护公平的竞争环境；通过对国有资产营运的监督管理，实现国有资产的保值增值；通过对财政工作自身的监督管理，不断提高财政管理水平，增强财政分配效应。

（二）财政政策的定义

财政政策是宏观调控的基本手段之一，对于维持社会总需求与社会总供给的平衡具有重要的、不可替代的作用。凯恩斯的《就业利息和货币通论》被视为现代财政政策的起源，但其却未对财政政策进行定义，以至于财政政策虽然历经几十年的发展，但事实上其学理属性与概念边界尚且模糊。这种模糊性在一定程度上为宏观调控的有效运行带来了一定的问题，如财政政策与货币政策的界限不能划分清楚，这将为宏观调控权力的行使以及对相关责任主体法律责任的追究带来难题。所以消除财政政策定义的模糊性，是一个十分有价值的研究。

有学者通过探索财政政策的词源，梳理了其后两百余年间经济学、政治学、政治经济学等领域的中外文献，并且还从当代中国财政政策的实践中获取现实启示，而得出了财政政策的新定义：财政政策是一个直接涉及资金变动且变动在政府预算中体现的政策，或一个直接涉及资金变动，该变动虽不体现在政府预算中，但资金去向由行政命令驱动的政策。资金变动在预算中体现的财政政策称为“强财政政策”，因为这里的资金来源与去向在立法完成后都由行政命令来驱动；资金变动不在预算中体现的财政政策称为“弱财政政策”。①

财政政策的工具一般情况下被分为三类：预算政策、财政支出政策和财政收入政策。预算是国家对财政收支的预先安排，一般包括中央预算和地方预算，由预算法进行规范和调整。财政支出包括购买性支出和转移性支出，由政府采购法和转移性支出法进行调整。财政收入包括税收、收费和政府债券，由税法、国债法等法律法规进行调整。

（三）财政政策与财政法的关系

财政法是指调整财政分配和财政管理活动中形成的财政关系的法律规范的总称。

对于我国法律来讲，其中有相当一部分，往往都是先有政策，然后再制定为法律，财政法也不例外，甚至是更加符合这个规律。正如经济法与经济政策之间具有紧密的联系一样，财政政策与财政法之间也有着这层关系，可以说财政法是贯彻国家财政政策、调节国民收入分配的主要法律。财政政策是财政立法的前提和源泉，而财政立法是财政政策的法律化，是财政政策有效实施的法律保障。但是我们要清楚地知道，财政法与财政政策的关系不仅是如此，因为在我国一直存在着财政政策繁多而法律稀缺的问题，这体现了我国财政立法供应不足和缺位的现象，而这样的财政立法现状是无法规范和控制财政政策的，以至于财政政策的合法性常常遭到质疑，出现了行政权过于膨胀所带来的问题。所以，要尽快改变我国财政政策繁多而法律稀缺的现状。这首先就是要划分财政立法与财政政策，而对其划分的本质就是权力和资源在立法机关与行政机关之间分配和调整的问题。法律应控制政策，要防止政策替代和驱逐法律；要使立法机关控制财政权，并通过财政权来制约政府。政府不能单独决定财政政策，财政政策必须体现立法机构的民意。这是我国财政法治

① 姚东旻，严文宏．财政政策定义的重构——来自两百年间的文献研究与中国实践的启示．财政研究，2020（5）．

建设的根本出路。

二、财政法概述

（一）财政法的体系

我国的财政法由财政基本法、财政收入法、财政支出法和监督管理法组成。

1. 财政基本法

财政基本法是规定有关国家财政活动的基本原则、财政管理体制、财政职能等国家财政活动的基本事项的法律，是国家财政活动的基本规范和基本准则。我国目前没有财政基本法，但是预算法一般被认为是财政基本法的重要法律。因为国家预算反映国家的基本财政分配关系，预算法控制和规范着财政权力。但是仅有此部重要的法律是不够的，要想财政法这座“大厦”建立得又高又稳，我们需要打好稳定的地基，也就是说需要财政基本法以法律的形式明确下来，进而对我国财政的性质、功能定位、财政立法原则、管理体制、财政法律关系各要素之间的权利与义务、中央与地方财税立法权和管理权等重大基本问题作出规定，然后逐步形成以财政基本法为主，其他财政法律法规为辅的相对健全、完备的财政法律体系。

2. 财政收入法

财政收入法是调整我国在财政收入中所形成的社会关系的法律规范的总称，由于财政收入主要是税收和国债，所以财政收入法具体来说就是税法和国债法。财政收入是保证国家机器正常运转的经济基础，其意义无须再进行强调，但是对于财政收入法定原则的重视却是一个不能忽视的话题，因为财政收入与人民的切身利益密切相关，其合法性与正当性的确认是对人民的负责，也是对其权力的制约。一般来讲，我们听到更多的是“税收法定原则”，这是税法的重要原则之一，而财政收入法定原则是一个比税收法定原则更高的原则，也是实现难度更大的原则，并且两者的“法定”中的“法”的含义有所区别，财政收入法定中的“法”强调狭义的法律，而税收法定中的“法”还包括行政法规和地方性法规①。就目前的情况来说，我国的多数财政收入已经实现广义的法定，即由法律、行政法规和地方性法规来规范，但是仍有一部分财政收入是由部门规章、地方政府规章以及效力层级更低的行政规范性文件来进行规定的，这与财政法定原则是偏离的，所以对于这部分财政收入我们国家应该加紧立法，早日将其纳入法律、行政法规或地方性法规等较高层级的法律的调整范围之中。

3. 财政支出法

财政支出包括购买性支出和转移性支出。购买性支出是指政府购买日常政务活动所需商品和劳务的支出以及进行公共投资有关的支出。转移性支出是指为了实现社会公平而进行的资金转移性支出，主要包括社会保障、社会保险、社会救助、社会优抚、社会福利和财政补贴等。因此，财政支出法主要包括政府采购法和转移性支出法。财政收入是与财政支出相对的一个活动，它与人民的切身利益也是直接相关的，因为财政支出所用的资金一大部分都是来自纳税人，所以财政支出不仅是国家实现其职能的需要，更是为纳税人服务的需要，既然在财政收入方面需要严格落实法定原则，不得随意进行收税、收费，那么在

---

① 翟继光. 论财政收入的法律规制. 财政监督，2018（13）.

财政支出方面也同样需要法定原则的规范与限制，从而防止政府财政权的滥用与寻租行为的发生。这有助于通过财政支出将有限的财政资金最大限度地以最高效的方式配置到公共领域，以满足公共需要目的的实现。但是我国现阶段关于财政支出的法律并不多，且没有确立财政支出法定原则，关于财政支出的具体法律规范散落在《预算法》《政府采购法》以及其他法律之中，并且财政支出的很多领域的立法是空白的，这将会导致行政权主导下的财政权混乱，财政支出方面的缺位、越位与错位等问题。因此，我国在未来应该不断地完善我国的财政支出法律体系，这对于促进我国宏观调控法律体系的完善也是必不可少的一个环节。

4. 监督管理法

财政监督管理法调整国家对各类财政活动进行监督和制约的过程中发生的社会关系，是财政法体系中的重要一部分，主要包括税收征收管理法、国库法、政府采购法、国有资产法、审计法等内容。要管理好国家的“钱袋子”，就需要对财政权进行监督和制约，以防止出现其滥用、浪费、侵吞国家资产的行为。因为宏观调控法也是一部限权的法律，是对国家的宏观调控行为进行规范的法律，所以身为宏观调控法律体系中重要一分子的财政法，其目的也依然如此。再者，财政资金所有权人是国家，即使我国是社会主义国家，实行的是全民所有制，但是也依然是国家代表全体人民的利益和意志对全民所有制下的财产进行占有、使用、收益和处分，而国家只是一个抽象的主体，在实践过程中是国家机关以及国家机关工作人员在具体地行使着有关权利。如果没有财政监督管理法的制约，那么很难约束有关人员利己的行为。因此对财政监督管理法的完善也是刻不容缓的。

（二）财政法的基本原则①

财政法的基本原则是财政法中体现法的根本精神、对财政行为具有一般指导意义和普遍约束力的基础性法律规范。《宪法》第 2 条第 1 款规定：“中华人民共和国的一切权力属于人民。”这是整个财政法的根本法律依据，因此，应当将人民的民主参与置于首要的地位。其次，由于财政法与行政法、经济法的关联，行政法中的依法行政原则与经济法中的协调稳健原则，均对财政法基本原则的确定发挥了重要的指导作用。所以，在此处，我们借鉴熊伟学者的观点，将财政民主主义、财政法定主义、财政稳健主义与财政平等主义作为财政法的基本原则。

1. 财政民主主义

该原则要求人民通过一定的程序和方式，行使对重大财政事项的决定权；也要求赋予人民对财政事项的广泛监督权。从渊源上看，财政民主主义在我国法律体系中并非没有依据，它其实是宪法规定的人民主权原则在财政法领域的落实和体现。因为财政收入实际上来源于人民，财政支出最终也将用于人民，所以对财政资金的收取和支配，人民应该享有最后的决定权。还有，财政民主主义原则的落实是解决我国财政领域的混乱现象的根本途径之一，是对政府过度膨胀的权力欲望的克制，是政府与人民之间的利益制衡机制的落实。

在一定程度上，财政民主主义是与现代预算相伴而生的。但是因为各国的预算制度不一，所以各国的预算究竟能否真正实践财政民主，结论也是不一致的。财政民主主义对我国财政活动的要求具体表现为，重大财政事项由人民代表大会审查决定。除了对财税方面

① 熊伟. 财政法基本原则论纲. 中国法学，2004（4）.

的基本制度制定法律以外，人民代表大会的财政决定权也体现在预算审批上。但是由于目前我国的预算制度和人民代表大会制度还存在一定的问题，所以我国的财政民主主义还存在很大的效力真空，有待通过制度的完善来对其进行补充。

2. 财政法定主义

财政法定主义原则最初只是以税收法定主义的形式存在。但是随着财政职能的扩张，财政的影响越来越大，除了税收之外，国债发行、社会保障、转移支付等，都关系着人民的切身利益，所以财政法定主义的范围逐渐从税收扩展到其他财政收支形式。

财政法定主义是财政民主主义的具体体现。财政法定主义原则的具体要求表现为：(1) 财政权力（利）法定，因为这是一项公权力，所以一般情况下要遵循法无授权即禁止的原则，以督促权力主体在法定的授权范围内行事；(2) 财政义务法定，其意味着财政主体只需承受法律明确规定的义务，而法律需要规定的是财政义务的种类、构成要件、具体内容、衡量标准等要素；(3) 财政程序法定，其意在保障财政权力在既定的制度框架内有效运作，保障财政行为的透明度、公正性与规范性；(4) 财政责任法定，财政责任既可能因财政机关违反法定义务而引发，也可能因财政相对人违反法定义务而引发，责任是第二性义务，是义务主体未按法律要求履行义务的后果，它与人民的切身利益也紧密关联，所以也需要法律的规范与保障。

3. 财政健全主义

财政健全主义关注的是财政运行的安全稳健，其核心问题在于，能否将公债作为财政支出的资金来源，因为公债的发行是引发财政风险的重要因素。财政健全主义原则实际上是一种未雨绸缪的举措，它通过具体的法律标准和程序，将财政风险控制在可以预测和接受的范围内，以防止风险爆发对宏观经济带来较大的冲击，进而影响社会的稳定。

具体来讲，财政健全主义的基本内容有以下几个方面：

首先，经常性收支必须维持平衡。经常性支出是指为保证政府各部门和各项事业日常活动开展所需要的支出，其大多属于消费性支出，此支出来源于税收、社会保障缴款和费用征收等收入，一般情况下均能维持平衡的状态。如果此部分支出需要通过借款来维持，则财政风险将会巨大。

其次，公债只能用于具有公共性的建设项目。这是因为公共性的建设项目具有直接偿还债务的能力，这可以在很大程度上降低财政借款的风险。

再次，公债应当遵守风险防范机制。这包括界定公债的范围，借鉴经济学的研究成果为公债设定最高上限，对公债的偿还期限作出一定限制，设立偿债基金等内容。

最后，公债应当履行程序法上的审查监督手续。如国库券的发行应当遵守财政法定主义，由国家权力机关直接以立法的形式加以规定；建设公债的发行应坚持财政民主主义，经由国家权力机关审批通过；等等。

综上，财政健全主义原则就是要求通过各项制度的设立与实施，尽量将财政风险控制在最小的范围内，这样才有助于保障宏观经济的平稳运行。

4. 财政平等主义

《宪法》第 33 条第 2 款规定：“中华人民共和国公民在法律面前一律平等。”这是财政平等主义原则的宪法依据。财政平等主义原则意味着在财政收入方面义务人的平等牺牲，在财政支出方面权利人的平等受益以及在财政程序方面的同等处理。

中国的财政法所追求的是一种与市场经济良性互动的民主和法治状态，平等主义既是经济体制的必然要求，也是政治民主的有力保障。此处的平等并不意味着绝对的、无差别的平等，要同等情况同等对待，不同情况不同对待，要允许存在合理的差别，这才是实质上的平等，其具体表现为税收根据负担能力而课征，费用根据受益程度而征收，社会救济根据需要程度而开支，等等。

因为我国目前正处于社会的转型期，城乡差距、地区差距、贫富差距还在逐渐变大，社会矛盾也依然复杂与尖锐，在这样的社会背景下，财政平等主义原则的确立与有效发挥作用，将有助于从制度上缩小上述各种不合理的差距，从而有利于维护社会的稳定。近年来，国家推出的各项政策所体现出的对农业、农村、农民以及西部地区、东北老工业基地的关怀和贫困人口脱贫，无一不体现着财政平等主义原则的精神，但若是在法律上能对此原则加以明确，将可能收获更好的效果。

相关事例

美国《2008年紧急经济稳定法案》①

2007年3月至4月，美国爆发了次贷危机。2008年9月以后，随着金融市场的动荡加剧，美国面临大萧条以来最严重的金融危机。为恢复投资者信心、遏制市场恐慌情绪、维护金融市场稳定，2008年10月3日，美国总统布什签署了经国会参众两院表决通过的《2008年紧急经济稳定法案》（以下简称《法案》）。

该《法案》由问题资产救助计划、预算条款和税务条款三部分组成。问题资产救助计划：第一，财政部门权力与责任规定。财政部门权力的行使必须保护纳税人利益，并接受国会严格监督，对国会负责。第二，设立专门监管机构，成立金融稳定监督委员会。预算条款：财政部在《法案》下开展活动的相关信息必须对国会预算局及联合税务委员会公开。国会预算局与行政管理与预算局必须向国会及总统报告估计开销以及相关信息，以此向权威部门确定财政部部长是在本法案的指导下进行运作的。总统在向国会提交的年度预算报告中分析和评估法案规定所带来的开销。税务条款：《法案》除参议院附加上的对替代能源提供1 500亿美元的税务减免，要求政府尽量帮助房屋所有者，避免房屋所有者因偿付借款问题而丧失对房屋的赎取权。

《法案》是对财政民主主义原则很好的贯彻。《法案》的出台本身就是财政民主思想"博弈"的结果。首先，《法案》本身反映了议会对财政问题的最终决定权力。当布什政府考虑以7 000亿美元救市的时候，美国各界发出的质疑声不断，其中最重要的问题就是到底是谁来以及怎样来判断这是否就是公共利益的需要，最合适担此重任的就是实行代议制并要求代表民意的美国国会了。所以7 000亿美元救市方案要求由美国参、众两院以法令的形式颁布，本身就反映了财政民主主义关于议会对财政重大事项的决定权思想。美国7 000亿美元救市法案的民主决策过程让我们清醒地看到，越到危机的时刻，越要重视民主机制的作用。其次，从纳税人利益层面上看，财政部作为纳税人代表，有权获得所救助公司的权证和优先股，以确保在经营状况好转时可以获得收益。为了避免

① 阳永恒. 美国《紧急经济稳定法案》及其对中国的启示——基于财政民主主义的分析视角. 财经理论与实践，2011 (2).

对中低收入纳税人的不公平，《法案》也把救助范围拓展到养老金计划、地方政府持有的资产和服务于中低收入家庭的社区银行。再次，在财政资金使用的民主监督方面，《法案》把原7 000亿美元救助资金拆分成三部分，其中，2 500亿美元可以立即投入，1 000亿美元只要获得总统批准即可投入，这是基于美国社会经济形势的紧迫性和救市的效率角度考虑的，但美国国会依然对其余3 500亿美元的资金投入具有否决权。《法案》内含的财政民主意蕴对于中国经济、财政与法治实践都具有重要的启示意义，如完善人大的财政工作机制，进一步保障和规范人大代表参与预算和其他财政草案论证的权利，相关部门重视财政收支细节的披露等。

第二节　预算法

一、预算的定义、功能及分类

（一）预算的定义

预算是经法定程序批准的国家各级人民政府和实行预算管理的各部门、各单位一定期间的财政或财务收支计划，是政府组织分配财政资金的重要工具，也是宏观调控的重要工具。① 从性质上看，预算是对政府行为的确认和规范，是政府行为的财政保障，一切政府行为都是以预算为前提的，只有在有预算保障的前提下，政府才能有所作为，提供了预算就确认了政府行为，控制了预算就控制了政府行为，约束了预算就约束了政府行为②。

（二）预算的功能

从预算的演进过程来看，公共预算具有控制、管理与计划三种主要功能，进而存在相应的不同预算取向。在预算制度发展的不同阶段中，上述三种功能在各个时期各有所侧重。在19世纪到20世纪30年代传统预算时期，预算是控制取向的，预算制度的首要作用是抑制政府增长，加强支出控制，从而确保财政是可持续的。20世纪30年代到50年代，预算体制开始关注管理职能。在强调政府积极职能的基础上，预算的重点从关注财政投入到注重支出效应，通过预算制度管理财政资金和财政交易行为，提高财政资金的使用和运营效率。20世纪60年代，计划功能引入预算体制，预算制度不再只是片面强调年度平衡，开始利用预算制度来熨平经济周期带来的波动。80年代以来是一个综合时期，计划和管理职能都得到重视。③ 总的来说，预算反映着一个国家的财政收支情况，反映着社会财富的分配流向，反映着政府行为的性质和意图，反映着宏观调控的广度和深度，所以预算具有宏观调控的功能。

（三）预算的分类

按照预算级别划分，预算分为全国预算和地方预算。《预算法》第3条规定："国家实行一级政府一级预算，设立中央，省、自治区、直辖市，设区的市、自治州，县、自治

① 刘文华．经济法．4版．北京：中国人民大学出版社，2012：296．

② 王卫国，李东方．经济法学．4版．北京：中国政法大学出版社，2019：448．

③ 熊伟．认真对待权力：公共预算的法律要义．政法论坛，2011（5）．

县、不设区的市、市辖区，乡、民族乡、镇五级预算。全国预算由中央预算和地方预算组成。地方预算由各省、自治区、直辖市总预算组成。地方各级总预算由本级预算和汇总的下一级总预算组成；下一级只有本级预算的，下一级总预算即指下一级的本级预算。没有下一级预算的，总预算即指本级预算。”

按照收支范围划分，预算分为一般公共预算、政府性基金预算、国有资本经营预算、社会保险基金预算。一般公共预算是对以税收为主体的财政收入，安排用于保障和改善民生、推动经济社会发展、维护国家安全、维持国家机构正常运转等方面的收支预算。一般公共预算又包括中央一般公共预算和地方各级一般公共预算。政府性基金预算是对依照法律、行政法规的规定在一定期限内向特定对象征收、收取或者以其他方式筹集的资金，专项用于特定公共事业发展的收支预算。国有资本经营预算是对国有资本收益作出支出安排的收支预算。社会保险基金预算是对社会保险缴款、一般公共预算安排和其他方式筹集的资金，专项用于社会保险的收支预算。

二、预算法的定义和基本原则

（一）预算法的定义

预算法是调整国家在预算资金的筹集、支出、管理和监督过程中所形成的各种社会关系的法律规范的总称，是财政法中的基本法。

预算法起源于17世纪末英国的“光荣革命”，使财政从“王室预算”转变为“国家预算”。在法治国家的背景和要求下，预算的法治化是非常重要的，因为有预算的政府才是一个“看得见的政府”，才是一个能够让人民对其进行监督的政府，所以预算的法治化意味着将某些刚性指标和硬性约束赋予法律效力，以此来确认和规范政府行为，保证政府行为在财政约束和民主监督的制度下进行。全国人民代表大会于1994年3月发布了我国第一部《预算法》，此后其经历了2014年和2018年两次修正。国务院于1995年11月发布了行政法规《预算法实施条例》来辅助《预算法》的实施，2020年8月《预算法实施条例》经历了第一次修订，这次修订是预算实践的要求、新冠肺炎疫情下财政形势变化的要求，也是变革时代的要求，它对于危机中开新局，更好地发挥预算改革在优化资源配置、理顺体制机制、转变政府职能、提升资金使用绩效中的作用，具有重大意义。

（二）预算法的基本原则

《预算法》规定了预算的一般原则，具体内容如下：

1. 一级政府一级预算原则

《预算法》第3条第1款规定，国家实行一级政府一级预算，设立中央，省、自治区、直辖市，设区的市、自治州，县、自治县、不设区的市、市辖区，乡、民族乡、镇五级预算。

2. 全口径预算原则

《预算法》第4条第2款规定：“政府的全部收入和支出都应当纳入预算。”其目的在于构建一个覆盖所有收支，不存在游离于预算外的政府收支，是将所有类型的财政资金收支都纳入统一管理体系的制度框架。该原则要求加强财政票据管理以及加强财政部门的监督检查。

3. 收支平衡原则

《预算法》第 12 条规定："各级预算应当遵循统筹兼顾、勤俭节约、量力而行、讲求绩效和收支平衡的原则。各级政府应当建立跨年度预算平衡机制。"收支平衡是指财政收入大于支出，略有结余。若财政支出大于财政收入，出现赤字，就是收支不平衡。该原则要求政府性基金预算、国有资本经营预算、社会保险基金预算应当与一般公共预算相衔接。政府性基金预算应当根据基金项目收入情况和实际支出需要，按基金项目编制，做到以收定支。国有资本经营预算应当按照收支平衡的原则编制，不列赤字，并安排资金调入一般公共预算。社会保险基金预算应当按照统筹层次和社会保险项目分别编制，做到收支平衡。

4. 预算法定原则

《预算法》第 13 条规定："经人民代表大会批准的预算，非经法定程序，不得调整。各级政府、各部门、各单位的支出必须以经批准的预算为依据，未列入预算的不得支出。"预算法定原则是财政法定原则的一部分，在不同国家有不同的形态，如在美国就表现为强调议会的直接权力，美国国会有权自己制定预算，美国最终生效的预算案是一个法律的集合等；在德国表现为强调议会的规范权力，德国议会有能力修改或者拒绝行政机关提出的预算草案，其在控制政府的预算权方面采取了精细的立法方式等。总的来说，预算法定原则的要求可归纳为三个部分：（1）与政府财政收支计划相关的重要事项都由法律规定，其中的大部分还要直接体现在预算案中，由议会通过立法程序审定；（2）没有体现在预算案中，也没有法律作出具体规定的事项，至少也需要由法律作出原则性的要求；（3）不论是具体的规定，还是原则性的要求，都要有一些控制机制以保证法定的要求得以实现。①

5. 预算公开原则

预算公开原则是指，除涉及国家秘密的事项外，预算都应当向社会公开，接受社会监督。《预算法》第 14 条规定："经本级人民代表大会或者本级人民代表大会常务委员会批准的预算、预算调整、决算、预算执行情况的报告及报表，应当在批准后二十日内由本级政府财政部门向社会公开，并对本级政府财政转移支付安排、执行的情况以及举借债务的情况等重要事项作出说明。经本级政府财政部门批复的部门预算、决算及报表，应当在批复后二十日内由各部门向社会公开，并对部门预算、决算中机关运行经费的安排、使用情况等重要事项作出说明。各级政府、各部门、各单位应当将政府采购的情况及时向社会公开。本条前三款规定的公开事项，涉及国家秘密的除外。"

6. 分税制原则

分税制是指，按照中央和地方政府的事权划分，中央和地方将税种统一划分为中央税、地方税和中央地方共享税，分别进行征收和支出使用。同时，国家实行转移支付制度。财政转移支付应当规范、公平、公开，以推进地区间基本公共服务均等化为主要目标。《预算法》第 15 条规定："国家实行中央和地方分税制。"具体来讲，其内容包括②：第一，划分中央和地方的事权、支出。其中，中央财政承担国家安全、外交、中央机关运转需要的经费；地方财政承担本地区经济社会发展和机关运转需要的经费。第二，划分中

① 李培磊，解志勇．论预算法定原则及其实现路径．学术论坛，2015（10）．

② 李颖．分税制财政管理体制下的税收问题探讨．中国市场，2020（15）．

央和地方收入。其中，维护国家权益、用于宏观调控的税种纳入中央税；适合地方征管的税种纳入地方税；和经济发展相关的主要税种，纳入中央和地方共享税。第三，政府间财政转移支付，上缴中央税后，中央财政部将部分收入返还给地方使用。第四，预算编制和资金调度，中央和地方要按照新的规范要求编报预算。

三、预算管理职权

（一）国家各级权力机关

1．最高权力机关

全国人民代表大会的预算管理职权：（1）审查中央和地方预算草案及中央和地方预算执行情况的报告；（2）批准中央预算和中央预算执行情况的报告；（3）改变或者撤销全国人民代表大会常务委员会关于预算、决算的不适当的决议。

全国人民代表大会常务委员会的预算管理职权：（1）监督中央和地方预算的执行；（2）审查和批准中央预算的调整方案；（3）审查和批准中央决算；（4）撤销国务院制定的同宪法、法律相抵触的关于预算、决算的行政法规、决定和命令；（5）撤销省、自治区、直辖市人民代表大会及其常务委员会制定的同宪法、法律和行政法规相抵触的关于预算、决算的地方性法规和决议。

2．地方各级权力机关

县级以上地方各级人民代表大会的预算管理职权：（1）审查本级总预算草案及本级总预算执行情况的报告；（2）批准本级预算和本级预算执行情况的报告；（3）改变或者撤销本级人民代表大会常务委员会关于预算、决算的不适当的决议；（4）撤销本级政府关于预算、决算的不适当的决定和命令。

县级以上地方各级人民代表大会常务委员会的预算管理职权：（1）监督本级总预算的执行；（2）审查和批准本级预算的调整方案；（3）审查和批准本级决算；（4）撤销本级政府和下一级人民代表大会及其常务委员会关于预算、决算的不适当的决定、命令和决议。

乡、民族乡、镇的人民代表大会的预算管理职权：（1）审查和批准本级预算和本级预算执行情况的报告；（2）监督本级预算的执行；（3）审查和批准本级预算的调整方案；（4）审查和批准本级决算；（5）撤销本级政府关于预算、决算的不适当的决定和命令。

（二）各级人民政府

1．国务院

国务院的预算管理职权：（1）编制中央预算、决算草案；（2）向全国人民代表大会作关于中央和地方预算草案的报告；（3）将省、自治区、直辖市政府报送备案的预算汇总后报全国人民代表大会常务委员会备案；（4）组织中央和地方预算的执行；（5）决定中央预算预备费的动用；（6）编制中央预算调整方案；（7）监督中央各部门和地方政府的预算执行；（8）改变或者撤销中央各部门和地方政府关于预算、决算的不适当的决定、命令；（9）向全国人民代表大会、全国人民代表大会常务委员会报告中央和地方预算的执行情况。

2．地方各级人民政府

县级以上地方各级政府的预算管理职权：（1）编制本级预算、决算草案；（2）向本级人民代表大会作关于本级总预算草案的报告；（3）将下一级政府报送备案的预算汇总后报本级人民代表大会常务委员会备案；(4) 组织本级总预算的执行；(5) 决定本级预算预备费的动用；(6) 编制本级预算的调整方案；(7) 监督本级各部门和下级政府的预算执行；(8) 改变或者撤销本级各部门和下级政府关于预算、决算的不适当的决定、命令；(9) 向本级人民代表大会、本级人民代表大会常务委员会报告本级总预算的执行情况。

乡、民族乡、镇政府的预算管理职权：(1) 编制本级预算、决算草案；(2) 向本级人民代表大会作关于本级预算草案的报告；(3) 组织本级预算的执行；(4) 决定本级预算预备费的动用；(5) 编制本级预算的调整方案；(6) 向本级人民代表大会报告本级预算的执行情况。

(三) 各级财政部门

1. 国务院财政部门

国务院财政部门的预算管理职权：(1) 具体编制中央预算、决算草案；(2) 具体组织中央和地方预算的执行；(3) 提出中央预算预备费动用方案；(4) 具体编制中央预算的调整方案；(5) 定期向国务院报告中央和地方预算的执行情况。

2. 地方各级政府财政部门

地方各级政府财政部门的预算管理职权：(1) 具体编制本级预算、决算草案；(2) 具体组织本级总预算的执行；(3) 提出本级预算预备费动用方案；(4) 具体编制本级预算的调整方案；(5) 定期向本级政府和上一级政府财政部门报告本级总预算的执行情况。

(4) 各部门和各单位

各部门的预算管理职权：(1) 编制本部门预算、决算草案；(2) 组织和监督本部门预算的执行；(3) 定期向本级政府财政部门报告预算的执行情况。

各单位的预算管理职权：(1) 编制本单位预算、决算草案；(2) 按照国家规定上缴预算收入，安排预算支出，并接受国家有关部门的监督。

既统一又分立的预算管理职权才能未雨绸缪，正确指引，利国利民。因为这样的预算管理职权既着眼宏观又立足微观；既上下统一又上下分立；既集中统一又民主自由；既统筹规划又因地制宜；既宏观调控又微观自治。

四、预算管理程序

预算管理程序是具有统一性的，即所有的预算都要经过编制、审批、执行、决算、监督等统一的程序。

(一) 预算编制

国务院应当及时下达关于编制下一年预算草案的通知。编制预算草案的具体事项由国务院财政部门部署。

各级政府、各部门、各单位应当按照国务院规定的时间编制预算草案。

各级预算应当根据年度经济社会发展目标、国家宏观调控总体要求和跨年度预算平衡的需要，参考上一年预算执行情况、有关支出绩效评价结果和本年度收支预测，按照规定程序征求各方面意见后，进行编制。

(二) 预算审批

中央预算由全国人民代表大会审查和批准。地方各级预算由本级人民代表大会审查和批准。

1. 初步审查

国务院财政部门应当在每年全国人民代表大会会议举行的45日前，将中央预算草案的初步方案提交全国人民代表大会财政经济委员会进行初步审查。

省、自治区、直辖市，设区的市、自治州，县、自治县、不设区的市、市辖区政府财政部门应当在本级人民代表大会会议举行的30日前，将本级预算草案的初步方案提交本级人民代表大会有关专门委员会进行初步审查。

2. 审查内容

国务院在全国人民代表大会举行会议时，向大会作关于中央和地方预算草案以及中央和地方预算执行情况的报告。

地方各级政府在本级人民代表大会举行会议时，向大会作关于总预算草案和总预算执行情况的报告。

3. 审查结果报告

全国人民代表大会财政经济委员会向全国人民代表大会主席团提出关于中央和地方预算草案及中央和地方预算执行情况的审查结果报告。

省、自治区、直辖市、设区的市、自治州人民代表大会有关专门委员会，县、自治县、不设区的市、市辖区人民代表大会常务委员会，向本级人民代表大会主席团提出关于总预算草案及上一年总预算执行情况的审查结果报告。

审查结果报告应当包括下列内容：(1) 对上一年预算执行和落实本级人民代表大会预算决议的情况作出评价；(2) 对本年度预算草案是否符合本法的规定，是否可行作出评价；(3) 对本级人民代表大会批准预算草案和预算报告提出建议；(4) 对执行年度预算、改进预算管理、提高预算绩效、加强预算监督等提出意见和建议。

4. 备案

乡、民族乡、镇政府应当及时将经本级人民代表大会批准的本级预算报上一级政府备案。

县级以上地方各级政府应当及时将经本级人民代表大会批准的本级预算及下一级政府报送备案的预算汇总，报上一级政府备案。

县级以上地方各级政府将下一级政府依照上述规定报送备案的预算汇总后，报本级人民代表大会常务委员会备案。国务院将省、自治区、直辖市政府依照上述规定报送备案的预算汇总后，报全国人民代表大会常务委员会备案。

5. 撤销

国务院和县级以上地方各级政府对下一级政府报送备案的预算，认为有同法律、行政法规相抵触或者有其他不适当之处，需要撤销批准预算的决议的，应当提请本级人民代表大会常务委员会审议决定。

6. 批复

各级预算经本级人民代表大会批准后，本级政府财政部门应当在20日内向本级各部门批复预算。各部门应当在接到本级政府财政部门批复的本部门预算后15日内向所属各单位批复预算。

(三) 预算执行

各级预算由本级政府组织执行，具体工作由本级政府财政部门负责。各部门、各单位是本部门、本单位的预算执行主体，负责本部门、本单位的预算执行，并对执行结果负责。

各级政府应当加强对预算执行的领导，支持政府财政、税务、海关等预算收入的征收部门依法组织预算收入，支持政府财政部门严格管理预算支出。财政、税务、海关等部门在预算执行中，应当加强对预算执行的分析；发现问题时应当及时建议本级政府采取措施予以解决。

预算年度开始后，各级预算草案在本级人民代表大会批准前，可以安排下列支出以作为临时预算安排：（1）上一年度结转的支出；（2）参照上一年同期的预算支出数额安排必须支付的本年度部门基本支出、项目支出，以及对下级政府的转移性支出；（3）法律规定必须履行支付义务的支出，以及用于自然灾害等突发事件处理的支出。根据前述规定安排支出的情况，应当在预算草案的报告中作出说明。预算经本级人民代表大会批准后，按照批准的预算执行。

之所以有上述临时预算安排是因为我国的预算年度是每年的1月1日至12月31日，是历年制预算年度，但是由于我国每年的预算要经每年召开的全国人民代表大会审批，因此我国预算的真正执行时间应该是从每年全国人民代表大会结束以后才开始的，并不是每年的1月1日，这与我国《预算法》规定的预算年度是不一致的，而这种不一致会产生不少问题。比如，这种临时预算安排是参照上一年同期的预算进行安排的，但是每年的情况并不一样，这种参照性的意义值得怀疑。而且，这种临时预算安排不仅与预算年度性原则不符，而且与公共财政、民主预算和法治政府的原则和要求也不符合，所以我国的预算年度是否要更改以及如何更改将是一个值得研究的问题。

（四）决算

1. 编制要求

决算草案由各级政府、各部门、各单位，在每一预算年度终了后按照国务院规定的时间编制。

编制决算草案，必须符合法律、行政法规，做到收支真实、数额准确、内容完整、报送及时。决算草案应当与预算相对应，按预算数、调整预算数、决算数分别列出。一般公共预算支出应当按其功能分类编列到项，按其经济性质分类编列到款。

2. 审查和批准

国务院财政部门编制中央决算草案，经国务院审计部门审计后，报国务院审定，由国务院提请全国人民代表大会常务委员会审查和批准。县级以上地方各级政府财政部门编制本级决算草案，经本级政府审计部门审计后，报本级政府审定，由本级政府提请本级人民代表大会常务委员会审查和批准。乡、民族乡、镇政府编制本级决算草案，提请本级人民代表大会审查和批准。

各级财政部门应当在审查和批准决算草案的30日前，将上一年度决算草案提交本级财政经济委员会或有关专门委员会进行初步审查。全国人民代表大会财政经济委员会和省、自治区、直辖市、设区的市、自治州人民代表大会有关专门委员会，向本级人民代表大会常务委员会提出关于本级决算草案的审查结果报告。

3. 批复、备案和撤销

各级决算经批准后，财政部门应当在20日内向本级各部门批复决算。各部门应当在接到本级政府财政部门批复的本部门决算后15日内向所属单位批复决算。

地方各级政府应当将经批准的决算及下一级政府上报备案的决算汇总，报上一级政府备案。县级以上各级政府应当将下一级政府报送备案的决算汇总后，报本级人民代表大会常务委员会备案。

国务院和县级以上地方各级政府对下一级政府报送备案的决算，认为有同法律、行政法规相抵触或者有其他不适当之处，需要撤销批准该项决算的决议的，应当提请本级人民代表大会常务委员会审议决定；经审议决定撤销的，该下级人民代表大会常务委员会应当责成本级政府依照《预算法》的规定重新编制决算草案，提请本级人民代表大会常务委员会审查和批准。

（五）监督

1. 权力机关的监督

全国人民代表大会及其常务委员会对中央和地方预算、决算进行监督。县级以上地方各级人民代表大会及其常务委员会对本级和下级预算、决算进行监督。乡、民族乡、镇人民代表大会对本级预算、决算进行监督。

各级人民代表大会和县级以上各级人民代表大会常务委员会举行会议时，人民代表大会代表或者常务委员会组成人员，依照法律规定程序就预算、决算中的有关问题提出询问或者质询，受询问或者受质询的有关政府或者财政部门必须及时给予答复。

2. 政府及其部门的监督

各级政府监督下级政府的预算执行；下级政府应当定期向上一级政府报告预算执行情况。

各级政府财政部门负责监督本级各部门及其所属各单位预算管理有关工作，并向本级政府和上一级政府财政部门报告预算执行情况。

县级以上政府审计部门依法对预算执行、决算实行审计监督。对预算执行和其他财政收支的审计工作报告应当向社会公开。

3. 社会的监督

公民、法人或者其他组织发现有违反《预算法》的行为，可以依法向有关国家机关进行检举、控告。

五、法律责任

（一）违反预算权限的法律责任

各级政府及有关部门有下列行为之一的，责令改正，对负有直接责任的主管人员和其他直接责任人员追究行政责任：（1）未依照法律规定，编制、报送预算草案、预算调整方案、决算草案和部门预算、决算以及批复预算、决算的；（2）违反法律规定，进行预算调整的；（3）未依照法律规定对有关预算事项进行公开和说明的；（4）违反规定设立政府性基金项目和其他财政收入项目的；（5）违反法律、法规规定使用预算预备费、预算周转金、预算稳定调节基金、超收收入的；（6）违反法律规定开设财政专户的。

（二）违法收支的法律责任

各级政府及有关部门、单位有下列行为之一的，责令改正，对负有直接责任的主管人员和其他直接责任人员依法给予降级、撤职、开除的处分：（1）未将所有政府收入和支出列入预算或者虚列收入和支出的；（2）违反法律、行政法规的规定，多征、提前征收或者减征、免征、缓征应征预算收入的；（3）截留、占用、挪用或者拖欠应当上缴国库的预算收入的；（4）违反法律规定，改变预算支出用途的；（5）擅自改变上级政府专项转移支付资金用途的；（6）违反法律规定拨付预算支出资金，办理预算收入收纳、划分、留解、退付，或者违反法律规定冻结、动用国库库款或者以其他方式支配已入国库库款的。

（三）违法举债的法律责任

各级政府、各部门、各单位违反法律规定举借债务或者为他人债务提供担保，或者挪用重点支出资金，或者在预算之外及超预算标准建设楼堂馆所的，责令改正，对负有直接责任的主管人员和其他直接责任人员给予撤职、开除的处分。

（四）违法骗取财政资金的法律责任

各级政府有关部门、单位及其工作人员有下列行为之一的，责令改正，追回骗取、使用的资金，有违法所得的没收违法所得，对单位给予警告或者通报批评；对负有直接责任的主管人员和其他直接责任人员依法给予处分：（1）违反法律、法规的规定，改变预算收入上缴方式的；（2）以虚报、冒领等手段骗取预算资金的；（3）违反规定扩大开支范围、提高开支标准的；（4）其他违反财政管理规定的行为。

相关案例

特许经营合同约定罚款分成无效案

2005年7月6日，高密市交警大队（甲方）与海南洋浦光信实业有限公司（以下简称“海南洋浦公司”）（乙方）签订合作协议，约定由乙方投资并投入技术承建甲方9个红绿灯路口的共计36个方向闯红灯违章处罚系统；承建4个路口的数字化远程视频监控系统；承建2处单面LED双基色显示屏系统；甲方按照“投资建设-合作经营-移交”的方式（以下简称“BOT方式”），以对处罚闯红灯违法车辆罚款分成的方式，分期偿还和支付乙方投资与技术服务的费用。2007年4月1日，上述设备开始投入运行。截至2008年底共收取罚款4 324 390元。2007年11月7日，海南洋浦公司向高密市交警大队开具50万元收据，但此后一直未得到约定的支付款，海南洋浦公司诉至法院，请求法院判令高密市公安局、高密市公安局交通交警大队偿还剩余货款及利息。

二审法院认为，依据《行政处罚法》第53条之规定“罚款、没收违法所得或者没收非法财物拍卖的款项，必须全部上缴国库，任何行政机关或者个人不得以任何形式截留、私分或者变相私分”，涉案合作协议中对行政罚款分成以收回投资的约定违反了该法律规定，依据《合同法》规定，该项约定应为无效。

《预算法》规定：“政府的全部收入和支出都应当纳入预算”，“预算包括一般公共预算、政府性基金预算、国有资本经营预算、社会保险基金预算”。政府与社会资本合作的PPP项目相关的预算通常属于一般公共预算和政府性基金预算。《关于在公共服务领域深入推进政府和社会资本合作工作的通知》第8条规定：“……对于政府性基金预算，可在符合政策方向和相关规定的前提下，统筹用于支持PPP项目。”因此政府性基金预算也是可以作为PPP项目预算支出的。PPP项目财政支出不管是使用一般公共预算还是使用政府性基金预算，都需要按照《预算法》的规定先纳入预算方能进行支出，而不能由社会资本方直接向使用者收取或者如本案这样由政府方和社会资本方直接分配。

第三节　政府采购法

一、政府采购的含义与特征

政府采购，是指各级国家机关、事业单位和团体组织，使用财政性资金采购依法制定的集中采购目录以内的或者采购限额标准以上的货物、工程和服务的行为。其中“采购”是指以合同方式有偿取得货物、工程和服务的行为，包括购买、租赁、委托、雇用等。

相对于私人采购来说，政府采购具有以下特征：

（1）资金来源的公共性。政府采购的资金来源于财政性资金，即财政拨款和主要由财政偿还的公共借款，因为这些资金的最终来源为纳税人的税收和公共服务收费，所以具有公共性。

（2）采购主体的特定性。政府采购的主体是依靠国家财政资金运转的政府机关、事业单位和社会团体及公用企业，不包括国有企业。

（3）采购目的的非商业性和效益性。政府采购不是以营利为目的，而是为了给政府部门提供消费品或向社会提供公共物品，提高政府采购资金的使用效益。

（4）政策性。政府采购作为财政支出的重要一部分，应有助于实现国家的经济和社会发展政策目标，包括保护环境、扶持不发达地区和少数民族地区、促进中小企业发展等。

（5）辐射性。因为政府的购买力非常巨大，所以政府采购对社会的影响力很大，而且采购规模的扩大或缩小、财政结构的变化都将对整个社会的总需求和总供给、国民经济产业结构的调整等产生举足轻重的影响。

二、政府采购法的含义与国内外立法沿革

（一）政府采购法的含义

政府采购法是调整政府采购当事人在向市场进行政府采购活动过程中所发生的社会经济关系的法律规范的总称。政府采购法是财政支出法，是规范政府采购行为，提高政府采购资金的使用效益，维护国家利益和社会公共利益，保护政府采购当事人的合法权益的法律。

（二）政府采购法的国内外立法沿革

政府采购制度最早产生于 18 世纪末的西方国家。1761 年美国就颁布了《联邦采购法》。1782 年英国政府设立了文具公用局，负责政府部门办公用品的采购。之后该局发展成为物资供应部，成为专门采购政府各部门所需物资的机构。在英国建立政府采购制度之后，它对世界其他国家产生了积极的示范效应。

在国际立法方面，1979 年在关贸总协定东京回合谈判中制定了《政府采购守则》，1994 年在联合国国际贸易法委员会第 27 次大会中通过了《货物、工程和服务采购示范法》，1995 年在关贸总协定乌拉圭回合谈判期间制定又正式生效了世界贸易组织《政府采购协议》。

我国从 1995 年开始政府采购制度的试点工作，之后，政府采购的规模和范围不断扩

大，到2000年政府采购已在全国推开。全国人大常委会于2002年6月发布了《政府采购法》，又于2014年8月对其进行了修正。国务院于2015年1月发布了《政府采购法实施条例》；国务院办公厅于2009年4月发布了《关于进一步加强政府采购管理工作的意见》；财政部于2013年12月发布了《政府采购非招标采购方式管理办法》，于2017年12月发布了《政府采购质疑和投诉办法》，于2019年11月发布了《政府采购信息发布管理办法》等文件。政府采购领域法律法规的不断完善促使着我国的政府采购行为的健康发展。

三、政府采购法的基本原则

《政府采购法》第3条规定："政府采购应当遵循公开透明原则、公平竞争原则、公正原则和诚实信用原则。"

1. 公开透明原则

政府采购的信息应当在政府采购监督管理部门指定的媒体上及时向社会公开发布，但涉及商业秘密的除外。这也就是说除了商业秘密之外的政府采购信息都应依法向社会公开，不能保密。提高政府采购透明度，其根本作用在于保障公平公正、促进廉政建设。该原则除了对政府的要求之外，也包含着对合同相对方的要求，即政府有权要求供应商或承包商公开其基于采购合同的财务费用、核算成本、项目进度、质量等各种信息。

但是不可否认的是，当前政府采购中依然存在一些问题，为了减少政府采购当事人和参与者可能产生恶意串通、商业贿赂、质次价高等违法违规行为的操作空间和获利空间，在公开透明原则的要求下，应该进一步提高政府采购透明度，具体措施包括但不限于以下五个方面①：

一是以采购项目为单位在政府采购预算成立后，及时公开政府采购预算信息，不宜等到具体组织实施政府采购活动过程中，在采购文件中才公开政府采购预算信息。

二是适度公开采购代理机构收取每个项目的具体的采购代理服务费和支付给评审委员会成员的劳务费。

三是及时公开政府采购评审专家名单，全面公开政府采购评审信息。

四是及时公开政府采购项目供应商履约情况信息和采购人验收情况信息。

五是公开政府采购资金支付时间和支付金额。

2. 公平竞争原则

该原则要求在政府采购过程中应给予潜在的供应商或承包商以同等的机会和权利参与竞争，不得有任何歧视性的行为，最终选定能以最有利的条件满足政府要求的供应商；同时，在政府采购合同中，应当保证合同相对方权利的实现。

3. 公正原则②

该原则是指政府一方平等地对待各个可能的交易对手，严格地依照法定的条件和程序作出决定。保证这一原则被真正贯彻的具体制度包括回避制度、推广格式合同、标准化制度、听证制度等。此外，公正原则的内涵还包括政府采购应有助于实现国家的经济和社会发展政策目标，包括保护环境，扶持不发达地区和少数民族地区，促进中小企业发展等，

① 吴正新．提高政府采购透明度 深化政府采购制度改革．中国政府采购，2018（12）．

② 刘文华．经济法．4版．北京：中国人民大学出版社，2012：307．

以促进社会公正。

4. 诚实信用原则①

该原则要求政府采购当事人在政府采购活动中，本着诚实、守信的态度履行各自的权利和义务，讲究信誉，兑现承诺，不得散布虚假信息，不得有欺诈、串通、隐瞒等行为。还要求政府采购部门在采购时应当尽心尽力，寻找适当的供货商，采购价廉物美的货物、工程和服务，目的是使财政资金用得其所。

四、政府采购当事人

政府采购当事人是指在政府采购活动中享有权利和承担义务的各类主体，包括采购人、采购代理机构和供应商等。政府采购当事人不得相互串通损害国家利益、社会公共利益和其他当事人的合法权益；不得以任何手段排斥其他供应商参与竞争。

（一）采购人

采购人是指依法进行政府采购的国家机关、事业单位、团体组织。

（二）采购代理机构

集中采购机构为采购代理机构，是非营利事业法人，根据采购人的委托办理采购事宜。设区的市、自治州以上人民政府根据本级政府采购项目组织集中采购的需要设立集中采购机构。

采购人采购纳入集中采购目录的政府采购项目，必须委托集中采购机构代理采购；采购未纳入集中采购目录的政府采购项目，可以自行采购，也可以委托集中采购机构在委托的范围内代理采购。纳入集中采购目录属于通用的政府采购项目的，应当委托集中采购机构代理采购；属于本部门、本系统有特殊要求的项目，应当实行部门集中采购；属于本单位有特殊要求的项目，经省级以上人民政府批准，可以自行采购。

采购人可以委托集中采购机构以外的采购代理机构，在委托的范围内办理政府采购事宜。采购人有权自行选择采购代理机构，任何单位和个人不得以任何方式为采购人指定采购代理机构。

采购代理机构不得以向采购人行贿或者采取其他不正当手段谋取非法利益。

（三）供应商

供应商是指向采购人提供货物、工程或者服务的法人、其他组织或者自然人。供应商参加政府采购活动应当具备法律规定的条件，采购人可以根据采购项目的特殊要求，规定供应商的特定条件，但不得以不合理的条件对供应商实行差别待遇或者歧视待遇。

两个以上的自然人、法人或者其他组织可以组成一个联合体，以一个供应商的身份共同参加政府采购。

供应商不得以向采购人、采购代理机构、评标委员会的组成人员、竞争性谈判小组的组成人员、询价小组的组成人员行贿或者采取其他不正当手段谋取中标或者成交。

五、政府采购方式与程序

《政府采购法》第 26 条第 1 款规定，政府采购采用以下方式：（1）公开招标；（2）邀

---

① 刘文华. 经济法. 4 版. 北京：中国人民大学出版社，2012：307.

请招标；（3）竞争性谈判；（4）单一来源采购；（5）询价；（6）国务院政府采购监督管理部门认定的其他采购方式。

（一）公开招标

公开招标应作为政府采购的主要采购方式。

采购人采购货物或者服务应当采用公开招标方式的，其具体数额标准，属于中央预算的政府采购项目，由国务院规定；属于地方预算的政府采购项目，由省、自治区、直辖市人民政府规定；因特殊情况需要采用公开招标以外的采购方式的，应当在采购活动开始前获得设区的市、自治州以上人民政府采购监督管理部门的批准。

采购人不得将应当以公开招标方式采购的货物或者服务化整为零或者以其他任何方式规避公开招标采购。

货物和服务项目实行招标方式（包括公开招标和邀请招标）采购的，自招标文件开始发出之日起至投标人提交投标文件截止之日止，不得少于 20 日。

公开招标应遵守《招标投标法》的程序和规定。

（二）邀请招标

符合下列情形之一的货物或者服务，可以采用邀请招标方式采购：（1）具有特殊性，只能从有限范围的供应商处采购的；（2）采用公开招标方式的费用占政府采购项目总价值的比例过大的。

货物或者服务项目采取邀请招标方式采购的，采购人应当从符合相应资格条件的供应商中，通过随机方式选择 3 家以上的供应商，并向其发出投标邀请书。

（三）竞争性谈判

符合下列情形之一的货物或者服务，可以采用竞争性谈判方式采购：（1）招标后没有供应商投标或者没有合格标的或者重新招标未能成立的；（2）技术复杂或者性质特殊，不能确定详细规格或者具体要求的；（3）采用招标所需时间不能满足用户紧急需要的；（4）不能事先计算出价格总额的。

采用竞争性谈判方式采购的，应当遵循下列程序：

（1）成立谈判小组。谈判小组由采购人的代表和有关专家共 3 人以上的单数组成，其中专家的人数不得少于成员总数的 2/3。

（2）制定谈判文件。谈判文件应当明确谈判程序、谈判内容、合同草案的条款以及评定成交的标准等事项。

（3）确定邀请参加谈判的供应商名单。谈判小组从符合相应资格条件的供应商名单中确定不少于 3 家的供应商参加谈判，并向其提供谈判文件。

（4）谈判。谈判小组所有成员集中与单一供应商分别进行谈判。在谈判中，谈判的任何一方不得透露与谈判有关的其他供应商的技术资料、价格和其他信息。谈判文件有实质性变动的，谈判小组应当以书面形式通知所有参加谈判的供应商。

（5）确定成交供应商。谈判结束后，谈判小组应当要求所有参加谈判的供应商在规定时间内进行最后报价，采购人从谈判小组提出的成交候选人中根据符合采购需求、质量和服务相等且报价最低的原则确定成交供应商，并将结果通知所有参加谈判的未成交的供应商。

（四）单一来源采购

符合下列情形之一的货物或者服务，可以采用单一来源方式采购：（1）只能从唯一供应商处采购的；（2）发生了不可预见的紧急情况不能从其他供应商处采购的；（3）必须保证原有采购项目一致性或者服务配套的要求，需要继续从原供应商处添购，且添购资金总额不超过原合同采购金额10%的。

采取单一来源方式采购的，采购人与供应商应当遵循《政府采购法》规定的原则，在保证采购项目质量和双方商定合理价格的基础上进行采购。

（五）询价

采购的货物规格、标准统一，现货货源充足且价格变化幅度小的政府采购项目，可以采用询价方式采购。

采取询价方式采购的，应当遵循下列程序：

（1）成立询价小组。询价小组由采购人的代表和有关专家共3人以上的单数组成，其中专家的人数不得少于成员总数的2/3。询价小组应当对采购项目的价格构成和评定成交的标准等事项作出规定。

（2）确定被询价的供应商名单。询价小组根据采购需求，从符合相应资格条件的供应商名单中确定不少于3家的供应商，并向其发出询价通知书让其报价。

（3）询价。询价小组要求被询价的供应商一次报出不得更改的价格。

（4）确定成交供应商。采购人根据符合采购需求、质量和服务相等且报价最低的原则确定成交供应商，并将结果通知所有被询价的未成交的供应商。

（六）验收

采购人或者其委托的采购代理机构应当组织对供应商履约的验收。大型或者复杂的政府采购项目，应当邀请国家认可的质量检测机构参加验收工作。验收方成员应当在验收书上签字，并承担相应的法律责任。

采购人、采购代理机构对政府采购项目每项采购活动的采购文件应当妥善保存，不得伪造、变造、隐匿或者销毁。采购文件的保存期限为从采购结束之日起至少保存15年。

六、政府采购合同

政府采购合同适用合同法。采购人和供应商之间的权利和义务，应当按照平等、自愿的原则以合同方式约定。

政府采购合同应当采用书面形式。国务院政府采购监督管理部门应当会同国务院有关部门，规定政府采购合同必须具备的条款。

采购人与中标、成交供应商应当在中标、成交通知书发出之日起30日内，按照采购文件确定的事项签订政府采购合同。

政府采购项目的采购合同自签订之日起7个工作日内，采购人应当将合同副本报同级政府采购监督管理部门和有关部门备案。

政府采购合同履行中，采购人需追加与合同标的相同的货物、工程或者服务的，在不改变合同其他条款的前提下，可以与供应商协商签订补充合同，但所有补充合同的采购金额不得超过原合同采购金额的10%。

政府采购合同的双方当事人不得擅自变更、中止或者终止合同。政府采购合同继续履行将损害国家利益和社会公共利益的，双方当事人应当变更、中止或者终止合同。有过错的一方应当承担赔偿责任，双方都有过错的，各自承担相应的责任。

七、质疑与投诉

（一）质疑

供应商对政府采购活动事项有疑问的，可以向采购人提出询问，采购人应当及时作出答复，但答复的内容不得涉及商业秘密。

供应商认为采购文件、采购过程和中标、成交结果使自己的权益受到损害的，可以在知道或者应知其权益受到损害之日起 7 个工作日内，以书面形式向采购人提出质疑。采购人应当在收到供应商的书面质疑后 7 个工作日内作出答复，并以书面形式通知质疑供应商和其他有关供应商，但答复的内容不得涉及商业秘密。

采购人委托采购代理机构采购的，供应商可以向采购代理机构提出询问或者质疑，采购代理机构应当就采购人委托授权范围内的事项作出答复。

（二）投诉

质疑供应商对采购人、采购代理机构的答复不满意或者采购人、采购代理机构未在规定的时间内作出答复的，可以在答复期满后 15 个工作日内向同级政府采购监督管理部门投诉。

政府采购监督管理部门应当在收到投诉后 30 个工作日内，对投诉事项作出处理决定，并以书面形式通知投诉人和与投诉事项有关的当事人。

政府采购监督管理部门在处理投诉事项期间，可以视具体情况书面通知采购人暂停采购活动，但暂停时间最长不得超过 30 日。

投诉人对政府采购监督管理部门的投诉处理决定不服或者政府采购监督管理部门逾期未作处理的，可以依法申请行政复议或者向人民法院提起行政诉讼。

相关事例

广西南宁叶之风商贸有限公司不服政府采购行政处理决定案

2014 年 3 月 6 日，采购人岑溪市民政局就经过审批的救灾物资采购项目的招标依法委托具备资质的第三人科文公司作为该项目的招标代理，从事该项目公开招标业务。2014 年 3 月，科文公司依法发出招标文件，投标截止时间和开标时间均是 2014 年 4 月 16 日上午 9 时整；评标方法：综合评分法。第 16 页“货物需求一览表”明确规定：招标项目分 A. 拉舍被、B. 毛巾被、C. 羊毛衫、D. 保暖衣服四个分标，每个分标的数量均是 6 300 件。售后服务及要求：(1) 投标人的样品不允许有任何投标人的标识。(2) 投标人应在外包装上注明货物的名称、材料、颜色、规格、型号、等级、生产厂家等资料，以便验收。

2014 年 4 月 16 日上午 9 时举行开标，参加开标会的单位及人员有：岑溪市民政局代表，岑溪市监察局、检察院、审计局、财政局的监督人员，招标代理机构科文公司的工作人员，各投标单位的代表。原告广西南宁叶之风商贸有限公司等 8 家单位参与 C 分标投标。经评审，最终确定海迪公司为 C 分标中标。

广西南宁叶之风商贸有限公司对中标结果不服，于2014年4月20日向第三人岑溪市民政局提出质疑，质疑事项有三项：第一，招标公司和政府采购中心及民政局的工作程序不对，按规定应该是截标-抽取评委-唱标，但当天（4月16日）上午9：00截标，9：30左右唱标，10：00抽评委，严重违反操作程序，有故意为中标公司评高分的嫌疑。第二，评委问题。(1) 4个梧州评委有两人同时乘车到达招标公司，有评委串通的嫌疑。且上午10时抽评委，下午3时才开标，时间上允许有串通嫌疑。(2) 评A标时，有明显的商品标识，按规定有明显标识的不能参评，但评委照评。(3) 梧州的4个评委，除冯健某有资格参与货物类评标外，其他3人是电子类物品的评委，不能在货物招标时做评委。第三，评标办法不对。(1) 4个标应该有4个标书，但评委对于4个标书并为一本标书也允许。(2) 对价格的评分办法有严重的错误。按规定和评分办法，应该按分标报价评分，但评委按4个标的总报价评分。

岑溪市民政局没有对原告的质疑作出答复，认为原告的质疑书缺少权益受到损害的事实、理由以及相关证明材料，要求原告按要求修改质疑函，在质疑期限内重新提出质疑，逾期不再受理。

广西南宁叶之风商贸有限公司对科文公司的答复不满意，于2014年5月8日以同样的理由向岑溪市民政局提出投诉。

岑溪市民政局受理投诉后，经审查认为投诉的事项缺乏事实依据，于2014年6月8日作出岑财采［2014］1号“岑溪市财政局政府采购投诉处理决定书”，驳回投诉。

广西南宁叶之风商贸有限公司不服，向法院提起行政诉讼。诉请法院认定被告作出的“投诉处理决定书”主要证据不足，适用法律错误，撤销被告岑溪市财政局于2014年6月8日作出的岑财采（2014）1号“岑溪市财政局政府采购投诉处理决定书”。一审、二审法院均以理据不足为由，未支持广西南宁叶之风商贸有限公司的诉讼请求。

第四节　计划调控法律制度

一、计划调控法

（一）计划的含义

与计划经济体制下的“计划”的含义不同，在社会主义市场经济体制下，计划不是指令性的，而是指导性的，具有战略性、宏观性、政策性的特征。此含义下的计划内容包括确定经济和社会发展战略、确定宏观经济调控目标和计划指标、确定宏观经济政策以及重大的经济调控方案等。计划编制的程序要体现民主性和科学性，计划的实现主要依靠经济杠杆和经济参数的引导。计划调控是国家通过制订和实施计划的方式，对国民经济和社会发展活动施加的调节和控制。

（二）计划调控法的含义与调整对象

计划调控法是调整国家制订和实施国家计划调控过程中发生的社会关系的法律规范的总称，是我国宏观调控法律制度的重要组成部分。

计划调控法的调整对象是计划关系，即计划主体在计划活动中所发生的社会关系。这里所说的计划主体包括审批主体（如权力机关）、行政机关（如各级人民政府及其职能部门）、计划实施主体（如企业、事业单位）等。计划活动是指计划的制订、审批、实施、监督、检查以及调整与修改的全过程，重点是制订和实施活动。

我国自 1953 年开始实施“一五”计划，至今已经完成“十三五”规划，在此背景下，我国的计划法体系中主要包括《国民经济和社会发展第十四个五年规划纲要》以及《国民经济和社会发展第十四个五年规划和二〇三五年远景目标的建议》等文件，目前还欠缺一个统领性的、层级较高的法律来对此进行规范。早在 2010 年就已经有消息透露《发展规划法》正在起草中，它将对规划体系、编制程序、审批和实施等做出明确规定，并将问责条款纳入其中，以提高规划的科学性和民主性①。2014 年，国家发展和改革委员会根据党的十八届三中全会的精神对《发展规划法（草案）》进行了修改，并于 2014 年 4 月报送国务院法制办，再次征求有关部门、省级政府、社会公众的意见。2018 年 11 月，中共中央国务院印发《关于统一规划体系更好发挥国家发展规划战略导向作用的意见》提出：“完善法律法规，加快出台发展规划法，将行之有效的经验和做法以法律形式固定下来。”但是时至今日，《发展规划法》尚未列入全国人大年度立法计划。

（三）计划调控法的主要制度

计划调控法的主要制度包括计划调控实体法律制度、计划调控程序法律制度、产业调控法律制度、投资调控法律制度、区域规划法律制度、对外贸易调控法律制度。

计划调控实体法律制度包括确认政府调控机关法律地位的组织法、国民经济和社会发展计划调控法，具体来讲包括计划调控机构的法律地位和职责、计划的内容、计划的形式以及计划的指标体系等内容。

计划调控程序法律制度包括计划的编制与审批制度、计划实施制度以及计划的监督制度。通过程序的规范可以进一步促进实体的公正，以防止权力的滥用。

有关产业调控、投资调控、区域规划、对外贸易调控法律制度，将在以下部分分别具体介绍。

二、产业法

（一）产业政策与产业法

产业政策就是一国政府为了其全局和长远利益而主动干预产业活动的各种政策的总和。产业法是调整国家在产业政策制定和实施过程中所发生的各种社会经济关系的法律规范的总和，具体包括国家产业结构发展的长期措施，对战略产业保护和扶持的措施，对衰退产业的调整和援助措施，需要重点扶持或重点限制的产业的具体方法，对不同产业的管理方针和措施等内容。产业法由产业结构法、产业技术法、产业组织法和区域经济协调法构成。

随着依法治国进程的加深，国家开始重视产业法的制定与实施，制定了《农业法》《科学技术进步法》《促进科技成果转化法》《中小企业促进法》《清洁生产促进法》《农业机械化促进法》《循环经济促进法》《电影产业促进法》《中医药法》等法律。虽然我国的产业法已经初步形成，但是从整体上看，这些法律缺乏统一的规划，立法相对比较分散，

① 林醒夕.《中华人民共和国发展规划法》草案出炉. 新浪财经网，2010-11-19.

而且政策色彩浓厚、法治化程度较低，缺乏法律上的可操作性。①

（二）产业结构法

产业结构法是促进国民经济各产业部门之间资源合理配置的法律制度，其价值目标是通过对产业结构的宏观调控，充分利用市场机制，促进资源合理配置，实现国民经济持续、稳定、健康地增长。

国务院于 2005 年 12 月发布了《促进产业结构调整暂行规定》以推进产业结构的调整和优化升级，保持国民经济平稳较快发展。国家发展和改革委员会于 2019 年 10 月发布了《产业结构调整指导目录（2019 年本）》，取代了《产业结构调整指导目录（2011 年本）（修正）》，其详细规定了我国鼓励类、限制类、淘汰类产业的名称与相关情况。

具体来讲，产业结构法律制度包括整体产业结构规划制度，保护、扶持战略产业制度，调整、援助衰退产业制度以及促进产业结构合理化的其他制度等。

整体产业结构规划是国家或政府根据一定时期内社会经济发展的情况提出的产业结构的长期设想。整体产业结构规划制度是法律所规定的关于产业结构整体规划工作的原则、程序、权利、义务和法律责任等规范。

战略产业是一国为实现产业结构高级化目标所选定的对于国民经济发展具有重要意义的具体产业部门，如新兴产业、成长产业、出口产业。这些产业部门是各国根据不同的经济和技术发展水平以及对未来经济技术发展的预见来确定的。保护、扶持战略产业是各国实现产业结构合理化的一项重要措施。保护、扶持战略产业的法律制度是关于确定战略产业的标准、程序以及保护和扶持战略产业的法律措施和手段的总和，如各种贸易保护、投资优先、税收优惠、技术引进措施等手段。日本的《企业合理化促进法》《租税特别措施法》，中国的《国家高新技术产业开发区税收政策的规定》等，就属于此类制度。

衰退产业即所谓的夕阳产业，一般是指经过一段时间发展后出现衰退或处于困境中的产业。这些产业对于国民经济的整体发展还具有一定的意义，对于社会的安定也有不可忽视的作用，因此，必须采取调整和援助措施以维持其发展。及早发现已经和行将陷入衰退的产业，及时采取措施进行救援和调整，以减少经济损失和社会动乱是调整、援助衰退产业制度的基本目标。

促进产业结构合理化的其他制度如技术进步制度、能源结构调整制度、区域开发制度以及环境保护制度，它们也是促进产业结构合理化的重要制度。

（三）产业技术法

产业技术法是规定产业技术发展目标、途径、措施的法律制度，其目的在于促进产业技术的进步。产业技术法的体系包括科学技术进步法、产业技术创新法、落后技术淘汰法、产业技术保护法、信息技术促进法、技术引进法等。

在知识经济时代，“科学技术是第一生产力”这句话已经得到无数次的印证，并且经久不衰，现实一次次向我们证明，科技的进步与强大是能为国家的发展提供强大动力的。全国人大常委会于 1993 年发布了《科学技术进步法》，又于 2007 年 12 月对其进行了修订，修订后的《科学技术进步法》将新时期国家发展科学技术的目标、方位、战略上升为法律，强化了科技工作的统筹协调和资源共享，确立了科研诚信和宽容失败的制度，完善了科研机构管理制度和对科技人员的激励机制。《科学技术进步法》共八章，75 条，分别

① 薛克鹏. 经济法学. 北京：中国政法大学出版社，2018：430.

规定了总则，科学研究、技术开发与科学技术应用，企业技术进步，科学技术研究开发机构，科学技术人员，保障措施，法律责任与附则。法规全文一共出现29处“鼓励”字样，不断强调对国家科学技术研究开发的鼓励与支持。现代产业竞争中最核心的是智力资本的数量和质量，是产业中知识的吸收与创新能力。所以，知识经济时代产业的竞争同时是知识与智力资本的竞争，我们只有增加技术的创新能力，才能形成产业的比较优势基础，才能维持国家产业的持续竞争力。

（四）产业组织法

产业组织法是政府对处于同一产业内的企业及其相互之间的市场关系和组织形态进行调整和规范的法律制度。其主要目标是使企业运行具有活力，保护有效竞争机制，符合产业结构调整方向，充分利用规模经济，取得最大经济效益。

其基本的内容可以概述为以下几点：

1. 对产业组织政策目标的规定

我国产业组织的政策目标是：促进企业合理竞争，实现规模经济和专业化协作；规模经济效益显著的企业，应该形成以少数大型企业集团为主体的市场结构；对其他产业，形成大、中、小企业的合理划分，或者大、中、小型企业并布，企业数目较多的市场结构。

2. 对同一产业内企业竞争规则的规定

要设立同一产业内企业的竞争规则，依法鼓励竞争，限制垄断。国家对企业和市场实行反垄断管理，应该处理好两方面的关系：一方面，对于违反市场竞争规则通过各种方式进行市场垄断的，国家应该通过强制性手段限制和排除这种危害；另一方面，要科学地区分市场垄断和产业规模化生产经营两者的关系，同时要充分考虑涉及国家经济发展根本利益和实质安全的需要。对于某些垄断，国家应予以允许、提倡和扶持，有的甚至可以采取国家垄断的形式，如能源产业。

3. 对同一产业内企业规模合理化的规定

为了防止过度竞争，依法控制同一产业内部企业组织的规模和数量，确保规模经济的充分利用。对大、中、小型企业在不同产品上具有互补优势的产业，应当发展大企业与中、小企业的经济联合关系，组建企业集团，提高该产业国内企业在国际市场上的竞争力。

4. 对产业组织保护的规定

一方面，对幼稚产业的国内企业实行各种保护政策和优惠，以减少国外企业对本国幼稚产业的冲击；另一方面，在关于产业组织保护方面的规定中，还要鼓励和扶植中小企业特别是科技型中小企业的发展。由于中小企业在资金规模、劳动力规模、生产技术、经营贸易信息等各种市场条件方面无法与大型企业抗衡，因此需要国家依照“积极扶持、加强引导、完善服务、依法规范、保障权益”的方针，通过法律、行政和经济手段为中小企业创立和发展创造有利的环境。

5. 对行业协会的规定

在市场经济条件下，单个企业的作用有限，在某些情况下需要团结一致才能保护单个企业的利益，加之同一行业的企业之间的矛盾、利益需要相互合作来协调，所以在同一产业内共同利益的基础上就出现了行业协会，它是维护产业组织合法权益的一个重要的产业组织补充形式。

（五）区域经济协调法

区域经济是指由于地理、政治、经济等环境不同而形成的具有一定区域性特征的经济形态。区域经济协调法是调整政府在实施区域经济协调发展过程中产生的社会关系的法律规范的总称，其形式既可以表现为综合性的基本法律，也可以是单项的行政法规，还可以包括国家宏观调控法律中的相关法律规范。

区域经济协调法的调整对象——区域经济关系既有层次性，又有交叉性：第一层次，中央政府从国民经济的整体利益出发，对区域经济活动进行宏观调控，通过产业结构调整、战略规划和区域经济政策选择，引导区域经济的发展与宏观经济相协调。例如国家的西部大开发战略。第二层次，地方政府在国家的宏观政策指导下，通过制定具体的发展规划和经济措施自主调节本地区经济发展，促进地区利益的最大化。

区域经济协调法，是区域经济政策的法律化。依据有关法律、法规和经济政策，可以将其基本内容概述为以下几个方面：①

1. 区域经济发展计划制度

如我国“九五”计划和2010年远景目标纲要中，明确规定了国家“要引导地区经济协调发展，形成若干各具特色的经济区域，促进我国经济合理化”这一区域经济协调发展的方向和目标，并就如何编制和实施区域经济协调发展计划，作出了原则性规定。

2. 区域经济发展财政制度

如对欠发达地区、贫困地区进行财政倾斜，提高中央财政支出用于支持这些地区的比重，实施规范的财政转移支付制度，健全相关的财政补贴、税收减免、扶贫资金使用和管理等制度。

3. 区域经济发展金融制度

如对欠发达地区在信贷资金使用上放宽条件，以优惠利率贷款用于中西部地区农业综合开发、基础设施、资源综合开发项目重点发放，切实落实外债清偿责任制。

4. 区域经济发展投资和开发制度

如建立中央和地区投资基金，重点支持经济欠发达地区的农业综合开发、基础设施、资源综合开发、扶贫开发项目的建设，鼓励发达地区和外商向经济欠发达地区投资等，建立专门的区域开发权威机构，专门负责区域经济开发政策贯彻落实。

5. 区域经济发展贸易制度

如对欠发达地区的生产用进口商品规定较低的关税及放松配额限制，鼓励外商向这些地区投资和从事贸易活动，并给予相关的优惠政策。

6. 区域经济发展市场制度

如制定适当的有利于市场公平竞争和规范经营的市场规则，特别是对本地区内人民需求稳定而供给容易波动的产品（如欠发达地区的农产品），要制定相应的保护性市场规则。

7. 区域经济发展劳动力制度

如建立和健全有利于经济欠发达地区劳动力原地重新分配的制度，并在相关的职业培训、教育政策、大中专学生的分配政策上给予配套落实等。

三、投资调控法

投资是指经济主体为了获得经济利益而垫付货币或其他资源，并进而转化为实物资产

---

① 刘瑛. 经济法精析要点·时务·案例. 北京：清华大学出版社，北京交通大学出版社，2009：60.

或金融资产的活动。国家各项投资必须在国家各级政府的计划指导和协调下进行。投资计划是政府对投资活动进行宏观调控的集中体现，是投资管理的基本依据，可以促进经济结构和生产力布局优化。

投资调控法，是指调整国家综合运用各种手段，对投资主体直接投资活动进行调控和规范过程中发生的经济关系的法律规范的总称。主要包括投资主体的权利和义务、投资决策的运行机制、投融资方式及运行机制、投资的程序管理及方向管理、投资总量与结构的调控、投资布局的调控及违反投资法的法律责任等。

在当前世界中，一国的投资资金既有国内来源，也有国外来源，所以各国一般都对国内投资和引进国外投资分别立法，投资法分为国内投资法和外国投资法。我国对国内投资，规定在预算和基本建设、固定资产投资等法规和制度之中，但还没有制定正式的投资法。对引进外资，则以 2019 年 3 月 15 日颁布、2020 年 1 月 1 日实施的《中华人民共和国外商投资法》为主体，先后还制定有许多专门法规。另外，为了协调国际投资关系，许多国家之间都订有关于投资的条约或协定，形成国际投资法，我国也与一些国家订有相互保护投资的协定。

四、区域规划法

区域规划是为实现一定区域范围的开发和建设目标而进行的总体计划或部署，是国民经济和社会发展规划任务在特定空间上的落实，是使地区生产力合理布局、各项建设事业协调发展的重要手段与步骤，也是政府进行区域调控和管理，推进区域发展、协调区域关系的重要工具。

区域规划法是指调整政府在进行区域规划管理过程中发生的各种经济关系的法律规范的总称。区域规划法律制度包括区域规划主体制度、区域规划协作制度、区域规划调控制度、区域规划程序制度。我国尚未制定统一的《区域规划法》，其法律规范的表现形式主要分散在一些有关国土规划、城乡规划、环境和自然资源的法律、法规之中，如《土地管理法》《城乡规划法》《环境保护法》《水法》《森林法》《草原法》《城市规划编制办法》等。

五、对外贸易法

（一）对外贸易与对外贸易法的含义

对外贸易是指一个国家或地区与其他国家或地区之间所进行的商品和服务交换活动，一般包括货物进出口、技术进出口与国际服务贸易。

对外贸易法是调整国家在对外贸易的管理、监督以及促进过程中产生的各种经济关系的法律规范的总称，包括对外贸易管理关系与对外贸易合作关系。对外贸易法在保障国家国际金融地位和国际收支平衡，保障国家外汇收支平衡，实现我国宏观调控目标方面，发挥着不可替代的作用。它既是国家实施宏观调控的重要法律手段，也是实现国家宏观调控目标的法律保障。

全国人大常委会于 1994 年 5 月发布了《对外贸易法》，于 2004 年、2016 年对其进行了修订。该法共有 11 章，共 70 条，分别对总则、对外贸易经营者、货物进出口与技术进出口、国际服务贸易、与对外贸易有关的知识产权保护、对外贸易秩序、对外贸易调查、对外贸易救济、对外贸易促进、法律责任以及附则等内容作出了规定。《对外贸易法》第 49 条规定："国务院对外贸易主管部门和国务院其他有关部门应当建立货物进出口、技术进出口和国际服务贸易的预警应急机制，应对对外贸易中的突发和异常情况，维护国家经济安全。"这个法条规定的对外贸易预警应急机制是政府实施宏观调控的重要手段。

（二）对外贸易法的若干前沿问题

1. 透明度原则

透明度原则源于西方国家，是为克服市场因政策法律变动而带来的风险，它要求政府管理市场的法律、法规、规章、政策应足够透明，以便公众能方便地获得政府管理和服务市场的信息。数十年以来，透明度原则已经成为各国对外贸易法的强制性规定而列入其主要条款。

透明度原则已经成为 WTO 基本原则中的一项重要原则，根据 WTO 各主要协议的规定，透明度原则的主要内容包括：一是公布和告知原则。该原则要求成员方管理机构必须将正式实施的与贸易有关的法律、法规、条例以及政策予以公布；必须将与另一成员方政府或政府机构签订的影响国际贸易政策的现行条约及政府协定，予以公布；在实施具体贸易过程中的法令、条例以及一般援用的司法判例及行政决定，都应迅速公布。二是关于行政和司法过程中的透明度。要求各成员国管理外贸过程及审理外贸案件的过程透明，并要求能对政府管理外贸过程中的决定进行独立的司法审查。

依据 WTO 透明度原则，中国在原则问题上的承诺，关键的或者说具有突破性的一点就是政府在管理外贸工作中取消内部文件（即红头文件），即凡是执行的，必须是公开的法律法规、规章制度和政策。中国对履行 WTO 透明度原则迅速而全面地做出上述承诺，表明了中国政府对该原则的重视，也表现了中国全面履行 WTO 各项法律规定的决心和能力。

2. 对外贸易救济措施

对外贸易救济是指国家为消除进口造成的损害，根据对外贸易调查结果而采用的贸易防御措施，主要包括反倾销与反补贴。

《对外贸易法》第 41 条规定："其他国家或者地区的产品以低于正常价值的倾销方式进入我国市场，对已建立的国内产业造成实质损害或者产生实质损害威胁，或者对建立国内产业造成实质阻碍的，国家可以采取反倾销措施，消除或者减轻这种损害或者损害的威胁或者阻碍。"可以采取的反倾销救济措施是征收反倾销税或者出口商提供价格承诺。

《对外贸易法》第 43 条规定："进口的产品直接或者间接地接受出口国家或者地区给予的任何形式的专向性补贴，对已建立的国内产业造成实质损害或者产生实质损害威胁，或者对建立国内产业造成实质阻碍的，国家可以采取反补贴措施，消除或者减轻这种损害或者损害的威胁或者阻碍。"可以采取的反补贴措施是征收反补贴税、要求出口国政府停止补贴或要求出口商提供价格承诺。

此外，我国《对外贸易法》还规定了其他保障措施，如因进口产品数量大量增加，对生产同类产品或者与其直接竞争的产品的国内产业造成严重损害或者严重损害威胁的，国家可以采取必要的保障措施，消除或者减轻这种损害或者损害的威胁，并可以对该产业提供必要的支持；因其他国家或者地区的服务提供者向我国提供的服务增加，对提供同类服务或者与其直接竞争的服务的国内产业造成损害或者产生损害威胁的，国家可以采取必要的救济措施，消除或者减轻这种损害或者损害的威胁。

相关事例

中共中央关于制定国家"十四五"规划和2035年远景目标的建议

我国将于2021—2025年实施"十四五"规划。2020年7月30日，中共中央政治局召开会议，决定2020年10月在北京召开中国共产党第十九届中央委员会第五次全体会议，研究关于制定国民经济和社会发展第十四个五年规划。2020年8月6日，习近平对十四五规划编制工作作出重要指示强调，编制和实施国民经济和社会发展五年规划，是我们党治国理政的重要方式。为贯彻落实习近平总书记重要指示精神，十四五规划编制工作自16日起开展为期两周的网上意见征求。2020年9月25日，习近平对十四五规划编制工作网上意见征求活动作出重要指示强调，通过互联网就十四五规划编制向全社会征求意见和建议，在我国五年规划编制史上是第一次。

2020年10月29日，党的十九届五中全会审议通过了《中共中央关于制定国民经济和社会发展第十四个五年规划和二〇三五年远景目标的建议》(以下简称《规划建议》)。15个部分、60条、约2万字，这份《规划建议》，是开启全面建设社会主义现代化国家新征程、向第二个百年奋斗目标进军的纲领性文件，是今后五年乃至更长时间中国经济社会发展的行动指南。站在"两个一百年"奋斗目标的历史交汇点上，中国共产党第十九届中央委员会第五次全体会议深入分析国际国内形势，就制定国民经济和社会发展"十四五"规划和二〇三五年远景目标提出如下建议：

(一) 一个新奋斗目标：全面建设社会主义现代化国家。党的十九大对实现第二个百年奋斗目标作出分两个阶段推进的战略安排。作为这一战略安排的具体落实，《规划建议》通过9个方面的具体描绘，勾勒出一幅到2035年基本实现社会主义现代化的美好画卷——我国经济实力、科技实力、综合国力将大幅跃升；建成现代化经济体系；基本实现国家治理体系和治理能力现代化；国家文化软实力显著增强；美丽中国建设目标基本实现；形成对外开放新格局；人均国内生产总值达到中等发达国家水平；平安中国建设达到更高水平；全体人民共同富裕取得更为明显的实质性进展……

(二) 统筹两件大事：发展和安全。站在历史关口，一边是中华民族伟大复兴的战略全局，一边是世界百年未有之大变局，中国如何走好下一程？《规划建议》给出回答："统筹发展和安全""坚持总体国家安全观""防范和化解影响我国现代化进程的各种风险"……《规划建议》大篇幅部署发展重大任务的同时，围绕"安全"作出系统部署。

(三) 三个"新"贯穿全文：新发展阶段、新发展理念、新发展格局。仔细研读《规划建议》，一条主线贯通全文：新发展阶段、新发展理念、新发展格局。"十四五"时期我国将进入新发展阶段。适应新发展阶段，离不开新发展理念来指引，需要构建适应新阶段的新发展格局。"坚定不移贯彻创新、协调、绿色、开放、共享的新发展理念""加快构建以国内大循环为主体、国内国际双循环相互促进的新发展格局"……

(四)"四个全面"新布局：《规划建议》对"十四五"战略布局有了新表述——协调推进全面建设社会主义现代化国家、全面深化改革、全面依法治国、全面从严治党的战略布局。

(五) 五大新发展理念：《规划建议》的核心，用12个部分展现"十四五"发展的重大任务，背后贯穿着一条清晰的逻辑线——坚定不移贯彻创新、协调、绿色、开放、共享的新发展理念。12个方面的重大任务，“坚持创新驱动发展”被放在了第一位。坚持创新在我国现代化建设全局中的核心地位，把科技自立自强作为国家发展的战略支撑……《规划建议》把创新摆在各项规划任务的首位，进行专章部署。

（六）六个发展目标：勾画“十四五”发展新图景。《规划建议》从六个“新”提出了“十四五”时期经济社会发展的主要目标：经济发展取得新成效，改革开放迈出新步伐，社会文明程度得到新提高，生态文明建设实现新进步，民生福祉达到新水平，国家治理效能得到新提升。当前，我国人均国内生产总值超过1万美元，中等收入群体超过4亿人，“十四五”时期将是我国迈向高收入国家的关键时期。《规划建议》在收入分配领域打出一套政策“组合拳”，包括健全工资合理增长机制，着力提高低收入群体收入，扩大中等收入群体，多渠道增加城乡居民财产性收入等，向着“扎实推动共同富裕”迈出有力步伐。在党中央、国务院领导下，国家发展改革委将根据《规划建议》确定的大方向、大战略，在认真测算的基础上提出相应的量化目标和具体指标。2021年3月《中华人民共和国国民经济和社会发展第十四个五年规划和二〇三五年远景目标纲要（草案）》（以下简称《规划纲要》）出台并提请十三届全国人大四次会议审查通过。综合来看，《规划纲要》实化和量化了“十四五”时期经济社会发展的主要目标和重大任务，为未来5年乃至15年建设什么样的社会主义现代化强国和怎么样建设提供了方向性指引。

《规划纲要》特别提出，要加快发展规划立法。规划涉及编制、审批、实施、评估、调整等环节，目前已形成了一套行之有效的管理闭环、具体程序和经验做法。未来以法的形式来保障发展规划的编制和实施，实现发展规划的法治化，将开启中国更好地擘画发展蓝图、完善国家治理的又一篇章。

【法考练习题】

1.【2017年】推进依法行政、转变政府职能要求健全透明预算制度。修改后的《预算法》规定，经本级人大或者常委会批准的政府预算、预算调整和决算，应及时向社会公开，部门预算、决算及报表也应向社会公开。对此，下列哪一说法是错误的？（　　）

A. 依法行政要求对不适应法治政府建设需要的法律及时进行修改和废止

B. 透明预算制度有利于避免财政预算的部门化倾向

C. 立法对政府职能转变具有规范作用，能为法治政府建设扫清障碍

D. 立法要适应政府职能转变的要求，但立法总是滞后于改革措施

【参考答案】D

A选项正确。随着我国依法行政、建设社会主义法治国家的有序推进，法治政府建设也取得了重大进展，某些法律的部分内容已经不适应法治政府建设的要求，需要及时修改和废止。《预算法》是1994年3月由全国人大通过的，2014年8月由全国人大常委会修改，于2015年1月1日起施行，就体现了这一立法精神。

B选项正确。政府财政预算反映了预算年度内政府财政收支的规模、来源和去向，实现公共财政管理的公平、透明、效率目标是法治政府的重要内容。财政预算部门化倾向的实质就是权力部门化、部门利益化的结果，透明预算制度有利于避免财政预算的部门化倾向。

C 选项正确。发挥规范性法律文件的规范和引导作用，指引政府依法行政，是推动政府职能转变的有效途径。

D 选项错误。相对于不断发展变化的社会生活，法律的确具有一定的滞后性，但通过深入了解社会运动的基本规律，在把握社会发展方向的基础上，可以通过提高立法技术而使立法具有超前性和前瞻性，使立法能够带动改革和社会发展。

2.【模拟】下列表述正确的有（　　）。

A. 由国务院财政部门编制的中央决算草案，经国务院审定后，由国务院提请全国人大批准

B. 由国务院财政部门编制的中央决算草案，由国务院提请全国人大常委会审批

C. 由县级以上地方各级政府财政部门编制的本级决算草案，经本级政府审定后，由本级人大常委会审批

D. 由乡级政府编制的决算草案，由本级人大审批

【参考答案】BCD

《预算法》第 77 条规定："国务院财政部门编制中央决算草案，经国务院审计部门审计后，报国务院审定，由国务院提请全国人民代表大会常务委员会审查和批准。县级以上地方各级政府财政部门编制本级决算草案，经本级政府审计部门审计后，报本级政府审定，由本级政府提请本级人民代表大会常务委员会审查和批准。乡、民族乡、镇政府编制本级决算草案，提请本级人民代表大会审查和批准。"

A 选项，应是由国务院提请全国人民代表大会常务委员会审查和批准，而不是全国人大，所以错误。

根据上述法律规定可知 B 选项正确，C 选项正确，D 选项正确。

3.【2009 年】在公开招标数额标准以上，但因为特殊情况需要采取公开招标以外的采购方式的，需要经过哪个部门批准？（　　）

A. 省级以上人民政府

B. 省级以上人民政府采购监管部门

C. 设区的市、自治州以上人民政府

D. 设区的市、自治州以上人民政府采购监管部门

【参考答案】D

《政府采购法》第 27 条规定："采购人采购货物或者服务应当采用公开招标方式的，其具体数额标准，属于中央预算的政府采购项目，由国务院规定；属于地方预算的政府采购项目，由省、自治区、直辖市人民政府规定；因特殊情况需要采用公开招标以外的采购方式的，应当在采购活动开始前获得设区的市、自治州以上人民政府采购监督管理部门的批准。"所以 D 选项正确。

4.【2006 年】关于政府采购的供应商，下列哪些说法是不正确的？（　　）

A. 自然人不能作为政府采购的供应商

B. 除《政府采购法》规定的条件外，政府采购人不得规定供应商的特定条件，否则构成差别待遇或歧视待遇

C. 两个以上的法人可以组成联合体，以一个供应商的身份共同参加政府采购

D. 中标的供应商必须依法自行履行合同，不得采用分包方式履行合同

【参考答案】ABD

《政府采购法》第 21 条规定：“供应商是指向采购人提供货物、工程或者服务的法人、其他组织或者自然人。”自然人可以作为政府采购的供应商，所以 A 选项说法不正确，当选。

《政府采购法》第 22 条第 2 款规定：“采购人可以根据采购项目的特殊要求，规定供应商的特定条件，但不得以不合理的条件对供应商实行差别待遇或者歧视待遇。”所以 B 选项说法不正确，当选。

《政府采购法》第 24 条规定：“两个以上的自然人、法人或者其他组织可以组成一个联合体，以一个供应商的身份共同参加政府采购。”所以 C 选项说法正确，不当选。

《政府采购法》第 48 条规定：“经采购人同意，中标、成交供应商可以依法采取分包方式履行合同。”所以 D 选项说法不正确，当选。

5. **【2008 年】**根据我国 2004 年修订的《对外贸易法》的规定，关于对外贸易经营者，下列哪些选项是错误的？（　　）

A. 个人须委托具有资格的法人企业才能办理对外贸易业务

B. 对外贸易经营者未依规定办理备案登记的，海关不予办理报关验放手续

C. 有足够的资金即可自动取得对外贸易经营的资格

D. 对外贸易经营者向国务院主管部门办妥审批手续后方能取得对外贸易经营的资格

【参考答案】ACD

选项 A 说法错误。《对外贸易法》第 8 条规定：“本法所称对外贸易经营者，是指依法办理工商登记或者其他执业手续，依照本法和其他有关法律、行政法规的规定从事对外贸易经营活动的法人、其他组织或者个人。”所以，个人在符合法律规定条件的情况下，也可以办理对外贸易业务。

选项 B 说法正确。《对外贸易法》第 9 条规定：“从事货物进出口或者技术进出口的对外贸易经营者，应当向国务院对外贸易主管部门或者其委托的机构办理备案登记；但是，法律、行政法规和国务院对外贸易主管部门规定不需要备案登记的除外。备案登记的具体办法由国务院对外贸易主管部门规定。对外贸易经营者未按照规定办理备案登记的，海关不予办理进出口货物的报关验放手续。”

选项 C、D 说法错误。根据《对外贸易法》第 8 条的规定，成为对外贸易经营者需要依法办理工商登记或其他执业手续，而不是有足够的资金即可自动取得对外贸易经营的资格，也并非只有向国务院主管部门办理审批手续后才能取得对外贸易经营的资格。

6. **【2010 年】**村民王某创办的乡镇企业打算在村庄规划区内建设一间农产品加工厂，就有关审批手续向镇政府咨询。关于镇政府的答复，下列哪些选项符合《城乡规划法》的规定？（　　）

A. “你应当向镇政府提出申请，由镇政府报县政府城乡规划局核发乡村建设规划许可证。”

B. “你的加工厂使用的土地不能是农地。如确实需要占用农地，必须依照土地管理法的有关规定办理农地转用审批手续。”

C. “你必须先办理用地审批手续，然后才能办理乡村建设规划许可证。”

D. “你必须在规划批准后，严格按照规划条件进行建设，绝对不允许作任何变更。”

【参考答案】AB

《城乡规划法》第 41 条规定：“在乡、村庄规划区内进行乡镇企业、乡村公共设施和公益事业建设的，建设单位或者个人应当向乡、镇人民政府提出申请，由乡、镇人民政府报城市、县人民政府城乡规划主管部门核发乡村建设规划许可证。在乡、村庄规划区内使用原有宅基地进行农村村民住宅建设的规划管理办法，由省、自治区、直辖市制定。在乡、村庄规划区内进行乡镇企业、乡村公共设施和公益事业建设以及农村村民住宅建设，不得占用农用地；确需占用农用地的，应当依照《中华人民共和国土地管理法》有关规定办理农用地转用审批手续后，由城市、县人民政府城乡规划主管部门核发乡村建设规划许可证。建设单位或者个人在取得乡村建设规划许可证后，方可办理用地审批手续。”故 A、B 选项符合法律规定，当选。

取得乡村建设规划许可证后，方可办理用地审批手续，C 选项不符合法律规定，不当选。

《城乡规划法》第 43 条第 1 款规定：“建设单位应当按照规划条件进行建设；确需变更的，必须向城市、县人民政府城乡规划主管部门提出申请。变更内容不符合控制性详细规划的，城乡规划主管部门不得批准。城市、县人民政府城乡规划主管部门应当及时将依法变更后的规划条件通报同级土地主管部门并公示。”故 D 选项中“绝对不允许作任何变更”的说法过于绝对，不符合法律规定，不当选。